U0789589

中华传世藏书

【图文珍藏版】

吕氏春秋

[战国] 吕不韦⊙原著

王艳军⊙主编

第四册

线装书局

怀宠

【题解】

"怀宠"就是感念恩德的意思。本篇论述的主要是仁君贤士发动正义之师去征讨无道、惩处邪恶，救百姓于水火之中的壮举，以及人民对他们的欢迎拥戴和感激之情。

【原文】

凡君子之说也，非苟辨也[1]；士之议也，非苟语也。必中理然后说，必当义然后议。故说义而王公大人益好理矣[2]，士民黔首益行义矣[3]。义理之道彰[4]，则暴虐、奸诈、侵夺之术息也。暴虐、奸诈之与义理反也，其势不俱胜，不两立[5]。

故兵入于敌之境，则民知所庇矣[6]，黔首知不死矣。至于国邑之郊[7]，不虐五谷[8]，不掘坟墓，不伐树木，不烧积聚[9]，不焚室屋，不取六畜。得民虏奉而题归之[10]，以彰好恶；信与民期[11]，以夺敌资[12]。若此而犹有忧恨、冒疾、遂过、不听者[13]，虽行武焉亦可矣。

先发声出号曰[14]："兵之来也，以救民之死。子之在上无道[15]，据傲荒怠[一][16]，贪戾虐众，恣睢自用也[17]，辟远圣制[18]，警丑先王[19]，排訾旧典[20]，上不顺天，下不惠民，征敛无期，求索无厌，罪杀不辜[21]，庆赏不当[22]。若此者，天之所诛也，人之所雠也，不当为君。今兵之来也，将以诛不当为君者也，以除民之雠而顺天之道也。民有逆天之道、卫人之雠者，身死家戮不赦[二]。有能以家听者，禄之以家；以里听者，禄之以里；以乡听者，禄之以乡；以邑听者，禄之以邑[23]；以国听者[24]，禄之以国。"

故克其国，不及其民，独诛所诛而已矣。举其秀士而封侯之[三]㉕，选其贤良而尊显之，求其孤寡而振恤之，见其长老而敬礼之。皆益其禄，加其级。论其罪人而救出之㉖；分府库之金，散仓廪之粟㉗，以镇抚其众㉘曾，不私其财；问其丛社、大祠民之所不欲废者㉙，而复兴之，曲加其祀礼㉚。是以贤者荣其名㉛，而长老说其礼㉜，民怀其德㉝。

今有人于此，能生一死人[四]㉞，则天下必争事之矣。义兵之生死人亦多矣[五]，人孰不说？故义兵至，则邻国之民归之若流水，诛国之民望之若父母㉟，行地滋远，得民滋众，兵不接刃而民服若化[六]㊲。

【校勘】

[一] 据，小宋本、汪本、凌本、朱本作"倨"。

[二] 赦，旧本作"救"。

[三] 秀士，旧校云：一作"秀隽"。

[四] 众本"死"在"生"字之下，今据王念孙说改。

[五] 死，众本作"一"，今据陶鸿庆说改。

[六] 若，小宋本、汪本、凌本、朱本作"其"。

【注释】

①苟辨：苟且辩说。辨，通"辩"。

②义：通"议"。议论。

③士民：这里指士。

④彰：明。

⑤不两立：二者不能并存。

⑥庇：遮蔽，保护。

⑦国邑：国都和一般城邑。

⑧虐：侵害，祸害。

⑨积聚：指财物、粮草。

⑩民虏：指俘获的敌国百姓。奉：送。题：疑为衍字（依陈昌齐说）。

⑪期：会，合。

⑫敌资：指敌方的民众。资，资本，凭借。

⑬忧恨："忧"为"复"字之误。复，通"愎"。恨，通"很"（依王引之说）。愎很，固执，乖戾。冒疾：同"媢嫉"。妒忌。遂过：坚持错误。遂，成。

⑭发声出号：等于后代的发布檄文。号，令。

⑮子：指称所伐国家的君主。

⑯据傲：傲慢。据，通"倨"。

⑰恣睢：狂妄凶暴。

⑱辟：屏除。

⑲訾丑：诋毁。

⑳訾：毁谤，非议。

㉑不辜：无罪的人。

㉒庆赏：奖赏。

㉓里、乡、邑：古代居民组织的单位。春秋战国，诸侯各有编制，名称内容均不统一。

㉔国：指国都。

㉕侯：用如动词，封侯。

㉖论：判罪，审理。

㉗廪：米仓。

㉘镇抚：安抚。镇，安定。

㉙丛社：草木繁茂的祭祀土神的地方。祠：祭神的庙堂。

㉚曲：婉转，多方设法。

《吕氏春秋》原典释译

㉛荣：用如动词，为……感到荣耀。

㉜说：喜悦。

㉝怀：安。

㉞生：用如使动。

㉟诛国：被伐之国。

㊱滋：益，愈加。

㊲若化：形容人民归附非常迅速。化，变化。

【译文】

凡君子出言，都不苟且辩说，士人议论，都不苟且言谈。君子一定符合道理然后才出言，士人一定符合大义然后才议论。所以，听了君子和士人的言谈议论，王公贵族越发喜好道理了，士人百姓越发遵行大义了。理义之道彰明了，暴虐、奸诈、侵夺之类的行径就会止息。暴虐、奸诈、侵夺与理义截然相反，其势不能两胜，不能并存。

所以，正义之师进入敌国的边境，敌国的士人就知道保护者到了，百姓就知道不会死了。正义之师到了敌国国都及一般城邑的四郊，不祸害五谷，不刨坟掘墓，不砍伐树木，不烧掉粮草，不焚毁房屋，不掠夺六畜。俘获敌国的百姓都一一送回，以此表明自己的爱憎；诚信与人民愿望相合，以此争取敌国的民众。像这样，如果还有顽固不化、妒忌、坚持错误、不归顺的人，那么即使对他们动用武力也是可以的。

用兵之前，先发布檄文，檄文说：“大军到此，为拯救百姓的生命。昏君在上，荒淫无道，傲慢自大，迷乱怠惰，贪婪暴戾，残害民众，狂妄凶狠，自以为是，屏弃圣制，诋毁先王，排斥毁谤先代法典，上不顺承天意，下不爱抚百姓，征敛不止，责求无度，刑杀无辜，奖赏不当。像这样的人，是上天诛灭的对象，是人们共同的仇敌，根本不配做国君。如今大军到此，要诛灭不配做国君的人，除掉人民的仇敌，顺应上天的意旨。士民百姓中如有违背上天意旨、救助人民仇敌的，一律处死，并杀死全家，绝不赦免。有能率领一家归顺的，赏给他一家作为俸禄；率领一里归顺的，赏给他一里作为俸禄；率领一乡归顺的，赏给他一乡作为俸禄；率领一邑归顺的，赏给他一邑作为俸禄；率领国都士民百姓归顺的，把国都赏给他作俸禄。"

所以，攻克敌国，不罪及士民百姓，只杀所当杀的人罢了。还要举荐敌国德才优异的人，赐给他们土地爵位；选拔敌国贤明有德的人，授予他们高官显位；寻找敌国的孤儿寡妇，救济他们；会见敌国的老年人，尊重他们，以礼相待，一概增加他们的俸禄级别。审理敌国的罪人，赦免释放他们；分发府库中的财物，散发仓廪中的粮食，用以安抚敌国的民众，不把敌国的财物占为己有；并询问敌国人民所不愿意废弃的草木繁茂的社宫以及太庙，恢复祭祀，并多方设法增加祭祀的礼仪。因此，贤人为自己名声显扬而荣耀，老人为自己受到礼遇而高兴，百姓为自己受到恩德而安定。

假如这里有个人，能够使一死人复生，那天下的人一定争着服侍他了。正义之师救活的人也太多了，人们谁不喜欢？所以，正义之师一到，邻国的人民归向它就像流水一样，被伐国家的人民盼望它就像盼望父母一样。正义之师走得越远，获得的民众就越多，兵不血刃人民就迅速归服了。

【解析】

正义之师讨伐非正义的国家应该怎么做？义兵的目的在于讨伐昏君，拯救人民。义兵所到之处，不损害五谷，不挖掘坟墓，不砍伐树木，不烧毁积聚的财物，不焚烧房屋宫室，不占取六畜。俘获敌方的人民，详审其名姓后全都释放归还，以彰明其喜好厌恶之不同。正义之师以争取民心为要务，不能侵犯人民的利益，这才是真正的正义之师。人民才会积极的归顺，铭记义军的恩德。在当时有其进步意义，在今天也有其明显的参考价值。

吕氏春秋

《吕氏春秋》原典释译

【故事】

屈完巧辩齐桓公救楚国

鲁僖公四年的春天，齐桓公率领诸侯国的军队攻打蔡国。蔡国溃败后，接着又去攻打楚国。

楚成王派使节到齐军对齐桓公说："您住在北方，我住在南方，本是风马牛不相及的，没想到您率领军队进入了我们的国土，这是什么缘故？"管仲回答说："从前召康公命令我们先君太公说：'五等诸侯和九州长官，你都有权征讨他们，从而共同辅佐周王室。'召康公还给了我们先君征讨的范围：东到海边，西到黄河，南到穆陵，北到无隶。你们应当进贡的包茅没有交纳，周王室的祭祀供不上，没有用来渗滤酒渣的东西，我特来征收贡物；周昭王南巡没有返回，我特来查问这件事。"

楚国使臣回答说："贡品没有交纳，是我们国君的过错，我们怎么敢不供给呢？周昭王南巡没有返回，还是请您到水边去问一问吧！"于是齐军继续前进，临时驻扎在陉。这年夏天，楚成王派使臣屈完到齐军中去交涉，齐军后撤，临时驻扎在召陵。

齐桓公让诸侯国的军队摆开阵势，与屈完同乘一辆战车观看军容。齐桓公说："诸侯们难道是为我而来吗？他们不过是为了继承我们先君的友好关系罢了。你们也同我们建立友好关系怎么样？"屈完回答说："承蒙您惠临敝国并为我们的国家求福，忍辱接纳我们国君，这正是我们国君的心愿。"齐桓公说："我率领这些诸侯军队作战，谁能够抵挡他们？我让这些军队攻打城池，什么样的城池攻不下？"屈完回答说："如果您用仁德来安抚诸侯，哪个敢不顺服？如果您用武力的话，那么楚国就把方城山当作城墙，把汉水当作护城河，您的兵马虽然众多，恐怕也没有用处！"

后来，屈完代表楚国与诸侯国订立了盟约。

仲秋纪第八

仲秋

【题解】

仲秋时节，要储藏农作物，做好越冬的准备。要关怀老人，准备好祭祀的服饰。刑杀时不违法曲断，不偏私。

【原文】

仲秋之月，日在角，昏牵牛中，旦觜嶲中。其日庚辛，其帝少皞，其神蓐收，其虫毛，其音商，律中南吕。其数九，其味辛，其臭腥，其祀门，祭先肝。凉风生，候鸟来，玄鸟归，群鸟养羞。天子居总章太庙，乘戎路，驾白骆，载白旂，衣白衣，服白玉。食麻与犬，其器廉以深。

是月也，养衰老，授几杖①，行②糜粥饮食。乃命司服具饬衣裳，文绣有常，制有小大，度有短长，衣服有量，必循其故，冠带有常。命有司申严百刑，斩杀必当，无或枉桡，枉桡不当，反受其殃。

是月也，乃命宰祝③巡行牺牲：视全具；案刍豢；瞻肥瘠，察物色，必比类；量小大，视长短，皆中度。五者备当，上帝其享。天子乃傩，御佐疾，以通秋气。以犬尝麻，先祭寝庙。是月也，可以筑城郭，建都邑，穿窦窌，修囷仓。乃命有司趣民收敛，务蓄菜，多积聚。乃劝种麦，无或失时，行罪无疑。

是月也，日夜分。雷乃始收声，蛰虫俯户。杀气浸盛，阳气日衰，水始涸。日夜分，则一度量，平权衡，正钧石，齐斗甬。

是月也，易关市，来商旅，人货贿，以便民事。四方来杂，远乡皆至，则财物不匮，上无乏用，百事乃遂。凡举事无逆天数，必顺其时，乃因其类。

行之是令，白露降三旬。仲秋行春令，则秋雨不降，草木生荣，国乃有大恐。行复令，则其国旱，蛰虫不藏，五谷复生。行冬令，则风灾数起，收雷先行，草木早死。

【注释】

①几杖：坐几和手杖，因为是老人用的东西，故常用作敬老之物。

②行：赏赐，给予。

③宰祝：太宰和太祝的并称，都是主祭祀的官员。

【译文】

仲秋八月，太阳运行到角宿位置。日昏时分，牵牛星出现在南方中天，平旦时刻，觜嶲星出现在南方中天。仲秋之月在天干上属庚辛，它的主宰之帝是少皞，佐帝之神是蓐收，顺应此时节气而动的动物是有皮毛的虎豹类，与之相应的声音是商音，音律与南吕相应。这个月的数字是九，味道辛酸，气味腥臊。在这一个月要举行门祭，祭品以肝脏为先献。这个月凉风吹拂，候雁从北飞来，燕子飞归南方，鸟雀都养护再生羽毛准备御寒过冬。天子住在西向明堂的中央正室，乘坐白色的战车，驾着白色的大马，车上插着白色的旗帜；天子穿着白色的衣服，佩戴白玉，吃的食物是麻籽和狗肉，使用有棱角而且深邃的器物。

在这个月，要赡养年迈衰弱的老人，授予他们手杖，供给他们粥等食物。命令主管衣服的官员准备置办衣裳，图案文饰要有固定的规格、大小；祭祀用的服装也要有一定的规格，必须依照旧有的规定；冠、带也要有固定的规格。命令负责狱讼的官吏重申严明法令，斩杀罪犯一定要恰当公正合法，不能违法不公，否则，执法的人就要受到惩治。

在这个月，命令主管祭祀的官吏巡视祭祀的牺牲的准备情况，察看牺牲是否完整无损，喂养的草料是否合乎规定，观察其肥瘦、毛色，这些一定要符合一贯的规定；称量它们的大小、长短，一定要符合要求。只有形体、肥瘦、毛色、大小、长短都完全符合规定要求，天帝才能享用。天子于是举行傩祭，以消除灾病，通顺秋气。这时天子会吃狗肉和麻籽，在吃之前要首先进献宗庙。在这个月，可以修筑城郭、修建国都，凿通沟渠疏通水道，挖掘地窖，修缮粮仓。命令主管官员督促百姓收藏粮食，尽量储藏过冬用的干菜，大量积聚过冬物品。要劝勉百姓播种小麦，不要错过农时，如果错过农时，就要受到处罚。

在这个月，白天和黑夜的时间均等，雷声逐渐减少。冬眠的动物都藏在屋檐下。阴气渐渐旺盛，阳气渐渐衰竭，水开始干涸了。日夜时间均等，这时需要进行统一和校正各种度量衡器具。

在这个月，要减少关卡，减轻税收以招徕商旅往来，收纳财物，以便利民生。各地的人都聚集在一起，这样，财物就不会匮乏，国家也就不会缺乏费用，各种事情就都能成功实现。做任何事都不要违背自然规律，一定要顺应时令，才会畅通。

实行这个月的政令，白露就会适时降落，十天一次。仲秋时分，如果推行本应该是在春天才实行的政令，秋雨就会不降，草木就会重新开花，国家就会陷入恐慌不安。如果推行本应该是在夏天才实行的政令，那么，国家就会发生旱情，冬眠的动物就不再蛰伏，五谷就重新萌发生长。如果推行本应该是在冬天才实行的政令，那么，风灾就会频频出现，雷声就会提前停止，草木就会过早枯萎。

论威

【题解】

本篇主要论述的是率领军队作战的道理，着重申明兵威天下、所向披靡。

作者认为，制敌之道，就在于自觉遵守道义，要善于明晓威势。此外，作者还论述了两军作战获胜的方法。

【原文】

义也者，万事之纪也，君臣、上下、亲疏之所由起也，治乱、安危、过胜之所在也。过胜之道，勿求于他，必反于己。

人情欲生而恶死，欲荣而恶辱。死生荣辱之道一，则三军之上可使一心矣。

凡军欲其众也，心欲其一也，三军一心则令可使无敌矣。令能无敌者，其兵之于天下也，亦无敌矣。古之至兵，民之重令也。重乎天下，贵乎天子。其藏于民心，捷于肌肤也，深痛执固，不可摇荡，物莫之能动。若此则敌胡足胜矣？故曰：其令强者其敌弱，其令信者其敌诎。先胜之于此，则必胜之于彼矣。

凡兵，天下之凶器也；勇，天下之凶德也。举凶器，行凶德，犹不得已也。举凶器必杀，杀，所以生之也；行凶德必威，威，所以慑之也。敌慑民生，此义兵之所以隆也。故古之至兵，才民未合，而威已谕矣，敌已服矣，岂必用枹鼓干戈哉？故善谕威者，于其未发也，于其未通也，宵宵乎冥冥①，莫知其情，此之谓至威之诚②。

凡兵，欲急疾捷先。欲急疾捷先之道，在于知缓徐迟后而急疾捷先之分也。急疾捷先，此所以决义兵之胜也。而不可久处，知其不可久处，则知所兔起凫举死殐之地矣。虽有江河之险则凌之，虽有大山之塞则陷之。并气专精，心无有虑，目无有视，耳无有闻，一诸武而已矣。冉叔誓必死于田侯，而齐国皆惧；豫让必死于襄子，而赵氏皆恐；成荆致死于韩主，而周人皆畏；又况乎万乘之国，而有所诚必乎？则何敌之有矣？刃未接而欲已得矣。敌人之悼惧惮恐、单荡精神尽矣，咸若狂魄，形性相离，行不知所之，走不知所往，虽有险阻要塞，铦兵利械，心无敢据，意无敢处，此夏桀之所以死于南巢也。今以木击木则拌③，以水投水则散，以冰投冰则沉，以涂④投涂则陷，以疾徐先后之势也。

夫兵有大要⑤，知谋物之不谋之不禁也，则得之矣。专诸是也，独手举剑至而已矣，吴王一成。又况乎义兵，多者数万，少者数千，密其躅路⑥，开敌之途，则上岂特与专诸议哉！

【注释】

①窅窅：幽暗，隐晦。冥冥：昏暗。

②诚：实。

⑤拌：通"判"，分开。

④涂：泥。

⑤大要：关键之处。

⑥躅：足迹。密其躅路：指人数众多，密布于道路。

【译文】

道义，是万事的根本。君臣、长幼、亲疏产生的根由也在于道义；国家治乱、安危、作战取胜的关键也在于道义。胜败的关键，不要寻求别的方法，就在于坚持道义。

人的本性是贪生怕死，希望荣耀而厌恶耻辱。以道义统一死生、荣辱，就可以使三军将士思想一致了。

大凡军队，都希望人多势众、军心一致。三军团结一致，号令就可以畅行无阻了。能使有令必行，军队就可以所向无敌了。古代善战的军队，关键在于重视号令，因此号令可以威行天下，使天子尊贵显赫。号令深藏于民心，感受于肌肤，刻骨铭心，不能动摇。这样的话，敌人怎么能战胜呢？所以说，号令严明的军队，它的敌人必然软弱；号令畅行无阻的军队，它的敌人必然屈服。在号令畅行上已经胜过了敌方，那么，在战场上战胜敌人就是必然的了。

军队是天下的凶危器物；勇武是天下的凶险德性。使用军队，实行凶德，

是由于不得已。使用凶器必定要杀人，杀人是为了让更多的人能够生存；实行凶德，必定要显示威力，显示威力是为了使人畏惧。敌人畏惧屈服，人民就可得到生存，正义之师就会被天下人所尊重。所以，古代最善于作战的军队，还没与敌人交战，而威力已经显示出来，敌人就已经屈服了，哪里还需要进攻搏斗呢？所以，善于显示威力的，在未出兵之前，在两军交锋之前，它表现得晦暗隐蔽，不可揣度，这才是最大的威力显现的情形。

凡是作战，兵贵神速，先发制人。行动敏捷迅速制人的方法，就在于能够区分缓急先后。迅速敏捷、先发制人，这是决胜的原因。军队不能长时间滞留在危险地带，懂得军队不可长久滞留的道理，那就知道陷于危险境地之后必须迅速逃离了。纵有江河阻挡也要超越它，纵有高山险塞也要攻陷它。要精神专一，精诚关注，目不旁视，耳不旁听，只是奋力地拼杀。冉叔发誓一定要杀死田侯，齐人都十分恐惧；豫让决心要刺杀赵襄子，赵氏上下都很惊恐；成荆冒死杀死韩王，周人都十分敬畏。一个勇士就这样，又何况拥有兵车万辆的大国呢？这样那里会有敌人？尚未交战敌军就已经屈服了。敌人恐惧害怕，精神挫败。他们都魂不守舍，不知往哪里走，就是据有险阻要塞，拥有坚甲利兵可以利用，却是不敢再去占据和利用了。夏桀就是这样死在南巢的。假如用木头击打木头，被击的木头就会裂开；用水冲击水，被冲击的水就会散开；用冰块投击冰块，被击中的冰块就会沉没；用泥团投击泥土，被击中的泥土就会下陷，这就是动静缓急先后不同所导致的态势。

战争的关键就在于，懂得攻其无备，出其不意，那就掌握了用兵之道了。专诸就是这样，他只不过只身一人，只是一击就刺死了吴王，又何况正义之师人多至数万，至少也有几千，占据了险胜的地带，布军在敌国的必经道路上进行围歼。这样所取得的战绩，一个专诸刺杀王僚之事怎么能够和它相提并论呢？

【解析】

凡兵器都是天下的凶器，勇武是天下的凶德。声讨兴兵的人总是为了自己的一己之私，而置天下苍生的生命于不顾，这就是人民厌恶战争的缘由。因此军队要有义才能显威于敌。有了义，三军可以一心。必然天下无敌。同时军队要遵循"先发制人、攻其不备、出其不意"的战略思想才能取得胜利，这是用兵的原则。至今仍有其现实意义。

【故事】

展喜智斗齐孝公

齐孝公率领军队要攻打鲁国，鲁僖公就派遣展喜去犒劳齐国军队。齐孝公还没有进入鲁国国境，展喜就出境去跟着齐孝公，对他说："我们国君听说您亲劳大驾，将要屈尊光临敝国，特派臣下来犒劳您的侍从们。"

齐孝公说："鲁国人害怕吗？"展喜回答说："平民百姓害怕，君子大人不害怕。"

齐孝公说："百姓家中空空荡荡像挂起来的磬，田野里光秃秃地连青草都没有，你们凭借什么不害怕？"展喜回答说："凭借先王的命令。从前周公和齐太公辅佐周王室，在左右协助成王。成王慰劳他们，还赐给他们盟约，盟约上说：'世世代代的子孙都不要互相残害！'这个盟约保存在盟府里，由太史掌管着。齐桓公因此集合诸侯，商讨解决他们的纠纷，弥补他们的过失，救助他们的灾难，这是为了发扬光大齐太公的业绩。等到您当上国君，诸侯们都盼望着说：'他会继承桓公的功业！'我们敝国因此不敢保城聚众，人们会说：'难道他继承桓公之位才九年，就丢弃使命、放弃职责吗？他怎么对先君交代呢？君王一定不会这样做的。'人们凭借这一点就不害怕。"于是齐孝公就领兵回国了。

简选

【题解】

"简选"就是选拔的意思。本篇中作者运用大量的历史史实，认为有利的军事形势，精良的兵甲器械，善于用兵的将领，训练有素的军队是正义之师除暴安良的佐助，是时势、战机的凭借。

【原文】

世有言曰："驱市人而战之①，可以胜人之厚禄教卒②；老弱罢民③，可以胜人之精士练材④；离散係絫[一]⑤，可以胜人之行陈整齐⑥；锄耰白梃[二]⑦，可以胜人之长铫利兵⑧"此不通乎兵者之论。今有利剑于此，以刺则不中，以击则不及，与恶剑无择⑨，为是斗因用恶剑则不可⑩。简选精良，兵械铦利⑪，发之则不时，纵之则不当⑫，与恶卒无择，为是战因用恶卒则不可。王子庆忌、陈年犹欲剑之利也⑬。简选精良，兵械铦利，令能将将之⑭，古者有以王者、有以霸者矣，汤、武、齐桓、晋文、吴阖庐是矣⑮。

殷汤良车七十乘，必死六千人⑯，以戊子战于郕⑰，遂禽推移、大牺[三]⑱，登自鸣条⑲，乃入巢门⑳，遂有夏。桀既奔走，于是行大仁慈，以恤黔首，反桀之事，遂其贤良㉑，顺民所喜，远近归之，故王天下。

武王虎贲三千人㉒，简车三百乘㉓，以要甲子之事于牧野㉔，而纣为禽。显贤者之位，进殷之遗老，而问民之所欲，行赏及禽兽，行罚不辟天子㉕，亲殷如周㉖，视人如己，天下美其德，万民说其意，故立为天子。

齐桓公良车三百乘，教卒万人，以为兵首㉗，横行海内㉘，天下莫之能禁，南至石梁㉙，西至酆[四]㉚，北至令支㉛。中山亡邢㉜，狄人灭卫㉝，桓公更立邢于夷仪㉞，更立卫于楚丘㉟。

晋文公造五两之士五乘[36]，锐卒千人，先以接敌，诸侯莫之能难[37]。反郑之埤[38]，东卫之亩[39]，尊天子于衡雍[40]。

吴阖庐选多力者五百人，利趾者三千人[五][41]，以为前陈，与荆战，五战五胜，遂有郢[42]。东征至于庳庐[43]，西伐至于巴、蜀[44]，北迫齐、晋，令行中国[45]。

故凡兵势险阻，欲其便也；兵甲器械，欲其利也；选练角材[46]，欲其精也；统率士民[47]，欲其教也。此四者，义兵之助也，时变之应也[48]，不可不为而不足专恃[六][49]。此胜之一策也。

【校勘】

［一］絫，众本作“系”，今据毕校改。

［二］耰，毕本作“櫌”，今据旧本改。梃，旧本皆作“挺”。

［三］旧本“移”上皆脱“推”字。

［四］鄗，众本作“郭”，今据陈昌齐说改。

［五］趾，元本、李本作“止”。

［六］众本“可”下无“不”字，今据陶鸿庆说补。

【注释】

①市人：市场上的人。指临时聚集起来的乌合之众。

②厚禄：指禄秩丰厚的武士。教卒：受过训练的兵士。

③罢民：疲惫的百姓。罢，通“疲”。

④练材：技艺熟练的勇武之士。

⑤絫：“累”的本字。累，捆绑。係累：这里指囚犯。

⑥行陈：军队的队列。“陈”的这个意义后来写作“阵”。

⑦耰：平土的农具。白梃：白茬的木棒。

⑧铫：古代兵器。一说即长矛。

⑨恶：劣。择：区别。

⑩是：此。因：于是。

⑪銛：锐利。

⑫纵：发。

⑬王子庆忌：春秋时吴王僚之子，以勇捷有力闻名。陈年：古代齐国的勇士。

⑭将之：统率他们。

⑮是：指示代词作谓语。

⑯必死：指不怕死的武士。

⑰郲：古地名。

⑱禽：捕捉。这个意义后来写作"擒"。推移、大牺：夏桀之臣。他书或作"推哆""推侈""大戏"。

⑲登：进发。鸣条：古地名，又名高侯原，在今山西运城安邑镇北。相传商汤伐桀，战于鸣条之野，即此地。

⑳巢门：当是夏桀国都城门之名。

㉑遂：举荐。

㉒虎贲：勇士之称。

㉓简车：精选的战车。简，选。

㉔要：这里是成的意思。甲子之事：指周武王在甲子那天打败商纣的战事。牧野：古地名，在今河南淇县南。

㉕行罚不辟天子：指诛杀商纣。辟，避开。

㉖殷、周：指殷、周的士民百姓。

㉗兵首：军队的前锋。

㉘海内：四海之内。古人认为我国四面环海，故称国境以内为海内。这里与下文的"天下"所指相同。

㉙石梁：古地名。高诱注："在彭城。"彭城在今江苏铜山县。

㉚酆：在今陕西户县东。他书或作"丰"。鄗：在今陕西西安市西南。

㉛令支：春秋时山戎属国，故址在今河北迁安县一带。本书《有始》作"令疵"。

㉜中山：春秋时白狄别族国名，战国时为中山国，故址在今河北定县、唐县一带。邢：古国名，周公之子封于此，故址在今河北邢台县境。据史书记载，齐桓公因邢遭受赤狄侵犯，于是把邢迁到夷仪，狄实际上并未灭邢，邢后为卫所灭。其事可参见《左传·僖公二十五年》。

㉝狄人灭卫：公元前660年，狄人杀卫懿公于荧泽，所以说"灭"。

㉞夷仪：古地名，在今山东聊城县西。

㉟楚丘：古地名，在今河南滑县东。

㊱造：造就，训练出。两：这里有技能的意思（依高诱注）。五乘：兵车一乘，甲士三人，五乘合十五人（依松皋圆说）。

㊲难：拒，抵挡。

㊳反：覆，毁。埤：即"埤堄"，城上有孔（或呈凹凸形）的矮墙，也称"女墙"。

㊴东：用如使动，使……东西向。亩：指田垄。

㊵衡雍：春秋郑地，在今河南省原阳县。

㊶利趾者：善于奔跑的人。趾，脚。

㊷郢：春秋时楚国国都，故址在今湖北江陵西北。

㊸庳庐：古地名。

㊹巴、蜀：二古国名，故址在今四川境内。

㊺中国：指春秋时地处中原的华夏各诸侯国。

㊻角材：指武士。角，较量。

㊼士民：指士卒。

㊽时变：时势的变化。应：适应。

㊾专：独，单一。恃：依赖，凭借。

【译文】

世上有一种言论说："驱使市人作战，靠他们可以战胜禄秩丰厚的武士和受过训练的士兵；靠老弱疲惫的百姓可以战胜精壮、熟练的武士；靠散乱无纪的囚徒可以战胜行列整齐的军队；靠锄耰木棒可以战胜长矛利刃。"说这种言论的根本不通晓用兵之道。假如有一把锋利的宝剑，由于技艺不精，拿它来刺却刺不中敌手，拿它去击却击不着目标，这同手持劣剑没有什么分别，但为此在搏斗时就使用劣剑却不可。经过选拔的、

高山流水

装备精良的军队，发动它们总不合时机，使用它们总不得适宜，这同统率劣等军队没有什么分别，但为此在战争中就使用劣等军队却不可。像王子庆忌、陈年那样的勇士，尚且还希望宝剑锋利，更何况一般人呢！经过选拔的、装备精良的军队，让有才干的将领统率它，古代有借此成就王业的，有借此成就霸业的，商汤、周武王、齐桓公、晋文公、吴王阖庐就是这样。

商汤率领精良的战车七十辆，不怕死的勇士六千人，在戊子那天与夏桀在郕地交战，抓住了桀臣推移、大牺。商汤进军鸣条，接着进入巢门，于是占有了夏的天下。夏桀已经逃跑了，在这时，商汤发扬仁慈的美德，抚恤百姓，一反桀的所作所为，拔举夏的贤人，顺应人民的意愿，远近的人都归附了他，所以汤称王天下。

周武王率勇士三千人，精选的战车三百辆，甲子那天，在牧野打败了商纣的军队，纣被擒获。武王把贤人提拔到显贵的位置，举荐殷朝的遗老，询问人

民的愿望，行赏及于禽兽，惩罚不避天子，亲近殷的士民百姓就像亲近周的士民百姓一样，看待别人就像看待自己一样，天下赞美他的德行，万民喜欢他的仁义，所以武王立为天子。

齐桓公率领精良的兵车三百辆，训练有素的士兵一万人，作为大军的前锋，纵横驰骋于四海之内，天下没有谁能够阻挡。他率领军队向南到达石梁，向西到达酆、鄗，向北到达令支。中山攻陷了邢国，狄人灭亡了卫国，桓公在夷仪重建起邢国，在楚丘重建起卫国。

晋文公训练出具有五种技能的甲士十五人，让他们率领精锐的步卒一千人作为前锋，先同敌人交锋，没有任何诸侯能够抵挡。晋文公命令毁掉郑国城上的女墙，以便随时攻取，命令卫国的田垄一律东西向，以便自己的兵车通行无阻，并率领诸侯在衡雍尊奉周天子。

吴王阖庐选拔力士五百人，善跑的士兵三千人作为军队的前锋，跟楚国交战，五战五胜，接着占领了楚国的国都郢。吴王阖庐率军向东征伐一直打到庲庐，向西征伐一直打到巴、蜀，向北逼近齐国、晋国，号令在中原华夏各诸侯国畅行无阻。

所以，凡战争形势、山川险阻，用兵的人都希望它对自己有利；兵甲器械，都希望它锋利坚固；选拔、训练武士，都希望他们精锐强壮；统率士卒，都希望他们训练有素。这四个方面是正义之师的辅助，是适应时势变化的凭借，不能没有，也不能一味依赖它，这是取胜的一种策略。

【解析】

本篇与上文一脉相承。"正义之师"要真正发挥"义兵"的作用，如果没有战斗力也是不行的。如要提高"义兵"的战斗力，必须简选精良，兵械锐利，"义兵"才能实现。篇名"简选"，意即选拔精良的部队，提高作战能力。本篇是关于如何提高军队质量、增强部队战斗力的专论。

　　首先必须注重兵员素质，选拔智力较高、作战勇敢、体魄强壮的士兵。这就是"简选精良"。战争是军队与军队的对抗，军队是人组成的，实际上是人与人之间的对抗。尽管天时、地利、武器装备能发挥很大的作用，但归根结底，仗是人打的，要依靠人的主观能动性的发挥。因此，兵员、将帅的素质决定了部队的素质，并且从根本上决定了战争的胜负。在《简选》篇中，作者特别把"选练角材"视为"义兵之助"的四个因素之一："凡兵势险阻，欲其便也；兵甲器械，欲其利也；选练角材，欲其精也；统帅士民，欲其教也；此四者，义兵之助也，时变之应也，不可为而不足专恃，此胜之一策也。""选练角材"，即选拔训练武士兵员都希望他们精锐强壮。在军事历史上，中国古代很早就意识到选拔兵员的重要性。《孙子兵法·地形》篇曰："兵无选锋，曰北。"意思是说，如果不对战士进行选拔，挑选精锐的士兵组成突击队，必然会失败。《六韬·武锋》："凡用兵之要，必有武车、骁骑、驰阵、选锋。"选锋，也是选拔精锐的士兵进行作战。《孙膑兵法·篡卒》说："兵之胜在于篡卒，其勇在于制。"篡卒，就是精选士兵。《孙膑兵法·威王问》："选卒力士者，所以绝阵取将也。"选择精锐士兵，目的是为了冲锋陷阵。《吕氏春秋》继承了前代兵家的这一精兵思想，并重点论述了选练精锐与"义兵"致胜的关系。作者在文中首先对当时社会上流传的"武士不选"就可以作战的言论进行了批判，认为"世有言曰，驱市人而战之，可以胜人之厚禄教卒；老弱罢民，可以胜人之精士练材，离散系累，可以胜人之行阵整齐；锄白梃，可以胜人之长铫利兵"的说法是"不通乎兵者之论"，提出"精士练材"，表现了作者对选兵练卒的重视。本篇认为，只有"简选精良"，"令能将将之"，才能完成"义兵"的使命。如殷汤有"必死六千人"，故能"王天下"。武王虎贲三千人，虎贲即是精锐的武士，故能"立为天子"。晋文公"造五两之士五乘，锐卒千人，先以接敌，诸侯莫之能难"。

　　其次要靠"士卒之教"，即对士兵进行加强战斗力的军事教育与军事训练。

军事教育与训练是实现人和武器结合的最重要环节，是提高军队战斗力的基本途径。《国语·鲁语下》："天子有虎贲，习武训也。"意思就是说，像虎贲一样精锐的武士，都是训练出来的。战国时期著名的军事家吴起曾经指出："夫人常死其所不能，败其所不便。故用兵之法，教戒为先。"（《吴子·治兵》）治兵之要，教戒为先。不教则不明，不练则不习。将领或士兵在作战中战死往往是由于其军事技能不熟练，作战失败的原因也主要是由于战术不灵活，由此强调军队军事训练的重要性。《孙膑兵法·教法》云："善教者于本，不临军而变，故曰五教：处国之教一，行行之教一，处军之教一，处阵之教一，隐而不想见利战之教一。"意思是说，对于那些善于教育管理的人来说，带兵的根本原则是不能随意改变的。所以将这些教育称为"五教"：在国内选拔士兵时，要进行教育与训练；在行军过程中，要进行教育与训练；在军队扎营时，要进行教育与训练；在临阵布兵准备迎敌时，要注意教育与训练；在部队隐蔽设伏时，还要教育与训练。对军队进行全程的教育与军事训练是孙膑重要的军事思想。《尉缭子·勒卒令》："三军之众，有分有合，为大战之法。教成试之以阅。"也是强调训练后接受检阅，然后才能参战。本篇继承了前人的思想，提出"统率士民，欲其教也"，并列举齐桓公"教卒万人"，乃可以"横行海内"的事例。清代军事家曾国藩也强调部队必须严格训练以增加战斗力。在他看来，"小仁者，大仁之贼……宽纵不可以治军"（曾国藩《笔记二十七则》）。他制定了非常严格的营规，对作息、警戒、操练、扎营、行军、服装、号令等都有明确的要求。对这些规定，曾国藩要求勤于落实。他说："营官之要全在一人勤字。训练勤，则弱卒亦成劲旅矣。稽查勤，则哨队咸守营规矣。"（《曾文正公批牍》卷二）

再次要靠"兵械铦利"，即精良的武器装备。武器装备是士兵智慧、力量、四肢的延伸和拓展，有武器跟没有武器，有精良的武器跟只有劣质的武器，在其他因素差不多的情况下，战争的结果是大不一样的。而且，在很大程度上，装备技术的水平还影响军事思想和战略战术的水平。殷汤有"良车七十乘"，

武王有"简车三百乘"，齐桓公有"良车三百乘"，这些战车是取得胜利的保障。所以说"兵甲器械欲其利"也是"义兵之助"。

如果军队具备了上面三个方面的条件，那就像一名武士，有强壮的体魄，有了高超的剑术，手持一把锋利无比的宝剑，最后再善于利用地势条件，就具备了打败所有敌人的条件了。

决胜

【题解】

本篇旨在论述战争决胜之道。文章认为，"义"是战争之"本"，是决定战争胜负的根本；"智""勇"是战争之"干"，是决定战争胜负的重要因素；"义""智""勇"构成了用兵之道的主体，三者缺一不可。文章指出，"勇"和"怯"是可以变化的，即"民无常勇，亦无常怯"，有"气"则勇，无"气"则怯。"气"从何来，文章没有直说，综观全篇，显然是出于"义"。这些观点都是很有见地的。本篇提出了一些宝贵的战略战术原则，如：兵"贵其因"，"不可胜在己，可胜在彼"，"胜失之兵，必隐必微，必积必搏"等等。

【原文】

夫兵有本干：必义，必智，必勇。义则敌孤独，敌孤独则上下虚，民解落；孤独则父兄怨，贤者诽，乱内作。智则知时化，知时化则知虚实盛衰之变，知先后远近纵舍之数。勇则能决断，能决断则能若雷电骤风暴雨，能若崩山破溃、别辨陨坠；若鸷鸟之击也，搏攫则殪[1]，中木则碎，此以智得也。

夫民无常勇，亦无常怯。有气则实，实则勇；无气则虚，虚则怯。怯勇虚实，其由甚微，不可不知。勇则战，怯则北。战而胜者，战其勇者也；战而北者，战其怯者也。怯勇无常，倏忽往来，而莫知其方，惟圣人独见其所由然。故商、周以兴，桀、纣以亡。巧拙之所以相过，以益民气与夺民气，以能斗众与不能斗众。军虽大，卒虽多，无益于胜。军大卒多而不能斗，众不若其寡也。夫众之为福也大，其为祸也亦大。譬之若渔深渊，其得鱼也大，其为害也大。善用兵者，诸边之内莫不与斗，虽厮舆白徒，方数百里皆来会战，势使之然也。势也者，审于战期而有以羁诱之也。

凡兵，贵其因^②也。因也者，因敌之险以为己固，因敌之谋以为己事。能审因而加胜，则不可穷矣。胜不可穷之谓神，神则能不可胜也。夫兵贵不可胜。不可胜在己，可胜在彼。圣人必在己者，不必在彼者，故执不可胜之术以遇不胜之敌，若此，则兵无失矣。凡兵之胜，敌之失也。胜失之兵，必隐必微，必积必搏。隐则胜阐矣，微则胜显矣，积则胜散矣，搏则胜离矣。诸搏攫柢噬^③之兽，其用齿角爪牙也，必托于卑微隐蔽，此所以成胜。

【注释】

①搏：击。攫：鸟用爪疾取。殪：死。

②因：凭借，利用。

③柢：通"抵"。柢噬：指用角抵，用牙咬。

【译文】

战争的根本，在于必须符合正义，运用智谋，具备勇猛。符合正义，敌人就陷入孤立无援，陷入孤立无援，敌军上下就会丧失斗志，民心随着瓦解离散；孤立无援，敌军中父兄就会相互埋怨，贤人就遭到猜忌，混乱就会从内部发生。善用智谋就能充分把握时机，把握和利用了时机，就会知道敌我双方虚实盛衰的转化，就会知道先后、远近、行止的对策。具备勇猛，军事行动就能果断，行动果断，用兵就能像雷电、旋风、暴雨，就能像山崩、堤决、陨石坠落一样，突然爆发而不可阻挡；行动迅速就像猛禽俯冲搏击禽兽，使禽兽顷刻毙命，击中树木，树木碎裂。这些都是靠正义、智谋、勇猛才实现的。

士兵没有一直都是勇敢的，也没有总是怯弱的。有斗志就充实顽强，士气充实顽强就会勇敢无敌。没有斗志士兵就会空虚，空虚就会怯弱。怯弱与勇敢、空虚与充实，产生的缘由十分微妙，但是很有必要了解。勇敢就能奋勇作战而战胜敌人，怯弱就会临阵逃跑。战胜敌人的，是靠勇气；而失败逃跑的，是心怀胆怯的原因。怯弱与勇敢变化不固定，瞬息即变，不容易把握，只有圣人知道如何保持持久的勇气。这就是商、周之所以兴盛，桀、纣之所以灭亡的原因。巧妙与笨拙的区别，就在于提高战士的士气和削弱战士的士气，在于善于驱使士兵作战和不会使用士兵作战。如果不能利用众多的士兵作战，那么尽管人数众多，也是没有什么用处。军队庞大、士兵众多却不能战斗，人多还不如人少。人数众多取胜的机会就大，但同时弊端也多，这就好像在深渊中捕鱼一样，可能捕到大鱼，但风险也大。善于用兵的人，境内之民没有不参战的，即使是奴仆以及没有受过训练的百姓也从数百里之外赶来参战，这是时势作用的结果。所谓时势，就在于明察民气并加以宣传引导。

用兵之道，贵在因势利导。因势利导，就是利用敌人的险阻坚固自己的防御，利用敌人的谋划达到自己的目的。能够因势利导再加上充分利用和把握时机，那就不会陷于困境。克敌制胜而不陷于困境，这就是用兵如神，用兵如神就不可战胜了。用兵贵在不可战胜。不可战胜的关键在于自己，能不能战胜敌人的关键则在于敌人。圣人一定注重居于主动，立于不败之地，而不再依赖敌人的过失。所以，掌握不可战胜的策略，同可以战胜的敌人交锋，那么，用兵就不会失误了。我军作战的胜利就是利用敌人犯下的过失造成的。战胜犯有过失的敌人，必须隐蔽潜藏，必须蓄积力量，必须集中兵力。隐蔽、潜藏就能战胜公开暴露的敌人，蓄积、集中就能战胜力量零散、兵力分散的敌人。就像捕捉猎物的猛兽，在依靠齿角爪牙抓取前，必定依靠隐身藏形，这是它们克敌制胜的重要原因。

【解析】

战争决胜的方法是什么？用兵必定要坚持的原则是什么？战争必胜的方法就是要善于用兵。而用兵三原则即是"必义，必智，必勇。"要讲仁义，讲勇，讲智，三个方面相互联系，不可或缺。没有义的军队就不会团结一心同仇敌忾，没有勇气的军队就没有信心战胜敌人，没有智慧的军队就不会和敌人周旋作战，增加取得胜利的机会。除此之外还要善于利用敌人的一切为自己所用，始终掌握主动，以取得战争的胜利。

【故事】

萧何月下追韩信

公元前 206 年，刘邦被项羽封为汉王。

他的封地在汉中、巴蜀等地，在当时十分荒凉。刘邦听从张良的计策，为了消除项羽对他的顾忌之心，命令士兵走一段烧一段栈道。士兵们到了这里，人心很是不稳定，很多人都悄悄溜走了，刘邦愁得吃不下饭，睡不着觉，可是一时也没有什么好办法。韩信从项羽那里历尽艰难到了汉中，本想在这里受到重用，实现自己的抱负，但是汉王迟迟不打算见他。于是，在一个有月亮的晚上，终于也骑马离开了。萧何一听说韩信走了，心急如焚，就赶快骑着马，趁着月色去追韩信。

快到天亮的时候，萧何才气喘吁吁地追上韩信。他把马停下，对韩信说："韩壮士，请留步，我有话对你说。"韩信看见萧何这样，心里很感动，就把马头调转过来。萧何说："你这样不辞而别，对得起我这个朋友吗？我已经向汉王推荐你三次了。汉王是一个很有主见的人，他不会轻易听别人的，但是他若是

发现你是个人才，一定会重用你的。你若是这样走了，怎么能让人发现你的才能呢？你若是真的要走，我也不勉强。但是请给我一个机会，我再向汉王推荐你一次。要是他还是不重用你，我就不再为难你。"

韩信见萧何说得恳切，就答应了，和他一道回来了。这边，汉王刘邦听说萧何也跑了，心里真是又急又怒。又听回报说萧何回来了，就冲着萧何说："别人跑了，我都不怪，你怎么也跑了？"萧何赶紧解释："我没有跑，我是去追跑了的人。来不及报告您。"

刘邦问道："你去追谁？"

"韩信。"

刘邦一听是韩信，更来气了："我十几个将军都跑了，你一个也没有追，一个无名小卒跑了，你却招呼都不打就去追他，这明明是欺骗我。"

萧何见时机成熟了，就对汉王说："大王，我汉中正缺一位有文韬武略的大将，其他的将军都没有这样的才能，所以他们跑了，我不去追；韩信此人可以统率千军万马，帮助大王打败项羽，所以我才去追的。"还说："大王要是想称霸天下，非得用韩信不可。"刘邦就拜韩信为大将军，郑重其事地向他请教。韩信给他分析了天下形势，还提出"明修栈道，暗渡陈仓"的妙计。韩信派一队老弱残兵，去修复烧毁的栈道，让别人认为他要经过栈道，进攻关中。暗地里，他却率精锐之师，绕道陈仓，直指关中。最后，韩信一举攻下了咸阳，收复了三秦。刘邦终于得到了关中。

爱士

【题解】

本篇主要论述的是国君要"爱士"。作者以秦穆公、赵简子爱士为例，说明君主只要做到广施仁德，安抚人民，人民就会亲近君主，就会愿意去为君主牺牲一切。

　　衣人以其寒也①，食人以其饥也②。饥寒，人之大害也；救之，义也。人之困穷，甚如饥寒③，故贤主必怜人之困也，必哀人之穷也。如此则名号显矣，国士得矣④。

　　昔者，秦缪公乘马而车为败⑤，右服失而野人取之⑥。缪公自往求之[一]，见野人方将食之于岐山之阳⑦。缪公叹曰："食骏马之肉而不还饮酒⑧，余恐其伤女也⑨！"于是遍饮而去⑩。处一年，为韩原之战⑪。晋人已环缪公之车矣⑫，晋梁由靡已扣缪公之左骖矣⑬，晋惠公之右路石奋投而击缪公之甲[二]⑭，中之者已六札矣⑮。野人之尝食马肉于岐山之阳者三百有余人，毕力为缪公疾斗于车下⑯，遂大克晋，反获惠公以归。此《诗》之所谓"君君子则正，以行其德；君贱人则宽，以尽其力"者也[三]⑰。人主其胡可以无务行德爱人乎[四]⑱？行德爱人[五]，则民亲其上；民亲其上，则皆乐为其君死矣。

　　赵简子有两白骡而甚爱之⑲。阳城胥渠处广门之官⑳，夜款门而谒曰㉑："主君之臣胥渠有疾㉒，医教之曰㉓：'得白骡之肝，病则止；不得则死。'"谒者入通㉔。董安于御于侧㉕，愠曰㉖："嘻㉗！胥渠也。期吾君骡㉘，请即刑焉㉙。"简子曰："夫杀人以活畜，不亦不仁乎？杀畜以活人，不亦仁乎？"于是召庖人㉚门之官，左七百人，右七百人，皆先登而获甲首㉛。人主其胡可以不好士？

　　凡敌人之来也，以求利也。今来而得死，且以走为利。敌皆以走为利，则刃无与接㉜。故敌得生于我，则我得死于敌；敌得死于我，则我得生于敌。夫得生于敌，与敌得生于我，岂可不察哉？此兵之精者也。存亡死生决于知此而已矣。

　　[一]旧本皆无"缪公自往求之"六字。

中华传世藏书

吕氏春秋

《吕氏春秋》原典释译

［二］殳，众本作"投"，今据王念孙说改。

［三］众本"谓"下皆有"曰"字，今据松皋圆说删。

［四］旧本"德"下衍"人"字。

［五］旧本皆无"行德"二字。

【注释】

①衣：给……衣穿。

②食：给……饭吃。

③如：相当"于"。

④国士：国中智勇出众的人。

⑤秦缪公：即秦穆公。缪，通"穆"。乘马：乘着马驾的车。败：坏。

⑥服：古代一车驾四马，居中的两匹称"服"，两边的称"骖"。失：通"逸"。狂奔。野人：与君子相对，这里指农夫。

⑦岐山：在今陕西岐山县东北。阳：山的南面。

⑧还：通"旋"。速，立刻。

⑨女：你们。这个意义后来写作"汝"。

⑩饮：给……喝。

⑪韩原：春秋晋地，在今山西芮城县。秦、晋韩原之战发生在公元前645年，可参见《左传·僖公十五年》。

⑫环：包围。

⑬梁由靡：晋大夫。据《史记·晋世家》记载，韩原之战，梁由靡为晋惠公驾车。扣：抓住。

⑭右：车右，由勇士担任。路石：人名。殳：同"殳"。古代兵器，竹制，一端有棱。

⑮中：击穿。之：代缪公之甲。六札：六层革甲。按：当时革甲一般都是复

叠七层。缪公之甲已被击穿六层，形势当是十分危急了。

⑯毕力：竭尽全力。

⑰这两句诗是逸诗，今本《诗经》未载。君君子：给君子作君。前一个"君"用如动词。"君贱人"中的"君"用法同。正：平正无私。行：用如使动。宽：宽容，宽厚。尽：用如使动。

⑱无：通"毋"。不。

⑲赵简子：春秋末年晋卿，名鞅，谥号简子。又名志父，也称赵孟。

⑳阳城胥渠：赵简子的家臣，复姓阳城，名胥渠。处：居，任。广门：晋邑名。官：这里指小吏。

㉑款：叩，敲。谒：告。

㉒主君：古时国君、卿、大夫均可称主君。这里指赵简子。

㉓之：胥渠自指。

㉔谒者：官名，负责传达命令，迎接宾客。通：通报。

㉕董安于：赵简子的家臣。他书或作"董阏于"。御：侍奉。

㉖愠：恼怒。

㉗嘻：叹词，这里表示恼怒。

㉘期：希冀。这里是算计的意思。

㉙即：就，走近。

㉚庖人：厨师。

㉛甲首：披甲武士的首级。

㉜接：交战。

【译文】

　　给人衣穿是因为人们在受冻，给人饭吃是因为人们在挨饿。挨饿受冻是人的大灾，拯救挨饿受冻的人是正义的行为。人的艰难窘迫比起挨饿受冻来灾难更为深重，所以贤明的君主对人陷入困境必定怜悯，对人遭受困厄必表痛惜。做到这一步，君主的名声就显赫了，国士就会归附了。

从前，有一次秦穆公乘马车出行，车坏了，右侧驾辕的马脱缰跑了，一群农夫抓住了它。穆公亲自去寻找那匹马，在岐山的南面看到农夫正在分食马肉，穆公叹息说："吃了骏马的肉而不马上喝酒，恐怕马肉会伤了你们的身体。"于是穆公给他们一一喝了酒，才离开。过了一年，秦、晋在韩原展开激战。晋国士兵已经包围了秦穆公的兵车，晋国大夫梁由靡已经抓住穆公车上左边的马，晋惠公的车右路石举起长殳击中了穆公的铠甲，穆公的七层铠甲已被击穿了六层。在这危急时刻，曾在岐山之南分食马肉的农夫三百多人，赶来在车下竭尽全力为穆公拼死搏斗。于是秦军大胜晋军，反而俘获了晋惠公带回秦国。这就是《诗》中所说的"给君子做国君就要平正无私，借以让他们施行仁德；给卑贱的人做国君就要宽容厚道，借以让他们竭尽全力"啊！君主怎么能不务求施行仁德、爱抚人民呢？君主施行仁德，爱抚人民，人民就爱戴他们；人民如果爱戴他们的君主，那就都乐意为他们去死了。

赵简子有两匹白骡，简子特别喜爱它们。一天夜里，任广门邑小吏的阳城胥渠来到简子的门前，叩门申述说："主君的家臣胥渠病了，医生告诉他说：'如果弄到白骡的肝吃了，病就能好；如果弄不到，就必死。'"负责通报的人进去禀告赵简子。董安于正在一旁侍奉，恼怒地说："嘿！胥渠这个家伙！竟算计起我们主君的白骡来了。请允许我去把他杀掉！"简子说："为使牲畜活命而杀人，不也太不仁义了吗？为救活人命而杀掉牲畜，不正是仁爱的体现吗？"于是呼唤厨师杀掉白骡，取出肝，送给阳城胥渠。过了没多久，赵简子举兵攻狄，广门邑的小吏，左队七百人，右队七百人都争先登上城头，并斩获敌方披甲武士的首级。由此看来，君主怎么可以不爱士呢？

凡敌人来犯，都是为了追求利益；假如来犯而遭到覆灭，那将把退却看作有利了。如果敌人都把退却看作有利，那就用不着交锋了。所以，如果敌人从我们这里获得生存，那我们就要死在敌手；如果敌人死在我们手下，那我们就从敌人那里获得了生存。或是我们从敌人那里获得生存，或是敌人从我们这里获得生存，这其中的道理难道不该仔细研究吗？这是用兵的精妙所在，生死存亡就取决于是否懂得这个道理了。

【解析】

儒家学派极力推崇仁义的品德，那么，什么是仁义呢？挨饿受冻是人的大灾，拯救挨饿受冻的人是正义的行为。这就是对仁义含义的总结。仁义的君主关心人民生活，能够把人民从饥寒之中拯救出来，仁义的君主爱护自己的士兵，士兵都会全力为他拼命效力。仁义是用兵的精妙所在，是生死存亡的关键。

【故事】

刘备荆州求贤才

起初，诸葛亮居住在襄阳的隆中，经常把自己比作管仲和乐毅。刘备在荆州，向襄阳人司马徽询访人才。司马徽推荐诸葛亮。

徐庶在新野县见到刘备，刘备对徐庶很是器重。徐庶对刘备说："诸葛亮乃是卧龙，将军愿见他吗？"刘备说："请你与他一起来。"除庶说："这个人，您可以去见他，但不可以召唤他来，将军应当屈驾去拜访他。"刘备于是拜访诸葛亮，一共去了三次，才见到诸葛亮。刘备让左右的人都出去，对诸葛亮说道："汉朝王室已经衰败。奸臣窃据朝政大权，我不度德量力，打算伸张正义于天下，但智谋短浅，以至于遭受挫折，到了今天这个地步。但我的雄心壮志仍然还在，您认为应当如何去做？"诸葛亮说："如今，曹操已经拥有百万大军，挟持天子以号令天下确实不可与他争锋。孙权占据江东，已经经营三代，地势险要，民心归附，贤能人才都为他尽力，此人可以与他联盟，却不可算计他。荆州地区，北方以汉水、沔水为屏障，南方直通南海，东边连接吴郡、会稽，西边可通巴郡、蜀郡，正是用武之地，但主人刘表却不能守卫。这恐怕是上天赐给将军的资本。益州四边地势险阻，中有沃野千里，是天府之地，而益州牧刘璋昏庸懦弱，平庸无能。北边还有张鲁相邻，虽然百姓富庶，官府财力充足，却不知道珍惜，智士贤才都希望能有一个圣明的君主。将军既是汉朝王族，与孙权结盟，对内修明政治，对外观察时局变化，这样，就能建成霸业，复兴汉朝王室了。"刘备说："很好！"从此与诸葛亮的情谊日益亲密。关羽、张飞对此感到不满，刘备向他们解释说："我得到诸葛亮，是如鱼得到了水，希望你们不要再说了。"关羽、张飞才停止抱怨。

季秋纪第九

季秋

【题解】

季秋时节，仍要全力进行秋收，并储备农作物，以供需求。秋收之后，要练兵习武，顺从民心，敬爱士民，以求在军事上处于不败之地。

【原文】

季秋之月：日在房，昏虚中，旦柳中。其日庚辛。其帝少皞。其神蓐收。其虫毛。其音商。律中无射。其数九。其味辛。其臭腥。其祀门。祭先肝。候雁来。宾爵入大水为蛤。菊有黄华。豺则祭兽戮禽。天子居总章右个，乘戎路，驾白骆，载白旗，衣白衣，服白玉，食麻与犬。其器廉以深。

是月也，申严号令。命百官贵贱，无不务入，以会天地之藏，无有宣出。

命冢宰，农事备收，举五种之要，藏帝籍之收于神仓，祇敬必饬①。

是月也，霜始降，则百工休。乃命有司曰：“寒气总至，民力不堪，其皆入室。”上丁，入学习吹。

是月也，大飨帝②，尝牺牲，告备于天子。合诸侯。制百县③。为来岁受朔日④。与诸侯所税于民轻重之法。贡职之数，以远近土地所宜为度，以给郊庙之事，无有所私。

是月也，天子乃教于田猎，以习五戎。狻马⑤。命仆及七驺咸驾，载旍旐舆，受车以级，整设于屏外，司徒搢扑，北向以誓之。天了乃厉服厉饬，执弓操矢以射。命主祠，祭禽于四方。

是月也，草木黄落，乃伐薪为炭。蛰虫咸俯在穴，皆瑾其户。乃趣狱刑，无留有罪。收禄秩之不当者、共养之不宜者。

是月也，天子乃以犬尝稻，先荐寝庙。

季秋行夏令，则其国大水，冬藏殃败，民多鼽窒⑥。行冬令，则国多盗贼，边境不宁，土地分裂。行春令，则暖风来至，民气解堕⑦，师旅必兴。

【注释】

①祇敬：恭敬。饬：正。

②飨：祭祀。帝：天帝。

③制：控制。百县：指畿内各县，即天子领地内的各县。

④来岁：来年。秦以十月为岁首，故于九月受明年历日。朔：每月初一。

⑤狻：通“搜”，选择。

⑥鼽：鼻塞不通。窒：阻塞，不通。

⑦解堕：懈堕。

【译文】

季秋九月，太阳运行到房宿位置，日昏时刻，虚宿出现在南方中天；平旦

时刻柳宿出现在南方中天。这个月在天干上属庚辛。它的主宰之帝是少皞，佐帝之神是蓐收，顺应这个季节而动的动物是长有皮毛的虎豹类动物，相配的声音是五音中的商音，音律与无射相应。这个月的数字是九，味道辛苦，气味腥臊。在这一个月要举行门祭，祭祀的牲品以肝脏为尊。这时，候鸟从北方飞来，鸟雀钻进大海变成了蛤蜊。秋菊开了黄花。豺把捕到的野兽像祭祀一样摆开。天子住在北向明堂的右侧室，乘坐着白色的兵车，驾着白色的马，车上插着绘有龙纹的白色旗帜。天子穿着白色的衣服，佩戴白玉，吃的是麋和狗肉，使用的器物棱角分明而且深邃。

在这个月，要重新严申各种政令。命令百官都要从事收敛，以此来顺应天地阴阳之气，不能散出。命令太宰，在农作物收成之后，制作登记五谷的账簿；把天子籍田中收获的谷物储存在神仓，因为这是用来祭祀天帝的，所以态度要恭敬。

在这个月，开始降霜，工匠们停止制作器物去休息。天子又命令司徒说："寒气突然降临，百姓难以承受，让他们都停止户外工作，居家过冬。"这个月第一个的丁日，天子令乐正进太学练习乐器吹奏、演习礼乐。

在这个月，举行天帝大祭，要用牺牲来祭祀，向天子禀告祭祀准备完毕。然后天子聚会诸侯，控制畿内各县，为来年制定历日。宣布向百姓收税多少的标准和规定，诸侯向天子缴纳贡赋的数额，按照领地的远近和土地的肥瘠情况为依据。这些赋贡是用于祭天祭祖的郊祀庙祀，天子也不能占为己有。

在这个月，天子在打猎过程中演练兵法，熟悉各种兵器，选择良马。命令服侍打猎的仆人和掌管套车御马的吏役都来驾车。车上插着绘有鹰、蛇的各种旗帜，按照等级授予参加打猎的人相应的车辆，按照尊卑等级次序在猎场的树垣外列队。司徒腰间插着刑具，向北代表天子告诫众人。天子全副武装，佩戴着刀剑等饰物，拉弓开箭射杀猎物。命令主管祭祀的官吏祭祀主宰禽兽的四方之神。

在这个月，草木发黄零落，农夫可以砍伐林木、烧制木炭。蛰伏的动物都藏伏在洞穴中，洞口密封得很严实。在这个月，要迅速判断狱讼的事，不要待到明年，对于有罪应该处决的人一律处死。收押那些没有功德却有俸禄和官爵的人，以及没有赡养父母的人。

这个月，天子就着狗肉品尝稻米，尝之前要先进献给祖庙。

季秋九月，如果实行本应该是在夏天才实行的政令，那么，国家就会发生水灾，贮藏的谷物菜蔬就会败坏，百姓多会感染鼻塞窒息的疾病。如果实行本应该在冬天才实行的政令，那么，国家就会盗贼肆虐，边境受到敌寇的侵犯而不能安宁，以至于土地被分割。如果实行本应该是在春天才实行的政令，就会刮来暖热之风，百姓就会松懈，就会发生战事。

顺民

【题解】

"顺民"就是顺应民心的意思。作者认为，只有先顺应民心，才能得到百姓的支持，才能够成就功名。

【原文】

先王先顺民心，故功名成。夫以德得民心以立大功名者，上世多有之矣。失民心而立功名者，未之曾有也。得民必有道①，万乘之国，百户之邑，民无有不说②。取民之所说而民取矣，民之所说岂众哉？此取民之要也③。

昔者汤克夏而正天下④。天大旱，五年不收，汤乃以身祷于桑林⑤，曰："余一人有罪，无及万夫⑥。万夫有罪，在余一人。无以一人之不敏⑦，使上帝鬼神伤民之命⑧。"于是翦其发⑨，䶦其手[一]⑩，以身为牺牲⑪，用祈福于上帝⑫。民乃甚说，雨乃大至。则汤达乎鬼神之化、人事之传也⑬。

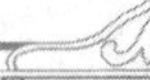

文王处岐事纣[14]，冤侮雅逊[15]，朝夕必时[16]，上贡必适，祭祀必敬。纣喜，命文王称西伯[17]，赐之千里之地[18]。文王载拜稽首而辞曰[19]："愿为民请炮烙之刑[20]。"文王非恶千里之地，以为民请炮烙之刑，必欲得民心也。得民心则贤于千里之地[21]，故曰文王智矣。

越王苦会稽之耻[22]，欲深得民心，以致必死于吴[23]。身不安枕席，口不甘厚味[24]，目不视靡曼[25]，耳不听钟鼓。三年苦身劳力，焦唇干肺[26]，内亲群臣，下养百姓，以来其心[二][27]。有甘脆不足分[28]，弗敢食；有酒流之江，与民同之[29]。身亲耕而食，妻亲织而衣。味禁珍[30]，衣禁袭[31]，色禁二[32]。时出行路，从车载食，以视孤寡老弱之溃病、困穷、颜色愁悴、不赡者[33]，必身自食之。于是属诸大夫而告之曰[34]："愿一与吴徼天之衷[三][35]。令吴、越之国相与俱残[四][36]，士大夫履肝肺[37]，同日而死，孤与吴王接颈交臂而偾[38]，此孤之大愿也。若此而不可得也，内量吾国不足以伤吴[39]，外事之诸侯不能害之[40]，则孤将弃国家，释群臣[41]，服剑臂刃[42]，变容貌，易名姓[五][43]，执箕帚而臣事之[44]，以与吴王争一旦之死。孤虽知要领不属[45]，首足异处，四枝布裂[六][46]，为天下戮[47]，孤之志必将出焉！"于是异日果与吴战于五湖[48]，吴师大败，遂大围王宫，城门不守，禽夫差[49]，戮吴相[50]，残吴二年而霸。此先顺民心也。

齐庄子请攻越[51]，问于和子[52]。和子曰："先君有遗令曰：'无攻越。越，猛虎也[53]。'"庄子曰："虽猛虎也，而今已死矣。"和子以告鸮子[七][54]。鸮子曰："已死矣，以为生。"故凡举事，必先审民心，然后可举。

【校勘】

[一] 曆，众本作"廨"，今据毕校改。

[二] 来，元本、李本、许本、张本、姜本、小宋本、汪本、凌本、朱本、王本、日刊本作"求"。

[三] 众本"天"下有"下"字，今据毕校删。

〔四〕令，众本作"今"，今据俞樾、陈昌齐说改。

〔五〕毕本作"易姓名"，今据旧本改。

〔六〕枝，张本、刘本作"肢"。

〔七〕众本"和子"下衍"曰"字，今据孙人和说删。

【注释】

①必："心"字之误（依陶鸿庆说）。道：方法。

②说：喜悦。这个意义后来写作"悦"。

③要：要领，关键。

④正：这里是治理的意思。

⑤祷：祈神求福。桑林：古地名。汤祀神之所。

⑥万夫：万民，泛指天下人。

⑦不敏：不才，自谦之词。

⑧上帝：天帝。鬼：古人认为人死魂灵为鬼。神：天神。

⑨翦其发：剪去头发是古代的一种刑罚。

⑩磿：通"枥"。即"枥撕"，古代绞指的刑具。这里用如动词。"枥手"是古代的一种刑罚。用绳联小木棍五根，套人手指收紧，状如后来的"拶指"。商汤自剪其发，自拶其手，以示自责。

⑪牺牲：供祭祀用的纯色体全的牲畜。

⑫用：以。

⑬传：转移。这里指转移的道理。

⑭岐：岐山。

⑮冤侮：遭受冤枉、轻慢（依高诱注）。雅：正，合乎规范。逊：顺。

⑯朝夕：指早晚朝拜。

⑰西伯：古代统领一方的长官称伯。文王统领雍州（古九州之一，包括今

陕西北部、甘肃大部及青海一部），在西方，故称西伯。

⑱千里之地：纵横千里的土地。

⑲载拜：拜两拜。载，通"再"。稽首：古人最恭敬的礼节，动作近似于叩头，但要先拜，然后两手合抱按地，头伏在手前边的地上，并停留一会儿，整个动作都较缓慢。辞：推辞，不接受。

⑳请炮烙之刑：请求除去炮烙之刑。炮烙，殷纣所用的酷刑。炮，烧烤。烙，当作"格"。格为铜器，格下烧炭，使犯人步行格上，堕入火中而死。后人改"格"为"烙"，解为烧灼之义。

㉑贤：胜过。

㉒越王：指越王勾践。苦：用如动词，被……所苦。会稽之耻：指越王勾践被吴王夫差战败，困于会稽，被迫屈辱求和一事。会稽，山名，在今浙江绍兴县东南。

㉓致必死：决心舍命拼死的意思。

㉔厚味：指美味。

㉕靡曼：指美色。

㉖焦：干燥。干肺：肺气枯竭。

㉗来：使……来（归依）。这个意义又写作"徕"。

㉘甘脆：甘美的食物。

㉙有酒流之江，与民同之：传说越王曾把酒倒入江中，与民同饮。之，代酒。

㉚珍：珍奇。

㉛袭：衣外加衣。

㉜色禁二：禁用二色为饰。

㉝渍：病。赡：充足。

㉞属：聚集。

㉟这句的大意是，要与吴国一决胜负。微：求。衷：正。

㊱残：毁灭。

㊲履肝肺：形容战争残酷激烈，多所杀伤。履，踏，踩。

㊳接颈交臂：描写肉搏之状。偾：僵仆，这里指死。

㊴量：衡量，估量。

㊵事：所事。

㊶释：舍弃。

㊷服：佩带。臂：用如动词，持。

㊸易：更换。

㊹执箕帚：指为仆役。

㊺要领不属：指受腰斩、斩首之刑。要，古"腰"字。领，脖子。属，连。

㊻四枝布裂：古代一种最残酷的刑罚。四枝，即四肢。布，分散。

㊼戮：辱。

㊽五湖：这里指太湖。

㊾禽：捉。这个意义后来写作"擒"。

㊿吴相：指太宰嚭。

51齐庄子：即田庄子，田和之父，齐宣公之相。

52和子：春秋时齐国田常的曾孙田和，公元前386年始列为诸侯，为田姓齐国第一个国君。

53越，猛虎也：喻越国强盛有如猛虎。

54鸮子：齐国之相。

【译文】

先王治理天下首先顺依民心，所以功成名就。依靠仁德博取民心而建立大

功、成就美名的，古代大有人在。失去民心而建立功名的却不曾有过。获得民心是有方法的，无论是具有万辆兵车的大国，还是仅有百户的小邑，人民无不有喜欢的事。只要做人民所喜欢的事，民心就获得了。人民所喜欢的事难道会很多吗？这是取得民心的关键。

从前，汤灭掉夏，治理天下。天大旱，五年没有收成。汤于是在桑林用自己的身体向神祈祷，说："我一人有罪，不要祸及天下人；即使天下人有罪，罪责也都在我一人身上。不要因我一人不才，致使天帝鬼神伤害人民的生命。"于是汤剪断自己的头发，拶起自己的手指，把自己的身体作为牺牲，向天帝求福。人民于是非常高兴，雨于是也大下起来。汤可说是通晓鬼神的变化、人事的转移了。

文王住在岐山臣事纣王，虽遭冤枉侮慢，依然雅正恭顺，早晚朝拜不失其时，进献贡物一定合宜，祭祀一定诚敬。纣很高兴，封文王为西伯，赏他纵横千里的土地。文王再拜稽首，辞谢说："我不要千里的土地，只愿替人民请求废除炮烙之刑。"文王并不是厌恶土地，用它替人民请求废除炮烙之刑，是一定要博得民心。得到民心，它的好处胜过纵横千里的土地。所以说，文王是相当明智了。

越王深为会稽之耻而痛苦，想要深得民心以求和吴国拼死一战。于是他身不安于枕席，口不尝食美味，眼不看美色，耳不听音乐。三年的时间，苦心劳力，唇干肺伤，对内爱抚群臣，对下教养百姓，以便使他们一心归顺自己。有甜美的食物，如不够分，自己不敢独自吃；有酒把它倒入江中，与人民共饮。靠自己亲身耕种吃饭，靠妻子亲手纺织穿衣。饮食不求珍奇，衣服不穿两层，禁用二色为饰。他还时常出外巡视，随从车辆载着食物，去探望孤寡老弱中那些生病的、穷困的、面色憔悴的、饮食不足的人，一定亲自给他们食物吃。然后，他召集诸大夫，向他们宣告说："我愿与吴国一决胜负。让吴、越两国一道毁灭，士大夫踏肝践肺同日战死，我跟吴王颈臂相交肉搏而亡，这是我最大的愿望。如果这些办不到，从国内考虑估量我们的国力不足以损伤吴国，从国外考虑结盟的诸侯也不能毁灭它，那么，我将抛弃国家，离开群臣，身带佩剑，手执利刃，改变容貌，更换姓名，充当仆役，执箕帚侍奉吴王，以便跟吴王决死于一旦之间。我虽然知道这样做会招致腰断颈绝，头脚异处，四肢分裂，被天下人所羞辱，但是我的志向一定要付诸实施！"后来越国终于与吴国在五湖决战，吴国军队大败，紧接着越国军队包围了吴王的王宫，攻下城门，活捉了夫差，杀死了吴相。灭掉吴国之后二年越国称霸诸侯。这都是先顺依民心的结果啊。

齐庄子请求攻打越国，征求和子的意见。和子说："先君有遗命说：'不可攻打越国。越国是只猛虎。'"庄子说："虽然是只猛虎，但是现在已经死了。"和子把这话告诉鹖子，鹖子说："虽然已经死了，但人们还认为它活着。"所以，凡行事，一定要先考察民心，然后才可去做。

【解析】

本篇篇名"顺民"，意即顺应民众之欲望，也即满足民众的基本生存欲望。本文一开头便开宗明义，强调得民心是十分重要的。"先王先顺民心，故功名成"，顺应民心，是先前的君王成就功名的原因。"取民之要"，即在于顺应民心。本篇在结尾再次强调："故凡举事，必先审民心。然后可举。"作为治理国家的君主，做任何事都要先看民心所在，然后才可实施。

"顺民"思想与先秦时期儒家思想相当地接近。《尚书·五子之歌》曰："民可近，不可下；民惟邦本，本固邦宁。"这是重视民心最早的论述之一。孔子曾形象地说："君者，舟也；庶人者，水也。水则载舟，水则覆舟。"（《荀子·哀公》）这句话指出民心向背决定了政权的归属。孟子说："得天下有道，得其民，斯得天下矣。得其民有道，得其心，斯得民矣。得其心有道，所欲与之聚之，所恶勿施尔也。"（《孟子·离娄上》）意思是说，要想取得最高统治权，必须获得民众的拥护；要想获得民众的拥护，必须获得民众的认同；获得民众认同的方法是：民众所喜欢的，就为他们聚积起来；民众所厌恶的，就不要加在他们头上。孟子还说："民为贵，社稷次之，君为轻。"（《孟子·尽心下》）主张君王执政应以民为本，民心所向即为天下趋势。"是故得乎丘民而为天子，得乎天子为诸侯，得乎诸侯为大夫"（《孟子·尽心下》），只有得民众之心，才能为天子。对此，另一位儒家大师荀子也有精辟论述，其曰："选贤良，举笃敬，兴孝弟，收孤寡，补贫穷，如是则庶人安政矣。庶人安政，然后君子安位。"（《荀子·王制》）荀子这里强调的是"庶人安政，然后君子安位"，实际上是说政治权力必须得到民意的支持。《礼记·缁衣》篇也是儒家著作，其关于"君民关系"的论述也颇为精到，曰："民以君为心，君以民为体。心庄则体舒，心肃则容敬。心好之，身必安之。君好之，民必欲之。心以体全，亦以体伤；君以民存，亦以民亡。"其"君心民体"之喻，取象生动，寓意深刻。儒家的这种思想后来被归结为一句话：即"得民心者得天下"。本篇可视为是对儒家思想的合理吸收，并对后世产生了积极的影响。

其次，既然得民心如此重要，那么如何才能获得民心呢？这是本篇的重点。《孝经·广致德》："非至德，其孰能顺民如此，其大者乎。"邢昺疏谓："若非至德之君，其谁能顺民心如此。"意即只有至德的君主，才能顺应民心。这是儒家的看法。"皇天无亲，惟德是辅"（《尚书·蔡仲之命》），谁有德，天就辅佐谁。而上天惠爱百姓，"惟天惠民"（《尚书·泰誓中》），所以民心也是随惠而定的，谁给予百姓好处，百姓就心向着谁，"民心无常，惟惠之怀"（《尚书·蔡仲之命》）。本篇认为，有德的君主，仅凭自己有德是不能得民心的，取得民心的关键是满足民众的欲望。虽然满足民众的欲望也算是有"德"，但是儒家往往强调从"自身"修养开始，然后推广至天下。《吕氏春秋》认为，得民心，要转换立场，站在民众的立场上，关键在于满足民众的欲望。并以历史上凡成就功业者如商汤、周文王、越王勾践为例加以说明。商汤时，天大旱，五年没有收成。这时民心最希望下雨。汤于是去求雨，说："是我一个人有罪，不要祸及天下人；即使天下人有罪，罪责也都在我一人身上，不要因为我一人的罪过，致使天下人的生命受到鬼神的伤害。"他还剪断自己的头发，用绳连小木棍套入手指以受刑，以自己的身体作祭品，向天帝祷告。雨于是下了起来，人民非常高兴。汤也成就功名，成为一代圣王。周文王事纣，朝拜不失时，进贡不失礼，纣王很高兴，赏他千里沃土。但是文王却说："我不要千里的土地，只愿替人民请求废除炮烙之刑。"文王这样做，就是为了顺应民心。越王勾践知道只有深得民心然后才能复仇成功，于是他对内安抚群臣，对下教养百姓。有食物不独食，有酒把它倒入江中，与人民共饮。亲身参与耕种，靠妻子纺织穿衣。并用车辆载着食物去探望孤寡老弱。结果大败吴军，攻下吴国国都，灭掉了吴国而称霸于诸侯。汤、文王、越王勾践都能够顺应民心，所以能够成功。

　　所以如果要称王，必定"先顺民心"，顺民心，必定满足民众的欲望，才能成功。"夫以德得民心以立大叻名者，上世多有之矣。失民心而立功名者，未之曾有也。得民必有道，万乘之国，百户之邑，民无有不说，取民之所说而民取矣，民之所说岂众哉！此取民之要也。"即凡事是顺应民心民意。"故凡举事，必先审民心然后可举"，这是为君者不得不明察的关键。

【故事】

黄霸教化治民

　　黄霸（？—前51年），字次公，西汉阳夏人，历任阳夏游徼、侍郎谒者、左冯翊属下卒吏。他性情温良、谦虚、识闻博广，理事以法律为准，治民以教化为先。

　　黄霸不坐轿，不骑马，不鸣锣开道，而是微服私访，骑着骡子带一个管家去上任。进入颍川地界，一路上看到逃荒要饭的百姓一拨又一拨，他就和这些

百姓聊起来，问他们为何要背井离乡？逃荒者告诉他，因为他们的土地被豪强恶霸掠夺去了，无田可种，不逃荒就得饿死。黄霸说，为何不去县衙告状？逃荒者哭诉：进衙门告状，未开口先挨打，谁还敢去啊！黄霸明白了，便劝他们回颍川，新任太守替他们申冤做主。当然，逃荒者不相信一个过路人的话，继续往

黄霸教化治民

邻县逃奔。在路上，也有让黄霸心动眼亮的地方。到了岭武村，满山树木葱郁青翠，牛羊在田间山边吃草，家家炊烟冉冉，鸡叫狗吠猪嚎，一派农村清平乐园景象。他在岭武村歇脚喝茶时得知原来这岭武村不属颍川郡管辖。黄霸登山远眺：同一块土地上，竟有不同村庄，一边逃荒要饭，满目凄凉；一边安居乐业，牛欢马叫。强烈的对比使他明白了，不是颍川"刁民"难弄，而是豪强恶霸作祟。于是他向汉宣帝写了一份奏章，火速发往京城，恳请皇上恩准在颍川开仓放粮，把颍川郡几万流亡农民安置好，这样皇上的新政新法令就能在颍川实行，颍川的"刁民"也就治理好了。他在奏章最后说，民是水，水可以载舟，也可以覆舟。

汉宣帝答应了这个合情合理的要求。所以，黄霸到颍川第一件事就是出安民告示，教化百姓，学习法令，并还派人到邻县和官道上贴告示，号召流亡农民回乡，凡回家开荒种田者发放粮食，发放种子，免税免劳役。为了赢得百姓的信任，他带头脱掉官服官靴，下地拉犁耕地。他的做法一传十，十传百，百传千，外出逃荒的流亡农民纷纷回来了。为了让流亡农民安心，不再外逃，他责令各县县令安置逃荒者，违者重罚，不听者革职，到各县暗自察访，检查督促。他说："流亡农民不想造反，也不想背井离乡去逃荒，各县应该明白，这些逃荒流亡农民既是劳动力，又是社会不稳定的因素，把这些流亡农民安置好了，

也是你们尽心尽职的政绩了。"

知士

【题解】

本篇主要论述的是国君只有了解了士、尊重士，才能够让他们甘心为国君效力。同时，作者用千里马作为比喻，说明士有待于贤主的发现。

【原文】

今有千里之马于此，非得良工[①]，犹若弗取[②]。良工之与马也，相得则然后成。譬之若枹[③]之与鼓。夫士亦有千里，高节死义，此士之千里也。能使士待千里者，其惟贤者也。

静郭君[④]善剂貌辨。剂貌辨之为人也多訾[⑤]，门人弗说。士尉以证[⑥]静郭君，静郭君弗听，士尉辞而去。孟尝君窃以谏静郭君，静郭君大怒曰："刬而类[⑦]！揆[⑧]吾家，苟可以慊[⑨]剂貌辨者，吾无辞为也。"于是舍之上舍，令长子御，朝暮进食。数年，威王薨，宣王立，静郭君之交，大不善于宣王，辞而之薛，与剂貌辨俱。

留无几何，剂貌辨辞而行，请见宣王。静郭君曰："王之不说婴也甚，公往，必得死焉。"剂貌辨曰："固非求生也。"请必行，静郭君不能止。剂貌辨行，至于齐，宣王闻之，藏怒以待之。剂貌辨见，宣王曰："子静郭君之所听爱也？"剂貌辨答曰："爱则有之，听则无有。王方为太子之时，辨谓静郭君曰：'太子之不仁，过颐豕视，若是者倍反。不若革太子，更立卫姬婴儿校师。'静郭君泫而曰：'不可，吾弗忍为也。'且静郭君听辨而为之也，必无今日之患也。此为一也。至于薛，昭阳请以数倍之地易薛，辨又曰：'必听之。'静郭君曰：'受薛于先王，虽恶于后王，吾独谓先王何乎？且先王之庙在薛，吾岂可以

先王之庙予楚乎？'又不肯听辨。此为二也。"宣王太息，动于颜色，曰："静郭君之于寡人一至此乎！寡人少，殊不知此。客肯为寡人少来静郭君乎？"剂貌辨笑曰："敬诺。"静郭君来，衣威王之服，冠其冠，带其剑。宣王自迎静郭君于郊，望之而泣。静郭君至，因请相之。静郭君辞，不得已而受。十日，谢病，强辞，三日而听。当是时也，静郭君可谓能自知人矣。能自知人，故非之弗为阻。此剂貌辨之所以外生乐、趋患难故也。

【注释】

①良工：善于相马的人。

②犹若：犹然，仍然。犹若弗取：即仍然不为人所取。

③枹：鼓槌。

④静郭君：名田婴。战国时齐国宗室大臣，孟尝君田文之父。

⑤訾：过失，毛病，缺点。

⑥证：谏。

⑦刭：灭，消灭。而：同"尔"，你。

⑧揆：破，分离。

⑨慊：满足。

【译文】

如果这里有一匹千里马，但是遇不到善于相马的人，千里马仍然不会施展它的脚力。善于相马的人与千里马之间相互依靠，然后才能各自有所成就。这样的关系就如同鼓和鼓枹一样。士人中也有像千里马一样的人才，节操高尚、为正义而献身的人就是士中的千里马。能够使士施展才能、成为千里马，只有贤人能做得到。

静郭君非常喜欢他的门客剂貌辨。剂貌辨为人有许多毛病，其他门客都不喜欢他。士尉为此劝谏静郭君，静郭君不听，士尉便告辞静郭君离开了。孟尝君曾私下劝说静郭君，静郭君大怒说："把你们这类人都消灭，耗尽我家的家产，只要可以满足剂貌辨，我都会去做！"于是让剂貌辨住在上等客舍，让他的长子侍奉，早晚给他进献食物。几年之后，齐威王死了，齐宣王即位。静郭君和宣王交情不太和，于是静郭君辞去官职，回到封地薛邑，跟剂貌辨在一起。

过了不久，剂貌辨向静郭君辞行，请求让他去见宣王。静郭君说："宣王对我很不满意，您去的话一定会被杀害。"剂貌辨说："我本来就不是去求生才去的。"静郭君劝阻不了他。剂貌辨离开了薛邑，到了都城临淄。宣王听说了，满怀怒气地等着他。剂貌辨拜见宣王，宣王说："你就是静郭君非常喜欢、言听计从的那个剂貌辨吧？"剂貌辨回答说："喜爱是有的，至于言听计从则根本就是没有的事。君王你刚做太子的时候，我对靖郭君说：'太子耳后见腮，下斜偷视，相貌不仁，像这样的人忘恩负义，反复无常。不如废掉太子，改立卫姬的幼子校师作为太子。'静郭君流着泪说：'不行，我不忍心这样做。'如果静郭君听从我的话做了，一定不会有今天的忧患存在。这是一个例子。回到薛邑后，楚相昭阳提出来用比薛邑大几倍的土地交换薛邑。我又劝静郭君说：'一定要答应他。'静郭君说：'薛邑是从威王那里所恩赐的，现在我虽然被宣王所厌恶，可是如果薛邑换给楚国，我怎么对威王交代呢？况且先王的宗庙都建在薛邑，我又怎么可以把先王的宗庙交给楚国呢？'他还是不肯听我的话。这又是一个例证。"宣王听了之后长叹一声，说："静郭君对我竟是这样的情况。我年纪太轻，竟然不知道这些事情，您愿意替我把静郭君请来吗？"剂貌辨回答说："遵命。"静郭君来到国都，穿着威王所赐的衣服，戴着威王所赐的帽子，佩戴着威王所赐的宝剑。宣王亲自到郊外边迎接静郭君，远远望见他就流下泪来。静郭君到了以后，宣王就请他作齐相。静郭君再三推辞，不得已才接受下来。十天之后，他称病坚决要辞去国相。三天之后，宣王才答应。那个时候，静郭君可以说是有知人之智了。正因为他有知人之智，所以尽管有别人非议也不能改变自己的意见。这正是剂貌辨能置生命与欢乐于度外，乐意为静郭君奔走解除患难的原因啊！

【解析】

作为一个君主，如果不懂得怎样对待士人，就很难了解国家的动向，因为周围的大臣是不会把事实的真相告诉君主的，怎样才能使他们乐意为君主效力呢？只有相互了解，才能有所成就，就像田婴不为他人非议重用剂貌辨，而最终剂貌辨为田婴解除了困窘，所以大凡灭亡的国家，都是因为君主不能得到贤人的帮助，不了解事实的真相而做出了错误的判断所导致的。

【故事】

冯煖为孟尝君买"义"

齐国有个叫冯煖的人。穷得没法养活自己，请人告诉孟尝君，自己愿意投奔门下做个食客。孟尝君不嫌弃他，和其他的门客一样，给他丰厚的物质，并替他奉养了家中的老母。

一天，孟尝君张贴文告征询家里养的众门客："哪一位熟悉会计，能为我到薛邑去收债？"冯煖写下名字说："我能。"孟尝君惊诧地问："这位是谁？"底下人说："就是唱'长长的剑啊，咱们回去吧'的人啊。"孟尝君笑道："这位客人果然是有才干的，我对不起他了，一直没见过他。"孟尝君赔礼说："我琐事缠身，埋头于国家的事务中，对先生多有得罪。先生不见怪我，竟有意想为我到薛邑去收债吗？"冯煖说："愿意。"于是套马备车，整理行装，带上债券契约启程了，告辞的时候说："债收完了，买些什么回来呢？"孟尝君说："看我家缺少的买吧！"

冯煖赶着马车到薛邑，叫人把乡民们都召集来，他假传孟尝君的命令把欠的债赏赐给众乡民，并把他们的债券烧了，乡民都呼叫"万岁"。冯煖回到齐都，大清早就来求见。孟尝君穿衣戴冠接见他，问道："债收完了吗？回来得为什么这么快啊？"

"收完了。"

"买些什么回来了？"

冯煖说："您说'看我家缺少的买'。我暗自考虑，您宫中珍宝成堆，宫外狗马满圈，堂下美人都站满了。您家里缺少的就是'义'罢了。我私下为您买了'义'。"

孟尝君说："买'义'是怎么回事？"

冯煖说："现在您有了小小的薛邑，不把乡民当子女般抚爱，相反还要用商人的手段取利于民。我已私自假托您的命令，把债赏赐给乡民们，并把债券都烧了，乡民都喊'万岁'。这就是我为您买的'义'啊！"

孟尝君不高兴了，说："行了，先生，算了吧！"

一年后，齐湣王对孟尝君说："我不敢使用先王的臣子做臣子。"孟尝君于是只好回到领地薛邑。他离薛邑还有百里，乡民们扶着老的，牵着小的，在半路上迎接孟尝君。孟尝君回头对冯煖说："先生为我买的'义'，今天终于看到了。"

审己

【题解】

"审己"就是反求诸己的意思，也就是从自己身上寻找成功或者失败的原因，而不是从他人或者外部去寻找原因。作者认为，凡是事物都有其形成的原因，成功的人之所以成功，就在于他们了解事物变化的原因。

【原文】

凡物之然也，必有故。而不知其故，虽当与不知同，其卒必困。先王名士达师之所以过俗者，以其知也。水出于山而走于海，水非恶山而欲海也，高下使之然也。稼生于野而藏于仓，稼非有欲也，人皆以之也。故子路掩雊而复释之。

子列子常射中矣，请之于关尹子。关尹子曰："知子之所以中乎？"答曰："弗知也。"关尹子曰："未可。"退而习之三年，又请。关尹子曰："子知子之所以中乎？"子列子曰："知之矣。"关尹子曰："可矣，守而勿失。"非独射也，国之存也，国之亡也，身之贤也，身之不肖也，亦皆有以。圣人不察存亡贤不肖，而察其所以也。

齐攻鲁，求岑鼎①，鲁君载他鼎以往。齐侯弗信而反之，为非，使人告鲁侯曰："柳下季以为是，请因受之。"鲁君请于柳下季，柳下季答曰："君之赂，以欲岑鼎也？以免国也？臣亦有国于此，破臣之国以免君之国，此臣之所难也。"于是鲁君乃以真岑鼎往也。且柳下季可谓此能说矣，非独存己之国也，又能存鲁君之国。

齐愍王亡居于卫，昼日步足，谓公玉丹曰："我已亡矣，而不知其故。吾所以亡者，果何故哉？我当已。"公玉丹答曰："臣以王为已知之矣，王故尚未之知邪？王之所以亡也者，以贤也。天下之王皆不肖，而恶王之贤也，因相与合兵而攻王，此王之所以亡也。"愍王慨焉太息曰："贤固若是其苦邪？"此亦不知其所以也，此公玉丹之所以过也。

越王授有子四人。越王之弟曰豫，欲尽杀之，而为之后。恶②其三人而杀之矣，国人不说，大非上。又恶其一人而欲杀之，越王未之听。其子恐必死，因国人之欲逐豫，围王宫。越王太息曰："余不听豫之言，以罹③此难也。"亦不知所以亡也。

【注释】

①岑鼎：鲁国的宝鼎。小而高的山曰岑。岑鼎是取宝鼎之形像岑而名。

②恶：诬蔑，毁谤。

③罹：遭受。

【译文】

　　事物之所以这样，一定有它的原因。如果不知道它形成的原因，即使碰巧做好了，也和不知道原因的盲目行动一样，最终必陷入困境。先代君王、知名之士、造诣通达之师之所以能有出众的地方，就是因为他们知道事物之所以这样的原因。水源于山中而流出奔向大海，并不是水讨厌高山而向往流入大海，而是地势结构的高低使它这样的。庄稼生长在田野而贮藏在粮仓中，并不是庄稼想要这个样子，而是人们的需要。所以子路捕捉到野鸡却又放了它，那是他不知道为何要抓野鸡的缘故。

　　列子有一次射中了箭靶，就去向关尹子报告。关尹子问："你知道你是怎么射中的吗？"列子回答说；"不知道。"关尹子说："那不行。"列子就告辞出来了，回去又练习了三年，又去请教。关尹子问："你知道你是怎么射中的吗？"列子说："知道了。"关尹子说："这就可以了，你要牢记你所知道的原因而不要忘掉了。"不仅射箭如此，国家的生死存亡，人的贤与不肖，也都有其原因。圣人不考察存亡、贤与不肖的现象，而是考察这些现象形成的原因。

　　齐国进攻鲁国，想要索取岑鼎。鲁君把其他的鼎装在车上派人送到齐国。齐君不相信鼎是真的，就把它送回了鲁国，并派人告诉鲁君说："如果柳下季认为这是真的岑鼎，我就接受它。"鲁君向柳下季求助来证明这是真的。柳下季回答说："您向齐君贿赂，是想得到真的岑鼎还是想借此使国家免于灾难呢？我在此也有信誉，也就是自己的'国'，毁坏我的信誉来使鲁国免于灾难，这是我

难以做到的。"于是鲁君就把真的岑鼎送给齐国。像柳下季这样可称得上善于言辞了，不仅保全了自己的信誉，还挽救了鲁国。

齐湣王逃亡到卫国居住。有一天白天去散步时，对公玉丹说："我已经流亡国外了，却不知道流亡的原因。我之所以流亡，究竟是什么原因呢？如果你能告诉我，我一定纠正自己的过失。"公玉丹回答说："我以为您已经知道流亡的原因了，您真的还不知道吗？您之所以流亡，是因为您太贤明了。天下的君主都不肖，因而憎恶您的贤明，因此他们合兵进攻您。这就是您之所以流亡的原因啊！"湣王感慨地叹息说："君主贤明就要遭受这样的苦难吗？"这也是不知道自己之所以流亡原因的君主啊！这也是公玉丹之所以犯下罪过的原因。

越王授有四个儿子。越王的弟弟名叫豫，想把越王的四个儿子全都杀掉，以便使自己成为越王的继承者。豫毁谤其中的三个儿子，唆使越王把他们杀掉了。越国的人民很不满，严厉指责越王。豫又毁谤剩下的一个儿子，想让越王杀掉他，越王没有同意。越王的儿子害怕自己会被杀掉，于是利用国人的不满把豫驱逐出国，并包围了王宫。越王叹息说："我没有听从豫的话，所以才遭受这样的灾难。"这也是不知道为何败亡的君主啊。

【解析】

胜和败乃兵家之常事，只要善于总结经验，只有明白了胜或败的原因，才能避短扬长，取得胜利。子列子有了三年的时间才揣摩出射中的原因，原来是要"审己"。而齐湣王、越王授一直到国家灭亡都不懂得"审己"的道理，这才是国家灭亡的真正原因呀。善于从自身寻找问题所在，才能不断地改正错误，得到提高。

范蠡“积贮之理”巧经商

范蠡帮助勾践复国报仇之后，隐姓埋名，辗转来到定陶。定陶是中原的交通枢纽和商业中心，范蠡认为这里一定能够发家致富，于是改名朱公，人称陶朱公。

范蠡在定陶既经营商业，又从事农业和牧业，很快就表现出非凡的经商才能，在十九年内三致千金。但是他仗义疏财，每次赚到钱，总会慷慨解囊，救济穷人。他卓越的理财能力成为几千年来我国商人的楷模。

范蠡能根据市场的供求关系，判断商品价格的涨落。他发现价格的涨落都有个极限，即贵到极点就会下跌，贱到极点就会上涨，呈现出“一贵一贱，极而复反”的规律。在这个基础上，范蠡提出了一套“积贮之理”，就是在物价便宜的时候，大量收购。他还说“贱取如珠玉”，即像重视珠玉那样重视低贱的物品，尽量买进存贮起来。等到涨价之后就尽量卖出。“贵出如粪土”，即像抛弃粪土那样毫不吝惜地尽数抛出。

在那个农业经济时代，从事农产品的交易是市场上的主要交易活动。由于农业的季节性很强，所以范蠡根据季节规律，提出了提早储备物资的商业战略构想，即根据季节的需要预知市场上所需要的商品。他在丰年就大胆收进，待到歉收的时候，收进的货物就不愁没有机会售出。同样，在灾年物价上涨时，他就尽量抛售，不愁以后没有机会进货。就这样，范蠡很快就成了历史上有名的巨富。

精通

【题解】

　　所谓"精通"是指人的精气相通，即文中所说的"精或往来"的意思。本篇旨在谈君道。文章认为君主与民精气相通，因此，君主只要做到"以爱利民为心""行德乎己"，虽然"号令未出"，也必然会达到"天下皆延颈举踵""四荒咸饬乎仁"的大治局面。本篇力图以"精气说"解释某些精神、心理现象，这种探索是值得肯定的。

【原文】

　　人或谓兔丝无根①。兔丝非无根也，其根不属也②，伏苓是③。慈石召铁④，或引之也⑤。树相近而靡⑥，或轄之也⑦。圣人南面而立⑧，以爱利民为心，号令未出，而天下皆延颈举踵矣⑨，则精通乎民也。夫贼害于人，人亦然。

　　今夫攻者，砥厉五兵⑩，侈衣美食⑪，发且有日矣，所被攻者不乐⑫，非或闻之也，神先告也[一]。身在乎秦，所亲爱在于齐，死而志气不安，精或往来也⑬。

　　德也者，万民之宰也⑭。月也者，群阴之本也⑮。月望则蚌蛤实⑯，群阴盈；月晦则蚌蛤虚⑰，群阴亏。夫月形乎天⑱，而群阴化乎渊；圣人行德乎己[二]，而四荒咸饬乎仁⑲。

　　养由基射兕[三]，中石，矢乃饮羽㉑，诚乎兕也。伯乐学相马㉒，所见无非马者，诚乎马也。宋之庖丁好解牛[四]㉓，所见无非死牛者㉔，三年而不见生牛，用刀十九年，刃若新䃺研㉕，顺其理，诚乎牛也。

　　钟子期夜闻击磬者而悲㉖，使人召而问之曰："子何击磬之悲也？"答曰："臣之父不幸而杀人，不得生；臣之母得生，而为公家为酒；臣之身得生，而为公家击磬。臣不睹臣之母三年矣。昔为舍氏睹臣之母^㉗，量所以赎之则无有^㉘，而身固公家之财也，是故悲也。"钟子期叹嗟曰："悲夫！悲夫！心非臂也，臂非椎、非石也^㉙。悲存乎心而木石应之。"故君子诚乎此而谕乎彼^[五]，感乎己而发乎人，岂必强说乎哉^㉚？

周有申喜者^㉛，亡其母^㉜，闻乞人歌于门下而悲之^㉝，动于颜色^㉞，谓门者内乞人之歌者^㉟，自觉而问焉^㊱，曰："何故而乞?"与之语，盖其母也。故父母之于子也，子之于父母也，一体而两分，同气而异息。若草莽之有华实也^㊲，若树木之有根心也。虽异处而相通，隐志相及^㊳，痛疾相救，忧思相感，生则相欢，死则相哀，此之谓骨肉之亲。神出于忠而应乎心，两精相得，岂待言哉?

【校勘】

[一] 众本"神"下有"者"字，今据陈昌齐说删。

[二] 行，元本、李本、许本、张本、姜本、宋本、汪本、凌本、朱本、黄本、吴本、王本作"形"。

[三] 羌，元本、李本、许本、张本、宋本、小宋本、凌本、黄本、吴本作"先"，姜本、汪本、刘本、朱本、王本、日刊本作"虎"。

[四] 庖，元本、李本、张本作"包"。

[五] 谕，元本、李本、许本、张本、姜本、宋本、刘本、黄本、吴本、王本作"论"。

【注释】

①兔丝：即菟丝，一种寄生的蔓草。

②属：接连。

③伏苓：即茯苓，寄生在松树根上的一种块状菌。古人认为菟丝并非无根，只是它的根不与菟丝相连，茯苓就是它的根。所以《淮南子·说林》中说：

"茯苓掘，兔丝死。"

④慈石：即磁石。古人认为，这种石可以吸铁，就像慈母吸引子女一样，故名"慈石"。

⑤或：无定代词。有一种力。

⑥靡：通"摩"。摩擦。

⑦靳：推。

⑧南面而立：指做君主。古代以坐北朝南为尊位，故天子诸侯见群臣皆面南而坐。南面，面向南。南，用如动词。

⑨延颈举踵：伸长脖子，踮起脚跟，形容殷切盼望。

⑩砥厉：磨石。细者为砥，粗者为厉。这里用如动词，磨砺。五兵：五种兵器。其说不一，通常指矛、戟、弓、剑、戈。

⑪侈衣美食：穿华丽之服，吃精美之食。侈、美，均用如动词。古代打仗，将士出征前，往往赏赐丰厚，故有"侈衣美食"之举。

⑫被：遭受。

⑬或：有。

⑭宰：主宰。

⑮群阴：各种属阴之物，如蚌蛤之类。

⑯月望：月满。《释名·释天》说："望，月满之名也。月大十六日，小十五日，日在东，月在西，遥相望也。"实：指蚌蛤之肉随月圆而满盈。

⑰月晦：月光尽敛。时在农历的每月最后一日。

⑱形：显露，表现。乎：于。

⑲四荒：指四方荒远之地的人民。咸：都。饬：整治。

⑳养由基：春秋时楚国大夫，以善射著称。兕：同"兕"。兽名，属犀牛类。一说即雌犀。

㉑饮羽：箭射入石中，尾部羽毛隐没不见。饮，没。

㉒伯乐：春秋秦穆公时人，以善相马著称。

㉓庖丁：名叫丁的厨师。解牛：分卸牛的肢体。庖丁解牛之事可参见《庄子·养生主》。

㉔死：疑是衍文（依陈昌齐说）。

㉕鄺：通"磨"。

㉖钟子期：春秋时楚人。

㉗昔：夜。这里指昨天夜晚。舍氏：未详。《新序·四》记载此事与本文略有不同，"舍氏"，《新序》作"舍市"。

㉘量：审度，思量。

㉙椎：击磬工具，木制。石：指磬。

㉚强：极力。

㉛申喜：周人。

㉜亡：这里是失散的意思。

㉝乞人：乞丐。

㉞动于颜色：变了脸色。

㉟内：让……进来。这个意义后来写作"纳"。

㊱自觉：疑是"自见"之误（依许维通说）。

㊲莽：密生的草，也泛指草。

㊳隐志：潜藏于心的志向。

【译文】

有人说菟丝这种植物没有根。其实菟丝不是没有根，只是它的根与它不相连，茯苓就是它的根。磁石吸引铁，是有一种力在吸引它。树木彼此生得近了，就要互相摩擦，是有一种力在推它。圣人面南为君，胸怀爱民利民之心，号令还没有发出，天下人就都伸长脖子，踮起脚跟殷切盼望了。这是圣人与人民精

气相通的缘故。暴君伤害人民，人民也会有类似的反应。

假如有个国家准备进攻他国，正在磨砺兵器，犒赏军队，距离出征没几天了，这时即将遭受进攻的国家肯定不会快乐，并不是他们有人听到了风声，而是精神先感知到了。一个人身在秦国，他所亲爱的人在齐国，如果在齐国的人死了，在秦国的人就会心神不安，这是精气互相往来的缘故啊！

品德是万民的主宰，月亮是各种属阴之物的根本。月满的时候，蚌蛤的肉就充实，各种属阴之物也都满盈；月光尽敛的时候，蚌蛤的肉就空虚，各种属阴之物也都亏损。月相变化显现于天空，各种属阴之物都随着变化于深水之中。圣人修养自己的品德，四方荒远之地的人民都随着整饬自己，归向仁义。

养由基射兕，射中石头，箭羽没入石中，这是由于他把石头当成兕，精神集中于兕的缘故。伯乐学相马，眼睛看到的除了马以外没有别的东西，这是由于他精神集中于马的缘故。宋国的庖丁喜好分解牛的肢体，眼睛看到的除了牛以外没有别的东西，整整三年眼前不见活牛；一把刀用了十九年，刀刃仍然锋利得像刚刚磨过，这是由于他分解牛的肢体时顺着牛的肌理，精神集中于牛的缘故。

钟子期夜间听到有人击磬，发出悲哀之声，就派人把击磬的人叫来，问他说："你击磬击出的声音怎么这么悲哀啊？"回答说："我的父亲不幸杀了人，无法活命；我的母亲虽得以活命，却没入官府替公家造酒；我自身虽得以活命，却替公家击磬。我已经三年没有见到自己的母亲了。昨天晚上在舍氏见到了我的母亲，想要赎她可是没有钱，而且想到连自身也是公家的财产，因此心中悲哀。"钟子期叹息说："可悲呀，可悲！心并不是手臂，手臂也不是椎，不是磬，但悲哀存于心中，而椎磬却能与它应和。"所以君子心中有所感，就会在外面表现出来，自己心中有所感，就可以影响到他人，哪里用得着一定要用言辞表述呢？

有个叫申喜的周人，他的母亲失散了。有一天，他听到有个乞丐在门前唱歌，自己感到悲哀，脸色都变了。他告诉守门的人让唱歌的乞丐进来，亲自见她，并询问说："什么原因使你落到求乞的地步？"交谈时才知道，那乞丐原来正是他的母亲。所以，无论父母对于子女来说，还是子女对于父母来说，实际都是一个整体而分为两处，精气相同而呼吸各异，就像草莽有花有果，树木有根有心一样。虽在异处却可彼此相通，心中志向互相联系，有病痛互相救护，有忧思互相感应，对方活着心里就高兴，对方死了心里就悲哀，这就叫做骨肉之亲。这种天性出于至诚，而彼此心中互相应和，两方精气相通，难道还要靠言语吗？

【解析】

精气主要指的是人的精神和心思。做一件事一定要精神和心思全都放在这件事上，才能把这件事做好，就像养由基射犀牛，伯乐学相马，庖丁解牛一样，把心思全用在专注的事物上，就比较容易成功。圣人应以爱民利民为根本，时时与民气相通，能如此，未出兵而天下已归应了。本文力图以"精气说"解释某些精神、心理现象。这种探索是值得肯定的。

【故事】

庖丁用心观察方能精通解牛

一个姓丁的厨师给文惠君宰牛，手触摸到的、肩抵到的、脚踩着的、膝顶着的都发出响声，进刀时的声音，没有不符合音乐的。既符合《桑林》舞曲的拍节，又符合《经首》的乐曲节奏。

文惠君说："哎呀，太好了！技巧怎能高明到这种程度呢？"

姓丁的厨师放下刀，回答："我所爱好的是道，已经超过技巧了。最初我宰牛的时候，所看到的无非是牛；三年之后，就未曾看到过整个的牛了；到了现

在，我只用心神去和牛接触而不用眼睛去看。感觉停止了而心神还在活动，依照牛体的自然结构，劈开筋肉相连的间隙，导入骨节之间的空隙，因循它本来的结构运转刀口，不曾碰到经脉筋骨相连的地方，更何况大块的骨头呢！好的厨师每年更换一把刀，因为他们是用刀割筋肉：一般的厨师每月更换一把刀，因为他们是用刀砍骨头。现在我这把刀已经用十九年了，宰的牛有几千头了，可是刀刃还像刚刚磨过的一样。牛的骨节有空隙，而刀刃薄得像没有厚度一般，以没有厚度的刀刃切入有空隙的骨节，宽绰地运转刀口，必定是有回施余地的，所以这把刀用了十九年，还像刚磨过的一样。虽然如此，每当碰到筋骨交错的地方，我觉得难下刀，不得不小心谨慎，目光专注，行动迟缓，动刀很轻，牛就哗啦解体了，就像土堆散在地上一样。这时，我提刀站着，环视四周，心安理得，再把刀收拾得干干净净而收藏起来。”

文惠君说：“好啊！我听了厨师的话，懂得了养生的道理了。”

孟冬纪第十

孟冬

【题解】

此篇言入冬之后国家应该去做的事情：敦促收藏，抚恤死者，惩处阿谀奉承违法乱纪者，收税时不许扰民，不要结怨于民。

【原文】

孟冬之月，日在尾，昏危中，旦七星中。其日壬癸，其帝颛顼，其神玄冥，其虫介，其音羽，律中应钟。其数六，其味咸，其臭朽，其祀行，祭先肾。水始冰，地始冻，雉入大水①为蜃。虹藏不见。天子居玄堂左个，乘玄辂，驾铁骊，载玄旂，衣黑衣，服玄玉，食黍与彘，其器宏以奄。

是月也，以立冬。先立冬三日，太史谒之天子曰："某日立冬。盛德在水。"天子乃斋。立冬之日，天子亲率三公九卿大夫，以迎冬于北郊。还，乃赏死事，恤孤寡。

是月也，命太卜祷祠龟策，占兆审卦吉凶。于是察阿上乱法者则罪之，无有掩蔽。

是月也，天子始裘②，命有司曰："天气上腾，地气下降，天地不通，闭而成冬。"令百官谨盖藏。命司徒循行积聚，无有不敛；坿③城郭，戒门闾，修楗闭，慎关籥，固封玺，备边境，完要塞，谨关梁，塞蹊径，饬丧纪，辨衣裳，审棺椁之厚薄，营丘垄之小大、高卑、薄厚之度，贵贱之等级。

是月也，工师效功，陈祭器，按度程，无或作为淫巧，以荡上心，必功致为上。物勒工名，以考其诚；工有不当，必行其罪，以穷其情。

是月也，大饮蒸，天子乃祈来年于天宗。大割，祠于公社及门闾，飨先祖五祀，劳农夫以休息之。天子乃命将率讲武，肄射御、角力。

是月也，乃命水虞渔师④收水泉池泽之赋，无或敢侵削众庶兆民，以为天子取怨于下，其有若此者，行罪无赦。

孟冬行春令，则冻闭不密，地气发泄，民多流亡。行夏令，则国多暴风，方冬不寒，蛰虫复出。行秋令，则雪霜不时，小兵时起，土地侵削。

【注释】

①雉：野鸡。大水：此处指淮水。

②裘：皮衣，此作动词，指穿皮裘。

③坿：培土加高。此指加高加固城墙。

④水虞：古代官名，掌管川泽。渔师：掌管水产的官。

【译文】

孟冬十月，太阳运行到尾宿。日昏时刻，危宿出现在南方中天；平旦时刻，七星出现在南方中天。孟冬在天干中属壬癸，它的主宰之帝是颛顼，佐帝的神是玄冥，应此时气而动的是龟鳖之类有甲壳的动物，与之相配的声音是羽音，音律与应钟相应。这个月的数字是六，味道是咸味，气味为朽气。在这个月要举行的祭祀是行祭，祭祀时要以肾脏作为祭品。这个月水开始结冰，地开始封冻，野鸡潜入淮水变成了蛤蜊，彩虹隐藏在天空中不再出现。天子住在北向明堂的左侧室，乘坐黑色的车，车前驾着黑色的马，车上插着绘有龙纹的黑色旗帜。天子穿着黑衣，佩戴着黑色的美玉。吃的是黍米和猪肉，使用紧口而大腹的器物。

在这个月立冬。立冬前三天，太史向天子禀告说："某天立冬，盛德在水。"于是天子就斋戒，准备迎接立冬的到来。立冬那天，天子亲自率领三公九卿大夫，到北郊去迎接冬的降临。回来后，天子就赏赐为国牺牲的功臣子孙，抚恤死者的孤儿寡妇。

在这个月，命令掌管卜筮的太卜祈祷，进行占卜，验看兆星，推算卦数，以此卜问吉凶。这时候，要明察暗访谄媚奉承而败坏法制的人，将其治罪，而不得掩饰开脱。

在这个月，天子开始穿上皮衣。命令负责的主管官员说："上天之气上升，大地之气下沉，天地之气相背不通，彼此封闭而形成冬天。"命令百官谨慎注意存护收藏的工作。命令司徒去巡视收藏贮存的情况，不许存在玩忽职守的情况，要增高加固城墙，警戒城门、巷里之门的防护，维修门闩、门鼻，检查钥匙锁头，加固印封，守卫边境，修整要塞，谨慎注意关卡桥梁，堵塞田间小路，整顿丧事的规格，明确死者应穿的衣服，审查棺木的厚薄尺寸，测量坟墓的大小、高低、薄厚，不能违反贵贱尊卑的等级。

在这个月，负责百工的工师献上手工器物，让天子检查。首先进献祭器，进献要遵照一定的规则程序。不得制作太奇巧的器物，这样会扰动君主奢侈的心思。器物做到精良实用就可以了。器物要刻上制作工匠的名字，用来考察他们的忠诚。如果器物有不合乎规定之处，一定要对工匠进行处罚，以杜绝此类事件的再次出现。

在这个月，天子要大宴诸侯公卿大夫。天子向在天之神祈求明年有好兆头。大杀牺牲，在国社和门闾处祈祷，然后飨祭先祖，慰劳农夫，使他们安心休息。天子命令将帅讲习军事，带领军士练习射箭，驾车，比试体力。

在这个月，命令掌管川泽水产的官吏收缴赋税，但不得趁机勒索百姓，让天子被民众怨恨。如果有这样的事发生，一定要严惩不贷。

孟冬十月，如果实行本应该在春天才推行的政令，那么，冰封地冻就不牢固，地气就会宣泄而出，百姓就会流亡。如果实行本应该在夏天才推行的政令，那么，国家就会暴风频繁，正值冬天却不冷，蛰伏的动物就会重新出来。如果实行本应该是在秋天才推行的政令，那么，霜雪就不能按时气而来，小规模的战争就会不断发生，国土就会受到敌国的侵略。

节丧

【题解】

"节丧"就是节约丧葬的意思。文章的主旨就是反对厚葬。作者的出发点是为了死者考虑，是为了避免坟墓被挖掘。厚葬的目的只是活着的人为了炫耀，而不是为了"安死"。

【原文】

审知生，圣人之要也；审知死，圣人之极也。知生也者，不以害生，养生

之谓也；知死也者，不以害死，安死之谓也。此二者，圣人之所独决也。

凡生于天地之间，其必有死，所不免也。孝子之重其亲也，慈亲之爱其子也，痛于肌骨，性也。所重所爱，死而弃之沟壑，人之情不忍为也，故有葬死之义。葬也者，藏也，慈亲孝子之所慎也。慎之者，以生人[1]之心虑。以生人之心为死者虑也，莫如无动，莫如无发。无发无动，莫如无有可利，则此之谓重闭[2]。

古之人有藏于广野深山而安者矣，非珠玉国宝之谓也，葬不可不藏也。葬浅则狐狸抇[3]之，深则及于水泉。故凡葬必于高陵之上，以避狐狸之患、水泉之湿。此则善矣，而忘奸邪、盗贼、寇乱之难，岂不惑哉？譬之若瞽师之避柱也，避柱而疾触杙[4]也。狐狸，水泉、奸邪、盗贼、寇乱之患，此杙之大者也。慈亲孝子避之者，得葬之情矣。善棺椁，所以避蝼蚁蛇虫也。今世俗大乱，人主愈侈其葬，则心非为乎死者虑也，生者以相矜尚也。侈靡者以为荣，节俭者以为陋，不以便死为故，而徒以生者之诽誉为务。此非慈亲孝子之心也。父虽死，孝子之重之不怠；子虽死，慈亲之爱之不懈。夫葬所爱所重，而以生者之所甚欲，其以安之也，若之何哉？

民之于利也，犯流矢，蹈白刃，涉血[5]盩肝以求之。野人[6]之无闻者，忍亲戚、兄弟、知交以求利。今无此之危，无此之丑，其为利甚厚，乘车食肉，泽及子孙，虽圣人犹不能禁，而况于乱？国弥大，家弥富，葬弥厚。含珠鳞施，夫玩好货宝，钟鼎壶滥，舆马衣被戈剑，不可胜其数。诸养生之具，无不从者。题凑之室，棺椁数袭，积石积炭，以环其外。奸人闻之，传以相告。上虽以严威重罪禁之，犹不可止。且死者弥久，生者弥疏；生者弥疏，则守者弥怠；守者弥怠而葬器如故，其势固不安矣。世俗之行丧，载之以大輴[7]，羽旄旌旗、如云偻翣以督之，珠玉以佩之，黼黻文章以饬之，引绋[8]者左右万人以行之，以军制立之然后可。以此观世，则美矣，侈矣；以此为死，则不可也。苟便于死，则虽贫国劳民，若慈亲孝子者之所不辞为也。

【注释】

①生人：活着的人。

②重闭：永远的埋藏。

③扣：同"掐"。挖掘，发掘。

④疾：急速，猛烈。代：一头尖的短木，木桩。

⑤涉血：形容血流遍地，流血多。涉：血流的样子。

⑥野人：乡野之人，指农夫。

⑦辒：载枢车。

⑧绋：指下葬时引枢入穴的绳索，后泛指牵引棺材的大绳。

【译文】

慎察而懂得乐生，是圣人首要的事；慎察而懂得安死，是圣人的当务之急。懂得乐生的人，不会伤害生命，而是为了养生；懂得安死的人，不会扰动死者，而是为了安死。这两种情况只有圣人才能明白。

凡是存在于天地间的事物，必然都要死亡，这是不可避免的。孝子敬重他们的父母，父母疼爱他们的儿女。孝子对父母的去世和父母对儿女的死亡的悲痛之情深入肌骨，这是人的天性。对所尊重的父母、所疼爱的儿女，死后如果把他们丢在山谷中，这是人所不忍心做的，所以就有了殓葬死者的礼仪。埋葬死人，就是将他殓葬，这是慈亲孝子应慎重对待的事。慎重对待死者的丧葬，就是活着的人的想法。让活着的人来为死者考虑，就是最好是不要打扰他，坟墓不要被人挖掘，让心怀歹意的人无利可图，如此一来，坟墓可以称得上封闭完好。

古时候的人，有的死后被埋葬在广野深山中，而至今安然无恙；不是说由于有珠玉国宝随葬，而是因为埋死者，就不能不隐蔽埋藏。埋葬浅了，狐狸就会掘开它；葬深了，就会与地下泉水相连。所以，凡埋葬死者一定要埋葬在高山之上，以便避开狐狸挖掘和泉水的浸泡。这样做自然是很好，但是如果忘了坏人、盗贼、匪乱的祸害，不也是很糊涂吗？这就像瞎眼的乐师躲避柱子一样，虽然避开了柱子，却过猛地撞到了木桩上。狐狸、泉水、坏人、盗贼、匪乱的祸害，是比木桩更大的灾祸。慈亲孝子避开他们，这也是符合埋葬死者的本意。棺材厚重坚固，是为了避开蝼蚁蛀虫的叮咬。如今社会风俗败坏，君主的生活越来越奢侈，他们埋葬死人并不是为死者着想，而是活着的人借此相互夸耀攀比。把奢侈浪费的做法看作荣耀无比，把俭省节约的做法看作浅陋的。不是把有利于死者作为殓葬的原则，只是一心考虑活着的人所受的毁谤、赞誉，这不是慈亲孝子对待死者的本意。父母虽然去世，孝子对父母的尊重不会懈怠；子女虽然死了，父母对他们的疼爱不会减弱。现在用活在世上的人的愿望，去埋葬所疼爱、所尊重的人，这对安眠地下的死者又会怎么样呢？

百姓对于利，宁肯冒着飞箭，踩着利刃，流血残杀去追求它。不懂礼义的粗野之人残忍对待父母、兄弟、朋友以求其利。如今窃坟掘墓没有这种危险，没有这种耻辱，得到的利益十分丰厚，乘车吃肉，恩泽传及子孙，即使圣人也不能禁止，更何况乱世呢？国家越大，家越富有，葬送越是厚重。死者口中所含的珍珠、玉制的葬衣，赏玩、嗜好的物品宝贝，钟鼎壶监，车马衣被戈剑，不可胜数。各种养生的器具，无不陪葬。精心筑造的棺室，棺椁数层，堆积石头堆积木炭，用以环绕它的外层。奸恶之人闻知此事，互相传告。上边虽然用严威重罪禁止这种行径，还是不可遏止。况且死者隔时越久，生者对他们越加疏淡；生者越是疏淡，那么守墓的人就越是懈怠。守墓的人越是懈怠而陪葬的东西依然如故，它的形势一定就不安全了。世俗的人举行葬礼，用大车载着棺椁，羽旄旌旗、画有云气的偻翣用来装饰它，珠玉用来点缀它，黼黻文章各种花缀用来涂饰它，拉棺绳的左右万人用以使它行进，这得用军法指挥后才可以。用这种做法给世人看，那是很美的，很奢侈了；这种做法对于死者，则不可以。

如果真是便利于死者，那么即使国家变穷让人民劳苦，像慈亲孝子之辈是不会
拒绝做的。

安死

【题解】

"安死"是让死者安宁的意思。本篇的主旨和《节丧》的主旨相同，主要
观点还是评判世间厚葬的做法，并提出葬送死者要注意节俭的主张。只有做到
"节丧"才可以实现"安死"，才算是真正的"爱人"。

【原文】

世之为丘垄也①，其高大若山，其树之若林②，其设阙庭、为宫室、造宾阼
也若都邑③。以此观世示富则可矣，以此为死则不可也。夫死，其视万岁犹一瞬
也④。人之寿，久之不过百，中寿不过六十。以百与六十为无穷者之虑⑤，其情
必不相当矣。以无穷为死者之虑，则得之矣。

今有人于此，为石铭置之垄上，曰："此其中之物，具珠玉、玩好、财物、
宝器甚多⑥，不可不抇⑦，抇之必大富，世世乘车食肉。"人必相与笑之，以为
大惑。世之厚葬也，有似于此。

自古及今，未有不亡之国也；无不亡之国者，是无不抇之墓也。以耳目所
闻见，齐、荆、燕尝亡矣⑧，宋、中山已亡矣，赵、魏、韩皆亡矣⑨，其皆故国
矣⑩。自此以上者⑪，亡国不可胜数，是故大墓无不抇也。而世皆争为之，岂不
悲哉？

君之不令民⑫，父之不孝子，兄之不悌弟⑬，皆乡里之所釜鬻者而逐之⑭。
惮耕稼采薪之劳⑮，不肯官人事⑯，而祈美衣侈食之乐，智巧穷屈⑰，无以为之，
于是乎聚群多之徒，以深山广泽林薮⑱，扑击遏夺⑲，又视名丘大墓葬之厚者⑳，

《吕氏春秋》原典释译

求舍便居[21]，以微扣之[22]，日夜不休，必得所利，相与分之。夫有所爱所重，而令奸邪、盗贼、寇乱之人卒必辱之[23]，此孝子、忠臣、亲父、交友之大事[24]。

尧葬于谷林[25]，通树之[26]；舜葬于纪市[27]，不变其肆[28]；禹葬于会稽，不变人徒[29]。是故先王以俭节葬死也，非爱其费也[30]，非恶其劳也[31]，以为死者虑也。先

高枕无忧

王之所恶，惟死者之辱也。发则必辱，俭则不发。故先王之葬，必俭，必合，必同。何谓合？何谓同？葬于山林则合乎山林，葬于阪隰则同乎阪隰[一][32]。此之谓爱人。夫爱人者众，知爱人者寡。故宋未亡而东冢抇[33]，齐未亡而庄公冢掘。国安宁而犹若此，又况百世之后而国已亡乎？故孝子、忠臣、亲父、交友不可不察于此也。夫爱之而反危之，其此之谓乎！《诗》曰："不敢暴虎，不敢冯河。人知其一，莫知其他[34]。"此言不知邻类也。

故反以相非[35]，反以相是。其所非方其所是也，其所是方其所非也。是非未定，而喜怒斗争反为用矣。吾不非斗，不非争，而非所以斗，非所以争。故凡斗争者，是非已定之用也。今多不先定其是非，而先疾斗争，此惑之大者也。

鲁季孙有丧[36]，孔子往吊之。入门而左，[37]从客也[38]。主人以璵璠收[39]，孔子径庭而趋[40]，历级而上[41]，曰："以宝玉收，譬之犹暴骸中原也[42]。"径庭历级，非礼也；虽然，以救过也[43]。

【校勘】

[一] 旧校云：一作"阪阮"。

【注释】

①丘垄：坟墓。他书或作"丘陇"。

②之：代上文“丘垄”。

③阙：墓阙，陵墓前两边的石牌坊。宾阼：堂前东西阶。古代宾主相见，宾自西阶而上，主人立于东阶，故西阶称宾，东阶称阼。

④瞚：同“瞬”。眨眼。

⑤无穷者：无限久远的事物。这里指死者。

⑥具：置，备。宝器：珍贵的器物，多指鼎彝等传国之重器。

⑦扣：发掘。

⑧齐、荆、燕尝亡矣：史实未详。

⑨韩、赵、魏皆亡矣：此处记载与史实有出入。疑“亡”字当另有所指，未详。一说“亡”字用为国势乱弱、大权旁落、人主不能行其制之义（见陈奇猷《吕氏春秋校释》）。

⑩故国：古国，旧国。

⑪以上：以前。

⑫令：善。

⑬悌：敬爱兄长。

⑭所釜鬲者：用釜鬲吃饭的人。这里指所有的人。釜，古代炊器，类似于今天的锅。鬲，古代炊器，陶制，三足，中空。“釜”、“鬲”“都用如动词。

⑮惮：害怕。采薪：打柴。

⑯官：用如动词，从事。人事：指耕稼、劳役一类的事。

⑰屈：竭，尽。

⑱薮：草木茂盛的沼泽地。

⑲遏：阻止，这里是拦劫的意思。

⑳名丘：与“大墓”同义。名，大。

㉑便居：方便有利的住所。

㉒微：隐蔽地，暗暗地。

㉓卒：终。

㉔亲父：慈父。

㉕谷林：地名。传说尧葬于成阳（在今山东曹县东北），疑谷林即在成阳。

㉖通：遍。

㉗纪市：地名。传说舜葬于江南九疑（在今湖南宁远县南），疑纪市即在九疑山下。

㉘肆：市上的作坊、店铺。

㉙变：动。这里是烦扰的意思。人徒：众人。

㉚爱：吝惜，舍不得。

㉛恶：这里是忧虑的意思。

㉜阪：山坡。隰：潮湿的低洼地。

㉝东冢：指宋文公之墓，因墓在城东，故称东冢。冢，隆起的坟墓。

㉞不敢暴虎……莫知其他：引诗见《诗·小雅·小旻》。暴虎：徒手搏虎。冯：徒涉。这个意义后来写作"凭"。原诗指人们都知道"暴虎""冯河"的危险，因而不敢去做，却不知不畏慎小人也会招致祸害。这里取"人知其一，莫知其他"句意，批评世人只知爱死者，却不知爱法不当会带来其他祸害。

㉟故反以相非……此惑之大者也：此段内容与全文不合，疑它篇之文错简于此。

㊱季孙：春秋时鲁国最有权势的贵族。丧：指季平子意如之丧。

㊲左：用如动词，站到左边。

㊳从客：就客位。

㊴主人：主丧之人，指季桓子，季平子之子，名斯。璵璠：鲁国的宝玉。收：殓，装殓。

㊵径庭：穿行，指自西阶之下越过中庭而向东行。

㊶历级：登阶。

㊷暴骸：暴露尸骨。中原：平原，原野。

㊸救：阻止。《左传·定公四年》记载："季平子卒，阳货将以玙璠敛，仲梁怀弗与，曰：'改步改玉。'"与本篇所言不同。

【译文】

世人建造坟墓，高大如山，坟墓上种树，茂密如林，墓地修建墓阙、庭院，建筑宫室，建造东西石阶，像都邑一样。用这些向世人夸耀财富，那是可以的；但是用这些安葬死者却不行。对于死者来说，看待一万年就像是一瞬。人的寿命，长的不超过百岁，一般的不超过六十岁。根据百岁或六十岁寿命的需要替无限久远的死者考虑，它们的实际情况必定不相适合。根据无限久远的需要替死者考虑，就掌握葬死的本义了。

假如有这样一个人，埋葬死者时在墓上立一块石碑，上面刻写道："这里面的器物，有珠玉、玩好、财物、宝器，十分丰富，不可不发掘，掘开它一定大富，可以世世代代乘车吃肉。"人们一定一起嘲笑他，认为这个人太糊涂。世上的厚葬与此相似。

从古到今，没有不灭亡的国家；没有不灭亡的国家，这就没有不被挖掘的坟墓。就人们耳闻目睹来说，齐、楚、燕曾经灭亡过，宋、中山已经灭亡了，赵、魏、韩都灭亡了，它们都成了古国。从它们再往前，灭亡的国家数也数不尽，因此，大墓没有不被掘开的。但是世人却都争着造大墓，难道不可悲吗？

国君的刁滑之民，父亲的不孝之子，兄长的忤逆之弟，他们都是被乡里一致驱逐的人。他们害怕耕种、打柴之苦，不肯从事各种劳役，却追求享受锦衣玉食之乐；当智谋巧诈用尽，仍无法得到时，于是就聚集起很多人，凭借深山、大湖、树林和沼泽，拦路打劫；又探察葬器丰厚的大墓，想办法住到坟墓附近便于盗墓的住所，暗中挖掘，日夜不止，一定要获得其中的财物，一起瓜分。如果有所疼爱、所尊重的人，死后却不免要遭到恶人、盗贼、匪寇的凌辱，这

是孝子、忠臣、慈父、挚友当忧虑的大事。

尧葬在谷林，墓上处处种上树；舜葬在纪市，市上的作坊、店铺没有任何变动；禹葬在会稽，不烦扰众人。由此看来，先王以节俭的原则安葬死者，不是吝惜钱财，也不是忧虑耗费人力，完全是为死者考虑。先王所忧虑的，是唯恐死者受辱。坟墓如果被盗掘，死者肯定要受到凌辱，如果俭葬，墓就不会被盗掘。所以，先王安葬死者，一定要做到俭，一定做到合，一定做到同。什么叫合？什么叫同？葬于山林就与山林合为一体，葬于山坡或低湿之地，就与山坡或低湿之地环境相同。这就叫作爱人。想爱人的人很多，但真正懂得爱人的人很少。所以，宋国还没有灭亡，东冢就被盗掘；齐国还没有灭亡，庄公的墓就被盗掘。国家安定尚且如此，又何况百世之后国家已经灭亡了呢？所以孝子、忠臣、慈父、挚友对此不可不明察。原本是敬爱死者，结果却反而害了他们，大概指的就是厚葬一类事吧。《诗》中说："不敢徒手搏虎，不敢徒涉黄河。人们只知此一端，不知还有其他祸。"这是说不知类推啊！

所以，忽而翻转过去加以反对，忽而翻转过来表示赞同。他们所反对的正是他们所赞同过的，他们所赞同的正是他们所反对过的。是非尚未确定，而喜怒斗争反倒都用上了。我们不反对斗，也不反对争，但是反对驱使人们糊里糊涂斗、糊里糊涂争。因此，凡争斗，都是是非确定以后才采用的手段。如今人们大多不先确定是非，却先急急忙忙地争斗，这是最糊涂的。

鲁国季孙氏举办丧事，孔子去吊丧。进门之后，站到左边，立于宾客的位置。主丧的季桓子用鲁国的宝玉殓死者。孔子从西阶下穿过中庭快步向东，登东阶而上，说："用宝玉殓死者，就像是把尸体暴露在原野上一样。"穿过中庭，登阶而上是不合于宾客礼仪的；虽然不合礼仪，但孔子仍然这样做了，这是为了阻止过失啊！

【解析】

本篇与《节丧》篇皆为倡导"薄葬"之说。人总有一死，死后须安葬。中国古代在夏、商之前，丧者葬于郊野。《礼记·檀弓》中就有"古者，墓而不坟"的说法。《易·系辞传下》中也有"古之葬者，厚衣之以薪，藏（葬）之中野，不封不树"的说法。所谓"不封不树"，就是指既不给死者封土堆，也不栽种树木。《汉书·楚元王传·附刘向传》中亦记载：殷汤、周文王、周武王、周公、秦穆公等先王先公的葬地，均"无丘垅之处"。上古的丧葬为薄葬，不封不树，墓与地平齐，这一点也可从今天的考古学上得到证实。

但是到了春秋战国时期，厚葬之风越来越盛行。《淮南子·氾论》说："厚葬久丧以送死，孔子之所立也。"就是说，厚葬之风是以孔子为代表的儒家建立起来的。在《论语·学而》中，孔子提出了"慎终追远，民德归厚"的主张。意思是要谨慎地办理父母的丧事，并要追念远古的祖先，这样才能使人心归于淳厚。"慎终追远"是儒家丧葬观中的一条重要理论，它被后人赋予了更为丰富的内涵。在《阳货》中，当弟子宰我认为"三年之丧，期已久矣"的时候，孔子批评宰我"不仁"，还说："子生三年，然后免于父母之怀。夫三年之丧，天下通丧也，予也有三年之爱于其父母乎！"在孔子看来，对死去亲人的"孝"就是要落实到重视丧葬质量之上，否则就是不孝。孟子也说："亲丧，固所自尽也。"还说："生，事之以礼；死，葬之以礼，祭之以礼，可谓孝矣。"（《孟子·滕文公上》）他又说："事，孰为大？事亲为大。"（《孟子·离娄上》）他认为给父母治丧是最大的事情，君子不应该在父母的丧事上节俭，说："吾闻之也，君子不以天下俭其亲。"（《孟子·公孙丑下》）荀子在《礼论》中具体阐述了自己的厚葬理论。可以说，《礼论》也是代表儒家丧葬观念的一篇重要文献。荀子在《礼论》中说："礼者，谨于治生死者也。生，人之始也；死，人之终也。终始俱善人道毕矣。"在儒家厚葬观念的影响下，战国以来的秦国重视厚葬。秦始皇即位之后，按惯例即为其修建陵墓，秦陵的规模十分浩大，浪费了大量的人力、财力、物力。

吕不韦站在为国治理的角度反对厚葬，因为这样对国家的治理十分不利。

本篇一开头即说："世之为丘垄也，其高大若山，其树之若林，其设阙庭、为宫室、造宾阼也若都邑。以此观世示富则可矣，以此为死则不可也。"世间大规模修建陵墓是不可以的。为什么不可以呢？因为厚葬无疑是告诉人们，其中"具珠玉玩好财物宝器甚多"，不能不把墓掘开，掘开墓就能发大财，世世代代不愁吃穿。从历史上来看，"自古及今，未有不亡之国也"，也"无不抇之墓也"，没有国家能够永恒的，也没有陵墓不被挖掘的。所以，厚葬只是给后人发财而已。不仅如此，因为墓被掘开，尸骨也就散落在外，人的灵魂也不得安宁，这与死葬让人安宁的意愿完全相反。所以，从"安死"的角度来讲，也不能厚葬。所以"尧葬于谷林"，"舜葬于纪"，"禹葬于会稽"，皆"以俭节葬死也"。

《吕氏春秋》中的节葬思想一般认为来源于墨家。在春秋战国时期，墨家是竭力倡导节葬的。《淮南子·要略》记载说："墨子学儒者之业，受孔子之术，以为其礼烦扰而不说，厚葬靡财而贫民，服伤生而害事，故背周道而用夏政。"在《墨子·非儒下》中，墨家更把"久丧伪哀以谩亲"，即长期服丧假装哀伤以欺骗死去的双亲，作为否定儒家的理由。墨子否认儒学"厚葬靡财而贫民"而另创新说，他力主薄葬。墨子对社会上的厚葬风气进行了批判和揭露，认为："然则姑尝稽之，今虽毋法执厚葬久丧者言，以为事乎国家，此存乎王公大人有丧者，曰：棺椁必重，葬埋必厚，衣衾必多，文绣必繁，丘陇必巨；存乎匹夫、贱人、死者，殆竭家室；（存）乎诸侯死者，虚车府。"（《节葬下》）墨子认为王公大人举办丧事，棺木必须多层，埋葬必须深厚，死者的衣服要有许多件，随葬的文绣也必须多而豪华，坟墓还必须高大。这种情况如果发生在穷苦的人家中，肯定会耗尽他们的家产。诸侯死了，就要花光他们所贮藏的财富。要用金玉珠宝首饰装饰死者，还要制造很多账幕帷幔、钟鼎、剑、羽旄、象牙、皮革等作为陪葬品。把很多财富埋在坟墓里进行厚葬，必然会造成人力物力的极大浪费，从而加重人们的负担，最终容易导致国家和人民的贫困。墨子还说："今唯无以厚葬久丧者为政，国家必贫，人民必寡，刑政必乱。若法若言，行若道；则不能听治；使为下者行此，则不能从事。上不听治，刑政恬适；下不从事，衣食之财必不足。……治之说无可得焉。"（《节葬下》）在这里，墨子进一步批判了厚葬的危害性。认为如果让主张厚葬久丧的人主持政务，国家必定贫穷，人民必定减少，刑法政治必定混乱。假如效法这种言论，实行这种主张，那么居于上位的人就不可能听政治国；而居于下位的人，也不可能从事生产。居上位的人不能听政治国的话，刑事政务就必定混乱；在下位的人不能从事生产的话，衣食就不能满足。这样下去，天下必然会大乱，国家的治理就无从谈起。

墨家的这种思想被《吕氏春秋》所继承。《节丧》篇说："善棺椁，所以避蝼蚁蛇虫也。今世俗大乱，人主愈侈其葬，则心非为乎死者虑也，生者以相矜尚也。侈靡者以为荣，俭节者以为陋，不以便死为故，而徒以生者之诽誉为务。"死者用棺椁成殓，原本是为了避免尸体被虫吃鼠咬，但是现在的人们进行厚葬，目的并不是为死者着想，而是为了活着的人挣虚荣的面子。但是《吕氏春秋》反对厚葬，并不像墨家那样站在为了维护民众利益的立场上，而是站在让死者"安死"的立场上。所以本篇说："是故先王以俭节葬死也，非爱其费也，非恶其劳也，以为死者虑也。"倡导节葬，不是为了省钱，不是为了节省劳力，而是为了死者考虑。"俭则不发"，俭葬，墓就不会被掘开，所以应该俭葬。

《吕氏春秋》"节葬""安死"的主张对后世产生深远的影响。班固《汉书·杨王孙传》载杨王孙要求裸葬的事。杨王孙崇尚黄老之学，生病时对儿子说："我想光着身子入土，以便回到我本来的样子中去。一定不要违背我的想法。我死后做一只口袋装入我的尸体，墓穴挖到地下七尺，把口袋放下去后，从脚下把口袋褪下来，让我的身体直接和土壤接触。"杨王孙的儿了怎么也想不通。后来杨王孙向老朋友回信中解释说：我光着身子入土，以此来矫正社会不正之风。铺张浪费地埋葬实在对死者没什么好处，而社会上的人竟然互相攀比，费尽钱

财，让它们烂在地下。要是今天刚埋进去，明天又被盗墓的人挖开，这才真和暴露在野外没什么两样！况且对死者来说，从出生到死去，这是他的必然归宿。回归的人得到了回归，死去的人得到了变化，这是事物各自回到他们的本来面目。回到无知无识、无形无声的本来面目，这才符合道家的主张。从杨王孙的看法中，也可以看出《吕氏春秋》节葬的主张也含有道家"全性葆真"的意思在内。

【故事】

庄子论"安死"

有个人拜见宋王，宋王恩赐他十辆车子，他用这十辆车子向庄子夸耀。庄子说："河边有个家庭贫困靠割蒿编织箕畚为生的人，他的儿子潜入深渊，得到价值千金的珍珠。他的父亲对他的儿子说：'拿石头来锤破它！这价值千金的珍珠，一定在九重深渊骊龙的颔下，你能得到珍珠，定遇到龙在睡觉。假使龙醒着，你还能得到什么呢！'现在宋国危机的深重，不止于九重的深渊；宋王的凶猛，不止于骊龙；你能得到车子，一定遇到他在睡觉。假使宋王醒着，你就要粉身碎骨了！"

庄子将要死时，弟子们打算为他厚葬。庄子说："我把天地当作棺椁，把太阳和月亮当璧，把星星当作珍珠，把万物当作陪葬品。我的丧葬用品还有什么不齐备的呢？还有什么比这更好的呢！"

弟子们说："我们害怕乌鸦和老鹰吃掉你呀！"庄子说："天葬让乌鸦和老鹰吃，土葬让蝼蛄和蚂蚁吃，从乌鸦老鹰那里夺过来给蝼蛄蚂蚁，为什么这样偏心呢！"用不公平来公平，不能公平；用不征验来征验，不能征验。自认聪明的人唯有被人支使，神人可以验证。聪明人不及神人很久了，而愚蠢的人还依靠他的偏见溺于人事，不也是很可悲吗！

异宝

【题解】

本篇摒弃了世俗关于"宝"的概念，主张以道德为宝。文章一开始就提出："古之人非无宝也，其所宝者异也。"接着列举了三个例子加以论证：其一是孙叔敖"知不以利为利"，告诫其子"必无受利地"；其二是江上之丈人拒不接受伍员赠予的千金之剑；其三是宋子罕"以不受为宝"，拒不接受"野人"献上的宝玉。这三位古人"所宝者"与世人"异"，其原因何在？文章认为这是由于他们的智慧"异乎俗"的缘故。人的智力高低决定了人们对宝物价值的认识，正如本篇结尾所说："其知弥精，其所取弥精；其知弥粗，其所取弥粗。"

【原文】

古之人非无宝也，其所宝者异也。

孙叔敖疾，将死，戒其子曰："王数封我矣，吾不受也。为我死，王则封汝，必无受利地。楚、越之间有寝之丘者，此其地不利，而名甚恶。荆人畏鬼，而越人信机。可长有者，其唯此也。"孙叔敖死，王果以美地封其子，而子辞，请寝之丘，故至今不失。孙叔敖之知，知不以利为利矣。知以人之所恶为己之所喜，此有道者之所以异乎俗也。

五员[①]亡，荆急求之，登太行而望郑曰："盖是国也，地险而民多知；其主，俗主也，不足与举。"去郑而之许，见许公而问所之。许公不应，东南向而唾。五员载拜受赐，曰："知所之矣。"因如吴。过于荆，至江上，欲涉，见一丈人，刺小船，方将渔，从而请焉。丈人度之，绝江。问其名族，则不肯告，解其剑以予丈人。曰："此千金之剑也，愿献之丈人。"丈人不肯受，曰："荆

国之法，得五员者，爵执圭，禄万檐，金千镒。昔者子胥过，吾犹不取，今我何以子之千金剑为乎？”五员过于吴，使人求之江上，则不能得也。每食必祭之，祝曰：“江上之丈人！”天地至大矣，至众矣，将奚不有为也？而无以为。为矣，而无以为之。名不可得而闻，身不可得而见，其惟江上之丈人乎！

宋之野人耕而得玉，献之司城子罕，子罕不受。野人请曰：“此野人之宝也，愿相国为之赐而受之也。”子罕曰：“子以玉为宝，我以不受为宝。”故宋国之长者曰：“子罕非无宝也，所宝者异也。”

今以百金与搏黍以示儿子，儿子必取搏黍矣；以和氏之璧与百金以示鄙人，鄙人必取百金矣；以和氏之璧、道德之至言以示贤者，贤者必取至言矣。其知弥精，其所取弥精；其知弥粗，其所取弥粗。

【注释】

①五员：即伍员。

【译文】

古代的人不是没有宝物，只是他们看作宝物的东西与今人不同。

孙叔敖病了，临死的时候告诫他的儿子说：“大王多次赐给我土地，我都没有接受。如果我死了，大王就会赐给你土地，你一定不要接受肥沃富饶的土地。楚国和越国之间有个寝丘，这个地方土地贫瘠，而且地名很不吉利。楚人畏惧鬼，而越人迷信鬼神和灾祥。所以，能够长久占有的封地，恐怕只有这块土地了。”孙叔敖死后，楚王果然把肥美的土地赐给他的儿子，但是孙叔敖的儿子谢绝了，请求赐给寝丘，所以这块土地至今没有被他人占有。孙叔敖的智慧在于懂得不把世俗心目中的利益看作利益。懂得把别人所厌恶的东西当作自己所喜爱的东西，这就是有道之人之所以不同于世俗的原因。

伍员逃亡，楚国紧急追捕他。他登上太行山，遥望郑国说：“这个国家，地势险要而人民多有智慧；但是它的国君是个凡庸的君主，不足以跟他谋划大事。"伍员离开郑国，到了许国，拜见许公并询问自己宜去的国家。许公不回答，向东南方面吐了一口唾沫。伍员拜了两次，接受赐教说："我知道该去的国家了。"于是往吴国进发。路过楚国，到了长江岸边，想要渡江。他看到一位老人，撑着小船，正要打鱼，于是走过去请求老人送他过江。老人把他送过江去。伍员问老人的姓名，老人却不肯告诉他。伍员解下自己的宝剑送给老人，说："这是价值千金的宝剑，我愿意把它送给您。"老人不肯接受，说："按照楚国的法令，捉到伍员的，授予执圭爵位，享受万石俸禄，赐给黄金千镒。从前伍子胥从这里经过，我尚且不捉他去领赏，如今我接受你的价值千金的宝剑做什么呢？"伍员到了吴国，派人到江边去寻找老人，却无法找到了。此后伍员每次吃饭一定要祭祀那位老人，祝告说："江上的老人！"天地之德大到极点了，养育万物多到极点了，天地何所不为？却毫无所求。人世间，做了有利于别人的事，却毫无所求，名字无法得知，身影无法得见，达到这种境界的恐怕只有江边的老人吧！

宋国一个农夫耕地得到了一块玉，把它献给了司城子罕，子罕不接受。农夫请求说："这是我的宝物，希望相国赏小人脸而把它收下。"子罕说："你把玉当作宝物，我把不接受别人的赠物当作宝物。"所以宋国德高望重的人说："子罕不是没有宝物，只是他当作宝物的东西与别人不同啊。"

假如现在把百金和黄米饭团摆在小孩的面前，小孩一定去抓黄米饭团了；把和氏之璧和百金摆在鄙陋无知的人面前，鄙陋无知的人一定拿走百金；把和氏之璧和关于道德的至理名言摆在贤人面前，贤人一定听取至理名言了。他们的智慧越精深，所取的东西就越珍贵；他们的智慧越低下，所取的东西就越粗陋。

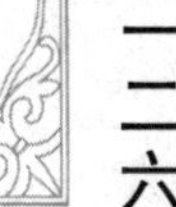

　　首先，不要把获得个人的利益当作"宝"，当作有价值的东西。这个意思是通过孙叔敖教子的例子来说明的。孙叔敖病了，临死的时候告诫他的儿子说："大王多次赐给我土地，我都没有接受。如果我死了，大王就会赐给你土地，你一定不要接受肥沃富饶的土地。楚国和越国之间有个寝丘，这个地方土地贫瘠，而且地名很不吉利。楚人畏惧鬼，而越人迷信鬼神和灾祥。所以，能够长久占有的封地，恐怕只有这块土地了。"孙叔敖死后，楚王果然把肥美的土地赐给他的儿子，但是孙叔敖的儿子谢绝了，请求赐给寝丘，所以这块土地至今没有被他人占有。楚王封给孙叔敖儿子肥沃的土地，但是其却遵孙叔敖的遗愿选择贫瘠的土地，这就是不把获得个人的私利当作"宝"。

　　俗话说：无利不起早。《管子》说："商人通贾，倍道兼行，夜以续日，千里不远者，利在前也。"（《禁藏》）虽然《管子》中所说的是经商之人，但也可以用作所有人的形象写照。人们都把得利作为"宝"而追求，是人之常情。那么作为一国之臣，如何对待自身的利益？本篇认为，不贪心，不谋私利，应该就是臣子的价值观。因为在一国朝廷之中，如果大家都想着得到肥沃的土地，这样势必会卷入争斗，有争斗必有伤亡，国家也必然有损失。孙叔敖的儿子因为没有肥沃的土地，所以就不会卷入争夺，因而能够保全土地与自己的性命。因此，不贪求个人利益反成了人身最大的安全保障。由此可以看出本篇的目的：教育为臣之人，要"异宝"，不能像常人一样以争得个人的利益为目的，只有这样，国家才能得到治理，而大臣个人也才能保全自身。《吕氏春秋》始终是站在如何治理好国家的立场之上的，于此亦可一见。

　　其次，帮助他人，只求付出，不图回报。不是为了得到悬赏的钱财而做出卖他人之事，这样的行为才具有真正的价值。文中举江上之人为例加以说明。伍员逃亡，楚国紧急追捕他。他向吴国的方向逃。路过楚国，到了长江岸边，想要渡江。他看到一位老人，撑着小船，正要打鱼，于是走过去请求老人送他过江。老人把他送过江去。伍员问老人的姓名，老人却不肯告诉他。伍员解下自己的宝剑送给老人，说："这是价值千金的宝剑，我愿意把它送给您。"老人不肯接受，说："按照楚国的法令，捉到伍员的，授予执圭爵位，享受万石俸禄，赐给黄金千镒。从前伍子胥从这里经过，我尚且不捉他去领赏，如今我接受你的价值千金的宝剑做什么呢？"伍员到了吴国，派人到江边去寻找老人，却无法找到了。人世间，做了有利于别人的事，却毫无所求，名字无法得知，身影无法得见。江上的老人，做到了帮助他人，只求付出而不图回报，不贪图钱财而做出卖他人之事。这是"异宝"，也是《吕氏春秋》一书所倡导的"义"。历史上，为了贪图悬赏的钱财，干出出卖他人之事的人数不胜数，但他们最终都没有好的下场。

　　第三，不无端地收受他人的财物。宋国的农夫得到一块宝玉，把它送给司城子罕，子罕不接受。说："你把玉当作宝物，我把不接受别人的赠物当作宝物。"子罕的官职是司城，是掌控了一定权力的政府工作人员。拥有这样身份的一个人，却不贪图接受民众主动献上的财物。本篇的目的很显然，就是教育国家机关的工作人员，为官清廉，不要贪图财物，更不要搜刮百姓。子罕连农夫主动献上的宝玉都不要，很难设想这样的人会去搜刮百姓。如果国家都是这样的人在为国工作，哪里会有天下得不到治理的呢？这也是本篇的用意所在。

　　而要懂得上述道理，必须要有高尚的道德作支撑。所以本文最后说：把和氏之璧与关于道德的至理名言放在贤人面前，贤人一定是选择至理名言了。到此，本篇的主题已经明白道出：所有人都应该"以德为宝"。无论是孙叔敖、江上老人还是司城子罕，都是道德高尚之人。《吕氏春秋》的这种认识也是渊源有目的。《国语·晋语八》记载叔向贺贫的故事应当是这种认识的先行表达。韩宣子忧贫，叔向贺之。韩宣子说："我有卿的名声，但是却没有卿之名而带来的实惠，不能与晋国的其他卿相比，我因此感到忧虑。你祝贺我，是什么原因

呢?”叔向从正反两个方面举例说:从前栾武子没有百人的田产,他掌管祭祀,家里却连祭祀的器具都不齐全;可是他能够"宣其德行",遵循法制,名闻于诸侯各国。诸侯亲近他,戎狄归附他,因此使晋国安定下来,执行法度,没有弊病,因而避免了灾难。而那个卻昭子,"其富半公室",他的财产抵得上晋国公室财产的一半;"其家半三军",他家里的佣人抵得上三军的一半;他依仗自己的财产和势力,在晋国过着极其奢侈的生活,最后"其身尸于朝,其宗灭于绛",结果他被陈尸在朝堂上,他的宗族也在绛邑被灭绝。叔向借晋栾氏、卻氏两大家族的兴亡史说明作为朝廷之臣,应"忧德之不建",而不应当"患货之不足"。只有这样,才能保证自身的安全和家族的绵延。本篇的意义也在于此。

【故事】

齐威王以人才为异宝

齐威王、魏惠王一起在郊野打猎。魏惠王问:"齐国有什么宝贝?"

齐威王说:"没有。"

魏惠王说:"我的国家虽小,尚有直径一寸以上、可以照亮十二乘车的大珍珠十颗。像齐国这样的大国,难道会没有宝贝?"

齐威王说:"我对宝贝的看法跟你不一样。我的臣子中有位叫檀子的,我派他镇守南城,楚国便不敢来犯,泗水流域的十二个诸侯国都来朝拜。我的臣子中还有位叫盼子的,我派他守高唐,赵国人便不敢到其东边的黄河里来捕鱼。我的官吏中有位叫黔夫的,令他守徐州,燕国人向北门、赵国人向西门祭拜,从别处迁来投我齐国的就有七千多户。我的臣子中有位叫种首的,让他管理防盗事务,便出现了道不拾遗的景象。这四位大臣,光照千里,岂止十二乘车子呢!"

魏惠王听了,觉得自己实在是太鄙俗了,脸上出现了羞惭之色。

异用

【题解】

本篇主要论述了人们对物的使用不同而导致不同的结果，同时认为这也是事关人事治乱、存亡、生死的根本。作者主要通过商汤、周文王、孔子三位古代圣贤的事例说明以上观点。

【原文】

万物同，而用之于人异也，此治乱、存亡、死生之原。故国广巨，兵强富，未必安也；尊贵高大，未必显也；在于用之。桀、纣用其材而成其亡，汤、武用其材而成其王。

汤见祝网[1]者，置四面，其祝曰："从天坠者，从地出者，从四方来者，皆离[2]吾网。"汤曰："嘻！尽之矣。非桀，其孰为此也？"汤收其三面，置其一面，更教祝曰："昔蛛蝥作网罟[3]，今之人学纾。欲左者左，欲右者右，欲高者高，欲下者下，吾取其犯命者。"汉南之国闻之曰："汤之德及禽兽矣。"四十国归之。人置四面，未必得鸟；汤去其三面，置其一面，以网其四十国，非徒网鸟也。

周文王使人抇池，得死人之骸。吏以闻于文王，文王曰："更葬之。"吏曰："此无主矣。"文王曰："有天下者，天下之主也；有一国者，一国之主也。今我非其主也？"遂令吏以衣棺更葬之。天下闻之曰："文王贤矣！泽及髊骨，又况于人乎？"或得宝以危其国，文王得朽骨以喻其意，故圣人于物也无不材。

孔子之弟子，从远方来者，孔子荷杖而问之曰："子之公不有恙乎？"搏杖而揖之，问曰："子之父母不有恙乎？"置杖而问曰："子之兄弟不有恙乎？"曳步而倍之[4]，问曰："子之妻子不有恙乎？"故孔子以六尺之杖，谕贵贱之等，辨疏亲之义，又况于以尊位厚禄乎？

古之人贵能射也，以长幼养老也。今之人贵能射也，以攻战侵夺也。其细者以劫弱暴寡也，以遏夺为务也。仁人之得饴，以养疾侍老也。跖与企足得饴，以开闭取楗也。

【注释】

①祝网：对网祷告。

②离：通"罹"，遭。

③蛛蝥：蜘蛛。罟：网。

④曳步：拖着脚步，脚不离地缓步移动。倍：同"背"，背向。

【译文】

世间万物对每个人都是同样的，但是人们却有不同的用途，这正是天下治乱、国家存亡、个人生死的根本所在。所以，国土宽广无边，士兵强壮勇猛，但是不一定是安全的；身居高官，地位尊隆，但是不一定会声名显赫。关键在于怎么样利用这些条件。桀、纣利用他们的才能，却促成了他们的灭亡。商汤、周武王运用他们的才能，却成就了丰功伟业。

商汤见到在四面设网捕获禽兽的人祝祷，祷词说："从天上掉下来的，从地里钻出来的，从四面八方来的，都要进我的网里来。"商汤说："唉，够了啊，不是夏桀哪会这么干？"汤于是解开网的三面，只留一面，重新教他祝祷说："以前蜘蛛蝥虫结网捕食，现在人们也学会了，所有的生灵想向左的就向左，想向右的就向右，想往高处飞的就往高处飞，想要往下钻的就往下钻，我只捕取那些自取死亡的。"汉水南岸国家的人听说了说道："商汤的仁德遍及禽兽了啊。"于是四十个诸侯国来归顺商汤。有的人放置四面堵牢的网未必能捕到鸟；商汤去掉了三面网，只放置一面，却网罗到了四十个国家的人心，不单单是网鸟这么简单的。

周文王命令人挖掘池塘，挖出一具人的尸体，主管的官吏把这件事禀告周文王。文王说："把它重新安葬吧。"官吏说："这只是个无主的尸体。"文王说："拥有天下者，就是天下的主人；拥有一国者，就是国人的主人。现在我不就是这个死者的主人吗？"于是就命令官吏将死者入殓后重新安葬。天下的人知道这件事后都说："周文王真是一位贤君啊！他的恩德都惠及死者了，更何况是活着的人呢？"有的君主想法收敛财物，却使国家遭受灾难，周文王遇到尸骨但是将它重新埋葬，以此来表达自己的仁爱之心。所以万物对于圣人来说，没有什么不是可以利用的。

孔子有个门徒从远方而来，孔子肩扛着手杖，问候他说："你祖父的身体还好吧？"然后，孔子便持杖拱手行礼，问："你的父母都平安吧？"接着便扶杖于地上，问："你的哥哥弟弟都平安吧？"然后背过身去拖着手杖，问候说："你的妻子、孩子都还好吧？"所以，孔子用六尺手杖，就能显示出贵贱的等级，能区分亲疏的关系，更何况用尊贵的地位、丰厚的俸禄呢？

古时候的人看重射箭的技艺，用射箭的礼仪来培养人们礼让和睦的风气、爱护小孩的成长和尊敬赡养老人。现在的人看重射箭的技艺，却用来攻战侵夺。卑鄙的小人凭借射箭的技艺掠夺弱小的人，欺侮势薄力单的人，从事拦路抢劫的勾当。仁德的人得到饴糖后，用来调养病人、赡养老人。盗跖和企足得到饴糖后，却用来粘开门闩以便进行盗窃。

【解析】

任何事物都具有其两面性，正确利用就会得到好处，反之则会取得灭亡。商汤捕鸟网开三面，做事不太贪心，留给别人生存的机会，这样其他的国家才会心悦诚服地归顺；周文王埋葬尸骸而获得天下人的赞美；孔子用六尺之杖晓谕贵贱亲疏的不同。万物对人都是相同的，而使用它的人则各不相同，这就是

治或乱、存或亡、生或死的根本缘由。这反映了儒家的仁爱思想。

【故事】

万物不同在于异用

王孙圉是春秋时期楚国的大夫。一次，他奉命出使晋国。晋国大夫赵简子在欢迎王孙圉的宴会上，故意把身上的佩玉弄得很响，以此来炫耀自己的富有。

他问王孙圉说："楚国的美玉白珩还在吗？"

王孙圉说："在。"

赵简子又接着问："它作为国宝已经传了多少代了？"

王孙圉说："我们楚国从来也没有把这块美玉当成什么宝物。楚国的第一宝物你知道是什么吗？是一个叫观射父的大夫。他善于外交辞令，能够出使于各诸侯国，使诸侯国无法把我们的国君当作话柄；第二宝物是一个叫倚相的左史，能历数先王的遗训典籍，时时向国君提供前人兴衰存亡的事例。使国君能牢牢记住先王的事业，又能懂得必须取悦于上下神灵，顺从天地诸神的意志，使它们对楚国没有什么怨恨；还有一个可称其为宝物的，是我们楚国的云梦泽，那里盛产金、木、竹、箭，又盛产龟、珠、角、皮、茅、羽、毛、齿等物品。……这些才是我们楚国的宝贝呢！至于白珩，那只不过是我们先王手中的一个玩物而已，有什么值得宝贝的呢？贤明的君主以及有才智的人，只把利国利民的东西当宝贝。祭祀用的玉器，因能够庇护嘉禾的生长，故可当宝；占卜用的龟甲，因能表明吉凶，故可当宝；珠能够防御水灾，故可当宝；铜能制造兵器，用来保护人民的安全，故可当宝；山川林泽可以盛产物品，解决人民的生活所需，才把它当宝。我们楚国虽说是蛮荒之地，但我们也不把那些毫无使用价值的美玉当成宝贝。"

王孙圉的这段话，既是对赵简子的婉转批评，也阐明了楚国是如何对待外物的。总而言之一句话，楚国是把能否利于治国利民作为衡量外物是否珍贵的唯一尺度。

仲冬纪第十一

仲冬

【题解】

本篇讲冬藏。仲冬时罢官无事，去器无用，助天地闭藏。

【原文】

一曰：

仲冬之月，日在斗①，昏东壁中②，旦轸中③。其日壬癸，其帝颛顼，其神玄冥，其虫介，其音羽，律中黄钟④。其数六，其味咸，其臭朽，其祀行，祭先肾。冰益壮⑤，地始坼⑥，鹖鴠不鸣⑦，虎始交⑧。天子居玄堂太庙⑨，乘玄辂，驾铁骊，载玄旂，衣黑衣，服玄玉，食黍与彘，其器宏以弇。

命有司曰⑩："土事无作⑪，无发盖藏⑫，无起大众，以固而闭⑬。"发盖藏，起大众，地气且泄⑭，是谓发天地之房⑮。诸蛰则死，民多疾疫，又随以丧⑯。命之曰"畅月"⑰。

是月也，命阉尹申宫令⑱，审门闾⑲，谨房室，必重闭⑳。省妇事㉑，毋得淫㉒，虽有贵戚近习㉓，无有不禁㉔。乃命大酋㉕，秫稻必齐㉖，麹蘖必时㉗，湛饎必洁㉘，水泉必香，陶器必良㉙，火齐必得㉚，兼用六物㉛，大酋监之，无有差忒㉜。天子乃命有司祈祀四海、大川、名原、渊泽、井泉㉝。

是月也，农有不收藏积聚者，牛马畜兽有放佚者，取之不诘㉞。山林薮泽㉟，有能取疏食田猎禽兽者㊱，野虞教导之㊲。其有侵夺者，罪之不赦㊳。

是月也，日短至㊴，阴阳争㊵，诸生荡㊶。君子斋戒，处必弇㊷，身欲宁，去声色㊸，禁嗜欲，安形性㊹，事欲静，以待阴阳之所定㊺。芸始生㊻，荔挺出㊼，蚯蚓结㊽，麋角解㊾，水泉动。日短至，则伐林木，取竹箭㊿。

是月也，可以罢官之无事者，去器之无用者，涂阙庭门闾[51]，筑囹圄[52]，此所以助天地之闭藏也。

仲冬行夏令，则其国乃旱，氛雾冥冥[一][53]，雷乃发声；行秋令，则天时雨汁[54]，瓜瓠不成[55]，国有大兵；行春令，则虫螟为败[56]，水泉减竭[二]，民多疾疢[57]。

【校勘】

[一] 各本"氛"作"气"，今据蒋维乔说校。

[二] 减，汪本、朱本、王本、日刊本作"咸"。

【注释】

①斗：星宿名，二十八宿之一，在今人马座。

②东壁：星宿名，二十八宿之一，又称壁，在今飞马座。

③轸：星宿名，二十八宿之一，在今乌鸦座。

④黄钟：十二律之一，属阳律。

⑤壮：这里指冰的坚硬。

⑥坼：裂开。这里指地被冻裂。

⑦鹖鴠：山鸟。

⑧交：交配。

⑨玄堂太庙：北向明堂的中央正室。

⑩有司：这里指司徒。

⑪土事：指土木工程。作：兴。

⑫发：打开。盖藏：指覆盖贮藏东西的仓廪府库之类。

⑬固、闭：都用作使动。而：以。五行说认为，冬宜闭藏，所以一切开启之事，都要禁止。

⑭且：将。泄：宣泄。

⑮是：代词，此。房：正室两边的房舍，这里喻为天地闭藏万物之所。

⑯随以丧：随之而丧亡。

⑰命：命名。畅月：此月阴气盛，人民空闲无事，所以称为"畅月"。

⑱阍尹：宫官之长。宫令：宫中的禁令。

⑲审：慎重。门间：指宫中之门。

⑳重闭：指房室内外之门都严加关闭。重，重叠。以上措施都是为了闭阳助阴。

㉑省：减少。妇事：指妇女的工作。

㉒淫：过分。这句意思是不得制作过分巧饰的东西。

㉓贵戚：尊贵的近亲。近习：王身边宠幸的人。

㉔禁：指禁止制作淫巧之事。

㉕大酋：酒官之长。

㉖秫：黏高粱，可以酿酒。稻：指糯米稻，也可以酿酒。齐：指秫稻纯齐。

㉗麹蘖：酿酒时引起发酵的物质。时：及时。

㉘湛：浸渍。饎：烹煮。

㉙陶器：瓦器，指酿酒用的器皿。

㉚火齐：指火候。齐，剂量，这个意义后来写作"剂"。得：指火候能适中。

㉛六物：六事，即上文"秫稻必齐，麹蘖必时，湛饎必洁，水泉必香，陶器必良，火齐必得"等六件事。物，事。

㉜差忒：差错。

㉝名原：大的水源。原，水的发源处，这个意义后来写作"源"。这句指祭祀水神。

㉞诘：责问。这句大意是在此收藏积聚之时，如还有没收藏的谷物，没入圈的马牛，可以任人拿取而不责问。

㉟薮泽：水聚集之处叫泽，泽旁无水之处叫薮。

㊱疏食：指草木的果实，即榛栗菱芡之类。田：打猎，猎取。这个意义后来写作"畋"。

㊲野虞：主管山林薮泽的官。

㊳罪之：对他治罪。罪，用作动词。

㊴日短至：即冬至。

㊵阴阳争：仲冬之月，阴气正盛，阳气开始升动，所以阴阳相遇而争。

㊶诸生：指各种生物。荡：动，指生物萌动。

㊷处：居处。弇：深邃。

㊸去：摒除。声色：指音乐彩色。

㊹安：用作使动。形性：身体性情。

㊺定：成。这句意思是此时阴阳方争，须待阴阳的消长。

㊻芸：草名，像苜蓿。

㊼荔：草名，像蒲而小，根可以做刷子。挺出：挺身而出。

㊽结：屈曲。指蚯蚓在穴内屈曲而动。

㊾麋：鹿的一种。解陨坠。

㊿箭：小竹子。

(51)阙：也叫观，即宫门外两边筑起的高台。

(52)囹圄：牢狱。

(53)氛雾：雾气。

(54)雨：动词，降落。汁：雪中夹雨。

(55)瓠：一年生草本植物，果实长圆形，嫩时可食。

(56)螟：吃谷心的害虫。败：害。

(57)疾疠：疫疾，不合时气而患病。

【译文】

仲冬之月，太阳的位置在斗宿。黄昏时刻，壁宿出现在南方中天；拂晓时刻，轸宿出现在南方中天。仲冬于天干属壬癸，它的主宰之帝是颛顼，佐帝之神是玄冥，应时的动物是龟鳖之类的甲族，相配的声音是羽音，音律与黄钟相应。这个月的数字是六，味道是咸味，气味是朽气，要举行的祭祀是行祭，祭祀时祭品以肾脏为尊。这个月，冰冻得越发坚实，地表开始冻出裂缝。鹖鴠不叫了，老虎开始交配。天子住在北向明堂的中央正室，乘坐黑色的车，车前驾着黑色的马，车上插着黑色绘有龙纹的旗帜；天子穿着黑色的衣服，佩戴着黑色的饰玉。吃的食物是黍米和猪肉，使用的器物宏大而口敛。

命令司徒官说："不要兴动土木工程，不要打开遮盖掩藏东西的仓廪府库，不要发动众多百姓，以此顺应时气的封固和闭藏。"打开盖藏之物，发动众多百姓，地气就会宣泄，这叫作开启天地用来闭藏万物的房舍。这样一来，蛰伏的动物都会死去，百姓中会流行疫病，并随着丧亡。这个月，命名叫作"畅月"。

这个月，命令宦官的首领申明宫中的禁令，严加注意宫廷和房室的门户，一定要层层紧闭。要减少妇女的工作，不许她们制作过分奢华巧饰的东西，即使是尊贵的亲戚和宠幸的嬖人，也没有不禁止的。命令酒官之长监制酿酒，选用的高粱稻米必须纯净，制作酒麴酒蘖必须适时，浸渍炊煮米麴必须清洁，所用的井水泉水必须甘美，使用的陶器必须良好，酿制的火候必须适中。这六件事要处处兼顾，酒官之长监督它，不得有一点差错。天子命令主管官吏祭祀四海、大河、水源、深渊、大泽及井泉的水神。

这个月，农民尚未收藏积聚的谷物、放牧在外的牛马，若被他人取用，不必责问；农民有能在山林水泽中采取榛栗菱芡捕猎禽兽的，主管山泽的官吏要教导并鼓励他们，若有人侵犯夺取他们的成果，一定要处罚，决不宽赦。

利令智昏

这个月，冬至到来，阴阳相争，各种生物都开始萌动。君子整洁身心，居处一定深邃，身心要宁静，摒除声色，禁绝嗜欲，保养身体和性情，对各种事情都不要急躁，而要静观，以等待阴阳消长的结果。这个月，芸草开始萌生，荔蒲挺挺而出，蚯蚓屈曲而动，麋鹿犄角坠落，水泉开始涌动。冬至的时候，可以砍伐林木，割取竹子。

这个月，可以罢免无事可做的官吏，可以除去没有用处的器物；涂塞宫廷的门户，修筑牢狱；这些都是帮助上天闭藏的措施。

仲冬如果实行应在夏天实行的政令，那么，国家就会出现干旱，雾气就会弥漫，雷声就会震动；如果实行应在秋天实行的政令，那么，雨雪就会时时相杂而落，瓜果就不能成熟，国家就有大兵侵扰；如果实行应在春天实行的政令，那么，虫螟就会成灾，水泉就会衰减枯竭，百姓中就会流行疫病。

至忠

【题解】

"至忠"是对君主无比忠诚的意思。本篇列举了古代两个至忠的典型，一方面论证了世道清明，容易尽忠，世道浑浊，难以尽忠；另一方面借此向人主提出要听取忠言的道理。

至忠逆于耳，倒于心，非贤主其孰能听之？故贤主之所说，不肖主之所诛也。人主无不恶暴劫者，而日致之，恶之何益？今有树于此，而欲其美也，人时灌之，则恶之，而日伐其根，则必无活树矣。夫恶闻忠言，乃自伐之精者也。

荆庄哀王猎于云梦，射随兕，中之。申公子培劫王而夺之。王曰：“何其暴而不敬也？”命吏诛之。左右大夫皆进谏曰："子培，贤者也，又为王百倍之臣，此必有故，愿察之也。"不出三月，子培疾而死。荆兴师，战于两棠，大胜晋，归而赏有功者。申公子培之弟进请赏于吏曰："人之有功也于军旅，臣兄之有功也于车下。"王曰："何谓也？"对曰："臣之兄犯暴不敬之名，触死亡之罪于王之侧，其愚心将以忠于君王之身，而持千岁之寿也。臣之兄尝读故记曰：'杀随兕者，不出三月必死。'是以臣之兄惊惧而争之，故伏其罪而死。"王令人发平府而视之，于故记果有，乃厚赏之。申公子培，其忠也可谓穆[①]行矣。穆行之意，人知之不为劝[②]，人不知不为沮[③]，行无高乎此矣。

齐王疾痏[④]，使人之宋迎文挚，文挚至，视王之疾，谓太子曰："王之疾必可已也。虽然，王之疾已，则必杀挚也。"太子曰："何故？"文挚对曰："非怒王则疾不可治，怒王则挚必死。"太子顿首强请曰："苟已王之疾，臣与臣之母以死争之于王。王必幸臣与臣之母，愿先生之勿患也。"文挚曰："诺。请以死为王。"与太子期，而将往不当者三，齐王固已怒矣。文挚至，不解屦登床，履王衣，问王之疾，王怒而不与言。文挚因出辞以重怒王，王叱而起，疾乃遂已。王大怒不说，将生烹文挚。太子与王后急争之，而不能得，果以鼎生烹文挚。爨之三日三夜，颜色不变。文挚曰："诚欲杀我，则胡不覆之，以绝阴阳之气？"王使覆之，文挚乃死。夫忠于治世易，忠于浊世难。文挚非不知活王之疾而身获死也，为太子行难，以成其义也。

【注释】

①穆：美。

②劝：进。

③沮：止。

④痏：痏疽之类，今之恶疮。

【译文】

　　至忠之言不顺耳，逆人心，如果不是贤明的君主，谁能听取它？因此，贤明的君主喜欢的，正是不肖的君主要惩罚的。君主无一不痛恨侵暴劫夺的行径，然而自己的所作所为却在天天招致它，痛恨它又有什么益处？假如这里有棵树，希望它生长茂盛，可是别人按时浇灌它，自己却讨厌别人的行为，并且每天砍伐树根，照这样做，肯定不会有活树了。厌恶听取忠言，正是最严重的一种自我毁灭的行为。

　　楚庄王在云梦泽打猎，射中了一只随兕，申公子培抢在王之前把随兕夺走了。楚庄王说："怎么这样地犯上不敬啊！"命令官吏杀掉子培。左右大夫都上前劝谏说："子培是个贤人，又是您最有才能的臣子，这里面必有缘故，希望您能仔细了解这件事。"不到三个月，子培生病而死。后来楚国起兵，与晋国军队在两棠交战，大胜晋军，回国之后奖赏有功将士。申公子培的兄弟上前向主管官吏请赏说："别人在行军打仗中有功，我的兄长在大王的车下有功。"庄王问："你说的是什么意思？"回答说："我的兄长在大王您的身旁冒着犯上不敬的恶名，遭获死罪，但他本心是要效忠君王，让您享有千岁之寿啊！我的兄长曾读古书，古书记载道：'杀死随兕的人不出三个月必死。'因此我的兄长见到您射杀随兕，十分惊恐，因而抢在您之前把它夺走，所以后来遭其祸殃而死。"庄王让人打开平府查阅古籍，在古书上果然有这样的记载，于是厚赏了子培的兄弟。申公子培的忠诚可称得上是"穆行"了。"穆行"的含义是：不因为别人了解自己就受到鼓励，也不因为别人不了解自己就感到沮丧，德行没有比这更高尚的了。

齐王长了恶疮，派人到朱国接文挚，文挚到了，察看了齐王的病，对太子说："大王的病肯定可以治愈。虽然如此，大王的病一旦痊愈一定会杀死我。"太子说："什么原因呢？"文挚回答说："如果不激怒大王，大王的病就治不好，但如果大王真的被激怒了，那我就必死无疑。"太子叩头下拜，极力请求说："如果治好父王的病而父王真的要杀先生的话，我和我的母亲一定以死向父王为您争辩，父王一定哀怜我和我的母亲，望先生不要担忧。"文挚说："好吧。我愿拼着一死为大王治病。"文挚跟太子约定了看病的日期，三次都不如期前往。齐王本来已经动怒了。文挚来了之后，不脱鞋就登上了齐王的床，踩着齐王的衣服，询问齐王的病情，齐王恼怒，不跟他说话。文挚于是口出不逊之辞激怒齐王。齐王大声呵斥着站了起来，病于是就好了。齐王大怒不消，要把文挚活活煮死。太子和王后为文挚激烈地与齐王争辩，但却未能改变齐王的决定。齐王终于用鼎把文挚活活地煮了。文挚被煮了三天三夜，容貌不毁。文挚说："真的要杀我，为什么不盖上盖，隔断阴阳之气？"齐王让人把鼎盖上，文挚才死。由此看来，在太平盛世做到忠容易，在乱世做到忠很难。文挚不是不知道治愈齐王的病自己就得被杀，他是为了太子去做招致杀身的事，以便成全太子的孝敬之义啊。

【解析】

君主都希望自己的臣子对自己忠心耿耿，然而忠言逆耳，忠心的结果未必就能活命，然忠臣还是忠臣，他的功绩终究会被人们知道并加以赞赏的。申公子培为保王命而被楚庄王误会，文挚为救齐湣王生命而故意惹怒他，致使被误解而死，忠臣的下场是悲惨的，这就教育人民应有愚忠的思想，这明显是为统

治阶级服务，具有一定的局限性。

【故事】

雄鹰力救成吉思汗反被杀

成吉思汗取得了伟大的成就，与他善于控制自己的感情有关，而他之所以善于控制自己的感情，则与他的一段传奇经历有关。

有一次，成吉思汗带人去打猎。他们一大早便出发，可到了中午仍没有收获，只好返回帐篷。成吉思汗不甘心，就独自一个人走回山上。烈日当空，他沿着羊肠小道向山上走去。不久，他来到了一个山谷，见到有溪水从上面一滴一滴地流下来。成吉思汗非常高兴，就取出水袋，耐着性子去接。

当水接到七八分满的时候，他高兴地把水袋拿到嘴边，想把水喝下去。就在这时，一股疾风猛然把水袋从他手里吹了下来，将水洒了。成吉思汗又急又怒，抬头一看，原来是自己的爱鹰搞的鬼。他非常生气却又无可奈何。只好拿起水袋继续接水。当水再次接到七八分的时候，又有一股疾风把水袋弄翻了，原来又是这只鹰。成吉思汗非常愤怒，于是，他一声不吭地拾起水袋，再次从头开始接水。当水再次接到七八分满的时候，他悄悄取出尖刀，拿在手中，然后把水袋慢慢地移近嘴边。老鹰再次向他飞来，成吉思汗迅速拿出尖刀，把鹰杀死了。

由于他在杀掉鹰的时候，注意力过分集中，疏忽了手中的水袋，水袋掉进了山谷里。成吉思汗无法再接水喝了。不过他想到既然有水从山上滴下来，那么上面也许有蓄水的地方，很可能是湖泊或山泉。于是他忍住口渴，用力向上爬，终于攀上了山顶，发现那里果然有一个湖泊。成吉思汗兴奋极了，立即弯下身子想要喝个饱。忽然，他看见湖边有一条大毒蛇的尸体，这时才恍然大悟："原来飞鹰救了我，它刚才打翻我的水袋，使我没有喝下被毒蛇污染的水。"成吉思汗知道自己错了，他带着自责的心情，忍着口渴返回了帐篷。从此以后，他就学会不再由于他人的冒犯而做下错事。这使成吉思汗避免了很多错事，给他的宏图大业带来了莫大的帮助。

忠廉

【题解】

"忠廉"是忠勇、廉直的意思。本篇认为，忠廉之臣对君主、国家有功，所以，君主应该重加礼遇。

【原文】

士议之不可辱者大之也①。大之则尊于富贵也，利不足以虞②其意矣。虽名为诸侯，实有万乘，不足以挺其心矣。诚辱则无为乐生。若此人也，有势则必不自私矣，处官则必不为污矣，将众则必不挠北矣。忠臣亦然。苟便于主利于国，无敢辞违，杀身出生以徇之。国有上若此，则可谓有人矣。若此人者固难得，其患虽得之有不智。

吴王欲杀王子庆忌而莫之能杀，吴王患之。要离曰："臣能之。"吴王曰："汝恶③能乎？吾尝以六马逐之江上矣，而不能及；射之矢，左右满把，而不能中。今汝拔剑则不能举臂，上车则不能登轼④，汝恶能？"要离曰："上患不勇耳，奚⑤患于不能？王诚能助，臣请必能。"吴王曰："诺。"明旦加要离罪焉，挚执妻子，焚之而扬其灰。要离走，往见王子庆忌于卫。王子庆忌喜曰："吴王之无道也，子之所见也，诸侯之所知也。今子得免而去之，亦善矣。"要离与王子庆忌居有间，谓王子庆忌曰："吴之无道也愈甚，请与王子徃夺之国。"王子庆忌曰："善。"乃与要离俱涉于江。中江，拔剑以刺王子庆忌。王子庆忌捽⑥之，投之于江，浮则又取而投之，如此者三。其卒曰："汝天下之国士也，幸汝以成而名。"要离得不死，归于吴。吴王大说，请与分国。要离曰："不可。臣请必死！"吴王止之，要离曰："夫杀妻子，焚之而扬其灰，以便事也，臣以为不仁。夫为故主杀新主，臣以为不义。夫摔而浮乎江，三入三出，特王子庆忌为之赐而不杀耳，臣已为辱矣。夫不仁不义，又且已辱，不可以生。"吴王不能止，果伏剑而死。要离可谓不为赏动矣，故临大利而不易其义，可谓廉矣，廉故不以贵富而忘其辱。

卫懿公有臣曰弘演，有所于使。翟人攻卫，其民曰："君之所予位禄者，鹤也；所贵富者，宫人也。君使宫人与鹤战，余焉能战？"遂溃而去。翟人至，及懿公于荥泽，杀之，尽食其肉，独舍其肝。弘演至，报使于肝，毕，呼天而啼，尽哀而止，曰："臣请为襮。"因自杀，先出其腹实，内懿公之肝。桓公闻之曰："卫之亡也，以为无道也。今有臣若此，不可不存。"于是复立卫于楚丘。弘演可谓忠矣，杀身出生以徇其君。非徒徇其君也，又令卫之宗庙复立，祭祀不绝，可谓有功矣。

【注释】

①议：立议。大：最重要。

②虞：通"娱"。

③恶：何。

④轼：古代设在车前供立乘者凭扶的横木。

⑤奚：何。

⑥摔：抓住头发。

【译文】

义士把名节看得至关重要，认为是不可受到屈辱的事。重视名节，就会把它看得比富贵还有价值，荣誉利益并不足以让士快乐从而失节。尽管身为诸侯，

占有万辆兵车，也不足以动摇士的心志。假如遭受到羞辱，他就不会再快乐地
生活下去。像这样的人，有了权势就一定不会自私自利，当了官就一定不会做
出玷污自己名声的行为，率领军队作战就一定不会投降或者败逃。忠臣也是这
样。如果能够做有利于君主、有利于国家的事，他决不会推辞违拒，即使杀身
舍生为君为国献身也会义无反顾地去做。国家如果有这样的义士忠臣，就可以
称得上有人才了。但是像这样的人本来就很难得到的，而国家的忧患还在于即
使遇到了这种人，君主却不能知道并重用他们。

　　吴王想要杀掉王子庆忌，但是没有谁能够做到，吴王对此很忧虑。要离说：
"我能够杀掉王子庆忌。"吴王说："你怎么能够杀掉他呢？我曾用驾着六匹马
的车追赶他，一直追到江边，也没有追上他；用箭射他，他左右手都接住了射
去的飞箭，怎么也射不中他。而你持剑在手就会举不起手臂，登上车就不能扶
住车轼站立，你怎么能行呢？"要离说；"壮士最担忧的是自己是否勇敢，哪里
会担忧没有能力做不成事？大王如果能够协助我，我一定能够成功！"吴王说：
"好吧。"第二天，吴王就要给要离施加罪名，并捕捉了要离的妻子和孩子，处
死了他们并焚毁了尸体、扬弃了骨灰。要离逃跑到卫国去求见庆忌。王子庆忌
高兴地说："吴王暴虐无道，这是你亲眼所见、诸侯都知道的。如今你得幸免逃
离了他，也算是侥幸的事了。"要离就和王子庆忌在一起住，过了不长一段时
间，就对王子庆忌说："吴王暴虐无道更加厉害了，请允许我跟随您去从他手里
把王位夺过来。"王子庆忌说："好。"于是和要离一起渡过长江。行至江水中
流，要离拔剑刺杀王子庆忌。王子庆忌揪住要离的头发，把他投入江中，等要
离浮出水面，王子庆忌又把他抓起来投入江中，像这样重复了三次。王子庆忌
最后说："你可以称得上是勇冠天下的壮士了，我饶你一死，成全你的美名。"
要离因此保命，回到吴国。吴王大喜，希望与他共同治理国家。要离说："不
行，我已经下定必死的心愿！"吴王劝阻他，要离说："我让您杀死我的妻子和
孩子，并烧了他们的尸体，扬弃了骨灰，为的以便取得庆忌的信任而成就大事，

但我认为这是我的不仁之举。为了原先的主人杀死新的主人我认为这是我的不义之举。我被王子庆忌揪住头发投入江中，又三次浮出，我之所以还活着，只不过是王子庆忌对我开恩不杀我罢了，我已经受到侮辱了。为臣不仁不义又受到侮辱，不能再活在世上了。"吴王劝止不住，要离最终还是拔剑自杀了。要离可称得上是不为赏赐所动了，所以面对巨大利益而不改变他的气节，要离可称得上"廉"了，正因为"廉"，所以才不会因为富贵财富而忘记遭受的耻辱。

卫懿公有个大臣叫弘演，受命被派出使国外。这时，狄人进攻卫国，卫国的百姓说："国君平时赐给鹤官位俸禄，让宫中的侍从位尊富贵。现在国君还是让宫中的侍从和鹤去打仗吧，我们怎么可能去作战呢？"于是纷纷逃散而去。狄人到了，在荥泽追上了国君，把他杀了，吃光了他的肉，只剩下一块他的肝。弘演完成使命归来，向国君的肝脏禀报出使的情况。禀报完毕，呼叫着上天而痛哭，表达悲伤之情后才停止哭泣，说："我愿为君作躯壳。"于是剖腹自杀，先把自己的内脏从躯体中取出来，再把懿公的肝脏放入腹中，这才死去。齐桓公听到这件事说："卫国之所以灭亡，是因为卫懿公荒淫无道，而今却有像弘演这样的忠烈之臣，不能不保存卫国。"于是在楚丘重建卫国。弘演可称得上忠臣了，杀身舍生以护卫其国君。他不但护卫其君，又使卫国得以复国，祭祀没有断绝，真可称得上是有功之臣了。

【解析】

士的名节不可受到屈辱，这是由于士十分珍视名节。珍视名节，就会把它看得比富贵还尊贵，私利就不足以使士的心情快乐了。要离刺杀庆忌，王子庆忌抓住要离的头发，把他扔到江中，浮起来又投进去，如此再三，这是对一个士人最大的侮辱，所以，要离以死来洗刷自己的耻辱；卫懿公的大臣弘演在自己的君主死后，国家也灭亡了的时候还不忘记自己的职责，把自己的内脏拿出来，将自己君主的肝脏装进去，这就是忠心的大臣所做的事。并由此而使已灭亡的卫国重建，是忠君的楷模。

【故事】

秦昭王试探范雎忠心

应侯范雎失去了原韩地的封邑汝南，秦昭王对应侯说："贤卿丧失自己的封地汝南以后，是不是很难过呢？"范雎回答说："臣并不难过。"昭王说："为什么不难过？"范雎说："梁国有一个叫东门吴的人，他的儿子虽然死了，可是他并不感到忧愁，他的管家就问他：'主人，你疼爱儿子，可以说是天下少见，现在不幸儿子死了，为什么不难过呢？'东门吴回答说：'我当初本来没儿子，没儿子时并不难过；现在儿子死了等于恢复没儿子时的原状，我为什么难过呢？'臣当初只不过是一个小民，当平民的时候并不忧愁，如今失去封地汝南，就等于恢复原来平民身份，我又有什么好难过的呢？"

秦昭王不信范雎的话，于是就对将军蒙骜说："如果有一个城池被敌人围困，寡人就会愁得寝食不安，可是范雎丢了自己的封土，反而说自己毫不难过，寡人认为他这话不合情理。"蒙骜说："让我去了解一下，到底是怎么回事！"

蒙骜就去拜会范雎说："我想要自杀！"范雎很惊讶地问："将军，你怎么能说这种话呢？"蒙骜回答："君王拜阁下为师，全天下的人都知道这件事。现在我蒙骜侥幸成为秦国将军，眼看弱小的韩国竟敢违逆秦国夺走阁下的封土，我蒙骜还有什么脸活着？还不如早点死了好！"

范雎一听，赶紧向蒙骜说："我愿意把夺回汝南之事托付您！"于是蒙骜就把范雎的话问奏秦昭王。

从此每当范雎谈论到韩国，秦昭王就不想再听，认为范雎是在为夺回汝南而谋划。

当务

"当务"就是符合时务的意思、本篇通过四个历史故事，主要论述了"辩而不当论，信而不当理，勇而不当义，法而不当务"四者是大乱天下的祸害。

【原文】

辨而不当论①，信而不当理，勇而不当义，法而不当务②，惑而乘骥也③，狂而操吴干将也④，大乱天下者，必此四者也⑤。所贵辨者，为其由所论也⑥；所贵信者，为其遵所理也；所贵勇者，为其行义也；所贵法者，为其当务也。

跖之徒问于跖曰⑦："盗有道乎？"跖曰："奚啻其有道也⑧？夫妄意关内⑨，中藏⑩，圣也；入先⑪，勇也；出后⑫，义也；知时，智也；分均，仁也。不通此五者而能成大盗者，天下无有。"备说非六王、五伯⑬，以为尧有不慈之名⑭，舜有不孝之行⑮，禹有淫湎之意⑯，汤、武有放杀之事⑰，五伯有暴乱之谋⑱。世皆誉之，人皆讳之⑲，惑也。故死而操金椎以葬⑳，曰："下见六王、五伯，将敲其头矣[一]㉑！"辨若此不如无辨。

楚有直躬者㉒，其父窃羊而谒之上㉓。上执而将诛之。直躬者请代之。将诛矣，告吏曰："父窃羊而谒之，不亦信乎？父诛而代之，不亦孝乎？信且孝而诛之，国将有不诛者乎？"荆王闻之，乃不诛也。孔子闻之曰："异哉！直躬之为信也㉔。一父而载取名焉㉕。"故直躬之信不若无信㉖。

齐之好勇者㉗，其一人居东郭㉘，其一人居西郭。卒然相遇于涂㉙，曰："姑相饮乎㉚？"觞数行㉛，曰："姑求肉乎？"一人曰："子，肉也；我，肉也；尚胡革求肉而为㉜？于是具染而已㉝。"因抽刀而相啖㉞，至死而止。勇若此不若无勇。

纣之同母三人，其长曰微子启^㉟，其次曰中衍^㊱，其次曰受德。受德乃纣也^㊲，其少矣。纣母之生微之启与中衍也，尚为妾，已而为妻而生纣^[二]。纣之父、纣之母欲置微子启以为太子^㊳，太史据法而争之曰："有妻之子，而不可置妾之子^㊴。"纣故为后^㊵。用法若此，不若无法。

【校勘】

［一］ 毄，旧本皆误作"縠"。

［二］ 元本、李本、张本、汪本、朱本、王本、日刊本"生"上有"后"字。

【注释】

①辨：通"辩"。当：合。论：通"伦"。理。

②法：守法。

③骥：良马。

④干将：古剑名。相传为春秋时吴人干将所铸，锋利无比。惑而乘骥，必失正道；狂而操吴干将，必伤害人。这里比喻为害必甚。

⑤四者：指上文"辨而不当论……法而不当务"四种行为。

⑥所：当是衍文（依陶鸿庆说）。下文"所理"中的"所"字也当是衍文。

⑦徒：徒党。跖论盗道可参阅《庄子·胠箧》篇。

⑧啻：只。

⑨妄意：猜想，凭空推测。关：门闩，这里指门。

⑩中：猜中。藏：指室内所藏之物。

⑪人先：带头进去。

⑫出后：最后离开。

⑬备：具。六王：指尧、舜、禹、汤、周文王、周武王。五伯：即春秋五

霸。跖非难六王五伯可参阅《庄子·盗跖》篇。

⑭尧有不慈之名：传说尧杀长子丹朱，故有"不慈"之说。

⑮舜有不孝之行：传说舜放逐其父瞽瞍，故有"不孝"之说。

⑯禹有淫湎之意：传说帝女令仪狄造酒，进献给禹，禹饮后认为很甘美，故有"淫湎"之说。淫湎，沉溺于酒。

⑰汤、武有放杀之事：商汤起兵伐桀，桀流窜南巢，如同放逐；武王伐纣，纣在鹿台自焚；故有"放杀"之说。

⑱五伯有暴乱之谋：指五霸为争霸主，骨肉相残，兼并小国，故有"暴乱"之说。

⑲讳：避讳。之：代上文的"不慈之名""不孝之行""淫湎之意""放杀之事""暴乱之谋"。

⑳操：持。椎：槌。

㉑毃：同"敲"。击。

㉒直躬：以直道立身。楚直躬者告发其父窃羊可参阅《论语·子路》《庄子·盗跖》。

㉓谒：告发。上：指官府。

㉔异：奇怪。这里是说直躬者之信与众不同，背离常情。

㉕载：通"再"。两次。

㉖直躬之信不若无信："直躬之信"违背了儒家"子为父隐"的道义，所以说"不若无信"。

㉗好勇：等于说"逞勇"，好夸耀自己的勇敢。

㉘郭：外城。

㉙卒然：突然，意外地。涂：道路。

㉚姑：姑且，暂且。

㉛觞：古代饮酒器。这里用如动词，举觞饮酒。数行：指斟过几遍酒。

㉜胡：何。革：更，另。

㉝具：备办。染：调味用的豉酱。

㉞啖：吃。

㉟微子启：帝乙长子，名启，纣的庶兄，因多次谏纣，不被听取，故逃亡。周灭商后，微子启向周称臣，封于宋，为宋国始祖。

㊱中衍：帝乙次子，微子启死后，继为宋国之君，他书或作"仲衍"。

㊲受德乃纣也：纣，名受。这里说纣名"受德"，与其他古籍所载不同，疑有误。

㊳置：立。

㊴而：相当于"乃""则"。

㊵后：王位继承人。

【译文】

辩说而不合道理，诚实而不合理义，勇敢而不合正义，守法而不合时务，这就像人精神迷乱却乘着快马一样，像人神志癫狂却握着利剑一样，大乱天下的，一定是以上四种行为。辩说之可贵在于它遵从道理，诚实之可贵在于它遵循理义，勇敢之可贵在于它伸张正义，守法之可贵在于它合于时务。

跖的徒党问跖说："强盗有道义吗？"跖说："何只是有道义啊！猜测室内所藏之物而能猜中就是圣，带头进去就是勇，最后离去就是义，懂得时机就是智，分利均匀就是仁。不通晓这五点而能成为大盗的，天下没有。"跖以辩说非难六王、五霸，认为尧有不慈的名声，舜有不孝的行为，禹有沉湎于酒的意愿，商汤、武王有放逐、杀死他们君主的罪行，五霸有侵暴兴乱的图谋。然而世世代代都赞誉他们，人们都回避不谈他们的罪恶，真是糊涂。所以跖吩咐手下自己死后要持金锤下葬，他说："下到黄泉，见到六王、五霸，要击碎他们的头。"辩说要像这样不如没有。

楚国有个以直道立身的人，他的父亲偷了羊，他向官府告发了这件事。官府抓住了他的父亲，将要处死。这个以直道立身的人请求代父受刑。将要行刑的时候，他告诉官吏说："父亲偷了羊而告发这件事，这样的人不是很诚实吗？父亲受罚而代他受刑，这样的人不是很孝顺吗？又诚实又孝顺的人都要杀掉，那么国家将还有不遭刑罚的人吗？"楚王听说了这番话，就不杀他了。孔子闻知这件事说："这个人的所谓诚实太怪了！利用一个父亲却两次为自己捞取名声。"所以像这样的诚实不如没有。

齐国有两个好夸耀自己勇敢的人，一人住在城东，另一人住在城西。一天，他们在路上意外地相遇了，彼此说："姑且一起饮几杯吧？"斟过几遍酒，一人说："还是弄点肉吧？"另一人说："你身上有的是肉，我身上也有的是肉，何必另去弄肉呢？在这儿准备下一点豉酱就够了。"于是两人拔出刀割下身上的肉对吃起来，一直到死。勇敢要像这样不如没有。

商纣的同母兄弟共三人，长兄叫微子启，老二叫中衍，老三叫受德。受德就是纣，年龄最小。纣的母亲生微子启和中衍的时候还是妾，后来成为正妻而生下纣。纣的父母想要立微子启为太子，太史依据法典争辩说："有正妻的儿子在，就不可立妾的儿子做太子。"纣因此成为王位的继承人。用法要像这样，不如没有法。

【解析】

辩论而不合条理，真实而不合道理，勇敢而不合仁义，执法而不合事理，如同迷了路而骑着良马奔驰，癫狂了而拿着干将宝剑乱砍，必将天下大乱，因此做事必须合乎礼，否则会酿成大祸。楚国的直躬两次出卖自己的父亲以捞取好名声，由此看来，直躬的诚实也未必是真正的诚实，而楚王的做法则更为不明智。商纣的父母做事不符合道理，放弃贤能的儿子而立纣为王，最终导致商朝的灭亡。这样遵循法律反而是不明智的。

【故事】

采珠人智慧破解襄王心疑

燕军攻齐，临淄被攻破，齐湣王逃到莒地，为淖齿所杀。田单死守即墨，后来反击，大败燕军，并且收复了国都临淄，迎回躲在民间的太子。齐军破燕，议立国君，田单对立太子为国君犹豫不决，齐国的老百姓都怀疑田单会自立为王。后来田单立太子为襄王，自居相位。

有一天，田单路过淄水，看见一位老者赤足渡河冻坏了，无法再走，僵坐在岸边的沙土上。田单看见老者身体寒冷，就让随从分件衣服给他，但随从们没有多余的衣服，田单就脱下自己的皮裘送给老者。

齐襄王内心很是憎恶田单这种收买人心的行为，他自言自语说："田单这样用小恩小惠收买人心，莫非图谋我的王权富贵？如果不先发制人，恐怕后悔也来不及了。"说完，他猛然从自言自语中惊醒，警惕地左右察看，没什么人，只是岩石下有个采珠人，襄王把他叫过来问道："你听到我说什么了吗?"采珠者坦白承认："都听到了。"襄王杀意顿生，却故意问道："你认为我该怎么做?"那人说："大王不如顺水推舟，把它变成自己的善行。您可以发布诏令嘉奖田单的行为，并说：'寡人担心百姓子民挨饿受冻，相国就分赐他们衣食；寡人关心百姓，相国也满腹忧心。相国这样做，正合寡人心意。'田单既有这些优点，而大王又赞扬他，要知道赞扬田单的优点，也正是宣扬大王的圣德。"襄王叹道："好主意!"于是以牛酒犒劳田单，表扬了他给贫民送衣的行为。

过了几天，采珠人又去拜见襄王，进言说："来日百官上朝，大王应该特地召见田单，并在朝堂上加倍礼让尊敬，亲自表示慰问，然后下令调查饥寒交迫的百姓，给以赈济。"襄王一一照办后，又派人到街头里巷打探民众的态度，听见老百姓都在谈论说："田单很爱护百姓，哎呀! 这全是大王教导得好啊!"

长见

【题解】

"长见"即远见。文章说："今之于古也，犹古之于后世也；今之于后世，亦犹今之于古也。故审知今则可知古，知古则可知后。"这一段揭示了"长见"的理论根据。作者认为，古今前后是一脉相承的，"今"是"古"的发展，而未来的"后"又是"今"的继续。这种把历史看作是有规律的、连续的、发展的认识，在二千多年以前是很可贵的。本篇列举的五位具有远见的圣贤的事例都是为证明上述观点服务的。

【原文】

智所以相过，以其长见与短见也。今之于古也，犹古之于后世也。今之于后世，亦犹今之于古也。故审知今则可知古，知古则可知后，古今前后一也。故圣人上知千岁，下知千岁也。

荆文王曰："苋譆数犯我以义，违我以礼，与处则不安，旷之而不谷得焉。不以吾身爵之，后世有圣人，将以非不谷。"于是爵之五大夫。"申侯伯善持养吾意，吾所欲则先我为之，与处则安，旷之而不谷丧焉。不以吾身远之，后世有圣人，将以非不谷。"于是送而行之。申侯伯如郑，阿郑君之心，先为其所欲，三年而知郑国之政也，五月而郑人杀之。是后世之圣人使文王为善于上世也。

晋平公铸为大钟，使工听之，皆以为调矣。师旷曰："不调，请更铸之。"平公曰："工皆以为调矣。"师旷曰："后世有知音者，将知钟之不调也，臣窃为君耻之。"至于师涓而果知钟之不调也。是师旷欲善调钟，以为后世之知音者也。

吕太公望封于齐，周公旦封于鲁，二君者甚相善也。相谓曰："何以治国？"太公望曰："尊贤上功①。"周公旦曰："亲亲上恩。"太公望曰："鲁自此削矣。"周公旦曰："鲁虽削，有齐者亦必非吕氏也。"其后，齐日以大，至于霸，二十四世而田成子有齐国。鲁日以削，至于觐②存，三十四世而亡。

吴起治西河之外，王错谮之于魏武侯，武侯使人召之。吴起至于岸门，止车而望西河，泣数行而下。其仆谓吴起曰："窃观公之意，视释天下若释蹻③，今去西河而泣，何也？"吴起抿泣④而应之曰："子不识。君知我而使我毕能，西河可以王。今君听谗人之议而不知我，西河之为秦取不久矣，魏从此削矣。"吴起果去魏入楚。有间，西河毕入秦，秦日益大。此吴起之所先见而泣也。

魏公叔座疾，惠王往问之，曰："公叔之病，嗟！疾甚矣！将奈社稷何？"公叔对曰："臣之御庶子鞅，愿王以国听之也。为不能听，勿使出境。"王不应，出而谓左右曰："岂不悲哉？以公叔之贤，而今谓寡人必以国听鞅，悖也夫！"公叔死，公孙鞅西游秦，秦孝公听之。秦果用强，魏果用弱。非公叔座之悖也，魏王则悖也。夫悖者之患，固以不悖为悖。

【注释】

①上：通"尚"，崇尚。上功：崇尚功绩。

②觐：通"仅"。

③释：舍弃。蹻：鞋。

④抿：拭。抿泣：揩拭眼泪。

【译文】

智慧之所以有差异，在于他是远见还是短见。现在和古代的关系，就像古代和未来的关系。现在和未来的关系，就像现在和古代的关系。所以审清了现在的状况，可以知道过去，知道了过去，可以知道未来。过去、现在和将来，

是可以互通，互相借鉴的。故有"圣人了解前后千年"的说法。

楚文王说："苋譆多次依据道义而冒犯我，遵循礼制而违反我，跟他在一起就感到不安，但时间久了，我从他身上有所收获。如果现在我不亲自授予他爵位，后代的圣人将要谴责我了。"于是授予他五大夫爵位。文王又说："申侯伯善于揣摩我的心意，我有什么想法，他就在我之前准备好了，跟他在一起感到安逸，时间久了，我就会因此而丧国亡身。如果我不疏远他，后代的圣人将要斥责我的。"于是把他送走了。申侯伯到了郑国，曲意迎合郑国国君的心意，事先准备好郑君想要做的一切，经过三年就执掌了郑国的国政，但执掌国政仅仅五个月就被郑国人杀了。这样看来，是后代的圣人促使楚文王做了善事。

晋平公铸造了一口大钟，让乐工审定钟的声音是否和谐：大家都认为声音已经很和谐了。只有师旷说："这口钟声音还不和谐，请求重新铸造它。"平公说："大家都认为很和谐了啊。"师旷说："后代如果有精通音律的人，将会知道这口钟是不和谐的。我本人因此为您而感到羞耻。"到了后来，师涓果然发现钟声不和谐。由此看来，师旷想要更准确地调和钟声，是因为后代有精通音律的人啊！

太公吕望被封在齐国，周公旦被封在鲁国，这两位君主交情非常好。彼此都问："怎么样才能治理好国家呢？"太公望说："尊敬贤人，奖赏有功之人。"周公旦说："亲近亲人，崇尚恩德。"太公望说："以这样的方法治国，鲁国很快就会削弱的。"周公旦说："鲁国虽然会削弱，但后世拥有齐国的，也肯定不是吕氏了。"后来，齐国日益强大，直至成为诸侯中的霸主。但历经二十四代君主之后齐国就被田成子夺取了。鲁国也日益削弱，以至于仅能勉强支撑，历经三十四代君主之后也灭亡了。

吴起治理西河之地，王错在魏武侯面前诽谤诋毁他，武侯派人把吴起召回。吴起来到岸门，停住马车，回头遥望西河，几行眼泪就流了下来。他的车夫对他说："臣私下观察您的胸怀，舍弃天下就像扔掉鞋子一样容易，如今离开西河您却流了泪，这是为什么啊？"吴起拭去眼泪说："你不知道的，如果君主理解信任我，让我竭尽全力施展才能治理西河，那么魏国就可以灭秦成就伟业。如今君主听信了小人的谗言而不信任我，西河不久就会被秦国占领，魏国从此就会削弱的。"吴起后来离开魏国，投奔楚国。不久，西河之地果然全部被秦国吞并，秦国日益强大。这就是吴起有先见之明而为之流泪的原因。

魏相公叔座病了，惠王去探望他，说："公叔您的病，唉！病得很沉重了！国家该怎么办呢？"公叔回答说："我的家臣御庶子公孙鞅很有才能，希望大王您能把国政交给他治理。如果不能任用他，不要让他离开魏国。"惠王没有回答，出来对左右侍从说："难道不可悲吗？凭公叔这样的贤明，而今竟然叫我一定要把国政交给公孙鞅治理，太荒谬了！"公叔死后，公孙鞅向西游说秦国，秦孝公听从了他的意见。秦国果然因此强盛起来，魏国果然因此削弱下去。由此看来，并不是公叔座荒谬，而是惠王自己荒谬啊！大凡行事荒谬的人的弊病，必是把不荒谬的当成荒谬。

【解析】

长见，即远见。本篇主要论述作为一国之君一定要具有长远的眼光，与《知接》篇主旨相同。在论证之前，本文先论证长见的重要性，提出"智所以相过，以其长见与短见也"，意思是说：一个人是否智力过人就看他对问题见识的长短。也就是说，人是否具有远见，是否能从眼前推知长远是衡量其智力高低的标准之一，这种观点是十分杰出的认识。

智力或智慧在现代心理学研究中占有重要的地位，现代心理学已形成了许多各具特色的智力理论。中国的古代虽没有形成完整的智力理论，但对智力问题也并非一无所知，事实上中国古代思想家对智力的认识是颇为深刻的，许多见解即使在今天看来亦不失为真知灼见。早在春秋时期，孔子便对人的智力进行了三种水平的划分：即"上智""中人""下愚"。孔子的这个划分与现代科

学心理学将人的智力划分为"超常""中常""低常"三种水平不谋而合。在对智力或智慧的热烈讨论中，自然也就涉及评定智力或智慧的标准问题。我国古代思想家在躬身实践与探索中提出了一系列标准，其中之一便是《荀子·非相》篇提出的："以近知远，以一知万，以微知明。""以近知远"，其含义是以眼前可见的事物推知遥远的不可见的事物，它是智力或智慧推理能力和预测能力的一种体现。一个人是否聪明智慧，从他的这种"以近知远"的推理和预测能力中可见一斑。本篇所说的"智所以相过，以其长见与短见也"，以及《知接》篇所说的"智者其所能接远也，愚者所能接近也"，都是这个意思。

在论述关于"长见"的重要性之后，吕氏门客就将文笔指向现实，作为一国之君应该具备"长见"的能力。文中列举了多个例证来说明这个问题。楚文王时期，有一个申侯伯，楚文王疏远了他。至于为什么要疏远他，楚文王说："申侯伯善于把握并迎合我的心意，我想要什么，他就在我之前准备好什么，跟他在一起就感到安逸，久而久之，我从中有所失。如果我不疏远他，后代如有圣人，将要以此责难我。"于是送走了他。楚文王疏远申侯伯是有远见的行为。后来申侯伯到了郑国，曲从郑君的心意，事先准备好郑君想要的一切，经过三年就执掌了郑国的国政，但是仅仅过了五个月，郑国的人就把他杀了。郑国的国君与楚文王相比就是缺乏政治远见了。吴起治理西河，有人在魏武侯面前诋毁他，武侯派人把吴起召回。吴起在临走前说："如果君主了解信任我，使我尽自己的所能，那么我凭着西河就可以帮助君主成就王业。如今君主听信了小人的谗言，而不信任我，西河被秦国攻取的日子不会久了，魏国从此要削弱了。"吴起是有远见的，而魏武侯则缺乏远见。于是吴起离开了魏国，去了楚国，楚国任用吴起变法，逐渐强大起来。而魏国在吴起离开不久，西河之地就完全被秦国吞并了，秦国日益强大。这正是吴起所预见的事。可见，国君有"长见"是非常重要的。魏国的公叔痤病了，惠王去探望他，说："公叔您的病，唉！病得很沉重了，国家该怎么办呢？"公叔回答说："我的家臣御庶子公孙鞅很有才能，希望大王能把国政交给他治理。如果不能任用他，不要让他离开魏国。"公叔痤去世后，魏王并没有把国政付诸公孙鞅。公孙鞅向西游说秦国，秦孝公听从了他的意见，实行变法，秦国果然强大起来。而魏国也逐渐衰弱下去了。魏王没有远见，有人才但却发现不了，结果丧失了称雄天下的良机。

通过上文列举的事例，可以看出"长见"对国君来说是一项十分重要的政治素质。为相十年的吕不韦本人就是一个很有远见的人。《史记·吕不韦列传》载，安国君儿子子楚，在赵国做人质。"车乘进用不饶，居处困，不得意"。吕不韦在赵国首都邯郸做生意，"见而怜之，曰'此奇货可居'"。于是往见子楚，说："吾能大子之门。"子楚心里知道吕不韦有谋略，"乃引与坐，深语"。吕不韦说：秦王老了，安国君得立为太子。我私下听说安国君爱幸华阳夫人。华阳夫人无子，能立合适继位者的人，唯独只有华阳夫人。现在你们兄弟二十多人，而您排行居中，不被关爱，又长期在赵国做人质。一旦大王驾崩，安国君立为王，那么你就不可能得立太子了。于是吕不韦出金贿赂华阳夫人，又亲自帮助子楚游说，终于成功地将子楚立为华阳夫人的继嗣。后来子楚做了秦国国王，封吕不韦为文信侯，任职相国。吕不韦的政治理想也得以实现。当初吕不书看见子楚的时候，便能看出子楚"奇货可居"，其政治远见确实高人一等。

不过，《吕氏春秋》能有这样的认识也是继承了前人的思想。《左传·庄公十年》曹刿论战时说："肉食者鄙，未能远谋。"曹刿就是有远见的人。春秋后期一位重要的政治家、外交家，齐国的晏子，也以有政治远见而闻名。历史上像管仲、曹刿这样的贤人，他们具有的远见以及吕不韦本人的远见，应该是本篇产生的基础。

值得注意的是，文中提出"今之于古也犹古之于后世也，今之于后世亦犹今之于古也，故审知今则可知古，知古则可知后。"这一段揭示了古今前后是一脉相承的，"今"是"古"的发展，而未来的"后"又是"今"的继续，这种把历史看成是有规律的、连续的、发展的认识，在两千多年前是很可贵的。

季冬纪第十二

季冬

【题解】

季冬之时，要安排春耕，不要驱使人民，以确保农耕事业的投入。同时要收敛牺牲以供祭祀之用。

【原文】

季冬之月：日在婺女，昏娄中，旦氐中。其日壬癸。其帝颛顼。其神玄冥。其虫介。其音羽。律中大吕。其数六。其味咸。其臭朽。其祀行。祭先肾。雁北乡。鹊始巢。雉雊鸡乳。天子居玄堂右个，乘玄辂，驾铁骊，载玄旗，衣黑衣，服玄玉，食黍与彘。其器宏以弇。命有司大傩，旁磔，出土牛，以送寒气。征鸟厉疾。乃毕行山川之祀，及帝之大臣、天地之神祇。

是月也，命渔师始渔[①]，天子亲往。乃尝鱼，先荐寝庙。冰方盛，水泽复，命取冰。冰已入，令告民，出五种。命司农，计耦耕事，修耒耜，具田器。命乐师，大合吹而罢。乃命四监，收秩薪柴，以供寝庙及百祀之薪燎。

是月也，日穷于次[②]，月穷于纪[③]，星回于天，数将几终，岁将更始。专于农民，无有所使。天子乃与卿大夫饬国典，论时令，以待来岁之宜。乃命太史，次诸侯之列，赋之牺牲，以供皇天上帝社稷之享。乃命同姓之国，供寝庙之刍豢。令宰历卿大夫至于庶民土田之数，而赋之牺牲，以供山林名川之祀。凡在天下九州岛之民者，无不成献其力，以供皇天上帝社稷寝庙山林名川之祀。

行之是令，此谓一终，三旬二日。季冬行秋令，则白露蚤降，介虫为妖，四邻入保。行春令，则胎夭多伤，国多固疾，命之曰逆④。行夏令，则水潦败国，时雪不降，冰冻消释。

【注释】

①渔：动词，捕鱼。

②次：我国古代将黄道带分为十二部分，各称之为次。太阳一年运行一周天，走完十二次，所以说"日穷于次"。

③纪：日月相会。

④逆：中医指气血不和、胃气不顺所导致的病症。

【译文】

季冬十二月，太阳运行到婺女宿。日昏时刻，娄宿出现在南方中天，平旦时刻，氐宿出现在南方中天。季冬十二月在天干中属于壬癸，它的主宰之帝是颛顼，佐帝之神是玄冥，顺应这个季节而动的动物是龟鳖之类的甲族，与之相配的声音是羽音，音律与大吕相应。这个月的数字是六，味道是咸味，气味是朽气。在这一个月要举行行祭，祭祀时祭品以五脏中的肾脏为尊。这时，大雁将要向北飞来，喜鹊开始搭窝筑巢，山鸡开始鸣叫，家鸡开始孵化小鸡。天子住在北向明堂的右侧室，乘坐黑色的车，车前驾着黑色的马，车上插着绘有龙纹的黑色旗帜。天子穿着黑色的衣服，佩戴着黑色的宝玉。吃的食物是黍米和猪肉，使用紧口大腹的器物。

在这个月，天子下令主管官吏举行大规模的祭祀活动，四方城门都要宰杀牺牲，并制作土牛，用来送走阴寒之气。在这个月准备远飞的鸟飞得又快又高。这个月，要普遍举行祭祀山川之神的典礼，并敬祭有功的前世公卿大臣和天地之神。

在这个月，命令负责捕鱼的官吏下令开始捕鱼。天子亲自前住并品尝刚捕

到的鲜鱼，在品尝之前，要先献给祖庙。这时候，冰冻得最坚硬，水泽已层层冻结。于是命令凿取冰块，把冰块贮存在冰窖中。发布公告让百姓从收获的五谷中选择好的作为种子。命令负责农业的官吏，筹划耕作的事情，维修犁铧，准备耕田的农具。命令乐官举行规模盛大的合奏，然后结束一年的乐事。命令监临天子管辖郡的大夫负责收缴应该交纳的木柴，用来供给祖庙及各种祭祀焚烧之用。

在这个月，日月星辰已绕天运行了一周，又运行回到原来的位置，一年的天数即将过去，新的一年将要开始。这时要让农民专心从事农事，不要征役扰民。天子与公卿大夫整饬国家的法令制度，研究讨论各月份应实行的政令，以此来准备明年应作之事。命令太史排列各诸侯的次序，确定应该贡赋牺牲的数额，以供给上天及社稷之神的祭祀之用。命令与天子同姓的诸侯进献供给祭祀祖庙所用的牛羊。命令太宰清算出从公卿大夫到一般老百姓所有土地的亩数，以此收取牺牲，用来供给祭祀山林河流之神之用。凡是普天之下九州岛之内的所有百姓，都必须献出他们的力量，以供给上天、社稷之神、先祖之神以及山林河流之神的祭祀活动。

在这一个月，推行这些政令，也就是说一年终结了。甘雨本会三旬三次降落，但本月仅下两次。

季冬十二月，如果实行本应该是在秋天才推行的政令，白露就会过早降临，甲壳类的动物就会祸害人们，边境上的百姓就会为躲避敌寇侵犯而藏入城堡。如果实行本应该是在春天才实行的政令，那么，母兽腹中以及刚出生的幼小的动物就多会天折，国家就会出现很多久治不愈的疾病，这种情况就叫作"逆"。如果实行本应该在夏天才实行的政令，那么，洪水灾害将为害国家，冬天的雪就不能及时降落，冰冻会反复无常地消融。

士节

【题解】

　　"士节"就是壮士的节操的意思。本篇通过北郭骚以死来给晏子洗清冤屈的事例，说明了壮士的为人处世，只要是符合道义就不会躲避危险，面临灾祸的时候就没有利害之虑，就算舍弃生命也要奉行正义，将死看得像回家那样轻松，体现了"舍生取义"的思想。

【原文】

　　士之为人，当理不避其难[①]，临患忘利，遗生行义[②]，视死如归。有如此者，国君不得而友[③]，天子不得而臣[④]。大者定天下，其次定一国，必由如此人者也[⑤]。故人主之欲大立功名者，不可不务求此人也[⑥]。贤主劳于求人，而佚于治事[⑦]。

　　齐有北郭骚者[⑧]，结罘罔[⑨]，捆蒲苇[一][⑩]，织菲屦[二][⑪]，以养其母，犹不足，踵门见晏子曰[⑫]："愿乞所以养母[⑬]。"晏子之仆谓晏子曰："此齐国之贤者也。其义不臣乎天子，不友乎诸侯，于利不苟取，于害不苟免。今乞所以养母，是说夫子之义也[⑭]，必与之。"晏子使人分仓粟、分府金而遗之[⑮]，辞金而受粟[⑯]。

　　有间，晏子见疑于齐君[⑰]，出奔[⑱]，过北郭骚之门而辞。北郭骚沐浴而出[⑲]，见晏子曰："夫子将焉适[⑳]？"晏子曰："见疑于齐君，将出奔。"北郭子曰："夫子勉之矣。"晏子上车，太息而叹曰："婴之亡岂不宜哉？亦不知士甚矣。"晏子行。

　　北郭子召其友而告之曰："说晏子之义，而尝乞所以养母焉[三]。吾闻之曰：'养及亲者，身伉其难[㉑]。'今晏子见疑，吾将以身死白之[㉒]。"著衣冠[㉓]，令其

友操剑奉笥而从㉔，造于君庭㉕，求复者曰㉖："晏子，天下之贤者也，去则齐国必侵矣㉗。必见国之侵也，不若先死。请以头托白晏子也㉘。"因谓其友曰："盛吾头于笥中，奉以托。"退而自刎也。其友因奉以托。其友谓观者曰："北郭子为国故死㉙，吾将为北郭子死也。"又退而自刎。

齐君闻之，大骇，乘驲而自追晏子[四]㉚，及之国郊㉛，请而反之㉜。晏子不得已而反，闻北郭骚之以死白己也，曰："婴之亡岂不宜哉？亦愈不知士甚矣。"

【校勘】

［一］捆，旧本作"梱"。

［二］苴屦，旧本作"屦履"，并有旧校：一作"苴屦"。

［三］尝，元本、李本、许本、张本、宋本、小宋本、凌本、黄本、吴本作"当"，朱本、王本、日刊本作"常"。

［四］尉，李本作"駵"，余旧本皆作"驿"。

【注释】

①当：面对。理：义。

②遗生：舍生。

③友：用如动词，交友。

④臣：用如使动，使……称臣。

⑤由：用。

⑥务：致力。

⑦佚：通"逸"。安逸。

⑧北郭骚：春秋时齐国的隐士。北郭，姓；骚，名。

⑨罘：捕兽的网。罔：网。

⑩捆：砸。编蒲苇时要边编边砸，使之牢固。

⑪葩屦：麻鞋。

⑫踵门：走到门上。踵，脚后跟。用如动词。晏子：春秋时齐人，名婴，字平仲，继其父桓子为齐卿，后相景公，以节俭力行名显诸侯。

⑬所以养母：用以奉养母亲的东西，这里指粮食。

⑭说：悦，悦服。

⑮府：国家储藏财物的地方。

⑯辞：谢绝。

⑰见疑于齐君：被齐君猜忌。见，表被动。

⑱出奔：指逃到外国避难。

⑲沐浴：洗发洗身。北郭骚沐浴而出，以示恭敬有礼。

⑳焉适：到哪里去。适，到……去。

㉑伉：当，承担。

㉒白：这里是洗清冤诬的意思。

㉓著：穿戴。

㉔奉：捧。笥：苇或竹制的方形盛器。

㉕造：到……去。

㉖复者：指君庭门前负责传话通禀的下级官吏。

㉗侵：这里是被动用法。

㉘托：托付。

㉙国故：等于说"国难"，指国家遭受的凶丧、战争等重大变故。

㉚馹：古代驿站专用的车。

㉛郊：上古时代国都城外百里以内称郊。

㉜反：返回，用如使动。

士的为人，主持正义不避危难，面临祸患忘却私利，舍生行义，视死如归。有如此行为的人，国君无法与他交友，天子无法让他称臣。大至安定天下，其次安定一国，一定要用这样的人。所以君主想要大立功名的，不可不致力于访求这样的人。贤明的君主把精力花费在访求贤士上，而对治理政事则采取超脱的态度。

齐国有个叫北郭骚的，靠结兽网、编蒲苇、织麻鞋来奉养他的母亲，但仍不足以维持生活，于是他到晏子门上求见晏子说："希望能得到粮食以奉养母亲。"晏子的仆从对晏子说："这个人是齐国的贤人。他志节高尚，不向天子称臣，不与诸侯交友，对于利不苟且取用，对于祸不苟且求免。现在他到您这儿来寻求粮食以奉养母亲，这是悦服您的道义，您一定要给他。"晏子派人把仓中的粮食、府库中的金钱拿出来分给他，他谢绝了金钱而收下了粮食。

过了不久，晏子被齐君猜忌，逃往国外，经过北郭骚的门前向他告别。北郭骚洗发浴身，恭敬地迎出来，见到晏子说："您将要到哪儿去?"晏子说："我受到齐君的猜忌，将要逃往国外。"北郭子说："您好自为之吧。"晏子上了车，长叹一声说："我逃亡国外难道不正应该吗? 我也太不了解士了。"于是晏子走了。

北郭子召来他的朋友，告诉他说："我悦服晏子的道义，曾向他求得粮食奉养母亲。我听说：'奉养过自己父母的人，自己要承担他的危难。'如今晏子受到猜忌，我将用自己的死为他洗清冤诬。"北郭子穿戴好衣冠，让他的朋友拿着宝剑捧着竹匣跟随在后。走到国君朝廷门前，找到负责通禀的官吏说："晏子是名闻天下的贤人，他若出亡，齐国必将遭受侵犯。与其看到国家必将遭受侵犯，不如先死。我愿把头托付给您来为晏子洗清冤诬。"于是对他的朋友说："把我的头盛在竹匣中，捧去托付给那个官吏。"说罢，退下几步自刭而死。他的朋友于是捧着盛了头的竹匣上前，把它托付给了那个官吏，然后对旁观的人说："北郭子为国难而死，我将为北郭子而死。"说罢，又退下几步自刎而死。

齐君听说这件事，大为震惊，乘着驿车亲自去追赶晏子，在离国都不到百里的地方赶上了晏子，请求晏子回去。晏子不得已而返，听说北郭骚用死来替自己洗清冤诬，他感慨地说："我逃亡国外难道不正应该吗？北郭骚之死说明我真是不了解士啊。"

【解析】

战国时期，士人在政治、军事、外交等各个舞台上，发挥着举足轻重的作用。《礼记·考工记》谓："坐而论道，谓之王公；作而行之，谓之士大夫。"王公只说不做，士大夫专门负责做事。士作为"执技以事上者"的地位是不高的，但是对士的要求却非常高。《礼记·学记》说："凡学，官先事，士先志。"强调士人从学首要在立志，即注意以立身行道、弘扬先王礼义作为其的追求目标。《荀子·儒效》曰："彼学者，行之，曰士也；敦慕焉，君子也；知之，圣人也。"与君子、圣人相比，士人为学更加注重践履实行。于是有"士者事也"的说法，士因此亦成为为贵族社会服务的政治仆役。

战国时期，爱士，好士，聚集天下之士成为风气。《吕氏春秋·期贤》篇描述当时的情景时说："当今之时世暗甚矣，人主有能明其德者，天下之士，其归之也，若蝉之走明火也。"著名的如齐有孟尝君、赵有平原君、楚有春申君，魏有信陵君，皆聚集天下门客，有的门客数量达数千人之众，吕不韦也是其中之一。《吕氏春秋》就是其集结天下士子集体撰作的结果。《吕氏春秋》中也有大量的篇幅论士。本篇是《吕氏春秋》众多论士中的一片，专门谈士的节操。

本篇通过齐国的隐士北郭骚以死为晏子洗刷冤屈的故事，宣扬了"理不避其难，临患忘利，遗生行义，视死如归"的节操。齐国有个叫北郭骚的人，靠结兽网、编蒲苇、织麻鞋来奉养他的母亲，但仍不足以维持生活，于是他到晏

子门上求见晏子说："希望能得到粮食以奉养母亲。"晏子于是派人把仓中的粮食、府库中的金钱拿出来分给他。过了不久，晏子被齐君猜忌，逃往国外。北郭骚召来他的朋友，告诉他说："我悦服晏子的道义，曾向他求得粮食奉养母亲。我听说：'奉养过自己父母的人，自己要承担他的危难。'如今晏子受到猜忌，我将用自己的死为他洗清冤诬。"于是他穿戴好衣冠，让他的朋友拿着宝剑捧着竹匣跟随在后。走到国君朝廷门前，找到负责通禀的官吏说："晏子是名闻天下的贤人，他若出亡，齐国必定遭受侵犯。与其看到国家必定遭受侵犯，不如先死。我愿把头托付给您来为晏子洗清冤诬。"于是又对他的朋友说："把我的头盛在竹匣中，捧去托付给那个官吏。"说罢，退下几步自刎而死。他的朋友于是捧着盛了头的竹匣托付给了那个官吏，然后对旁观的人说："北郭子为国难而死，我将为北郭子而死。"说罢，又退下几步自刎而死。齐君听说这件事，大为震惊，乘着驿车亲自去追赶晏子，请求晏子回去。晏子不得已而返。

晏子给北郭骚粮食，供养其母亲，北郭骚却以生命来回报。这就是士的节操。这个故事诠释了战国时期"士为知己者死"的社会风气。这种风气尤为儒家所推重。孔子曾经说："士志于道，而耻恶衣恶食者，未足与议也。"（《论语·里仁》）士，要立志于求道，而以满足吃饭穿衣为耻辱。孔子又说："士而怀居，不足以为士矣！"（《论语·宪问》）士，如果怀念故土，不敢有所作为，就不能称为士。孔子的弟子子张也说："士见危致命，见得思义，祭思敬，丧思哀，其可已矣。"（《论语·子张》）子张也认为士人应该见危致命，重义轻利，恭敬虔诚。在这种思潮影响以及在特殊的制度安排下，节士得到人们广泛的赞扬。如《战国策·赵策一》中的豫让就是一例。

豫让，开始的时候投范中行氏，但没有得到赏识。后来投靠智伯，得到智伯的宠爱与信任。后来韩、赵、魏三家分晋，杀了智伯，而赵襄子最恨的是智伯，"将其头以为饮器"。豫让遁逃山中，曰："嗟乎！士为知己者死，女为悦己者容。吾其报知氏之雠矣。"乃发誓为智伯报仇。于是豫让就隐姓埋名化装成一个受过刑的人，潜伏到王宫里用洗刷厕所作掩护，以便趁机刺杀赵襄子。不久被赵襄子识破，豫让被拿下，赵襄子手下的卫士要杀他。赵襄子却制止说："这是一位义士，我只要小心躲开他就行了。因为智伯死后没留下子孙，他的臣子中有肯来为他报仇的，一定是天下有气节的贤人。"于是赵襄子就把豫让释放了。可是豫让继续图谋为智伯报仇。他全身涂漆，化妆成像一个生癞病的人。同时又剃光了胡须和眉毛，把自己彻底毁容，然后假扮乞丐乞讨，连他的妻子都不认识他，看到他以后只是说："这个人长相并不像我的丈夫，可是声音却极像，这是怎么回事？"于是豫让就吞下炭，为的是改变自己的声音。不久，赵襄子外出，路过一座桥，豫让埋伏在桥下。结果又被赵襄子的人抓住。赵襄子谴责他说："你以前是范中行氏的家人，是智伯杀了范中行氏，你不想着替范中行氏报仇，反而投到智伯门下。现在智伯已经死了，你为什么总是想着替他报仇啊？"豫让说："我侍奉范中行氏，范中行氏只是把我当普通人看待。所以我也以对待普通的人的方式来对待他。我侍奉智伯，智伯把我当成国士，所以我也用对待国士的态度来回报他。"豫让最后伏剑而死。豫让的言行颇具代表性，反映了士知恩必报，报当所偿的风气。这个故事可与本篇北郭骚报偿晏子相对读。

　　因为士有"士节"，所以《吕氏春秋》倡导："人土其胡可以不好士。"（《爱士》）有了士的支撑，国家就有人才供使用，也就得到治理。《吕氏春秋》论士，既是对战国士人作用的高度肯定与总结，也是为秦招徕人才，同时壮大、巩固自己势力的需要，当然也有讥刺、谏正秦王嬴政的因素与目的。所以，在中国士文化史上，《吕氏春秋》具有相当高的地位，有承上启下的作用，它肇开汉以降重士、举贤的传统，对后世有着深远的影响。

【故事】

顿弱以万金之财助秦王吞并六国

秦王想召见顿弱，顿弱入见，对秦王说："天下有有实无名之人，有有名无实之人，还有无名无实之人，大王可知？"秦王说："寡人不知。"顿弱渐渐挑明："有实无名指的是商人，不用劳苦耕作，却积粟满仓；有名无实是指农夫，冒着春寒开耕，顶着烈日耘田，却户无积粟；而无名无实的，则是指大王您，身为万乘之尊却无孝亲之名，坐拥千里却无孝亲之实。"秦王被揭了伤疤，不由得勃然大怒。

顿弱却自顾自说了下去："大王以赫赫之威权，不能控制住山东六国，却将威权施加于母后，囚禁她，臣私下认为，大王这样做不妥。"秦王绕开话题说："你看寡人能否吞并六国？"顿弱说："依形势而论，韩国扼天下之咽喉，魏国处天下之胸腹。大王若肯以万金之资，臣愿东往韩、魏，策动两国执政之臣听命于大王，从而使两国臣服，然后可图天下。"

秦王推托道："寡人国贫，恐怕无万金之财以资先生东游韩、魏。"顿弱说："如今天下战乱纷纷，诸侯不是缔结合纵之约，就是采取连横之策。连横有利于秦，合纵有益于楚。秦一旦成为帝王，即富有天下，区区万金又何足道！如果楚国成就了霸业，大王拥有万金又有何用？"秦王深以为然，资以万金，令顿弱游说韩、魏，笼络两国主政之臣。顿弱到燕、赵之后，施行反间之计，除掉赵将李牧。后来山东六国都先后为秦国吞并。

介立

【题解】

"介立"也作立意，独立立志的意思。本篇通过介子推等人的故事，说明作为士应该具有高尚的气节，并表彰了士的特立独行。

【原文】

以贵富有人易，以贫贱有人难。昔晋文公出亡，周流①要天下，穷矣，贱矣，而介子推不去，有以有之也。反国有万乘②，而介子推去之，无以有之也。能其难，不能其易，此文公之所以不王也。晋文公反国，介子推不肯受赏，自为赋诗曰："有龙于飞，周遍天下。五蛇从之，为之丞辅。龙反其乡，得其处所。四蛇从之，得其露雨。一蛇羞之，桥死于中野。"悬书公门，而伏于山下。文公闻之曰："嘻！此必介子推也。"避舍变服，令士庶人曰："有能得介子推者，爵上卿，田百万。"或遇之山中，负釜盖簦③，问焉，曰："请问介子推安在？"应之曰："夫介子推苟不欲见而欲隐，吾独焉知之？"遂背而行，终身不见。人心之不同，岂不甚哉？今世之逐利者，早朝晏退，焦唇干嗌④，日夜思之，犹未之能得，今得之而务疾逃之，介子推之离俗远矣。东方有士焉，曰爰旌目，将有适也，而饿于道。狐父之盗曰丘，见而下壶餐以铺之。爰旌目三铺之而后能视，曰："子何为者也？"曰："我狐父之人丘也。"爰旌目曰："嘻！汝非盗耶？胡为而食我？吾义不食子之食也。"两手据地而吐之，不出，喀喀然遂伏地而死。郑人之下辕也，庄蹻之暴郢也，秦人之围长平也，韩、荆、赵，此三国者之将帅贵人皆多骄矣，其卒众庶皆多壮矣，因相暴以相杀，脆弱者拜请以避死。其卒递而相食，不辨其义，冀幸以得活。如爰旌目已食而不死矣，恶其义而不肯不死，今此相为谋，岂不远哉？

【注释】

①周流：遍行。

②反：同"返"。有万乘：有万辆车，即成为国君。

③簦：斗笠。

④嗌：咽喉。

【译文】

贵富的时候招纳人容易，贫贱的时候招纳人困难。比如晋文公流亡的时候，遍天下流浪，很穷困，很贫贱，而介子推没有离他而去，是因为晋文公有招纳贤人的诚意。晋文公回到晋国后拥有万乘之国，而介子推却离开了他，是因为晋文公不再有能招纳介子推的诚心了。能招纳贤人很难，不能招纳贤人容易，这是晋文公不能称霸的原因。晋文公回到晋国后，介子推不愿意接受封赏，自己写了一首诗说："有一条飞龙，周游遍天下。有五条蛇跟随着他，作他的辅佐和助手。这条龙回到故乡，找到了安身之地。有四条蛇跟随他，得到了他赐予的恩惠。只有一条蛇感到羞耻，枯死在野外。"把这首诗挂在国君的外门，而隐居到山下。晋文公听到后说："啊！这一定是介子推写的。"搬出宫殿，改变服饰，对官员、百姓们说："谁能找到介子推，封为上卿，赏百万土地。"有人在山中遇到介子推，见他背着锅，戴着斗笠，于是问他说："请问介子推在哪里？"介子推回答说："介子推不愿意出仕只愿意隐居，我怎么能知道呢？"于是离开那人而去，终身都不再出现。人心不同，差距不是很大吗？当今世上争名逐利的人，早上去上朝，晚上才回来，唇焦口干，日夜思索，也未必能获得名利；像介子推这样得到了名利却想赶快远离它，他实在很脱俗啊。东方有个士，叫作爰旌目，将要去某个地方，在路上饿昏了。狐父（地名）有个盗贼叫作丘，看见了，摘下水壶餐具来喂他。爰旌目连喝了好几口才能睁眼，说："您是什么人？"丘回答说："我是狐父地方的人，叫作丘。"爰旌目说："啊！你不是强盗吗？为什么要给我吃的呢？我不该吃你的东西。"于是两手撑着地呕吐，没有吐出来，喀喀地作声，趴在地上死了。郑国人攻下了韩国的辘地，楚国大将庄蹻在郢都残暴杀掠，泰国人围攻赵国的长平，韩、楚这三国的将帅、贵人大都很骄纵，他们的士兵百姓大都很强壮，却相互残暴地自相残杀，脆弱的人磕头请求免死，士兵们相互杀戮而吃，他们不懂大义，希望因此而求活。爰旌目已经吃下了东西而没有死，但是为了大义又坚决要死。和他相比，那些人差得不是太远了吗？

【解析】

贤德的人辅助自己的君王都会有自己的准则，立志不同，就会表现出不同的高尚气节。介子推在贫困时不离开晋文公，而在其富贵时却离他而去，原因就是丧失了拥有他的条件，违背了他做士人的准则。介子推高洁的品质鞭挞了世人追逐利禄的丑恶心态；爰旌目宁可饿死而不食盗贼之食，嘲讽那些互相残杀，临阵逃死的丑类，彰显了士人的节气，颂扬了他们高贵的品质。

【故事】

王斗巧言进谏

王斗登门造访，求见齐宣王。

齐宣王十分高兴，吩咐侍者接见。王斗说："我赶上前去见大王是趋炎附势，而大王主动来见我，则是求贤礼士。不知大王意思怎样？"宣王听后亲自前去迎王斗入宫。

宣王听说王斗善于直言进谏，希望他能很好地辅助自己。王斗却回答说："大王听错了，我生于乱世，侍奉昏君，怎么能直言进谏？"宣王极为不快，不

禁愤然作色。

　　过了一会儿，王斗说："先主桓公，有五样爱好，后来九合诸侯，匡扶周室，周天子赐给封地，承认他为诸侯领袖。现在大王有四种爱好与先主相同。"宣王高兴了，但仍极力谦辞："寡人才识疏浅，治国安邦还担心力有不及，又怎能有先主的四样爱好？"王斗说："当然有。先主好马，王也好马；先主好狗，王也好狗；先主好酒，王也好酒；先君好色，王也好色；先主好士，王却不是那样。"宣王勉强说："当今世上没有优秀的人才，寡人如何喜爱他们？"王斗说："当世没有骐骥、绿耳这样的骏马和卢氏那样的良犬，大王的马匹、猎狗已经够多的了；当世没有毛嫱、西施一类的美女，可大王的后宫已经充盈。大王只是不喜欢贤士而已，哪里是因为当世无贤士？"宣王说："寡人忧国忧民，心里就盼望聘得贤士共治齐国。"王斗进一步说："臣以为大王忧国忧民远不如爱惜一尺绉纱。"宣王问道："此话怎讲？"回答说："大王做帽子，不用身边的人而请能工巧匠，原因何在？是因为他们手艺高超，会做帽子。可是现在大王治理齐国，不问才德，非亲不用，故我私下以为在大王心中，国家社稷不若一尺绉纱。"宣王顿悟，谢罪道："寡人于国有罪。"于是，选拔五位贤士任职，齐国因而大治。

诚廉

【题解】

　　本篇主要论述了作为士应该保持高尚气节。作者通过伯夷、叔齐反对武王伐纣等事例称颂了他们的气节。

【原文】

　　石可破也，而不可夺坚；丹可磨也，而不可夺赤。坚与赤，性之有也。性也者，所受于天也，非择取而为之也。豪士之自好者，其不可漫①以污也，亦犹此也。

昔周之将兴也，有士二人，处于孤竹，曰伯夷、叔齐。二人相谓曰："吾闻西方有偏伯②焉，似将有道者，今吾奚为处乎此哉?"二子西行如周，至于岐阳，则文王已殁矣。武王即位，观周德，则王使叔旦就胶鬲于四内③，而与之盟曰："加富三等，就官一列。"为三书同辞，血之以牲，埋一于四内，皆以一归。又使保召公就微子开于共头之下，而与之盟曰："世为长侯，守殷常祀，相奉桑林，宜私孟诸。"为三书同辞，血之以牲，埋一于共头之下，皆以一归。伯夷、叔齐闻之，相视而笑曰："嘻！异乎哉！此非吾所谓道也。昔者神农氏之有天下也，时祀尽敬而不祈福也。其于人也，忠信尽治而无求焉。乐正与为正，乐治与为治，不以人之坏自成也，不以人之庳自高也。今周见殷之僻乱也，而遽为之正与治，上谋而行货，阻丘而保威也。割牲而盟以为信，因四内与共头以明行，扬梦以说众，杀伐以要利，以此绍殷，是以乱易暴也。吾闻古之士，遭乎治世，不避其任，遭乎乱世，不为苟在。今天下暗，周德衰矣。与其并乎周以漫吾身也，不若避之以洁吾行。"二子北行，至首阳之下而饿焉。人之情莫不有重，莫不有轻。有所重则欲全之，有所轻则以养所重。伯夷、叔齐，此二士者，皆出身弃生以立其意，轻重先定也。

【注释】

①漫：污。

②偏伯：边远地方的长官。此指西伯姬昌。

③四内：古地名。

【译文】

石头可以砸破，但是不能改变它坚硬的本性；朱砂可以研磨，但是不能改变它朱红的颜色。坚硬和朱红是石头、朱砂本来就有的本性。本性是从上天那里承受下来的，并不是人为选择制造的结果。持节洁身的豪杰之士，他们的名声不能被玷污，也和石头与朱砂一样。

以前周朝将要兴盛的时候，有两位贤士住在孤竹国，名叫伯夷、叔齐。两人商量说："听说在西方有个西伯，好像是位仁德之人，现在我们为何还呆在这儿呢？"于是两人向西行去周国，走到岐山之南，文王却已经去世了。武王即位，宣扬周国的政德，派叔旦到四内去见胶鬲，跟他订立盟约说："给你增加三级俸禄，居一等之官。"准备了三份文辞相同盟书，在上面涂抹牺牲的血，把其中的一份埋在四内的地下，双方各自携带一份回归。武王又派太保召公到共头山下去见微子开，跟他订立盟誓说："让你世世代代做诸侯之长，奉守殷朝原来的正常祭祀，共同奉尊桑林之乐，可以让你拥有孟诸作为你的封地。"准备好三份文辞相同的盟书，在上面涂抹牺牲的血，把其中的一份埋在共头的地下，双方各自携带一份回归。伯夷、叔齐听到这些事后，相视而笑道："哼！真奇怪啊，这不是我们所说的'道'啊！古时候神农氏治理天下的时候，虔诚恭敬地举行祭祀之礼，但是不是为了乞求福祉。对于百姓，忠信为先尽职尽责而无所苟求。百姓乐于这样的政令，从而喜欢其统治和执政者的临上而治，不会因为别人的失败而使自己成功，不会因为别人的卑微而使自己高尚。如今周国看到殷朝国政混乱，便急于搞好它的政治教化，使它得到治理，先是谋划着以好处拉拢，又依靠高丘大山来加强他的威猛形势。宰杀牺牲举行誓盟借以表明诚信，通过四内和共头的盟约来表明其立场，宣扬武王灭商之梦兆来说动百姓，利用战争攻伐攫取利益，像这样做来取代殷朝，不过是用混乱代替暴虐而已。我听说古代的贤士，遇到太平盛世之时，不回避自己的责任；遇到动乱之世，不苟且偷生。而今天下黑暗周政衰败，与其依附在周国而玷污我们的名节，不如逃离这里来保持我们清白高洁的德行。"于是两人向北而去，走到首阳山下饿死在那里。

人的本情，都有各自所注重的，都有各自所轻视的。对于所重的就会希望保全它，对于所轻视的，就会用所轻视的来护养自己所注重的东西。伯夷、叔齐这两位贤士，都舍弃生命来求取行事处世的道义，这是因为他们重义轻生的原则早已确定了啊！

【解析】

士人高尚的气节就像石头一样，虽然可以破碎但却不能失去他的坚硬；就像丹砂一样，尽管被磨碎，但仍然显示其本色的红。孤竹国的伯夷、叔齐放弃王位，为了寻找明君而逃离了自己的国家。来到周王朝，亲眼所见周武王的所作所为，大失所望，于是坚决不吃周粟，而在首阳山下饿死了。以此表示其高尚的气节是不容被如此诋毁的。洁身自好的豪杰之士，他们的名节是不可玷污的。

【故事】

陶渊明清贫守廉洁

陶渊明（372—427），名字叫陶潜，是江西九江人。他自幼受到传统的儒家思想教育，同其他有理想抱负的知识分子一样，他也有一颗济世爱国之心。他生性耿直，往往难以见容于世。从29岁那年起，他也担任过一些小的官职，但都不太得意。

后来在他做彭泽令时，一次郡里派一个督邮到彭泽来视察，手下的官员让他穿戴官服，准备迎接上级官吏。陶渊明说："我不能为这五斗米的俸禄卑躬屈膝，向一帮乡里小儿弯腰行礼。"因不愿侍奉权贵，陶渊明请求解职，仅仅当了81天的小官。他讨厌官场里的逢场作戏、阿谀逢迎，于是决定"躬耕自资"，就是自己种田养活自己。其实，陶渊明自己也知道，一旦按自己的决定去做的话，恐怕生计也成问题。但他宁愿过这种生活，也不愿低头哈腰事权贵。

在陶渊明40岁那年，一场火灾烧光了他家的全部房舍和仅有的财产，陶渊明一家只得露宿街头。又加上当时几乎年年闹旱灾，陶渊明一家有时甚至要靠乞讨度日。但即使在这样艰难困苦的情况下，陶渊明仍然不肯改变自己的个性。他借用了《楚辞》的风格继续写诗，以抒发自己内心的感受。物质生活是清贫的，但陶渊明却获得了无与伦比的精神追求的满足。陶渊明归居田里之后，朝廷征召著作郎，被他拒绝了。有一次，江州刺史檀道济来看陶渊明，正赶上陶渊明好几天没吃上饭，就劝陶渊明说："贤者处世，是该隐的时候才隐。现在的世道是比较开明的，你应该出山求仕了！何苦要如此的苦自己呢？"但被陶渊明谢绝了。

不侵

【题解】

"不侵"就是作为士不能遭受侵辱的意思。作者认为，君主只有了解、礼待贤士，他们才会以身相报，保君卫国，出使则不辱使命。宣扬了士的人格尊严以及行事原则。

【原文】

天下轻于身，而士以身为人①。以身为人者，如此其重也，而人不知，奚道相得[一]②？贤主必自知士③，故士尽力竭智，直言交争，而不辞其患④。豫让、公孙弘是矣⑤。当是时也，智伯、孟尝君知之矣⑥。世之人主，得地百里则喜，四境皆贺；得士则不喜，不知相贺：不通乎轻重也。汤、武，千乘也⑦，而士皆归之。桀、纣，天子也，而士皆去之。孔、墨，布衣之士也⑧，万乘之主、千乘之君不能与之争士也。自此观之，尊贵富大不足以来士矣⑨，必自知之然后可。

豫让之友谓豫让曰："子之行何其惑也？子尝事范氏、中行氏⑩，诸侯尽灭之，而子不为报；至于智氏，而子必为之报，何故？"豫让曰："我将告子其故。范氏、中行氏，我寒而不我衣⑪，我饥而不我食[二]。而时使我与千人共其养，是众人畜我也⑫。夫众人畜我者，我亦众人事之。至于智氏则不然[三]，出则乘我以车，入则足我以养，众人广朝⑬，而必加礼于吾所⑭，是国士畜我也[四]⑮。夫国士畜我者，我亦国士事之。"豫让，国士也，而犹以人之于己也为念，又况于中人乎？

孟尝君为从⑯，公孙弘谓孟尝君曰："君不若使人西观秦王。意者秦王帝王之主也⑰，君恐不得为臣，何暇从以难之⑱？意者秦王不肖主也，君从以难之未晚也。"孟尝君曰："善。愿因请公往矣⑲。"公孙弘敬诺，以车十乘之秦⑳。秦昭王闻之㉑，而欲丑之以辞㉒，以观公孙弘。公孙弘见昭王，昭王曰："薛之地小大几何㉓？"公孙弘对曰："百里㉔。"昭王笑曰："寡人之国，地数千里，犹未敢以有难也。今孟尝君之地方百里，而因欲以难寡人犹可乎？"公孙弘对曰："孟尝君好士，大王不好士。"昭王曰："孟尝君之好士何如？"公孙弘对曰："义不臣乎天子㉕，不友乎诸侯㉖，得意则不惭为人君[五]，不得意则不肯为人臣[六]，如此者三人。能治可为管、商之师㉗，说义听行，其能致主霸王㉘，如此者五人。万乘之严主辱其使者㉙，退而自刎也，必以其血污其衣，有如臣者七人。"昭王笑而谢焉㉚，曰："客胡为若此？寡人善孟尝君，欲客之必谨谕寡人之意也。"公孙弘敬诺。公孙弘可谓不侵矣。昭王，大王也；孟尝君，千乘也。立千乘之义而不可凌㉛，可谓士矣。

【校勘】

[一] 众本"奚"上衍"以"字，今据王念孙说删。

[二] 饥，黄本、吴本作"饿"。

[三] 姜本"氏"下有"也"字。

〔四〕是，许本、姜本、宋本、小宋本、汪本、凌本、朱本、黄本、吴本、王本作"谓"。

〔五〕旧本"则"下脱"不"字。

〔六〕肯，毕本作"屑"，旧本作"肖"，今据许维遹校说改。

【注释】

①以身为人：为他人献出生命。

②奚道：何由。相得：互相投合。

③自知：无须他人教谕而知。

④交争：相谏。争，诤谏。

⑤公孙弘：战国时齐孟尝君的门客。

⑥智伯：指智伯瑶。

⑦千乘：指拥有兵车千辆的诸侯。

⑧布衣：庶人之服。

⑨来：用如使动，招来。

⑩范氏：春秋时晋国的贵族士氏，因士会受范地为食邑，故称范氏。这里指范吉射。中行氏：春秋时晋国的贵族荀氏，因荀林父为中行主将，后以中行为氏。这里指中行寅。中行，春秋时晋国军制之名。晋置上中下三军，后又增置中行、右行、左行。

⑪不我衣：不给我衣穿。衣，用如动词，给……衣穿。

⑫众人：这里作状语，像畜养众人一样地。下文"国士畜我"中的"国士"也作状语。

⑬朝：朝会。

⑭所：所在之处。

⑮国士：智勇冠于全国的人。

⑯从：指合纵。战国时秦在西方，六国在东，土地南北相连，故将联合六国抗秦称为合纵。"从"的这个意义后来写作"纵"。

⑰意者：抑或。

⑱难：抵抗，与……为敌。

⑲因：就。

⑳之：往。

㉑秦昭王：即秦昭襄王，战国时秦国国君，名稷，公元前 306 年—前 251 年在位。

㉒丑：辱。辞：言辞。

㉓薛：齐邑，孟尝君的封地。

㉔百里：百里见方。

㉕臣：称臣。

㉖友：交友。

㉗管、商：指管仲、商鞅。

㉘霸王：用如动词，成就霸、王之业。

㉙严：尊，这里是威重的意思。

㉚谢：道歉。

㉛凌：侮辱。

【译文】

　　天下比自身轻贱，而士却甘愿为他人献身。为他人献身的人是如此难能可贵，如果人们不了解他们，那怎么能与他们情投意合？贤明的君主一定是亲自了解士，所以士能竭尽心力，直言相谏，而不避其祸。豫让、公孙弘就是这样的士。在当时，智伯、孟尝君可称得上是了解他们了。世上的君主得到百里的土地就满心欢喜，四境之内全都庆贺；而得到贤士却无动于衷，不知相互庆贺：

这是不晓得轻重啊。商汤、周武王起初只是拥有兵车千辆的诸侯，然而士都归附他们。夏桀、殷纣是天子，然而士都离开了他们。孔子、墨子是身穿布衣的庶人，然而拥有兵车万辆、千辆的君主却无法与他们争夺士。由此看来，尊贵富有不足以招来士，君主一定要亲自了解士，然后才行。

豫让的朋友对豫让说："你的行为怎么那么让人不解啊？你曾经侍奉过范氏、中行氏，诸侯把他们都灭掉了，而你并不曾替他们报仇；至于智氏，被灭之后你却一定要替他报仇；这是什么缘故？"豫让说："让我告诉你其中的缘故。范氏、中行氏，在我受冻的时候却不给我衣穿，在我挨饿的时候却不给我饭吃，时常让我跟上千的门客一起接受相同的衣食，这是像养活众人一样地养活我。凡像对待众人一样地对待我的，我也像众人一样地回报他。至于智氏就不是这样，出门供给我车坐，在家供给我充足的衣食，在大庭广众之中，一定对我给予特殊的礼遇，这是像奉养国士那样地奉养我。凡像对待国士那样对待我的，我也像国士那样地报答他。"豫让是国士，尚且还念念不忘别人对待自己的态度，又何况一般人呢？

孟尝君合纵抗秦，公孙弘对孟尝君说："您不如派人到西方观察一下秦王。抑或秦王是个具有帝王之资的君主，您恐怕连做臣都不可得，哪里顾得上跟秦国作对呢？抑或秦王是个不肖的君主，那时您再合纵跟秦作对也不算晚。"孟尝君说："好。那就请您去一趟。"公孙弘答应了，于是带着十辆车前往秦国。秦昭王听说此事，想用言辞羞辱公孙弘，借以观察他。公孙弘拜见昭王，昭王问："薛这个地方面积有多大？"公孙弘回答说："方百里。"昭王笑道："我的国家土地纵横数千里，还不敢凭借它跟谁作对。如今孟尝君土地才百里见方，就想凭借它跟我作对，能行吗？"公孙弘回答说："孟尝君喜好士，大王您不喜好士。"昭王说："孟尝君喜好士又怎么样？"公孙弘回答说："信守节义，不向天子称臣，不与诸侯交友，如果得志，做人君毫不惭愧，不得志，就连人臣也不肯做，像这样的士，孟尝君那里有三人。善于治国，可以做管仲、商鞅的老师，其主张如果被听从施行，就能使君主成就王、霸之业，像这样的士，孟尝君那里有五人。充任使者，如果遭到拥有万辆兵车的君主的侮辱，就退下自刎，但一定用自己的血染污对方的衣服，有如我这样的，孟尝君那里有七人。"昭王笑着道歉说："您何必如此？我对孟尝君是很友好的，希望您一定要向他说明我的心意。"公孙弘答应了。公孙弘可称得上凛然不可侵犯了。昭王是秦国国君，孟尝君只是齐国之臣，公孙弘能在昭王面前为孟尝君仗义执言，不可凌辱，真可称得上士了。

序意

【题解】

本篇主旨在于介绍《吕氏春秋》一书的写作意图和宗旨——为了"纪治乱存亡也，知寿夭吉凶也"，提出了"法天地"而治人世的思想。

【原文】

维秦八年，岁在涒滩①，秋，甲子朔。朔之日，良人请问十二纪。文信侯曰："尝得学黄帝之所以诲颛顼矣，爰有大圜在上，大矩在下，汝能法之，为民父母。盖闻古之清世，是法天地。凡十二纪者，所以纪治乱存亡也，所以知寿夭吉凶也。上揆之天，下验之地，中审之人，若此则是非可不可无所遁矣。

天曰顺，顺维生；地曰固，固维宁；人曰信，信维听。三者咸当，无为而行。行也者，行其理也。行数，循其理，平其私。夫私视使目盲，私听使耳聋，私虑使心狂。三者皆私设，精则智无由公。智不公，则福日衰，灾日隆，以日倪而西望知之。"赵襄子游于囿中，至于梁，马却不肯进，青荓为参乘，襄子曰："进视梁下，类有人。"青荓进视梁下。豫让却寝，佯为死人，叱青荓曰："去！长者吾且有事。"青荓曰："少而与子友，子且为大事，而我言之，是失

相与友之道。子将贼吾君，而我不言之，是失为人臣之道。如我者惟死为可。"乃退而自杀。青荓非乐死也，重失人臣之节，恶废交友之道也。青荓、豫让可谓之友也。

【注释】

①涒滩：岁阴申的别称。古时用以纪年。即申年。

【译文】

秦始皇八年，太岁在涒滩，秋天里，初一是甲子日。这一天，有位君子请教关于十二纪的事。文信侯吕不韦说："曾经学过黄帝教诲颛顼的话，圆天在上，方地在下，你能够取法天地，就可以做人民的衣食父母了。大约听说古代的清平盛世，就是要取法天地的。大凡十二纪，是用来记载国家的治乱存亡的，是用来预知人事的寿夭吉凶的。

秦始皇巡游天下

向上测度天，向下检验地，中间审察人，这样人们行为处世，判断是非，可否就不会有过失了。

天的规律是顺行，顺行了万物才能生存；地的本质是牢固，牢固了万物才得以安宁；人的根本是诚信，诚信了才能被人采纳。天、地、人三者都各得其所，就可以无为而谨慎行事了。谨慎行事的意思，就是奉行天道、地道、人道，就是要顺遂天数，遵照地理，去人私心。怀着私欲去看，眼睛就会看不见东西；怀着私欲去听，耳朵就会听不见声音；怀着私欲去考虑事情，心情就会狂乱迷惑。这三种情况都是私心自用，私心太过，处事就不会公正；处事不公正，福乐就会日渐衰减，灾患就会日渐增加。通过太阳偏斜就会西落中就可以看出来这样的道理。赵襄子在园林中游玩，乘车走到桥边，马却后退不肯前进。青荓是他的卫士。赵襄子说："到桥底下看看，那里好像是有人。"青荓到桥下观看，看见豫让正仰面躺着睡觉，装作死人。他斥责青荓说："走开，我将要做大事。"青荓说："我年轻时候和你很要好，你将要做大事，如果我告发你，就是舍弃了做朋友的道义；你准备刺杀我的君主，如果我不说出这件事，这是失去了作为人臣的道义。这样，我只有一死了。"于是后退自杀了。青荓并不是愿意死，而是把人臣的节操看得很重，并且厌恶舍弃交友的准则。青荓豫让可以称得上是真正懂得朋友了。

八览

《八览》是对君道、治国之术以及为人之本的思想的阐述。《八览》的思想对于我们的现代生活具有一定的影响。

《八览》分别有各自的主题：《有始览》讲述开天辟地，万物形成，人就是以天地为背景，吸收万物之气而形成的。自始就开始了人类社会的各种活动；《孝行览》论为人当以孝为本，君主做到孝，下面的人就服从，臣子做到孝，居官就清廉，士人百姓做到孝，就可以安享快乐；《慎大览》多讲治国之道，做到『于安思危，于达思穷，于得思丧』，终究会事事顺利；《先识览》教人如何去认识事物，分辨事物，君主善于吸纳圣人的忠言，才能保证国家不会灭亡；《审分览》评名实之关系，君臣分工合作，各司其职，团结一致才有可能更好地治理国家；《审应览》则反对淫辞诡辩，做到不断审察自己的应对举止，才能够自我反省，以求不断进步；《离俗览》阐述如何用民，『义』是使用人民的根本，用赏罚是其次；《恃君览》是对君道的阐释，君上的产生是人类社会发展的需要，君主的原则就是为人民谋取福利而放弃自己的一己之私。本书以精粹方式将这些思想集中体现，使我们将古今思想融会贯通，深刻思考。

有始

【题解】

本篇主要论述了作者的宇宙观，阐述了万物生成的理论。

【原文】

天地有始①。天微②以成，地塞③以形。天地合和，生之大经④也。以寒暑日月昼夜知之，以殊形殊能异宜说⑤。夫物合而成，离而生。知合知成，知离知生，则天地平矣，平也者，皆当察其情，处其形。

天有九野，地有九州，土有九山，山有九塞，泽有九薮，风有八等，水有六川。

何谓九野？中央曰钧天，其星角、亢、氐。东方曰苍天，其星房、心、尾。东北曰变天，其星箕、斗、牵牛。北方曰玄天，其星婺女、虚、危、营室。西北曰幽天，其星东壁、奎、娄。西方曰颢天，其星胃、昴、毕。西南曰朱天，其星觜巂、参、东井。南方曰炎天，其星舆鬼、柳、七星。东南曰阳天，其星张、翼、轸。

何谓九州？河、汉之间为豫州，周也。两河之间为冀州，晋也。河、济之间为兖州，卫也。东方为青州，齐也。泗上为徐州，鲁也。东南为扬州，越也。南方为荆州，楚也。西方为雍州，秦也。北方为幽州，燕也。

何谓九山？会稽、太山、王屋、首山、太华、岐山、太行、羊肠、孟门。

何谓九塞？大汾、冥阨、荆阮、方城、殽、井陉、令疵、句注、居庸。

何谓九薮？吴之具区、楚之云梦、秦之阳华、晋之大陆、梁之圃田、宋之孟诸、齐之海隅、赵之巨鹿、燕之大昭。

何谓八风？东北曰炎风，东方曰滔风，东南曰熏风，南方曰巨风，西南曰凄风，西方曰飂风，西北曰厉风，北方曰寒风。

何谓六川？河水、赤水、辽水、黑水、江水、淮水。

凡四海之内，东西二万八千里，南北二万六千里，水道八千里，受水者亦八千里，通谷六，名川六百，陆注三千，小水万数。

凡四极之内，东西五亿有九万七千里，南北亦五亿有九万七千里。

极星与天俱游，而天极不移。

冬至日行远道，周行四极，命曰玄明。夏至日行近道，乃参于上。当枢之下无昼夜。白民之南，建木之下，日中无影，呼而无响，盖天地之中也。

天地万物，一人之身也，此之谓大同。众耳目鼻口也，众五谷寒暑也，此之谓众异。则万物备也。天斟万物，圣人览焉，以观其类。解在乎天地之所以形，雷电之所以生，阴阳材物之精，人民禽兽之所安平。

【注释】

①有始：天地之初始。始：初。

②微：轻微细小之物。

⑤塞：充塞。

④经：道，根本。

⑤说：解说。

【译文】

天地是有初始的时期的。天是由轻微之物升扬生成，地是由重浊之物凝滞生成。天地之气相会交合，是生成万物的根本。通过寒暑的变化、日月的运行、

昼夜的交替便可以知道这个道理，通过万物之间不同的形状、不同的性能和功用等方面也可以说明这个道理。万物都是通过天地之气交合而形成的，新的分离开来就叫作生成。知道交合就可以知道形成，知道分离就可以知道生成，那么就知道天地形成的道理了。知道了天地形成的道理，就应当考察万物的实情，探究万物的形态。

天有九野，地有九州，地上有九座高山，山间有九处险隘。水泽有九大湖泊，风有八种，水流有六大河流。

什么叫九野？天中央叫钧天，有角、亢、氐三星宿。东方叫苍天，有房、心、尾三星宿。东北叫变天，有箕、斗、牵牛三星宿。北方叫玄天，有婺女、虚、危、营室四星宿。西北叫幽天，有东壁、奎、娄三星宿。西方叫颢天，有胃、昴、毕三星宿。西南叫朱天，有觜巂、参、东井三星宿。南方叫炎天，有舆鬼、柳、七星三星宿。东南叫阳天，有张、翼、轸三星宿。

什么叫九州？黄河和汉水之间为豫州，是周王室的疆域。清河和西河之间为冀州，是晋国的疆域。黄河和济水之间为兖州，是卫国的疆域。东方是青州，是齐国的疆域。泗水上游为徐州，是鲁国的疆域。东南是扬州，是越国的疆域。南方为荆州，是楚国的疆域。西方为雍州，是秦国的疆域。北方为幽州，是燕国的疆域。

什么叫九山？就是指会稽山、泰山、王屋山、首阳山、华山、岐山、太行山、羊肠山、孟门山。

什么叫九大要塞？就是指大汾、冥阨、荆阮、方城、郁、井陉、令疵、句注、居庸。

什么叫九薮？就是指吴国的具区、楚国的云梦、秦国的阳华、晋国的大陆、梁国的圃田、宋国的孟诸、齐国的海隅、赵国的巨鹿、燕国的大昭。

什么叫八风？东北风叫炎风，东风叫滔风，东南风叫熏风，南风叫巨风，西南风叫凄风，西风叫飂风，西北风叫厉风，北风叫寒风。

什么叫六水？就是指黄河、赤水、辽水、黑水、江水、淮水。

四海之内，东西长两万八千里，南北长二万六千里。通航的河道八千里，受水的河道也有八千里。通达于穷荒的天际的大河有六条，大河六百条，小河三千条，小流数以万计。

四极之内，东西长达五亿零九万七千里，南北长也是五亿零九万七千里。

北极星和天体一起运行，而北天极不移动。冬至这一天，太阳运行在距北天极最远的轨道上，环行东西南北四个极点，光照较弱，所以被称为玄明。夏至这一天，太阳运行在距北天极最近的轨道上，太阳正在人的头顶。在天极的下面，没有昼夜之分。在白民国南部的建木的下面，中午没有影子，大声呼叫也没有声音，这儿大概就是天地的中心。

天地万物，如同人的身体，这就叫作"大同"。人有耳目鼻口，天地万物有五谷寒暑，这些称得上是多种多样，所以万物也就齐备了。天地聚集万物，圣人考察万物以了解它们的类别。例如理解天地之所以形成、雷电之所以发生、阴阳变化生成万物、人民禽兽各得其所的原因等方面。

【解析】

天以微细之物而形成，地以凝滞充塞于一处而成其形。天地之形成就是万物成型的开篇，天地之气相交，这就是万物形成的根本。人就是以天地为背景，吸收万物之气而形成的，自始就开始了人类社会的各种活动。天与地的确是中国传统思想最核心的出发点。《周易》开篇的"乾""坤"两卦就是讲天与地的。实际上对天和地的看重就是对自然的尊重，这样的自然观，对我们的研究是有一定意义的。

列子常人心态话忧天

杞国有个人担忧天会塌下来，地会陷下去，自己的身体无处可藏，因而睡不着觉，吃不下饭。

又有一个人前去向他解释："天是气的积聚，无处没有气。就像你弯腰挺身、呼气吸气，整天在天空中生活，为什么要担忧它崩塌下来呢？地是土块的积聚，充满了四方空间，无处没有土块。就像你停走踩踏，整天在地上生活，为什么要担忧它陷裂下去呢？"杞人放下心来，十分高兴。

长庐子听说后笑着说："虹霓呀，云雾呀，风雨呀，四季呀，这些是气在天上积聚而形成的。山岳呀，河海呀，金石呀，火木呀，这些是有形之物在地上积聚而形成的。知道它们是气的积聚，是土块的积聚，为什么说它不会毁坏呢？担忧它会崩陷，确实离正确的认识太远；说它不会崩陷，也是不正确的。天地不可能不毁坏，最终总会毁坏的。遇到它毁坏时，怎么能不担忧呢？"

列子听到后，笑着说："说天地会毁坏的意见是荒谬的，说天地不会毁坏的意见也是荒谬的。毁坏与不毁坏，是我们不可能知道的事情。即使这样，毁坏是一种可能，不毁坏也是一种可能，所以出生不知道死亡，死亡不知道出生；来不知道去，去不知道来。毁坏与不毁坏，我为什么要放在心上呢？"

应同

"应同"是指同类事物之间彼此感应的现象。本篇用自然以及社会中的现象作为例子，从事物之间的客观联系出发，论述了同类事物之间的相互感应，并以此探索人事吉凶、国家治乱的规律。

【原文】

凡帝王者之将兴也，天必先见祥乎下民[1]。黄帝之时，天先见大螾大蝼[2]。黄帝曰："土气胜[3]。"土气胜，故其色尚黄[4]，其事则土[5]。及禹之时，天先见草木秋冬不杀[6]。禹曰："木气胜。"木气胜，故其色尚青，其事则木。及汤之时，天先见金刃生于水。汤曰："金气胜。"金气胜，故其色尚白，其事则金。及文王之时，天先见火赤乌衔丹书集于周社[7]。文王曰："火气胜。"火气胜，故其色尚赤，其事则火。代火者必将水，天且先见水气胜。水气胜，故其色尚黑，其事则水。水气至而不知数备[8]，将徙于土[一]。

天为者时，而不助农于下[9]。类固相召[10]，气同则合，声比则应[11]。鼓宫而宫动[12]，鼓角而角动。平地注水[13]，水流湿；均薪施火[14]，火就燥；山云草莽，水云鱼鳞[二]，旱云烟火，雨云水波，无不皆类其所生以示人。故以龙致雨，以形逐影[15]。师之所处，必生棘楚[16]。祸福之所自来，众人以为命，安知其所。

夫覆巢毁卵[三]，则凤凰不至；刳兽食胎[17]，则麒麟不来；干泽涸渔[18]，则龟龙不往。物之从同，不可为记[19]。子不遮乎亲[20]，臣不遮乎君。同则来[四]，异则去。故君虽尊，以白为黑，臣不能听；父虽亲，以黑为白，子不能从。

黄帝曰："芒芒昧昧[五][21]，因天之威[六][22]，与元同气[23]。"故曰同气贤于同义，同义贤于同力，同力贤于同居，同居贤于同名。帝者同气，王者同义，霸者同力，勤者同居则薄矣[24]，亡者同名则觕矣[七][25]。其智弥觕者[26]，其所同弥觕；其智弥精者，其所同弥精。故凡用意不可不精。夫精，五帝三王之所以成也。成齐类同皆有合[27]，故尧为善而众善至，桀为非而众非来[八]。

《商箴》云[28]："天降灾布祥，并有其职[29]。"以言祸福人或召之也。故国乱非独乱也，又必召寇[30]。独乱未必亡也，召寇则无以存矣。凡兵之用也，用于

利，用于义。攻乱则服③，服则攻者利[九]；攻乱则义，义则攻者荣。荣且利，中主犹且为之，况于贤主乎？故割地宝器，卑辞屈服，不足以止攻，惟治为足③。治则为利者不攻矣，为名者不伐矣。凡人之攻伐也，非为利则固为名也[一〇]。名实不得，国虽强大者，曷为攻矣③？解在乎史墨来而辍不袭卫④，赵简子可谓知动静矣⑤！

【校勘】

[一] 徙，旧校云：一作"见"。

[二] 鱼鳞，旧本作"角鳞"。

[三] 覆巢，旧本误倒。

[四] 各本"同"上有"君"字，今据陶鸿庆说删。

[五] 芒芒昧昧，旧本作"芒昧"。

[六] 威，旧校云：一作"道"。

[七] 同名，元本、李本、张本重。

[八] 桀为非而众非来，旧校云：一本作"桀为恶而众恶来"。

[九] 两"服"字各本作"脆"，今据王念孙说改。

[一〇]固，各本作"因"，今据王念孙说改。

【注释】

①见：现，显现。祥：征兆。

②螾：同"蚓"。蚯蚓。蝼：蝼蛄。

③胜：过，这里是旺盛的意思。

④尚：崇尚。

⑤则：法，效法。

⑥杀：凋零。

⑦火赤乌：指由火幻化而成的赤色乌鸦。集：止。社：本指土神，这里指祭土神的地方。

⑧数备：气数已经具备。

⑨此句与上下文义不连贯，恐有脱文（依刘咸炘说）。

⑩固：当作"同"（依许维通说）。

⑪比：并，这里是"同"的意思。

⑫鼓：敲击。宫和角都是古代五音之一。

⑬平地：同样平的地面。

⑭均薪：铺放均匀的柴草。就：靠近，接近。

⑮以形逐影：凭着形体寻找影子。

⑯棘楚：指丛生多刺的灌木。楚，荆，丛生的灌木。

⑰刳：剖开而挖空。

⑱干泽涸渔：把池泽的水弄干来捕鱼。涸，水枯竭。渔，捕鱼。

⑲不可为记：意思是不可胜记。

⑳遮：遏制。乎：于。

㉑芒芒昧昧：广大淳厚的样子。

㉒因：循，顺。威：则，法则。

㉓元：天。

㉔勤：劳苦。

㉕楕：低劣。

㉖弥：愈，更加。

㉗成：疑涉上文而衍。齐类同皆有合：大意是同类事物都能相聚合。齐，等。

㉘《商箴》：古书名，久已亡佚。

㉙职：主。

《吕氏春秋》原典释译

㉚寇：指外患。

㉛服：指被攻之国归服。

㉜惟治为足：这句大意是，只有国家治理得好，才足以制止敌人的攻伐。治，指国家治理得好。

㉝曷：何。

㉞史墨：春秋时晋国史官。辍：停止。史墨来辍不袭卫事详见《召类》篇，史墨作史默。

㉟赵简子：晋国正卿。知动静：知道该动即动，该止即止的道理。

【译文】

凡是古代称帝称王的将要兴起，上天必定先向人们显示出征兆来。黄帝的时候，上天先显现出大蚯蚓大蝼蛄。黄帝说："这表明土气旺盛。"土气旺盛，所以黄帝时的服色崇尚黄色，做事情取法土的颜色。到夏禹的时候，上天先显现出草木秋冬时节不凋零的景象。夏禹说："这表明木气旺盛。"木气旺盛，所以夏朝的服色崇尚青色，做事情取法木的颜色。到商汤的时候，上天先显现水中出现刀剑的景象。商汤说："这表明金气旺盛。"金气旺盛，所以商朝的服色崇尚白色，做事情取法金的颜色。到周文王的时候，上天先显现由火幻化的红色乌鸦衔着丹书停在周的社庙上。周文王说："这表明火气旺盛。"火气旺盛，所以周朝的服色崇尚红色，做事情取法火的颜色。代替火的必将是水，上天将先显现水气旺盛的景象。水气旺盛，所以新王朝的服色应该崇尚黑色，做事情应该取法水的颜色。如果水气到来，却不知气数已经具备，从而取法于水，那么，气数必将转移到土上去。

上天有四时的运行，但并不帮助违背农时的农事。物类相同的就互相招引，气味相同的就互相投合，声音相同的就互相响应。敲击此处宫音，彼处宫音就随之振动；敲击此处角音，彼处角音就随之振动。在同样平的地面上灌水，水先向潮湿的地方流；在铺放均匀的柴草上点火，火先向干燥的地方燃烧。山上的云呈现草莽的形状，水上的云呈现鱼鳞的形状，干旱时的云就像燃烧的烟火，阴雨时的云就像荡漾的水波。这些都无不依赖它们赖以生成的东西来显示给人们。所以用龙就能招来雨，凭形体就能找到影子，军队经过的地方，必定生长出荆棘来。祸福的到来，一般人认为是"命"，哪里知道祸福到来的缘由。

捣翻鸟巢，毁坏鸟卵，那么凤凰就不会再来；剖开兽腹，吃掉兽胎，那么麒麟就不会再来；弄干池泽来捕鱼，那么龟龙就不会再去。事物同类相从的情况，难以尽述。儿子不会一味受父亲遏制，臣子不会一味受君主遏制。志同道合就在一起，否则就离开。所以君主虽然尊贵，如果把白当成黑，臣子就不能听从；父亲虽然亲近，如果把黑当成白，儿子也不能依顺。

黄帝说："广大纯厚，是因为遵循了上天的法则，与上天同气的缘故。"所以说同气胜过同义，同义胜过同力，同力胜过同居，同居胜过同名。称帝的人同气，称王的人同义，称霸的人同力。辛劳的君主同存于世，而德行就不厚道了，亡国的君主不仁不义，而德行就低劣了。智慧越是低劣的人，与之相应的就越是低劣；智慧越是精微的人，与之相应的就越是精微。所以凡思虑不可以不精微。精微，是五帝三王之所以成就帝业的原因。事物只要同类，都能互相聚合。所以尧做好事因而所有好事都归到他身上，桀干坏事因而所有坏事都归到他身上。

《商箴》上说："上天降灾祸施吉祥，都有一定的对象。"这是说，祸福是人招致的。所以国家混乱不仅仅是混乱，又必定会招来外患。国家仅仅混乱未必会灭亡，招致外患就无法保存了。凡是用兵作战，都是用于有利的地方，用于符合道义的地方。攻打混乱的国家就容易使之屈服，敌国屈服，那么进攻的国家就得利；攻打混乱的国家就符合道义，符合道义，那么进攻的国家就荣耀。既荣耀又得利，具有中等才能的君主尚且这样做，何况是贤明的君主呢？所以，割让土地献出宝器，言辞卑谦屈服于人，不足以制止别国的进攻，只有国家治

理得好，才能制止别国的进攻。国家治理好了，那么图利的就不来进攻了，图名的就不来讨伐了。大凡人们进攻讨伐别的国家，不是图利就是图名。如果名利都不能得到，那么国家即使强大，又怎么会发动这种徒劳的攻伐呢？这道理的解释体现在史墨去卫国了解情况回来而赵简子就停止进攻卫国这件事上，赵简子可以说是懂得该动则动该止则止的道理了。

【解析】

本篇篇名"应同"，意即事物都因是同类相应。全篇在总体上分为三个部分：

首先，运用"天人感应"的思想证明事物之间存在着同类相应的道理。文中一开头便说：凡是帝王将要兴起的时候，上天必先呈现出某种征兆。黄帝的时候，上天先让人见到大蚯蚓、大蝼蛄。因为大蚯蚓、大蝼蛄出自土地，所以黄帝说："这是土气旺盛。"土气旺盛，而土是黄色的，所以黄帝时期衣服的颜色崇尚黄色。到了夏禹的时候，上天先呈现出草木在秋时节不凋零的景象。因为草木还在旺盛的生长，所以夏禹说："这是木旺盛。"木气旺盛，所以夏代的衣服颜色崇尚青色，这是取法于木。到商汤的时候，上天先呈现了刀剑从水里出现的事情。因为刀剑属于金属，所以商汤说："这是金气胜。"金气旺盛，所以商代的衣服颜色崇尚白色，这是取法于金。到了周文王的时候，上天先呈现了赤乌嘴里叼着神书落在周文王祭祀用的屋子上。赤乌的颜色是红色，所以文王说："这是火气旺盛。"火气旺盛，所以周代的衣服颜色崇尚红色，这是取法于火。代替火的必将是水，上天将先呈现出水气旺盛的景象。水的颜色看起来是黑色，所以新王朝的衣服颜色应该崇尚黑色，这是取法于水。人类社会的活动与大自然之间相互感应，这中间就存在着同类相应的道理。"平地注水，水流湿。均薪施火，火就燥。山云草莽，水云鱼鳞，旱云烟火，雨云水波，无不皆类其所生以示人"，大自然的一切变化都在暗示人类的行动。

《吕氏春秋》的这种思想也是当时流行思潮的一个反映。《易·乾》中有："同声相应，同气相求。水流湿，火就燥。云从龙，风从虎。圣人作而万物睹。本乎天者亲上，本乎地者亲下，则各从其类也。"意思就是指同类的事物之间的相互感应。水往低湿处流，火往干燥处烧。龙起处必有云，虎扑向猎物必定生风。圣人的作为，自然万物都会有感应。以天为本，向上发展，以地为本，向下扎根，这就是万物各依其类别相互聚合的自然法则。《庄子·渔父》也说："同类相比，同声相应，固天理也。"凡物同类便互相聚集，同声便互相应和，这是自然的道理。《鬼谷子·摩篇》也说："故物归类，抱薪趋火，燥者先燃；平地注水，湿者先濡。此物类相应，于势譬犹是也。"物类相应的道理，对于形势的判断也应是这样。

其次，人们应该从大自然的警示中来改变自己的行为。正因为在自然界和人类社会存在大量的"类固相召，气同则合，声比相应"的规律，所以人们应该从大自然所显示的现象中来反思自己的行为。所谓"鼓宫而宫动，鼓角而角动"，人类自己的活动必然也会带来相应的后果。"故以龙致雨，以形逐影。师之所处，必生棘楚"，用龙就能招来雨，凭形体就能找到影子，军队经过的地方，必定长出荆棘来。"覆巢毁卵则凤凰不至，刳兽食胎则麒麟不来，干泽涸渔则龟龙不往。"翻覆掉鸟巢，毁坏鸟卵，凤凰就不会再来；剖开兽腹，吃掉兽胎，那么麒麟就不会再来；抽干池水来捕鱼，那么乌龟虬龙就不会再去。事物同类相从的情况，难以尽述。毁掉鸟巢，剖开兽腹，竭泽而渔，都是人类的行为，人类的行为也会得到大自然相应的报复。所以，国家的治乱存亡，是人本身的行为造成的。就君主来说，只有努力致力于行善，国家才能得到治理。故"尧为善而众善至，桀为非而众非来"。这里不难看出，吕不韦也有教育劝诫秦王嬴政的意思在内。

最后，本篇表达出否定了"命定论"的思想。命，是决定人生贵贱福祸的、带有必然性与神秘色彩的某种异己力量。"我们做一件事，这件事情成功与

失败，即此事的最后结果如何，并非做此事之个人之力量所能决定，但也不是以外任何个人或任何一件其他事情所能决定，而是环境一切因素之积聚的总和力量使然。如成，既非完全由于我一个人的力量；如败，亦非我用力不到；只是我一个因素，不足以抗广远的众多因素之总力而已。做事者是个人，最后决定者却并非任何个人。这是一件事实。儒家所谓命，可以说即由此种事实导出的。这个最后的决定者，无以名之，名之曰命。"（张岱年《中国哲学史大纲》）在古代中国，命作为一种人力所不能左右的自然力量，亦称做天命，且早在夏、商时代已很流行。如："有夏多罪，天命殛之。"（《尚书·汤誓》）"天命玄鸟，降而生商。"（《诗经·商颂·玄鸟》）这里就把夏代的灭亡，殷商兴起说成是由天命决定的。《尚书·康诰》："天乃大命文王殪戎殷。"这里将周代取代殷商也说成是受天命的支配。

春秋之后，"命"成为诸子阐发争论的一个重要话题。孔子对于"命"基本上持一种无可奈何的观点，如说："道之将行也与，命也；道之将废也与，命也。公伯寮其如命何？"（《论语·宪问》）既然命是人力所不能抗拒的，所以，孔子认为，人应该认知命，"不知命，无以为君子"。（《论语·尧曰》）与孔子不同，墨子则持"非命"的观点。《墨子·非命上》："执有命者之言曰：命富则富，命贫则贫；命众则众，命寡则寡；命治则治，命乱则乱；命寿则寿，命夭则夭……虽强劲，何益哉？"主张"有命"的人说："命里富裕则富裕，命里贫困则贫困，命里人口众多则人口众多；命里人口少则人口少，命里治理得好则治理得好；命里混乱则混乱；命里长寿则长寿，命里短命则短命。虽然使出很强的力气，有什么用呢？"针对这种观念，墨子批驳说："执有命者之言，不可不非。此天下之大害也。"墨子是不认同命定说的。孟子也论"命"，他说："莫之为而为者，天也，莫之致而至者，命也。"（《孟子·万章上》）意思是没有人叫他们做的却做到了是天意，没有人给予他们的却得到了是命运。对于命，孟子主要认为要顺命。孟子曰："莫非命也，顺受其正。"（《孟子·尽心上》）

意思是无一不是命运，顺应它就承受正常的命运。庄子对于命，基本上也采取一种无可奈何的态度。"受命于地，唯松柏独也正，在冬夏青青；受命于天，唯尧舜独也正，在万物之首"。（《德充符》）万物皆禀受天命而生，尧舜受命而生，正像松柏受命而生一样，但尧舜之正与松柏之正，却又是别有原因的，这里既有天命的原因，也有其自身的原因。但无论怎样，命之为命，往往是人力所不能左右的。对于命，庄子认为人是无法违抗的。"子之爱亲，命也，不可解于心；臣之事君，义也，无适而非君也，无所逃于天地之间"。（《人间世》）命既然是人力所不能抗御的，所以人应当以一种无可无不可的态度来对待命。"知其不可奈何而安之若命，德之至也"。（《人间世》）人既然无法、亦无力抗拒命运的安排，那就只能以一种泰然自若的态度来听命于命运的摆布。庄子认为这样一种对待命运的态度，正是精神修养达到极致的表现。荀子承认，"人之命在天"（《强国》），但不安于命运的摆布，提出"制天命而用之"的思想。本篇认为："祸福之所自来，众人以为命，安知其所。"命是不存在的。祸患或者福佑，皆是自己做事带来的后果。不明白这个道理，并将它认为是"命"，是不正确的。《吕氏春秋》的这种思想，一方面反映出已经初步认识到要把事物放在普遍联系的关系中来解释；另一方面其目的也希望借此能够对国君进行有效的劝诫。

【故事】

宋元王仁慈之心得天下

　　相传在宋元王二年，有人献给宋元王一只龟，大家建议元王杀掉龟，元王不忍，派人将其放入江河之中。一日夜里，神龟托梦给元王请求搭救性命，说自己被泉阳打鱼之人豫且给网了上来，身陷危难之中。元王醒来觉得非常奇怪，就召来博士卫平。希望能够为他解梦。卫平建议元王派使者急速赶往泉阳。

使者到达泉阳果真找到梦中之人豫且，于是问他："你近日可曾捕得什么东西？"

豫且答："前日半夜时，网得一只龟，还被我装在笼子里。"使者和泉阳县令去看过了龟，向豫且讲述了元王做梦的情由，豫且不敢有违，把龟交给了元王使者。使者带着龟，马不停蹄地赶回都城，将龟献给元王。

元王接过龟，刚把它放在地上，龟便伸长了脖子，向元王走出三步，突然止步不前，缩回了脖子。就在人们都莫名其妙时，龟又照着先前的样子，重复做了几遍，仿佛有灵性一般。

宋元王惊诧不已，就问卫平："这只龟看见我后，伸长了脖子向前走，这是什么意思呢？它继而又止步缩颈，又如何解释？卫平回答说："这龟被人捉住后，心知性命不保，幸蒙大王所救，伸颈向前，表示感激大王。后又缩脖而回，是想向大王告辞了。"元王大喜，说："一只龟，居然有如此灵性。我们千万别让它失望，这就放它走吧！"

卫平却说："此龟生在很深很深的水里，长于黄土之上，至今已有三千多岁的高龄，能知天地万物之道，明察上下千年之事。有人说，龟乃天下之至宝，得龟之人，必然攻无不克、战无不胜，最终贵为天子。请大王不要放走了它。只要诸侯知道大王得此神龟，必定会臣服于大王！"元王说："神龟既然为灵性之物，降之于上天，深藏于大海。它在患难之时，认为我仁厚忠信，这才来向我求助。假如我辜负了它，那么，就和一般的渔人没什么两样了。渔人贪其肉，寡人贪其利。他们的行为是不仁，我的行为就是无德，又哪里能有福气可言呢？我是不忍心留下这只龟的，还是快叫人放了它吧！"

元王得神龟的消息不胫而走，诸侯闻风而相投者，越来越多。偶有人不服，而又有意挑衅的，元王就派兵讨伐，皆战无不胜、攻无不克。宋国终于成为最强盛的诸侯。但不知是否真是神龟相助之功？

去尤

【题解】

本篇旨在阐明认识事物要去掉思想上的局限，做到兼听并观。文章认为，人们之所以不能正确认识事物，主要是因为囿于个人爱憎。文中列举的几个事例，充分说明了这个道理。文章引用《庄子·达生》的一段论述，进一步指出"有所殆者，必外有所重"，把造成认识主观片面的根源归结为存私欲、重外物，这与本书反复倡导通晓"性命之情"是一致的。

【原文】

世之听者，多有所尤[1]，多有所尤则听必悖矣。所以尤者多故，其要必因人所喜，与因人所恶。东面望者不见西墙，南乡视者不睹北方，意有所在也。

人有亡鈇[2]者，意其邻之子，视其行步窃鈇也，颜色窃鈇也，言语窃鈇三，动作态度无为[3]而不窃铁也。相其谷而得其鈇，他日复见其邻之子，动作态度无似窃鈇者。其邻之子非变也，己则变矣。变也者无他，有所尤也。

邾之故法，为甲裳以帛，公息忌谓邾君曰："不若以组。凡甲之所以为固者，以满窍也。今窍满矣，而任力者半耳。且组则不然，窍满则尽任力矣。"邾君以为然，曰："将何所以得组也？"公息忌对曰："上用之则民为之矣。"邾君曰："善。"下令，令官为甲必以组。公息忌知说之行也，因令其家皆为组。人有伤之者曰："公息忌之所以欲用组者，其家多为组也。"邾君不说，于是复下令，令官为甲无以组。此邾君之有所尤也。为甲以组而便，公息忌虽多为组何伤也？以组不便，公息忌虽无组，亦何益也？为组与不为组，不足以累公息忌之说。用组之心，不可不察也。

鲁有恶者，其父出而见商咄，反而告其邻曰："商咄不若吾子矣。"且其子

至恶也，商咄至美也。彼以至美不如至恶，尤乎爱也。故知美之恶，知恶之美，然后能知美恶矣。庄子曰："以瓦抎者翔，以钩抎者战，以黄金抎者殆。其祥一也，而有所殆者，必外有所重者也。外有所重者，泄盖内掘。"鲁人可谓外有重矣。

解在乎齐人之欲得金也，及秦墨者之相妒也，皆有所乎尤也。老聃则得之矣。若植木而立乎独，必不合于俗，则何可扩矣。

【注释】

①尤：通"囿"。蒙蔽、局限之意。

②鈇：通"斧"。

③无为：没有。

【译文】

世界上的人观察判断事理，他们的见解往往有所局限，多有局限，那么观察问题、判断事情就一定会是荒谬的。之所以受局限，关键是在于人有各自的喜爱和各自的憎恶。向东观望的人，看不见西面的墙；朝南看的人，望不见北方，这就是因为心意偏于一方的原因。

有个人丢了斧子，怀疑是邻居的儿子偷去了，看他走路的样子都像是偷了斧子的，看他的神色也像是偷了斧子的，听他的说话也像是偷了斧子的，观察他的一举一动没有一样不像是偷斧子的样子。后来这个人挖谷仓的时候，发现了他失踪的斧子。之后再看他邻居的儿子，行为举止没有一样像是偷了斧子的人。邻居的儿子并没有改变，而是他自己改变了。自己改变的原因不是别的，只是因为自己的见解有所局限。

邾国的老办法，制作甲裳时用帛来连缀。公息忌对国君说："不如改用丝带来连缀。甲裳之所以坚固结实，是因为甲的缝隙都被塞满了。如今甲裳的缝隙虽然塞满了，可是却只是承受应该承受力的一半。可是用丝带连缀就不会这样，缝隙塞满了就可以承受它应该能承受的全部的力了。"国君认为他说得对，说："怎样才能得到丝带呢？"公息忌回答说："君主使用它，百姓就会制作它。"国君说："好！"于是发布命令，要求制作甲裳必须要用丝带连缀。公息忌知道自己的建议将要被实行，就让家人都编制丝带。有人诽谤公息忌，就对国君说："公息忌之所以想让国君改用丝绳，是因为他的家人编制了很多的丝绳呢。"国君就很生气，于是又下令仍然用帛来连缀甲裳而不再用丝绳。这样看来，国君是有所局限了。如果采用丝绳连缀甲裳便利的话，即使是公息忌家里有大量的丝绳又有何妨呢？如果用丝绳没有好处，即使公息忌家里没有人编织，又有什么好处呢？公息忌家里有没有编制丝绳，都不足以妨碍公息忌建议的意义。改用丝绳的用意，不能不明察清楚啊。

鲁国有一个长相丑陋的人，他的父亲外出时见到商咄，回到家后对邻居们说："商咄还不如我儿子好看。"但是他的儿子是很丑陋的，而商咄却是英俊漂亮。那人认为最漂亮的还不如最丑陋的，这是因为偏爱自己的儿子而有所蒙蔽的原因。所以，知道美好东西的不好方面，又知道不好的东西的好的一方面，这样才能真正地了解好与不好。庄子说："用纺锤来做为赌注下赌时人的内心是坦然的，用衣带钩作为赌注下赌时内心是不安的，用黄金作为赌注时就会感到迷惑。他们的赌技是一样的，之所以让人觉得迷惑是因为心怀有所看重的外物；心怀有所看重的外物就会对它亲近而心神荡漾。"这个鲁人就是心怀有所看重的外物了。这样的道理可以从齐人想得到金子，秦国的墨者相互嫉妒的故事得到充分的说明，这些人就是都有所局限的啊。

老聃是明白这个道理的。他就像直立的树木一样独立生长，这样就会超脱出世俗和外物的局限，所以，还有什么能够让他心神不安呢？

听言

【题解】

本篇的主旨是规劝国君听取意见的时候要小心谨慎明辨。作者认为这是国家治乱的关键所在。本文指出，如今君主因为听取了不义之言才导致好战以求实际利益，同时提出了言论善和不善的标准，即爱利百姓。最后作者还强调了学习的重要性。

【原文】

听言不可不察，不察则善不善不分。善不善不分，乱莫大焉。三代分善不善，故王。今天下弥衰①，圣王之道废绝[一]。世主多盛其欢乐[二]②，大其钟鼓，侈其台榭苑囿③，以夺人财；轻用民死④，以行其忿。老弱冻馁，夭瘠壮狡⑤，泛尽穷屈⑥，加以死虏。攻无罪之国以索地，诛不辜之民以求利，而欲宗庙之安也，社稷之不危也，不亦难乎？

今人曰："某氏多货，其室培湿⑦，守狗死，其势可穴也⑧。"则必非之矣。曰："某国馑⑨，其城郭庳⑩，其守具寡，可袭而篡之。"则不非之。乃不知类矣⑪。

《周书》曰⑫："往者不可及⑬，来者不可待，贤明其世⑭，谓之天子。"故当今之世，有能分善不善者，其王不难矣。善不善本于利，本于爱[三]。爱利之为道大矣。夫流于海者，行之旬月⑮，见似人者而喜矣。及其期年也⑯，见其所尝见物于中国者而喜矣⑰。夫去人滋久⑱，而思人滋深欤！乱世之民，其去圣王亦久矣。其愿见之，日夜无间⑲。故贤王秀士之欲忧黔首者⑳，不可不务也㉑。

功先名，事先功，言先事。不知事，恶能听言㉒？不知情，恶能当言㉓？其与人穀言也，其有辩乎，其无辩乎㉔？

造父始习于大豆㉕，蠭门始习于甘蝇㉖，御大豆㉗，射甘蝇，而不徙之^[四]，以为性者也。不徙之，所以致远追急也㉘，所以除害禁暴也。凡人亦必有所习其心，然后能听说。不习其心，习之于学问。不学而能听说者，古今无有也。解在乎百圭之非惠子也㉙，公孙龙之说燕昭王以偃兵及应空洛之遇也㉚，孔穿之议公孙龙㉛，翟翦之难惠子之法㉜。此四士者之议，皆多故矣㉝，不可不独论㉞。

【校勘】

［一］圣王，旧校云：一作"圣人"。

［二］欢，旧校云：一作"观"。

［三］各本"利"作"义"，下"本"字作"不"，今据谭戒甫、许维遹说改。

［四］各本"之"作"人"，今据王念孙说改。

【注释】

①弥：更加。

②盛其欢乐：使其欢乐盛。盛，用如使动。下文"大""侈"用法与此同。

③苑囿：养禽兽植林木的地方。

④轻：轻易。

⑤夭腊壮狡：使强壮有力的人夭折瘦弱。夭，早死。腊，通"瘠"。瘦弱。夭和腊都用如使动。狡，强壮有力。

⑥汔：几，几乎。穷屈：穷尽，走投无路。

⑦培：房屋的后墙。

⑧穴：用如动词，挖洞。

⑨饑：荒年，年成不好。

⑩城郭：城指内城，郭指外城。城郭连用泛指城墙。庳：低矮。

⑪类：类比。

⑫《周书》：古逸书。

⑬及：赶上，赶得上。

⑭贤明其世：使其世贤明。

⑮旬月：一个月。

⑯期年：一周年。

⑰中国：中原之国。

⑱去：离开。滋：益，越发。

⑲间：间断。

⑳秀士：杰出的人。黔首：战国及秦代对百姓的称谓。

㉑务：勉力。

㉒恶：何。

㉓当：合，相称。

㉔其与人㲉言也，其有辩乎，其无辩乎：此句义不可通。当作"其与夫㲉音也，其有辩乎，其无辩乎"。"人"为"夫"字之误，"㲉言"为"㲉音"之误。《庄子·齐物论》作："其以为异于㲉音，亦有辩乎，其无辩乎?"文意与此正同。全句意谓，不能听言，与不能当言，那么人言与㲉音就没有区别了。㲉音，鸟初孵出时的叫声。辩，通"辨"。区别。（以上依陶鸿庆说）

㉕造父、大豆：都是古代善于驾车的人。大豆，他书或作"泰豆"。

㉖蠠门、甘蝇：都是古代善于射箭的人。蠠门，他书或作"蠠蒙""逢蒙"等。

㉗御大豆：向大豆学习驾车。"御"后省略了介词"于"。下句"射甘蝇"指向甘蝇学习射箭。

㉘致远追急：指驭术之功效。下句"除害禁暴"指射术之功效。

㉙白圭：名丹，字圭，魏人（依梁玉绳说）。惠子：惠施，宋人，仕魏。

白圭非惠子之事见《不屈》篇。

㉚公孙龙：魏人，战国时名家的代表人物。燕昭王：战国时燕国君主，公元前 311 年—前 279 年在位。偃：止息，消除。公孙龙说燕昭王以偃兵之事见《应言》篇。应空洛之遇事见《淫辞》篇，该篇作"空雄"，当为"空雒"（雒同"洛"）之误。空洛，地名。遇，盟会。

㉛孔穿：字子高，孔子的后代。孔穿议公孙龙之事见《淫辞》篇。

㉜翟翦：魏国人，翟黄（又作翟璜）的后代。翟翦难惠子之法事见《淫辞》篇。

㉝故：缘故，原因。

㉞独论：等于说熟论。

【译文】

听到话不可不考察；不考察，那么好和不好就不能分辨。好和不好不能分辨，祸乱没有比这更大的了。夏、商、周三代能分辨好和不好，所以能称王天下。如今世道更加衰微，圣王之道被废弃灭绝。当世的君主尽情寻欢作乐，把钟鼓等乐器造得很大，把台榭园林修得很豪华，因而耗费了人民的钱财；他们随随便便让人民去送命，来发泄自己的愤怒。年老体弱的人受冻挨饿，强壮有力的人被弄得夭折瘦弱，几乎都落到走投无路的地步，又把死亡和被俘的命运加在他们身上。攻打没有罪的国家以便掠取土地，杀死没有罪的人民以便夺取利益。这样做却想让宗庙平安，让国家不危险，不是很难吗？

假如有人说："某某人有很多财物，他家房屋的后墙很潮湿，看家的狗死了，这是可以挖墙洞的好机会"，那么一定会责备这个人。如果说："某某国遇到荒年，它的城墙低矮，它的防守器具很少，可以偷袭并且夺取它"，对这样的人却不责备，这就是不知道类比了。

《周书》中说："逝去的不可追回，未来的不可等待，能使世道贤明的，就

叫做天子。”所以在今天的社会上，有能分辨好和不好的，他称王天下是不难的。区分好和不好的关键在于爱，在于利，爱和利作为原则来说是太大了。在海上漂泊的人，漂行一个月，看到像人的东西就很高兴了。等到漂行一年，看到曾在中原之国看到过的东西就很高兴了。这就是离开人越久，想念人就越厉害吧！混乱社会的人民，他们离开圣王也已经很久了，他们希望见到圣王的心情，白天黑夜都不间断。所以那些想为百姓忧虑的贤明君主和杰出人士，不可不在这方面努力啊。

功绩先于名声，事情先于功绩，言论先于事情。不了解事情的实质，怎么能听信言论？不了解内情，怎么能使言论与事实相符？如果不能这样，那么人言与鸟音，是有区别呢，还是没有区别呢？

造父最初向大豆学习，蠭门最初向甘蝇学习，向大豆学习驭术，向甘蝇学习射术，专心不渝，以此作为自己的本质。专心不渝，这是他们所以能学到致远追急的驭术，除暴禁害的射术的原因。大凡人也一定要修养自己的心性，然后才能正确听取别人的议论。不修养自己的心性，也要研习学问。不学习而能正确听取意见的，从古到今都没有。这道理体现在白圭非难惠子、公孙龙以消除战争劝说燕昭王以及应付秦赵的空洛盟约、孔穿非议公孙龙、翟翦责难惠子制定的法令等方面。这四个人的议论，都包含着充足的理由，对此是不可不认真辨察清楚的。

【解析】

在不了解事情真相的情况下，是不能判断言论是否与事实相符的。因此听人之言应当考察，如不考察就不可能分辨别人讲话的好与坏。就像文中所说“听言不可不察，不察则善不善不分。善不善不分，乱莫大焉。”文章利用《周书》上所说“往者不可及，来者不可待，贤明其世，谓之天子。”再次申明了只有对事物有了解才会有分辨是非的能力，关键要做到心中有义，才能做一个贤明的君主。同时文章结尾告诉我们要善于学习，才能做到真正的听言。

【故事】

范雎心服让位蔡泽

河东郡郡守王稽因犯通敌罪被判弃市，昭襄王嬴稷忧虑国无良将，外有敌国。相国范雎也束手无策。

范雎会谈秦王

燕国的客卿蔡泽听说了这件事，便向西进入秦国，扬言要取代范雎的相位。

范雎闻言十分恼怒，便遣人召蔡泽来见。蔡泽来见时态度傲慢不敬，使范雎大为不快，因此斥责他说："你扬言要取代我做秦国的相国，那就让我听听你的高见。"蔡泽说："天哪！你的应对是何等的迟缓啊！四个季节按春生、夏长、秋实、冬藏的次序，各完成它的功能而转换下去。你难道没有看到秦国的商鞅、楚国的吴起、越国的文种的下场吗？你有什么值得跟他们一样呢？"

范雎故意辩驳说："有什么不可以的！这三个人的表现是节义的准则，忠诚的典范呀！君子可以杀身成名，并且死而无憾。"蔡泽说："人们要建功立业，怎么会不期望功成名就、全身而退呢！性命与功名都能保全的，是上等的期望；功名可以为后人景仰效法而性命却已失去的，就次一等了；声名蒙受耻辱而自身得以苟全的，便是最下一等了。商鞅、吴起、文种，他们作为臣子，竭尽全力忠于君主而取得了功名，这是可以为人仰慕的。但是闳夭、周公不也是既忠心耿耿而又道德高尚、智慧过人吗？那三人虽然令人仰慕，但又哪里比得上闳夭、周公啊？"范雎认同地说："是啊！"

《吕氏春秋》原典释译

蔡泽说："如此说来，你的国君在笃念旧情、不背弃有功之臣这点之上，能与秦孝公、楚悼王、越王相比吗？"范雎说："我不知道能不能比。"蔡泽说："那么你和我所提的那三人相比，谁的功绩更大呢？"范雎说："我不如他们。"蔡泽说："这样的话，如果您还不引退，那将遇到的灾祸恐怕要比那三位更严重了。俗话说：'太阳升到中天就要偏斜而西，月亮圆满了即会渐见亏缺。'进退盈缩，必须随时势的变化进行调整以求适应，这是圣人的法则。现在你的仇已报，恩也报了，心愿已得到满足却还不做变更的打算，我私下很为你担忧呀！"

范雎于是将蔡泽奉为上宾，并把他推荐给昭襄王。秦王召见蔡泽，与他交谈，十分高兴，便授予他客卿的职位。范雎随即以生病为借口辞去了相国之职。昭襄王一开始就赞赏蔡泽的计策，便任命他为相国。

谨听

【题解】

本篇继续论述君主"听言"的问题，着重提出君主如何审慎地对待所听到的言论。作者认为，君主要做到"听言"，就必须先要正确地认识自己，了解到自己的不足，而不能过于自负，看不起别人。同时文章强调，君主应该求贤礼士，拜贤者为师。

【原文】

昔者禹一沐而三捉发^①，一食而三起，以礼有道之士，通乎己之不足也。通乎己之不足，则不与物争矣。愉易^②平静以待之，使夫自得之；因然而然之，使夫自言之。亡国之主反此，乃自贤而少人，少人则说者持容而不极，听者自多而不得，虽有天下何益焉？是乃冥之昭，乱之定，毁之成，危之宁，故殷、周以亡，比干以死，悖而不足以举。

故人主之性，莫过③乎所疑，而过于其所不疑；不过乎所不知，而过于其所以知。故虽不疑，虽已知，必察之以法，揆之以量，验之以数。若此则是非无所失，而举措无所过矣。

夫尧恶得贤天下而试舜？舜恶得贤天下而试禹？断之于耳而已矣。耳之可以断也，反性命之情也。今夫惑者，非知反性命之情，其次非知观于五帝三王之所以成也，则奚自知其世之不可也？奚自知其身之不逮也？太上知之，其次知其不知。不知则问，不能则学。《周箴》曰："夫自念斯，学德未暮。"学贤问，三代之所以昌也。不知而自以为知，百祸之宗也。名不徒立，功不自成，国不虚存，必有贤者。贤者之道，牟而难知，妙而难见。故见贤者而不耸则不惕④于心，不惕于心，则知之不深。不深知贤者之所言，不祥莫大焉。

主贤世治，则贤者在上；主不肖世乱则贤者在下。今周室既灭，而天子已绝。乱莫大于无天子，无天子则强者胜弱，众者暴寡，以兵相残，不得休息，今之世当之矣。故当今之世，求有道之士，则于四海之内，山谷之中、僻远幽闲之所，若此则幸于得之矣。得之则何欲而不得？何为而不成？太公钓于滋泉，遭纣之世也，故文王得之而王。文王，千乘也；纣，天子也。天子失之而千乘得之，知之与不知也。诸众齐民，不待知而使，不待礼而令。若夫有道之士，必礼必知，然后其智能可尽。解在乎胜书之说周公，可谓能听矣；齐桓公之见小臣稷，魏文侯主见田子方也，皆可谓能礼士矣。

【注释】

①沐：洗发。捉：握。

②愉易：平和。

③过：差错。

④耸：敬。惕：动。

古代的时候，禹每洗一次头都要多次停下来手抓着头发，吃一次饭都要多次起身，他这么做就是为了尊敬有道的贤士，弥补自己的不足。弥补自己的不足，就不容易和其他人发生争端。贤明君主以平和恬静的心态来对待外物，让有道之士各得其所。一切都会顺其自然，他们就会尽情地发表自己的见解和意见。但是亡国之君恰恰与此相反，他们自以为是贤明就鄙视别人。鄙视别人，就导致说话的人有所顾虑而不能畅所欲言，听取别人意见的人自视清高而没有收获，这样就是拥有天下又有什么用呢？这实际上就是把昏暗当成光明，把混乱当成安定，把毁坏当成建设，把危险当成安宁罢了。商、周就因此而灭亡，比干因此而屈死，这样荒唐的事情不胜枚举。

所以，做君主的常情是，自己有所怀疑的事情就不会犯错误，而自己深信不疑的事情则会犯错误；自己不知道的事情就不会犯错误，而自己有所知道的事情却会犯错误。所以，即使是自己深信不疑的，即使是自己已经知道的，也一定要用心加以考察，用度量加以衡量，用数术加以检验。这样的话，是非的判断就不会出错，行为举动就不会有过错了。

尧如何选拔天下贤人而任用了舜呢？舜怎样选拔天下贤人而任用了禹呢？只是根据耳朵做出决断罢了。凭耳朵听能够决断贤与不肖，只是由于它回归于自然的常理。现在那些糊涂的人，首先不知道回归于自然的常理，又不知道考察五帝三王之所以成就丰功伟业的原因，那又怎么知道自己所生活的世道不如尧舜之世呢？自己怎么知道自身远远逊于五帝三王呢？最高明的是有所知道，其次是知道自己有所不知。不知就要问，不会就要学。《周箴》中说："只要自己经常思考这些问题，修养求学就不算晚。"勤学好问、请教贤士，这正是夏、商、周三代之所以昌盛的原因。不知道却自以为知道，这是各种祸患的根源。名声不会无缘无故地树立，功劳不会自然而然地成就，国家不会平白无故地存在，一定要有贤士的辅佐。贤能之人的道术博大而难以知晓，精妙而难以了解。所以，遇到贤士而没有恭敬，就会无动于心。无动于心，就不能深刻了解贤人。不能深刻地了解贤人的言论，没有比这更大的祸患了。

君主贤明，世道太平，那么贤德之人就处在上位；君主不贤明，世道混乱，那么贤德之人就处在下位。现在，周王室已经灭亡，天子已经断绝。世道混乱没有比无天子更严重的了。没有天子，那么势力强的就会压倒势力弱的，人多的就会欺凌人少的，他们出动军队互相残杀，人民得不到休养生息的机会。当今的社会正是这样的情形。所以，当今之世，要寻找有道之人，就要到四海边、山谷中和偏远幽静的地方，这样或许还能找到他们。有了这样的人，那么想要什么不能得到？想做什么不能成功？姜太公在滋泉钓鱼，是因为遇到了纣当天子的时代。周文王得到了他因而能称王天下。文王是诸侯，而纣是天子。天子失去了姜太公，而诸侯却得到了姜太公，这是因为一个知道求贤，一个不知道求贤。对于一般的平民百姓，不待了解他们就可使用他们，不用以礼相待就可命令他们。对待有道之人，则一定要有礼貌，一定要知遇他们，然后，他们才肯尽其聪明才智来辅佐你。这个道理体现在胜书劝说周公这件事上。周公可以说是能倾听别人意见的人了。这个道理还体现在齐桓公去见小臣稷，魏文侯去见段干木上。这些君主都可以说是能礼贤下士的了。

【解析】

大禹“一沐而三捉发，一食而三起”都说明对有道之人要注重礼节，从而补正自己的不足。天下贤明之士多，尧专用舜，舜专用禹，就是根据他们的听闻所做出的判断，耳闻就是反映事物本来的情况，以使人做出选择。要做一个贤明的君主首先就是自知，其次就是知道自己的无知。无知就问，不能就学习。就像《周箴》中所说的："自己想到应这样做，学习和品德修养就不算晚。"再次就是要重用贤人，殷切求士，辅助君主，使国家避免战乱，人民安享太平。

【故事】

李斯巧言撤销逐客令

　　秦王嬴政十年，王族大臣们都说："各诸侯国到秦国来做官谋职的人，大都是为自己的君主来游说，以挑拨离间我们君臣上下之间的关系，因此，请大王将他们一律驱逐出境。"于是，秦王下令全国实行大搜索，驱逐外来人。

　　客卿楚国人李斯也在被逐之列，他在临离开前上书秦王说："从前穆公招纳贤才。由西部戎地选得由余，东方宛城物色到百里奚，在宋国迎来了蹇叔，在晋国寻求到丕豹和公孙枝，为此，秦国得以兼并二十多个封国，而称霸西戎；孝公任用商鞅实行变法，使各国亲和服从，以至今日天下大治，国势强盛；惠王采纳张仪的策略，拆散六国的合纵联盟，使它们为秦国效力；昭王得到范雎的辅佐，加强了王室的权力，遏制了贵族家族的势力。这四位君王都是依靠客卿的作用而建功立业的。如此看来，客卿有什么地方辜负了秦国啊！美色、音乐、珠宝、美玉都不产在秦国，大王享受的却很多。但你对人的取舍偏不是这样，不问可不可用，不论是非曲直，凡非秦国人就一概不用，凡是客卿就一律驱逐。以此来说，你只是看重美色、音乐、宝珠、美玉等物质享受，而轻视人才了。我听说泰山不辞细小的泥土，故能成就其巍峨；河海不择细流，故能成就其深广；圣贤的君王不抛弃民众，故能明示他的恩德。这便是三皇五帝之所以能无敌于天下的原因。现在您抛弃那些非秦国籍的平民百姓，使他们去帮助敌国；辞退那些外来的宾客，令他们去为各诸侯效力，这就是所谓的把武器借给入侵者，把粮秣送给盗匪了。"嬴政看了李斯上的这封信，立即召他入见，恢复他的官职，并撤销逐客令。

　　此时李斯已走到了骊邑，他接到秦王诏令后即刻回返。嬴政后来采纳了李斯的计策，暗中派遣能言善辩的人携带金玉珠宝去游说各国国君。对各国有名望、有势力的人，凡是可以用钱财贿赂的。嬴政便出重金收买回来，结交他们；凡是不肯受贿的，便持利剑刺杀他们。同时秦王还命人挑拨各国国君与臣民之间的关系，离间他们的感情，然后派良将率兵攻打各国。这样，几年之内，秦国终于兼并了天下。

务本

【题解】

"务本"就是致力于根本的意思。作者认为，为臣之道应该致力于根本。根本一方面是指功绩乃荣富之本，另一方面是指修德自贤乃治国为官之本。

【原文】

尝试观上古记，三王①之佐，其名无不荣者，其实无不安者，功大也。《诗》云："有渰凄凄②，兴云祁祁③，雨我公田，遂及我私。"三王之佐，皆能以公及其私矣。俗主④之佐，其欲名实也与三王之佐同，而其名无不辱者，其实无不危者，无公⑤故也。皆患其身不贵于国也，而不患其主之不贵于天下也；皆患其家之不富也，而不患其国之不大也；此所以欲荣而愈辱，欲实而益危。安危荣辱之本在于主，主之本在于宗庙，宗庙之本在于民，民之治乱在于有司。《易》曰："复自道，何其咎，吉。"以言本无异则动卒有喜。今处官则荒乱，临财则贪得，列近则持谀，将众则罢怯，以此厚望于主，岂不难哉？

今有人于此，修身会计则可耻，临财物资尽则为己，若此而富者，非盗则无所取。故荣富非自至也，缘功伐也。今功伐甚薄而所望厚，诬也；无功伐而求荣富，诈也；诈诬之道，君子不由。人之议多曰："上用我则国必无患。"用己者未必是也，而莫若其身自贤，而己犹有患，用己于国，恶得无患乎？己，所制⑥也，释其所制，而夺乎其所不制，悖，未得治国治官可也。若夫⑦内事亲，外交友，必可得也。苟事亲未孝，交友未笃，是所未得，恶能善之矣？

故论人无以其所未得，而用其所已得，可以知其所未得矣。

古之事君者，必先服能然后任，必反情然后受。主虽过与，臣不徒取。《大雅》曰："上帝临汝，无贰尔心。"以言忠臣之行也。解在乎郑君之问被瞻之义也，薄疑应卫嗣君以无重税，此二士者皆近知本矣。

【注释】

①三王：即禹王、汤王、文王、武王、他们是夏商周三代之王，是三个时代的代表。

②暗：此指阴雨。凄凄：寒凉的样子。

③祁祁：众多的样子。此形容浓云密布。

④俗主：平庸的君主。

⑤公：通"功"。

⑥制：制约。

⑦若夫：至于。

【译文】

考察一下上古的记述，三王的辅臣，他们的声誉没有不荣耀的，地位没有不安稳的，这是因为他们的功绩显赫的原因。《诗》上说："阴雨蒙蒙，浓云凄凄。甘雨降临在公田上，也滋润着各家的私田。"三王的功臣都能因为对国家的巨大贡献而获得自己的私利。平庸君主的辅臣，他们希望自己的名誉地位能与三王的辅臣们相同，可是他们的名声没有不遭受耻辱的，他们的地位没有不处于危机的，这是因为他们没有为国家建立功勋的缘故。他们都担心自身不能在国内显贵，却不担心自己的君主在天下没有受人尊重的地位；他们都忧虑自己的家族不能富足，却不忧虑自己的国家不强大。这就是导致他们越是追求荣耀富贵反而越是遭受耻辱，越是向往安逸反而越是困危的缘由所在。安逸、艰危、荣显、耻辱的根本，就在于君主；君主的根本，在于宗庙；宗庙的根本，在于百姓；百姓安居乐业或是流离失所的根本，在于百官。《周易》上说："从通达的正道返回，周行不息，有什么灾难！大吉。"这就是说在根本没有发生变化的情况下，其他的任何举动都会有好的结果。现今，作为官员却在荒废政事，行为乖戾；见到财物就贪得无厌；身处心腹之位却无所诤谏，带领军队作战却显得胆小懦弱。就凭这样的表现却奢望国君能给以优厚的待遇，这不是太难了吗？

如果有这样一个人，视持节修身、清廉理财为可耻的事，看见财富就想占为己有，那么，他若想富足，除非是去盗窃，否则便是致富无门。所以，荣华富贵是不会自己找上门来的，是要靠建立功劳去获得的。功绩平平却奢求太高，这是欺骗。没有建立功绩却想获得荣华富贵，这是诈取。正人君子是不屑采用欺骗、诈取的方法的。有很多人谈论说："如果我被国君重用的话，国家肯定就不会有祸患存在。"但是即使国君任用了他，结果也未必如此，反而不如自己持节修身。假如他自身尚且有所祸患，任用这样的人来治理国家，又怎么能保证国家就没有祸患呢？己身是自己尚能约束控制的，如果放弃自己所能约束控制的，却去致力于自己不能控制约束的东西，那么这就是很荒唐的事情。所以，阻止这样的人去管理百官、治理国家是有道理的。至于在家孝顺父母，在外谨慎真诚结交朋友，这是一定能做到的。如果对待父母尚且不孝顺，结交朋友又不真诚，孝亲笃友都不能做到，这样怎么能让人称赞他呢？因此，评价一个人不能依据他所没有做到的那些事，而应该根据他已经做了的那些事，这样才能知道他未能做到的事。

古时候，侍奉君主的人一定是在展示了自己的才能之后才能担任相关官职；一定是先省察自身之后才能接受俸薪。即使君主想增加他们的俸禄，他们也不能没缘由地接受。《大雅》上说："上帝监视着你们，不要有二心。"这谈的是忠臣的品行。郑君询问被瞻的态度、薄疑以不要加重赋税回答卫嗣君这两件事

就可以说明这个道理。被瞻、薄疑这两位士人，都接近于知道作为大臣的根本了。

【解析】

无论是君还是臣，都是要对国家有贡献了才会对自身有利。君王贤明治理国家，人民就会安居乐业；臣子忠心辅佐君主，国家昌盛了自己的地位也会不断加升，总之自身的利益是和国家的利益联系在一起的。而愚钝的大臣是不会明白的，甚至为追求一己之私，而丧失更多的东西。文章所讲述的道理对于我们现在也是有很大的借鉴意义的。无论你所处何种身份，只有真心的付出就会得到不同的收获。

【故事】

胡雪岩巧认姻亲建药房

胡雪岩是清朝末期最有名的"红顶商人"。他凭借自己的仗义和见识，结识了湖州颇有势力的民间把头郁四，还帮助他处理了家事，深得郁四敬服。为了报答胡雪岩，郁四做主为胡雪岩娶了寡居的芙蓉姑娘。

芙蓉姑娘的娘家本来也是生意人，祖上开了一家很大的药店，叫作"刘敬德堂"。她的叔叔外号"刘不才"，本来就是一介纨绔，还特别好赌，接下家业不到一年就无法维持，将药店连房子带存货都典给了别人。胡雪岩娶了芙蓉姑娘，对刘不才不能不管。人们认为，胡雪岩要么按照郁四的想法，送给刘不才一笔钱，不再与他发生任何关系；要么按照芙蓉的想法，由芙蓉劝刘不才拿出秘方，胡雪岩帮忙卖掉，让他自己生活。

胡雪岩却不这么想，他要认下这门亲戚，借给刘不才一家药店。自己不懂这行，刘不才却懂，只要能将他收服，帮他改掉身上的毛病，他就可以起大作用，而且他手上的祖传秘方也可以充分利用。于是，胡雪岩请郁四帮忙，摆了一桌认亲席，在宴席上便谈妥了药店开办的地点、规模、资金等事项。

胡雪岩的"胡庆余堂"就是这样建立起来的。在其后的几十年中，"胡庆余堂"成为名闻天下的老字号药店，不仅成为胡雪岩的一个稳定财源，也为他挣来了"胡大善人"的好名声，对他的其他生意也带来了极好的影响。

谕大

【题解】

"谕大"就是通晓大体、了解"大"的重要性的意思。本篇主要说明统治国家、谋物之成、免祸全身的根本在于心志高远、见识远大，这样，就可以建立功名、有所建树。

【原文】

昔舜欲旗古今而不成[一]①，既足以成帝矣②；禹欲帝而不成，既足以正殊俗矣③；汤欲继禹而不成，既足以服四荒矣④；武王欲及汤而不成，既足以王道矣⑤；五伯欲继三王而不成，既足以为诸侯长矣；孔丘、墨翟欲行大道于世而不成，既足以成显名矣。夫大义之不成，既有成矣已⑥。

《夏书》曰⑦："天子之德广运[二]⑧，乃神⑨，乃武乃文。"故务在事，事在大⑩。地大则有常祥[三]、不庭、歧母、群抵[四]、天翟、不周⑪，山大则有虎、豹、熊、蜾蛆⑫，水大则有蛟、龙、鼋、鼍、鳣、鲔⑬。《商书》曰⑭："五世之庙，可以观怪。万夫之长，可以生谋。"空中之无泽陂也[五]⑮，井中之无大鱼也，新林之无长木也。凡谋物之成也，必由广大众多长久，信也。

季子曰⑯："燕雀争善处于一屋之下[六]⑰，子母相哺也，姁姁焉相乐也⑱，自以为安矣。灶突决⑲，则火上焚栋，燕雀颜色不变，是何也？乃不知祸之将及

己也。”为人臣免于燕雀之智者寡矣。夫为人臣者，进其爵禄富贵，父子兄弟相与比周于一国㉑，姁姁焉相乐也，以危其社稷。其为灶突近也，而终不知也，其与燕雀之智不异矣。故曰：“天下大乱，无有安国；一国尽乱，无有安家㉑；一家皆乱，无有安身。”此之谓也。故小之定也必恃大㉒，大之安也必恃小。小大贵贱，交相为恃[七]，然后皆得其乐。定贱小在于贵大，解在乎薄疑说卫嗣君以王术㉓，杜赫说周昭文君以安天下㉔，及匡章之难惠子以王齐王也㉕。

【校勘】

[一] 旗，旧校云：一作“褐”，一作“揭”。

[二] 元本、李本、许本、张本、姜本、宋本、汪本、朱本、日刊本“德”下有旧校云：一作“惠”，一作“位”。

[三] 常，元本、李本、张本、刘本作“堂”。

[四] 抵，元本、李本、许本、张本、姜本、宋本、汪本、朱本、日刊本有旧校云：一作“怪”。

[五] 空，旧本皆作“室”。

[六] 屋，毕本作“室”，今据元本、李本、许本、张本、姜本、宋本、汪本、凌本、朱本、黄本、吴本、王本改。

[七] 元本、李本、许本、张本、姜本、宋本、汪本、凌本、朱本“恃”下有旧校云：一作“赞”。

【注释】

①旗古今：包罗古今的意思。旗，旧校说：旗一作“褐”。作“褐”是。褐，通“冒”。覆盖，这里是包罗的意思。

②这句和以下几句都是说，要有远大志向，即便大志未能实现，但必有成就。

③殊俗：异方之俗。

④四荒：四方极远之地。

⑤既足以王道矣：此句当有脱误。《务大》篇作"既足以王通达矣"，此句当据以订正。通达：指舟车人力所能到达之处。

⑥既有成矣已："矣""已"二字当衍其一（依毕沅说）。《务大》篇无"矣"字，此处"矣"字疑衍。

⑦《夏书》：古逸书。引文今见于伪古文《尚书·大禹谟》，文字略有出入。

⑧广运：广大深远。

⑨乃：助词，无义。神：玄妙神奇。

⑩务：事。事：做。

⑪常祥、不庭、歧母、群抵、天翟、不周：都是山名，所在不详。可参阅《山海经》。

⑫蝚蛆：当是兽名。毕沅说"或是猨狙"。猨狙，猿猴。

⑬鼋：大龟。鼍：鼍龙，鳄鱼的一种，俗称"猪婆龙"。鳣、鲔：两种大鱼。

⑭《商书》：古逸书。

⑮空：通"孔"，小洞穴。陂：池。

⑯季子：人名，生平不详。

⑰屋：房顶。

⑱姁姁焉：喜悦自得的样子。

⑲突：烟囱。决：缺，裂。

⑳比周：结党营私。

㉑天下：指天子统辖的范围。国：指诸侯统辖的范围。家：指大夫统辖的范围，即采邑。

《吕氏春秋》原典释译

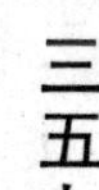

㉒小：身对于家，家对于国，国对于天下，都是小。反之为大。

㉓薄疑说卫嗣君以王术：参见《务大》篇。薄疑以"乌获举千钧，又况一斤"为喻，以"千钧"喻王术，以"一斤"喻治国，说明掌握了王术（"大义"），治国（小事）极易。强调了贵大之意。

㉔杜赫说周昭文君以安天下：参见《务大》篇。杜赫，周人。周昭文君，战国时东周之君。周昭文君愿学安定周国之道，杜赫用安定天下之道劝说他，其意仍在于明"务大"之旨。

㉕匡章之难惠子以王齐王：参见《爱类》篇。匡章，齐人，曾为齐威王、齐宣王将。惠子，姓惠名施，宋人，曾为梁惠王相，庄子的朋友。本文取惠子王齐王以说明贵大之旨。

【译文】

从前舜想要包罗古今，虽不能成功，却已经足以成就帝业了；禹想要成就帝业，虽不能成功，却已经足以使异方之俗得到匡正了；汤想要继承禹的事业，虽不能成功，却已经足以使四方荒远之地归服了；周武王想赶上汤的事业，虽不能成功，却已经足以在舟车所通、人迹所至之处称王了；五霸想要继承三王的事业，虽不能成功，却已经足以成为诸侯的盟主了；孔丘、墨翟想要在世上推行自己的政治主张，虽不能成功，却已经足以成就显赫的名声了。他们所追求的远大理想虽不能成功，却已经足以有所成就了。

《夏书》上说："天子的功德，广大深远，玄妙神奇，既勇武又文雅。"所以，事业的成功在于做，做的关键在于目标远大。地大了，就有常祥、不庭、歧母、群抵、天翟、不周等高山；山大了，就有虎、豹、熊、猿猴等野兽；水大了，就有蛟龙、鼋、鼍、鳣、鲔等水族。《商书》上说："五代的祖庙，可以看到鬼怪。万人的首领，可以产生奇谋。"孔穴中没有池沼，水井中没有大鱼，新林中没有大树。凡是谋划事情取得成功的，必定是着眼于广大、众多、长久，这是确定无疑的。

季子说："燕雀在一处屋顶之下争夺好地方，母鸟哺育着幼鸟，都欢乐自得，自以为很安全了。灶的烟囱裂了，火冒了出来，向上烧着了房梁，可是燕雀却安然自若，这是为什么呢？是不知道灾祸将要降到自己身上啊。"做臣子的能够避免燕雀那样见识的人太少了。做臣子的，只顾增加他们的爵禄富贵，父子兄弟在一国之中结党营私，欢乐自得，以危害他们的国家。他们离灶上的烟囱很近，可是却始终不知道，他们和燕雀的见识没有什么不同了。所以说："天下大乱了，就没有安定的国家；整个国家都乱了，就没有安定的采邑；整个采邑都乱了，就没有平安的个人。"说的就是这种情况。所以，小的获得安定必定要依赖大的，大的获得安定必定要依赖小的。小和大，贵和贱，彼此互相依赖，然后才能都得到安乐。使贱、小获得安定在于贵、大。这个道理体现在薄疑用成就王业的方法劝说卫嗣君、杜赫用安定天下的方法劝说周昭文君，以及匡章责难惠子尊齐王为王这些事上。

孝行览第二

孝行

【题解】

本篇主要论述了孝道的重要性，认为孝道乃治国之本，是社会、人事、道德等赖以生存的基础，是统治天下、治理国家的基本原则。同时，文章还阐述了推行孝道对于齐家治国平天下的重要意义。

【原文】

凡为①天下，治国家，必务本而后末。所谓本者，非耕耘种殖之谓，务其人

也。务其人，非贫而富之，寡而众之，务其本也。务本莫贵于孝。人主孝，则名章荣，下服听，天下誉；人臣孝，则事君忠，处官廉，临难死；士民孝，则耕芸疾②，守战固，不罢北③。夫孝，三皇五帝之本务，而万事之纪也。

夫执一术而百善至，百邪去，天下从者，其惟孝也！故论人必先以所亲，而后及所疏；必先以所重，而后及所轻。今有人于此，行于亲重，而不简慢于轻疏，则是笃谨孝道。先王之所以治天下也。故爱其亲，不敢恶人；敬其亲，不敢慢人。爱敬尽于事亲，光耀加于百姓，究于四海，此天子之孝也。

曾子曰："身者，父母之遗体也。行父母之遗体，敢不敬乎？居处不庄，非孝也；事君不忠，非孝也；莅官④不敬，非孝也；朋友不笃，非孝也；战陈⑤无勇，非孝也。五行不遂，灾及乎亲，敢不敬乎？"

《商书》曰："刑三百，罪莫重于不孝。"

曾子曰："先王之所以治天下者五：贵德、贵贵、贵老、敬长、慈幼。此五者，先王之所以定天下也。所谓贵德，为其近于圣也；所谓贵贵。为其近于君也；所谓贵老，为其近于亲也；所谓敬长，为其近于兄也；所谓慈幼，为其近于弟也。"

曾子曰："父母生之，子弗敢杀；父母置之，子弗敢废；父母全之，子弗敢阙⑥。故舟而不游⑦，道而不径⑧，能全支⑨体，以守宗庙，可谓孝矣。"

养有五道：修宫室、安床第、节饮食，养体之道也；树五色，施五采，列文章，养目之道也；正六律，和五声，杂八音，养耳之道也；熟五谷，烹六畜，和煎调，养口之道也；和颜色，说言语，敬进退，养志之道也。此五者，代进而厚用之，可谓善养矣。

乐正子春下堂而伤足，瘳⑩而数月不出，犹有忧色。门人问之曰："夫子下堂而伤足，瘳而数月不出，犹有忧色，敢问其故？"乐正子春曰："善乎而问之！吾闻之曾子，曾子闻之仲尼：父母全而生之，子全而归之，不亏其身，不损其形，可谓孝矣。君子无行咫步而忘之。余忘孝道，是以忧。"故曰，身者非其私有也，严亲之遗躬也。

民之本教曰孝，其行孝曰养。养可能也，敬为难；敬可能也，安为难；安可能也，卒为难。父母既没，敬行其身，无遗父母恶名，可谓能终矣。仁者，仁此者也；礼者，履此者也；义者，宜此者也；信者，信此者也；强者，强此者也。乐自顺此生也，刑自逆此作也。

【注释】

①为：治。

②芸：通"耘"，除草。疾：用力。

③罢：通"疲"，困乏。北：败北。

④莅官：居官。莅：临。

⑤陈：同"阵"，军阵。

⑥阙：通"缺"，损，坏。

⑦舟：作动词，乘舟。游：游涉。

⑧道：行道。径：小路，此作动词用，走小路。

⑨支：通"肢"。

⑩瘳：病愈。

【译文】

凡是统治天下，治理国家，必定要首先致力于根本，其次推及枝节。这里讲的根本，不是说耕种五谷，而是说致力于治人。治人，不是说让贫穷的人富裕起来，让稀少的人口增多起来，而是说致力于做人的根本。确定做人的根本，重要性没有比得上孝道的了。君主孝敬父母，就会声名显赫，民众归服，天下称赞；人臣孝敬父母，就会忠诚侍奉君主，清正为官，在危难时刻能够挺身而出；士民孝敬父母，就会勤劳耕耘，坚守力战，不会临阵脱逃。孝敬父母，这是三皇五帝的治国之策，是处理万事的原则。

　　掌握了一种方法，从而可以带来各种好事，去除各种恶事，并且能够使天下人服从的，大概只有孝道了吧。所以，在评价人物时，应该先察看他对自己所亲近的人的态度，其次再察看他对自己所疏远的人的态度；必须先察看他对自己所敬重的人的态度，然后再察看他对自己所忽视的人的态度。如果有这样一个人，他孝敬父母，对自己所疏远忽视的人没有粗鲁无礼，那么这个人就是忠厚、谨慎的。古代圣王贤帝就是用这种方法来治理天下的。因此，对自己的亲人热爱就不会嫌弃他人；对自己的亲人敬重就不敢轻慢他人。竭尽全力地敬爱自己的亲人，民众就会受天子这种孝道的影响从而使其传播普照，以至遍及四海。这就是天子的孝道啊！

　　曾子说："人的身体是父母身体的延续。使用父母遗留下来的躯体，怎么敢不敬畏？如果坐立行止不庄重，那就是对父母的不孝；侍奉君主不忠，就是对父母的不孝；为官不谨慎，是对父母的不孝；交朋友不诚心，是对父母的不孝；临阵脱逃，是对父母的不孝。这五种要求如果不能做到，就会殃及父母，所以怎么能不谨慎呢？"

　　《商书》说："刑法三百条，没有比不孝更重的罪名了。"

　　曾子说："古代圣王用来治理天下的措施有五条，崇尚有德者，崇尚尊贵者，尊敬老者，尊重年长者，爱护年幼者。这五条就是先王用来安定天下的办法。崇尚有德的人是因为他们接近于圣贤；崇尚尊贵的人是因为他们接近于君主；尊敬老者是因为他们接近于自己的父母；尊敬年长者是因为他们接近于自己的兄长；爱护年幼者是因为他们接近于自己的兄弟。"

　　曾子说："父母生下了自己的身体，不敢杀死；父母设立的，儿子不敢废除；父母保护的，儿子不敢毁坏。所以，在渡水时乘船而不游涉，走大路而不抄小路。如果能保全身体，守卫宗庙，那么就可以算是个孝子了。"

　　养身之道有五种方法：修建房屋，安稳卧具，节制饮食，这是养护身体的方法；设置各种颜色，摆放各种图案，区分五颜六色，这是养护眼睛的方法；规定六律，调和五声，协调八音，这是养护耳朵的方法；烹饪五谷，煮熟六畜，调配味道，这是养护口的方法；和颜悦色，言语流畅，举止恭敬，这是养护心志的方法。这五种方法，随机更换并且尽力实施，就可以说是善于养护身体了。

乐正子春下堂时伤了脚，痊愈之后好几个月还是没有出门，同时脸上呈现忧愁面容。有学生询问他："先生您伤了脚，但痊愈之后都很长时间了还是没有出门，反而面带忧愁，请问这是什么原因呢？"乐正子春说："你这个问题问得好，我听曾子说过，曾子听孔子说，父母生下你时是完整无缺的，你必须完整地归还，不能有所残缺，不能毁伤某个地方，这样就算得上是孝敬父母了。作为君子什么时候都不能忘记这一点。我忘记了孝道，所以感到忧虑不安啊。"所以说，身体不是自己一个人所私有的，而是父母所给予的。

百姓的基本修养在于孝顺，实施孝道就要奉养父母。奉养父母是不难做到的，敬爱父母就是比较难了。即使能够做到敬爱父母，让父母感到安逸就是比较难的了。即使能够做到让父母安逸，始终如一地做到就是比较困难的了。父母过世后，要谨慎小心地使用父母所给予的身体，不能给父母留下坏的名声，这样就可以称得上是善始善终了。所谓的仁，就是体现在自觉地遵循它；所谓的礼，就是体现在积极履行它；所谓的义，就是体现在符合于它；所谓的信，就是体现在信奉它；所谓的强，就是体现在强化孝道。快乐产生于实行孝道，刑罚产生于违背孝道。

【解析】

本篇吸收儒家的孝道思想来论治理国家，是吕不韦吸收百家思想的一个范例。

孝是以血缘关系为基础的晚辈对于长辈的一系列符合社会正面道德观的思想感情和言论行为。"孝"的本义是"善事父母者"（东汉许慎《说文解

字》）。孝，就是侍奉父母。《释名·释言语》说："孝，好也。善事父母，始所悦好也。"孝，不仅侍奉父母，还要遵从父母的意志。春秋以后，随着宗法制的日趋瓦解，"礼崩乐坏"，社会逐渐趋于混乱。孔子认为要稳定社会秩序，必先稳定家庭，如果不树立父母家长的权威，就无法达到家庭的稳定，进而也就无法稳定社会。所以，孔子提倡"孝"。孔子认为孝敬父母要真心实意，如单纯在物质上满足父母，尚不足以为孝，更重要的是要"敬"，是要让父母得到人格的尊重和精神的慰藉。《论语·为政》载子游问孝，子曰："今之孝者，是谓能养。至于犬马，皆能有养；不敬，何以别乎？"孔子认为，单纯地赡养父母不能说是孝，狗和马，也都能养。如果对自己的父母不敬，和对狗与马又有什么区别呢？从这里可以看出，"敬"是孝道的精神实质。孔子论孝，往往把行孝与守礼结合在一起。如果说孝道的精神实质是"敬"，那么如何表达出这种"敬"呢？这就是：行为要符合礼。《论语·为政》："子曰：生，事之以礼；死，葬之以礼，祭之以礼。"无论父母生前或死后，都应按照礼的规定来行孝。把行"孝"纳入"礼"的范畴，这样就把"孝"上升到调节基本社会关系的高度，与国家治理联系起来。

在孔子以后的儒学发展中，曾子可以说是儒家"孝"理论的集大成者。孔门中曾子不仅以孝著称，而且在孝道理论方面无论从广度还是深度方面都继承和发展了孔子的孝道思想。曾子在孔子的基础上，将孝发展成为一种抽象的、具有普遍意义的准则，使其成为道德的总和，天经地义的原则。《大戴礼记·曾子大孝》说："民之本教曰孝……夫仁者，仁此者也；义者，义此者也；忠者，忠此者也；信者，信此者也；礼者，礼此者也；行者，行此者也；强者，强此者也。"这里曾子将仁义忠信礼等都和孝联系在一起，孝完全统摄了一切社会准则，是一切高尚品行的内在依据，是实现一切善行的力量源泉和根本。曾子还说："夫孝，置之而塞于天地，衡之而衡于四海……推而放诸东海而准，推而放诸西海而准，推而放诸南海而准，推而放诸北海而准。"（《大戴礼记·曾子大孝》）孝是放诸四海而皆准的真理。

曾子的"孝"道被孟子所继承。孟子说："老吾老，以及人之老；幼吾幼，以及人之幼。"（《孟子·梁惠王上》）即不只是敬养一己之父母，而且还要尊重别人的父母、所有的老人、长者；不只是慈爱自己的子女，同时也慈爱别人的子女。只有这样，才能做到"天下可运于掌"（同上）。如果说孔子的孝是在家庭生活领域进行的，是一种"家庭美德"，是"修身"与"齐家"的内容，那么，孟子则在此基础上，主张将孝推广到社会生活领域，把它提升为一种"社会公德"，把它当作"治国""平天下"的条件。

本篇吸收了儒家自孔子以来，包括曾子与孟子的孝道思想，阐述了孝道为治国之本的道理。首先，提出本篇的论点：治理国家必"务本"，而"务本莫贵于孝"。文中说："凡为天下，治国家，必务本而后末。所谓本者，非耕耘种殖之谓，务其人也。务其人，非贫而富之，寡而众之，务其本也。务本莫贵于孝。""孝"就是"执一术而百善至，百邪去，天下从"的东西。"人主孝则名章荣，下服听，天下誉。人臣孝则事君忠，处官廉，临难死。士民孝则耕芸疾，守战固，不罢北"。君主做到"孝"，下面的人就服从；臣子做到"孝"，对上就会忠诚，居官就清廉，面临灾难就会现身。士人百姓做到孝，那么耕耘就会用力，攻必克，守必固，不感到困倦，不会因失败而逃跑。天子的爱民，臣民的忠君，交友，勇战，治国的各种方案，乃至仁、义、礼、信等种种道德观念，无一不是以孝为基础，无一不是孝道的推广补充。

为了证明孝道之重要，本篇引用了曾子的话作佐证，意思是说如果不孝顺，灾祸就会连累到亲人。曾子说："先王之所以治天下者五：贵德、贵贵、贵老、敬长、慈幼。此五者，先王之所以定天下也。"古代的先王之所以能够治理天下，主要是依靠尊敬道德高尚的人、尊敬地位高的人、尊敬老人、尊敬年长的人、爱护年幼的人。能够做到这些，就是"孝道"。

不过，《吕氏春秋》论"孝"，与儒家也不是完全一样。儒家论"孝"总是

《吕氏春秋》原典释译

与"养"联系在一起，前文已有孔子论"孝"与"养"的关系。一般认为，儒家提倡的"养"，主要是养父母，其中不仅包括父母年老了，在物质上提供保障，还包括在精神上给父母以尊敬，在心灵上给父母以慰藉。但是《吕氏春秋》中的"养"仅指保养个体生命，保全个体的身体健康。这个观点，文中是借曾子的话说出来的："能全支体，以守宗庙，可谓孝矣。"孝，就是能保全身体，不受伤害。那么如何保全身体呢？这就需要"养"。文中提出"五养"：养身、养眼、养耳、养口、养志。并举曾子的弟子乐正子春的例子加以佐证。这种"养"带有浓厚的道家"全性保身"的思想。这与儒家将"养"泛化为"敬奉"长者有很大的不同，体现出《吕氏春秋》吸收儒家思想而为我所用的特色。

本篇是《孝行览》八篇之首篇，《孝行览》八篇几乎都是围绕修身治国的问题的，而本篇则是后七篇之理论基础。

本味

【题解】

"本味"是追求至味当务根本的意思，也就是美味的根本。本篇通过伊尹为汤调和至味的事例阐述了治理国家一定要务本的思想，就是治国一定要先了解并任用贤能之士。

【原文】

求之其本，经旬必得；求之其末，劳而无功。功名之立，由事之本也，得贤之化也。非贤，其孰知乎事化？故曰其本在得贤。

有侁氏女子采桑，得婴儿于空桑之中，献之其君。其君令烰人^①养之，察其所以然。曰："其母居伊水之上，孕，梦有神告之曰：'臼出水而东走，毋顾！'

明日，视曰出水，告其邻，东走十里而顾，其邑尽为水，身因化为空桑。故命之曰伊尹。"此伊尹生空桑之故也。长而贤。汤闻伊尹，使人请之有侁氏，有侁氏不可。伊尹亦欲归汤，汤于是请取妇为婚。有侁氏喜，以伊尹为媵送女。故贤主之求有道之上，无不以也；有道之上求贤主，无不行也。相得然后乐，不谋而亲，不约而信，相为殚智竭力，犯危行苦，志欢乐之。此功名所以大成也。固不独。士有孤而自恃，人主有奋而好独者，则名号必废熄，社稷必危殆。故黄帝立四面，尧、舜得伯阳、续耳然后成。凡贤人之德，有以知之也。

伯牙鼓琴，钟子期听之。方鼓琴而志在太山，钟子期曰："善哉乎鼓琴！巍巍乎若太山。"少选之间，而志在流水，钟子期又曰："善哉乎鼓琴！汤汤乎若流水。"钟子期死，伯牙破琴绝弦，终身不复鼓琴，以为世无足复为鼓琴者。非独琴若此也，贤者亦然。虽有贤者，而无礼以接之，贤奚由尽忠？犹御之不善，骥不自千里也。

汤得伊尹，祓②之于庙，爝以爟火③，衅以牺猳④。明日，设朝而见之。说汤以至味，汤曰："可对而为乎？"对曰："君之国小，不足以具之，为天子然后可具。夫三群之虫，水居者腥，肉玃者臊，草食者膻。臭恶犹美，皆有所以。凡味之本，水最为始。五味三材，九沸九变，火为之纪。时疾时徐，灭腥去臊除膻，必以其胜，无失其理。调和之事，必以甘酸苦辛咸，先后多少，其齐甚微，皆有自起。鼎中之变，精妙微纤，口弗能言，志不能喻，若射御之微，阴阳之化，四时之数。故久而不弊，熟而不烂，甘而不哝，酸而不酷，咸而不减，辛而不烈，澹而不薄，肥而不腻。肉之美者，猩猩之唇，獾獾之炙，隽觾之翠，述荡之掔，旄象之约，流沙之西，丹山之南，有凤之丸，沃民所食。鱼之美者，洞庭之鱄，东海之鲕，醴水之鱼，名曰朱鳖，六足、有珠、百碧。藿水之鱼，名曰鳐，其状若鲤而有翼，常从西海夜飞游于东海。菜之美者，昆仑之苹，寿木之华，指姑之东。中容之国，有赤木玄木之叶焉，余瞀之南，南极之崖，有菜，其名曰嘉树，其色若碧，阳华之芸，云梦之芹，具区之菁，浸渊之草，名曰土英。和之美者，阳朴之姜，招摇之桂，越骆之菌，鳣鲔之醢，大夏之盐，宰揭之露，其色如玉，长泽之卵。饭之美者，玄山之禾，不周之粟，阳山之穄，南海之秬。水之美者，三危之露，昆仑之井，沮江之丘，名曰摇水，曰山之水，高泉之山，其上有涌泉焉，冀州之原。果之美者，沙棠之实，常山之北，投渊之上，有百果焉，群帝所食，箕山之东，青鸟之所，有甘栌焉，江浦之橘，云梦之柚，汉上石耳。所以致之，马之美者，青龙之匹，遗风之乘。非先为天子，不可得而具。天子不可强为，必先知道。道者止彼在己，己成而天子成，天子成则至味具。故审近所以知远也，成己所以成人也。圣人之道要矣，岂越越多业哉！"

【注释】

①烰人：庖人，即厨师。

②祓：古代为除灾去邪而举行的祭礼。

③爝：烧苇以祓除不祥。爟：古代祭祀用的火炬。

④衅：古代新制器物成，杀牲以祭，用血涂祭器。牺：古代祭祀用的纯色牲畜。牺豭：古代祭祀用的纯色公猪。

【译文】

做事从根本做起，短期必有收获；做事从枝节做起，就会劳而无功。功名的建立，全是抓住了事物的根本，得到了贤人的教化。除了贤人，谁还能懂得事情的变化呢？所以说功名的建立根本在于得到了贤人。

有侁氏的女子采桑，在中空的桑树里捡到了一个婴儿，把他献给了君主。君主让厨师哺育这个婴儿。同时君主令厨师去了解是怎么回事。厨师报告说："婴儿的母亲住在伊水岸边，怀了孕，梦见天神告诉她说：'臼里如果出水就向东跑，不要回头看！'第二天，她看到臼里出了水，就把情况告诉了邻居，向东跑了十里，回头一看，她的村子已是一片汪洋。于是她就变成了一棵枯萎的桑树。因此给这个婴儿起名叫伊尹。"这就是伊尹生于空桑的缘由。伊尹长大了很贤德。商汤听说，就派人求请有侁氏，有侁氏不答应。伊尹本人也想归附汤。汤于是求娶有侁氏女为妻，结为婚姻。有侁氏很高兴，就把伊尹作为陪嫁的奴仆给了汤。所以，贤明的君主为求有道之士，没有什么办法不用的；有道之士为求贤明的君主，没有什么事情不做的。两者各如其愿，彼此快乐，不谋划就能亲密无间，不约定就能恪守信用，共同尽心竭力，承担危难劳苦，内心以此为乐。这就是功名大成的原因。贤明的君主和有道之士本来就不是独自奋斗才成就功名的。士人如果独自奋斗而且傲慢，君主如果骄横而且喜欢独自奋斗，那么名必遭毁，国必遭危。所以黄帝四方寻求贤人为辅佐，尧、舜得到伯阳和续耳，然后成就了帝业。

伯牙弹琴，钟子期听。刚开始弹琴时志在高山，钟子期说："弹得好！就像高山一样巍峨！"过了一会儿，琴声表现志在流水，钟子期："弹得好！就像流水一样激荡！"钟子期死了，伯牙摔琴断弦，终生不弹，认为世上再没有值得为之弹琴的人了。不仅弹琴如此，寻求贤人也是这样。即使是有贤人，如果不以礼相待，贤人又怎能够尽忠呢？这就像御手不好，良马也不能自跑千里。

汤得伊尹之后，在宗庙举行消除灾邪的仪式，点燃苇把消除不祥，使用猪血涂抹祭器。次日上朝，汤以礼接见，伊尹从如何做得最美的食物谈起。汤问："可以照你说的做到吗？"伊尹回答说："你的国家小，条件还不具备，只有当了天子才能做到。天地间的动物，生活在水里的气味腥，食肉的气味臊，吃草的气味膻，这些动物腥臊难闻，但还是能做出美味佳肴来，都有烹饪的方法。调味的根本，第一位的是用水。依照酸、甜、苦、辣、咸五种味道和水、木、火

伊尹

《吕氏春秋》原典释译

三种材料进行烹饪，九沸九变，是用火来控制调节的。时而猛火炽热，时而文火温煮，除去腥味、臊味、膻味，关键在于掌握火候，不能违背它的规律。调和味道这件事，一定要用甜、酸、苦、辣、咸五味，先放后放、放多放少、剂量大小都有规定。这鼎中味道的变化，组合甚为微妙，不能言传，只能意会。如同射箭、驭马一样得手，又像阴阳二气化生万物，春、夏、秋、冬四季时序变化一样自然。这样才会使食物时间长而不败坏，熟而不烂，甜不过度，酸不强烈，咸不苦口，辣不刺激，淡而不味，肥而不油腻。肉类中的佳品有：猩猩的嘴唇，獾獾的脚掌，燕的尾肉，述荡的小腿，旄牛大象的腰。流沙西边、丹山南边，沃国人食用凤卵。鱼中的美味有：洞庭湖的鮖鱼，东海的鲕鱼，醴水中六只脚、吐珠子、青翠色的朱鳖，雚水中形似鲤鱼却有翅膀、常在夜里从西海飞到东海的鳐鱼。菜类中的佳品有：昆仑山的苹菜，寿木的花，指姑东边、中容国里红树黑树的叶子；余瞀南边、最南边崖上色如碧玉的嘉树；阳华山的芸菜，云梦泽的芹菜，太湖的菁菜，还有浸渊的土英草。调料中的美味有：阳朴的生姜，招摇的桂皮，越骆国的香菌，鳢和鲔鱼制成的肉酱，大夏的盐，宰揭产洁白如玉的露，以及长泽产的鸟卵。粮食中的佳品有：玄山的禾谷，不周山的小米，阳山的穄子，南海的黑黍。水中的美味有：三危山的露水，昆仑山的泉水，沮江边山丘上名叫摇水的泉水，白山的水，高泉山作为冀水之源的涌泉。水果中的佳品有：沙棠树的果实；常山北边、投渊上边先帝们享用的各种果实；箕山东边、青鸟栖息处的甜橙；大江两岸的橘子；云梦泽畔的橘子；汉水两旁山上的石耳。要把这些美味佳品罗致到身边，就要用良马，如青龙马、遗风马。如果不能先当天子，就不能得到天下良马，上述美味佳品也无法得到。天子不是勉强可以去当，必先懂得帝王仁义之道。帝王之道，不在他人，而在自己。自己具备并实践了帝王之道，就能成为天子。当了天子，那各种美味佳品自会完全具备。所以，审察身边的事物，就可以了解至远至大的道理，自己具备了仁义之道，就可以教化天下所有人。这就是圣人之道的精要，哪用费力去做许多琐事呢？

首时

【题解】

"首时"是等待时机的意思。本篇通过武王等待时机伐纣、伍子胥等待时机给父兄报仇的事例，说明时机对于成就事业是异常重要的。时机未到，要耐心等待；时机已到，就要当机立断，顺应时势。

【原文】

圣人之于事，似缓而急[1]，似迟而速，以待时。王季历困而死[2]，文王苦之，有不忘羑里之丑[3]，时未可也。武王事之[4]，夙夜不懈[5]，亦不忘玉门之辱[一][6]。立十二年[7]，而成甲子之事[8]。时固不易得。太公望[9]，东夷之士也[10]，欲定一世而无其主。闻文王贤，故钓于渭以观之。伍子胥欲见吴王而不得[11]，客有言之于王子光者[二][12]，见之而恶其貌，不听其说而辞之[13]。客请之王子光，王子光曰："其貌适吾所甚恶也[14]。"客以闻伍子胥[15]，伍子胥曰："此易故也[16]。愿令王子居于堂上，重帷而见其衣若手[17]，请因说之[18]。"王子许。伍子胥说之半，王子光举帷，搏其手而与之坐[19]；说毕，王子光大说[20]。伍子胥以为有吴国者，必王子光也，退而耕于野。七年，王子光代吴王僚为王。任子胥，子胥乃修法制，下贤良[21]，选练士，习战斗。六年，然后大胜楚于柏举[22]。九战九胜，追北千里[23]。昭王出奔随[24]，遂有郢[25]。亲射王宫[26]，鞭荆平之坟三百[27]。乡之耕[28]，非忘其父之雠也[29]，待时也。墨者有田鸠[30]，欲见秦惠王[31]，留秦三年而弗得见。客有言之于楚王者，往见楚王。楚王说之，与将军之节以如秦[32]。至，因见惠王。告人曰："之秦之道[33]，乃之楚乎[34]？"固有近之而远、远之而近者[35]。时亦然。有汤武之贤，而无桀纣之时，不成[36]；有桀纣之时，而无汤武之贤，亦

不成。圣人之见时，若步之与影不可离。

故有道之士未遇时，隐匿分窜㊲，勤以待时㊳。时至，有从布衣而为天子者㊴，有从千乘而得天下者㊵，有从卑贱而佐三王者㊶，有从匹夫而报万乘者㊸。故圣人之所贵，唯时也。水冻方固，后稷不种㊸，后稷之种必待春。故人虽智而不遇时，无功。方叶之茂美㊹，终日采之而不知㊺；秋霜既下，众林皆羸㊻。事之难易，不在小大，务在知时。郑子阳之难㊼，猘狗溃之㊽；齐高、国之难㊾，失牛溃之㊿。众因之以杀子阳、高、国(51)。当其时，狗牛犹可以为人唱(52)，而况乎以人为唱乎？

饥马盈厩(53)，嗼然(54)，未见刍也(55)；饥狗盈窖(56)，嗼然，未见骨也。见骨与刍，动不可禁。乱世之民，嗼然，未见贤者也；见贤人，则往不可止(57)。往者非其形心之谓乎？齐以东帝困于天下(58)，而鲁取徐州；邯郸以寿陵困于万民(59)，而卫取茧氏(60)。以鲁卫之细，而皆得志于大国，遇其时也。故贤主秀士之欲忧黔首者(61)，乱世当之矣。天不再与(62)，时不久留，能不两工(63)，事在当之(64)。

【校勘】

［一］玉，各本作“王”，今据刘本及毕沅说改。

［二］旧本脱“王”字。

【注释】

①缓：迟，这里指无为。急：速，这里指成功。

②王季历：大王之子，文王之父。困而死：为国事辛劳而死。

③有：通“又”。羑里之丑：指文王被纣拘于羑里之事。羑里，古地名，故址在今河南省汤阴县北。丑，耻。

④之：指商纣。

⑤夙：早晨。

⑥不忘玉门之辱：指武王不忘文王被骂于玉门的耻辱。玉门，玉饰之门。

⑦立十二年：指武王继位十二年。

⑧甲子之事：武王伐纣，于甲子日在牧野大败殷军，纣自焚而死，商遂灭亡。"甲子之事"即指此而言。

⑨太公望：即吕望。

⑩东夷之士：太公望是东海上人，所以这里称他为"东夷之士"。东夷，我国古代对东方民族的称呼。

⑪伍子胥：名员，字子胥，春秋时楚国大夫伍奢次子。伍奢及其长子被楚平王杀害，伍子胥逃到吴国。吴王：指吴王僚，吴王夷昧之子（一说为庶兄），公元前526年—前515年在位，后被专诸刺死。

⑫王子光：即吴王阖闾，公元前514年—前496年在位。

⑬辞：谢绝。

⑭适：恰好，正好。恶：厌恶。

⑮闻：用如使动，使……闻。

⑯故：事。

⑰重帷而见其衣若手：意思是，自己在帷幕之中只露出衣服和手米，这样王子光就看不到自己的容貌了。重帷，两层帐幕。见，现，显露。其，指伍子胥。若，和。

⑱因：凭借。

⑲搏：执，握住。

⑳说：喜悦。这个意义后来写作"悦"。

㉑下贤良：指礼贤下士。

㉒柏举：楚国南部的边邑。

㉓北：败，此指败逃的军队。

㉔昭王：楚平王之子，公元前515年—前488年在位。随：国名。春秋时

成为楚国的附庸，在今湖北省随县。

㉕郢：楚国国都，在今湖北省江陵县西北。

㉖亲射王宫：指伍子胥亲自射楚王宫。

㉗鞭：用如动词，鞭打。荆平：指楚平王。荆，楚国的别称。伍子胥射王宫与鞭荆平王之坟是为了报杀父、兄之仇。

㉘乡：通“向”。先前。

㉙雠：通“仇”。

㉚田鸠：即田俅，齐国人。

㉛秦惠王：秦孝公之子，名驷，公元前 337 年—前 311 年在位。

㉜与：给与。节：符节，古代使者用作凭证的东西。

㉝前一个“之”字是动词，往。

㉞乃：竟。

㉟近之而远：指留秦三年却不能见到惠王。远之而近：指先去楚国反而能见到惠王。

㊱不成：指不能成就王业。

㊲分窜：藏伏到各处。分，别。窜，藏伏。

㊳勤：劳。

㊴有从布衣而为天子者：指舜从百姓而成为天子。

㊵有从千乘而得天下者：指商汤、武王从诸侯而占有天下。千乘，指诸侯。

㊶有从卑贱而佐三王者：指太公望、伊尹、傅说从低贱的地位而成为三王的辅佐。傅说，商王武丁的大臣，原为从事版筑的奴隶，后被武丁任为相，治理国政。

㊷有从匹夫而报万乘者：指豫让为智伯刺杀赵襄子之事。豫让，智伯的家臣。赵襄子灭智伯，豫让漆身吞炭，变音容，几次行刺赵襄子而未成，后请斩襄子之衣而自杀。万乘，赵襄子专晋国政，有兵车万乘。

㊸后稷：名弃，周的始祖。稷本是掌农业的官员，尧任命弃为稷。后，君。周人称弃为"后稷"。

㊹方：正当。

㊺终日采之而不知：大意是，不会发生树叶被采光的情况。

㊻羸：疲，这里指树叶落尽。

㊼郑子阳：郑相，驷氏之后。《史记》称"驷子阳"。

㊽猘狗：疯狗。溃：乱。本书《适威》篇说："子阳好严。有过而折弓者，恐必死，遂应猘狗而杀子阳。"《淮南子·氾论》说："郑子阳刚毅而好罚，其于罚也，执而无赦。舍人有折弓者，畏罪而恐诛，则因猘狗之惊以杀子阳。"即指此事。

㊾高、国：指齐国的贵族高氏、国氏。

㊿失牛溃之：指借追失牛之乱而杀死高氏、国氏。

51因：借，乘机。

52唱：先导。

53厩：马棚。

54嘆然：安静的样子。

55刍：喂牲畜的草。

56窖：地窖，这里指狗洞。

57往：这里是归附的意思。

58齐以东帝困于天下：指公元前288年齐湣王称东帝，导致燕国联合秦、楚、韩、赵、魏五国伐齐，湣王出奔之事。

59邯郸以寿陵困于万民：指赵肃侯因修陵寝扰民而万民不附。邯郸，代指赵。寿陵，寝陵之名。

60茧氏：赵邑。

61秀士：德才优异之士。黔首：指百姓。

62再：二。与：给与。

63工：精巧。

64当：逢，遇到。

【译文】

　　圣人做事情，好像很迟缓，无所作为，而实际却很迅速，能够成功。这是为了等待时机。王季历为国事辛劳而死，周文王很痛苦，同时又不忘被纣拘于羑里的耻辱，他所以没有讨伐纣，是因为时机尚未成熟。武王臣事商纣，从早到晚都不敢懈怠，他也不忘文王被骂于玉门的耻辱。武王继位十二年，终于在甲子日大败殷军。时机本来就不易得到。太公望是东夷人，他想平定天下，可是找不到贤明的君主。他听说文王贤明，所以到渭水边钓鱼，以便观察文王的品德。伍子胥想见吴王僚，但没能见到。有个门客对王子光讲了伍子胥的情况，王子光见到伍子胥却讨厌他的相貌，不听他讲话就谢绝了他。门客问王子光为什么这样，王子光说：“他的相貌正是我特别讨厌的。”门客把这话告诉了伍子胥，伍子胥说：“这是容易的事情。希望让王子光坐在堂上，我在两层帷幕里只露出衣服和手来。请让我借此同他谈话。”王子光答应了。伍子胥谈话谈了一半，王子光就掀起帷幕，握住他的手，然后跟他一起坐下。伍子胥说完了，王子光非常高兴。伍子胥认为享有吴国的，必定是王子光，回去以后就在乡间耕作。过了七年，王子光取代吴王僚当了吴王。他任用伍子胥，伍子胥于是就整顿法度，举用贤良，简选精兵，演习战斗。过了六年，然后才在柏举大败楚国，九战九胜，追赶楚国的败军追了千余里。楚昭王逃到随，吴军于是占领了郢都。伍子胥亲自箭射楚王宫，鞭打楚平王之墓三百下，以报杀父杀兄之仇。他先前耕作，并不是忘记了杀父之仇，而是在等待时机。墨家有个叫田鸠的，想见秦惠王，在秦国待了三年但没能见到。有个客人把这情况告诉了楚王，田鸠就去见楚王。楚王很喜欢他，给了他将军的符节让他到秦国去。他到了秦国，才见到了惠王。他告诉别人说："到秦国来见惠王的途径，竟然是要先到楚国去啊！"事情本来就有离得近反而被疏远、离得远反而能接近的。时机也是这样。有商汤、武王那样的贤德，而没有桀、纣无道那样的时机，就不能成就王业；有桀、纣无道那样的时机，而没有商汤、武王那样的贤德，也不能成就王业。圣人与时机的关系，就像步行时影与身不可分离一样。

所以，有道之士没有遇到时机的时候，就到处隐匿藏伏起来，甘受劳苦，等待时机。时机一到，有的从平民而成为天子，有的从诸侯而得到天下，有的从卑贱的地位进而辅佐三王，有的从普通百姓进而能向万乘之主报仇。所以圣人所看重的，只是时机。水冻得正坚固时，后稷不去耕种；后稷耕种，一定要等待春天到来。所以人即使有智慧，但如果遇不到时机，也不能建立功业。正当树叶长得繁茂的时候，整天采摘，也采不光；等到秋霜降下以后，所有树林里，树叶都落下来了。事情的难易，不在于大小，关键在于掌握时机。郑国的子阳遇难，正发生在追逐疯狗的混乱时候；齐国的高氏、国氏遇难，正发生在追赶逃窜之牛的时候。众人乘着混乱杀死了子阳和高氏、国氏。遇上合适的时机，狗和牛尚且可以作为人们发难的先导，更何况以人为先导呢？

饥饿的马充满了马棚，默然无声，是因为它们没有见到草；饥饿的狗充满了狗窝，默然无声，是因为它们没有见到骨头。如果见到骨头和草，那么它们就会争抢，不能制止住。混乱世道的人民，默然无声，是因为他们没有见到贤人。如果见到贤人，那么他们就会去归附，不能制止住。他们去归附贤人，难道不是身心都归附吗？齐湣王因为僭称东帝而被天下诸侯弄得困窘不堪，因而被鲁国夺取了徐州；赵肃侯因修建寝陵扰民，人民都不亲附他，因而被卫国夺取了茧氏。凭着鲁国、卫国那样的小国，却都能从大国那里占到便宜，是因为遇到了恰当时机。所以贤明的君主和杰出的人上想为百姓忧虑的，遇到混乱的世道，正是合适的时机。上天不会给人两次机会，时机不会长期停留，人的才能不会在做事时两方面都同时达到精巧，事情的成功在于适逢其时。

"天时、地利、人和"是事情完满解决的最佳状态，因此做事要善于抓住时机才能制胜。古人治理国家同样需要抓住时机，武王侍殷忍辱负重，伍子胥为父报仇都要等待成熟的机会才能下手。即使是有了汤、武的贤德而没有桀、纣无道那样的时机也是不能成就功业的，有了桀、纣那样的时机而没有汤、武的贤德也不能成就功业。所以人即使有了智慧而不遇时也不能成功。贤明的君主会抓住混乱的世道而创建自己的功业，救百姓于水火之中，这是君主懂得适逢其时才能成功的道理。

【故事】

识时务者为俊杰

有一次。孔子游览来到吕梁山脚下，但见洪水咆哮着从悬崖峭壁上飞泻而出，直下千丈。水声震耳欲聋，雪白的泡沫飞腾着，冲出几里远。这样凶险的洪水，即使鱼鳖也不能游过。正在这时，孔子看见激流中有一位男子在水中漂浮，孔子以为他是想自杀，就赶忙叫他的弟子们前去搭救。谁知还没追上，就见那位男子从水中探出头来，披头散发的唱着歌，到了一弯静水里游了起来。孔子十分惊奇，跑到塘边对他说："好险呀！刚才我还以为你是一个水鬼呢！请问你有什么好办法吗？"那男子说："其实也没什么好办法。每天我同漩涡一起卷进去，又同波涛一起升起。我只是顺从水性而不按自己的好恶自作主张，这就是我的游水之道。"实质上，人生同游水的道理是一样的。

义赏

【题解】

"义赏"就是依照道义行赏的意思。文章认为，遵从忠信、礼义这样的原则来施行赏罚，就可以让人心向善、止息奸邪，国家就可以实现长治久安。

【原文】

春气至则草木产，秋气至则草木落。产与落，或使之，非自然也。故使之者至，物无不为；使之者不至，物无可为。古之人审其所以使，故物莫不为用。赏罚之柄，此上之所以使也。其所以加者义，则忠信亲爱之道彰。久彰而愈长，民之安之若性，此之谓教成。教成，则虽有厚赏严威弗能禁。

故善教者，不以赏罚而教成，教成而赏罚弗能禁。用赏罚不当亦然。奸伪贼乱贪戾之道兴，久兴而不息，民之仇之若性。戎、夷、胡、貉、巴、越之民是以，虽有厚赏严罚弗能禁。郢人之以两版垣也，吴起变之而见恶。赏罚易而民安乐。氏羌之民，其虏也，不忧其系累①，而忧其死不焚也。皆成乎邪也，且成而贼民。故赏罚之所加，不可不慎。

昔晋文公将与楚人战于城濮，召咎犯而问曰："楚众我寡，奈何而可？"咎犯对曰："臣闻繁礼之君，不足于文；繁战之君，不足于诈。君亦诈之而已。"文公以咎犯言告雍季，雍季曰："竭泽而渔，岂不获得？而明年无鱼；焚薮而田，岂不获得？而明年无兽。诈伪之道，虽今偷可，后将无复，非长术也。"文公用咎犯之言，而败楚人于城濮。反而为赏，雍季在上。左右谏曰："城濮之功，咎犯之谋也。君用其言而赏后其身，或者不可乎！"文公曰："雍季之言，百世之利也；咎犯之言，一时之务也。焉有以一时之务先百世之利者乎？"孔子闻之，曰："临难用诈，足以却敌；反而尊贤，足以报德。文公虽不终，始足以

霸矣。"赏重则民移之，民移之则成焉。成乎诈，其成毁，其胜败。天下胜者众矣，而霸者乃五。文公处其一，知胜之所成也。胜而不知胜之所成，与无胜同。秦胜于戎，而败乎殽；楚胜于诸夏，而败乎柏举。武王得之矣，故一胜而王天下。众诈盈国，不可以为安，患非独外也。

赵襄子出围，赏有功者五人，高赦为首。张孟谈曰："晋阳之中，赦无大功，赏而为首，何也？"襄子曰："寡人之国危，社稷殆，身在忧约之中，与寡人交而不失君臣之礼者，惟赦。吾是以先之。"仲尼闻之，曰："襄子可谓善赏矣！赏一人，而天下之为人臣莫敢失礼。"为六军则不可易，北取代，东迫齐，令张孟谈逾城潜行，与魏桓、韩康期而击智伯，断其头以为觞，遂定三家，岂非用赏罚当邪？

【注释】

①系累：拴系捆绑。

【译文】

春天来了，小草树木就开始生长发芽，秋天到了，小草树木就会凋零。一定有某种东西在草木的后面起作用，才使得草木生长和凋零，因为草木不会自生自落的。因此，当这种支配的力量出现时，世间万物都会随之变化；当这种支配的力量消失时，世间万物就不会发生变化。古代的人们探究导致万物变化的根本，因而万物无不为他们所用。赏罚是君主用来统治臣下和民众的手段。如果所实施的赏罚符合道义，那么，忠诚笃信、相亲相爱的原则就会彰显。这样的原则长期得到彰显并且日渐增强，就会深入人心，民众就会像处于本性一样地信服遵守它们，这就叫作教化成功。这样的原则一旦深入人心，即使是利用优厚的奖赏和严厉的惩罚，都不能令人犯禁而不行忠信。

所以，擅长教化的人，是根据道义来施行奖赏和惩罚，这样教化就能得到成功。成功之后，即使是利用重赏严罚都不能让他们放弃忠信。实施赏罚措施如果不符合道义也是如此。如果不符合道义，就会出现奸诈、虚伪、为害、作乱、贪婪、残暴等风气，这样的风气如果长久存在，民众就会自然而然心安理得地麟受这些风气。戎、夷、胡、貉、巴、越的人就是这样的，即使实施重赏严罚也不能阻止他们放弃这样的风气转而从善。楚国的人用两版修建墙，吴起改变了这种方法，结果引来楚人的怨恨，于是用赏罚来改变它，从而使人民安乐。氐、羌之地的野蛮人去掠夺中原国家被俘后，他们担心的是自己死后不被焚尸而不是自己的被执受刑，因为他们都已经接受这样的恶习了，并且在养成这样的恶习之后，就会伤害群众。所以，实施赏罚措施，不能不谨慎。

从前晋文公将要和楚国军队在城濮作战，召来咎犯问他说："楚国兵多，我国兵少，怎样才能取胜呢？"咎犯回答说："我听说礼仪繁杂的君主，不会嫌弃礼仪的盛大；频繁用兵作战的君主，不会嫌弃诡诈之术。您只要设计对楚军的诈术就行了。"文公把咎犯的话告诉了雍季，雍季说："把池塘的水放干了再去捕鱼，哪能捕不到鱼呢？可是第二年就没有鱼可捕了；把丛林烧光了来打猎，哪能捕不到野兽呢？可是第二年就没有野兽可打了。诈骗的方法，可以侥幸一时奏效，可是以后就不会有结果了，这不是长久之计。"文公采纳了咎犯的意见，在城濮击败了楚军。回国以后论功颁赏，雍季居首位。文公身边的人劝谏说："城濮之战的胜利，是采用了咎犯的计谋的结果。您采纳了他的意见，可是奖赏的时候却把他放在后边，这或许不合适吧！"文公说："雍季的话，对百世有利；咎犯的话，只是顾及一时，哪有把一时的权宜之计放在对百世有利的前面的道理呢？"孔子听到这件事以后，说："遇到危难而采用骗术，足以打败敌人；回国以后尊崇贤人，足以酬报贤德。文公虽然不能始终坚持，却足以称霸诸侯了。"奖赏优厚，人民就会改变习性，习性得到改变教化就能成功。靠诈术成功，即便成功了，最终也必定失败；即使胜利了，最终也必定毁灭。天下取得过一时胜利的诸侯很多，可是成就霸业的不过五人。文公是其中的一个，知道胜利取得的原因。取得了胜利却不知道胜利的原因，那就跟没有取得胜利一

中华传世藏书

吕氏春秋

《吕氏春秋》原典释译

样。秦国战胜了戎却败给了晋国；楚国战胜了晋国却在柏举败给了吴国。周武王懂得这个道理，所以他能一举战胜纣而称霸天下。国家如果有太多的欺骗，就不会得到安宁，因为祸患不单单是来自国外。

赵襄子从晋阳的围困中解脱以后，奖赏五个有功劳的人，高赦为首。张孟谈说："被围困在晋阳之时，高赦没有大功，赏赐时他却为首，这是为什么呢？"襄子说："晋阳被困，国家社稷危在旦夕，我深陷忧虑困境之中，跟我交往而不失君臣之礼的，只有高赦。因此我把他放在最前边。"孔子听到这件事以后说："襄子可以说是善于赏赐了！赏赐了高赦，天下那些当臣子的就没人敢失君臣之礼了。"赵襄子用这种办法治理军队，军队就不敢轻慢无礼了，赵国向北灭掉代国，向东威逼齐国，让张孟谈越出城墙暗中去和魏桓子、韩康约定日期袭击智伯，击败智伯的军队后，砍下智伯的头作为酒器，终于奠定了三家分晋的局面，这难道不是因为赏罚得当吗？

【解析】

赏罚分明，不仅是对被赏赐的人的肯定，而且会对其他的臣民起到警示的作用，以此，君主要按义行赏，就能役使臣民，使事业成功，否则将带来祸乱。晋文公虽听取咎犯的计谋使诈取得了城濮之战的胜利，但行赏时却将雍季排在首位，其原因是咎犯有功却是投机取巧，此方法不可鼓励，而雍季却是从长远处为国家着想，因此表扬雍季也是对国家臣民的一个交代。赵襄子不赏有功之臣而先赏危难时期仍对他尊敬服从的臣子，原因是赏了一人而天下做人臣的都不敢再失礼。因此，赏罚得当才能使臣民忠心为国家效力，百姓才安心服从君主的统治。此赏罚论对我们现今的团队管理是一个很好的借鉴。

施政要宽严有度

郑国的相国子产生病了，他对子太叔说："我死了以后，您肯定会执政。只有有德行的人，才能够用宽和的方法来使民众服从，差一等的人不如用严厉的方法。那火的特点是猛烈，百姓一看见就害怕，所以很少有人死在火里；水的特点是柔弱，百姓轻视而玩弄它，有很多人便死在水里，因此运用宽和的施政方法很难。"子产病了几个月后就去世了。

子太叔执政，不忍心严厉而用宽和方法施政。结果，郑国的盗贼很多，聚集在叫作萑苻的湖沼里。子太叔很后悔没有听从子产的话："要是我早听他老人家的话，就不会到这种地步了。"于是，他派兵去攻打萑苻的盗贼，把他们全部杀了，盗贼才有所收敛。

孔子说："好啊！施政宽和，百姓就怠慢，百姓怠慢就用严厉的措施来纠正；施政严厉，百姓就会受到伤害，百姓受到伤害就用宽和的方法。宽和用来调节严厉，严厉用来调节宽和，政事因此而和谐。"

长攻

【题解】

"长攻"就是善于战胜对方的意思。本篇主要讲述无论做什么事情都要从长远谋划，耐心等待，坚持不懈，最终会获得成功。成就功名的重要条件在于利用有利时机并且及时行动，这样才会有所成就。同时作者还强调了遵循道义的基本原则。

【原文】

　　凡治乱存亡，安危强弱，必有其遇①，然后可成，各一则不设②。故桀纣虽不肖，其亡，遇汤武也。遇汤武，天也，非桀纣之不肖也。汤武虽贤，其王，遇桀纣也。遇桀纣，天也，非汤武之贤也。若桀纣不遇汤武，未必亡也。桀纣不亡，虽不肖，辱未至于此。若使汤武不遇桀纣，未必王也。汤武不王，虽贤，显未至于此。故人主有大功，不闻不肖；亡国之主，不闻贤。譬之若良农，辩土地之宜③，谨耕耨之事④，未必收也。然而收者，必此人也始，在于遇时雨。遇时雨，天也[一]，非良农所能为也。

　　越国大饥⑤，王恐⑥，召范蠡而谋⑦。范蠡曰："王何患焉？今之饥，此越之福而吴之祸也。夫吴国甚富，而财有馀，其王年少[二]⑧，智寡才轻[三]，好须臾之名⑨，不思后患。王若重币卑辞以请籴于吴⑩，则食可得也。食得，其卒越必有吴⑪，而王何患焉？"越王曰："善！"乃使人请食于吴。吴王将与之，伍子胥进谏曰："不可与也！夫吴之与越⑫，接土邻境，道易人通⑬，仇雠敌战之国也⑭，非吴丧越，越必丧吴。若燕秦齐晋，山处陆居，岂能逾五湖九江越十七厄以有吴哉⑮？故曰非吴丧越，越必丧吴。今将输之粟⑯，与之食，是长吾雠而养吾仇也⑰。财匮而民怨[五]⑱，悔无及也。不若勿与而攻之，固其数也⑲。此昔吾先王之所以霸⑳。且夫饥，代事也㉑，犹渊之与阪㉒，谁国无有？"吴王曰："不然。吾闻之，义兵不攻服㉓，仁者食饥饿[五]㉔。今服而攻之，非义兵也；饥而不食，非仁体也㉕。不仁不义，虽得十越，吾不为也。"遂与之食。不出三年，而吴亦饥。使人请食于越，越王弗与，乃攻之，夫差为禽㉖。

　　楚王欲取息与蔡㉗，乃先佯善蔡侯㉘，而与之谋曰："吾欲得息，奈何？"蔡侯曰："息夫人，吾妻之姨也㉙。吾请为飨息侯与其妻者㉚，而与王俱，因而袭之[六]。"楚王曰："诺。"于是与蔡侯以飨礼入于息㉛，因与俱，遂取息。旋舍于蔡㉜，又取蔡。

赵简子病[33]，召太子而告之曰[34]："我死已葬，服衰而上夏屋之山以望[35]。"太子敬诺。简子死，已葬，服衰，召大臣而告之曰："愿登夏屋以望。"大臣皆谏曰："登夏屋以望，是游也。服衰以游，不可。"襄子曰："此先君之命也，寡人弗敢废。"群臣敬诺。襄子上于夏屋，以望代俗[36]，其乐甚美。于是襄子曰："先君必以此教之也。"及归[七]，虑所以取代，乃先善之。代君好色，请以其姊妻之[八][37]，代君许诺。姊已往，所以善代者乃万故[38]。马郡宜马[39]，代君以善马奉襄子。襄子谒于代君而请觞之[40]。马郡尽[41]。先令舞者置兵其羽中[42]，数百人。先具大金斗[43]。代君至，酒酣[44]，反斗而击之，一成[45]，脑涂地。舞者操兵以斗，尽杀其从者。因以代君之车迎其妻，其妻遥闻之状[九]，磨笄以自刺[46]。故赵氏至今有刺笄之证[一〇]，与反斗之号[47]。

此三君者[48]，其有所自而得之[49]，不备遵理[50]，然而后世称之，有功故也。有功于此而无其失，虽王可也。

【校勘】

［一］各本"天"下有"地"字，今据陈昌齐、俞樾说删。

［二］旧本"王"上脱"其"字。

［三］才，旧本皆作"村"。

［四］各本"怨"作"恐"，今据毕沅、许维遹说改。

［五］飢饿，元本、李本作"饿饥"。

［六］而，旧校云：一作"以"。

［七］及，旧校云：一作"反"。

［八］各本"姊"上有"弟"字，今据毕沅说删。

［九］遥，元本、李本、许本、张本、姜本、刘本、汪本、凌本、朱本、王本作

"道"，宋本作"遥"。

［一〇］证，旧校云：一作"山"。似是。

《吕氏春秋》原典释译

【注释】

①遇：逢，遇合。

②各一则不设：意思是，如果彼此相同，就不能实现这些（即治乱存亡安危强弱）了。一，一律，相同。设，施行。

③辩：通"辨"。辨别。

④耨：锄草。

⑤饥：饥荒，年成不好。

⑥王：指越王勾践。

⑦范蠡：越大夫，帮助越王勾践奋发图强，灭掉吴国。

⑧王：指吴王夫差。

⑨须臾：片刻，短时。

⑩币：礼物。籴：买进粮食，这里指借粮。

⑪卒：最终。

⑫夫：句首语气词，无实义，表示要发议论。

⑬易：平坦。

⑭仇雠：仇人。

⑮厄：险要之地。

⑯输之粟：送给它（越国）粮食。输，送。

⑰雠：匹敌，对手。

⑱匮：乏，缺乏。

⑲数：理数。

⑳先王：指吴王阖闾。

㉑代事：更替出现的事。代，更替，交替。

㉒阪：山坡。

㉓服：用作名词，指已归顺的国家。

㉔食：给……吃。

㉕体：指事物的本体、主体。

㉖禽：擒获。这个意义后来写作"擒"。

㉗楚王：指楚文王。息：国名，为楚所灭，在今河南省新息县一带。蔡：国名，周武王弟叔度及其子胡受封之地，在今河南省上蔡、新蔡县一带。

㉘佯：假装。

㉙妻之姨：妻妹。

㉚飨：用酒食款待人。

㉛以飨礼入于息：带着宴飨的食品进入息国。

㉜旋：返，还。舍：军队临时驻扎。

㉝赵简子：即赵鞅，赵襄子之父，晋卿。病：病重。

㉞太子：指赵襄子。

㉟服衰：穿上丧服。衰，古代丧服，用粗麻布制作，披于胸前。这个意义后来写作"缞"。夏屋之山：即夏屋山，在今山西省代县一带。

㊱俗：指风土人情。

㊲妻之：嫁给他为妻。妻，用如动词。

㊳善：好，这里是讨好的意思。故：事。

㊴马郡：代地产马，所以称之为"马郡"。宜马：适宜养马。

㊵谒：告诉。觞：飨，用酒食款待人。

㊶马郡尽：与上下文不能相连，当在上文"代君以善马奉襄子"之下（依毕沅说）。

㊷羽：舞者所持舞具。

㊸斗：古酒器。

㊹酒酣：喝酒喝得正畅快。

㊺一成：一下。

㊻笄：簪子。

㊼号：称号，名称。

㊽三君：指上文提到的越王勾践、楚文王、赵襄子。

㊾有所自：指有所使用的方法。

㊿备：完全。遵：遵循。

【译文】

凡治和乱，存和亡，安和危，强和弱，一定要彼此相遇，然后才能成功。如果彼此相同，就不可能成功。所以，桀、纣虽然不贤，但他们之所以被灭亡，是因为遇上了商汤、武王。遇上商汤、武王，这是天意，不是因为桀、纣不贤。商汤、武王虽然贤德，但他们之所以能成就王业，是因为遇上了桀、纣。遇上桀、纣，这是天意，不是因为商汤、武王贤德。如果桀、纣不遇上商汤、武王，未必会灭亡。桀、纣如果不灭亡，他们即使不贤，耻辱也不至于到亡国的地步。假使商汤、武王不遇上桀、纣，未必会成就王业。商汤、武王如果不成就王业，他们即使贤德，荣耀也不至于到称王天下的地步。所以，君主有大功，就听不到他有什么不好；亡国的君主，就听不到他有什么好。这就好比优秀的农民，他们善于区分土地适宜种植什么，勤勤恳恳地耕种锄草，但未必能有收获。然而有收获的，一定首先是这些人。收获的关键在于遇上及时雨。遇上及时雨，这是靠了上天，不是优秀农民所能做到的。

越国遇上大灾年，越王很害怕，召范蠡来商量。范蠡说："您对此何必忧虑呢？如今的荒年，这是越国的福气，却是吴国的灾祸。吴国很富足，钱财有余，它的君主年少，缺少智谋和才能，喜欢一时的虚名，不思虑后患。您如果用贵重的礼物、卑谦的言辞去向吴国请求借粮，那么粮食就可以得到了。得到粮食，最终越国必定会占有吴国。您对此何必忧虑呢？"越王说："好！"于是就派人向吴国请求借粮。吴王将要给越国粮食，伍子胥劝阻说："不可给越国粮食。吴国与越国，土地相接，边境相邻，道路平坦通畅，人民往来频繁，是势均力敌的仇国。不是吴国灭掉越国，就必定是越国灭掉吴国。像燕国、秦国、齐国、晋国，它们处于高山陆地，怎能跨越五湖九江穿过十七处险阻来占有吴国呢？所以说，不是吴国灭掉越国，就必定是越国灭掉吴国。现在要送给它粮食，给它吃的，这是长我们对手的锐气、养活我们的仇人啊。国家钱财缺乏，人民怨恨，后悔就来不及了。不如不给它粮食而去攻打它，这本来是普通的道理。这就是从前我们的先王所以成就霸业的原因啊。再说闹饥荒，这是交替出现的事，就如同深渊和山坡一样，哪个国家没有？"吴王说："不对。我听说过，正义的军队不攻打已经归服了的国家，仁德的人给饥饿的人粮食吃。现在越国归服了却去攻打它，这不是正义的军队；越国闹饥荒却不给它粮食吃，这不是仁德的事情。不仁不义，即使得到十个越国，我也不去做。"于是就给了越国粮食。没有过三年，吴国也遇到灾年，派人向越国请求借粮，越王不给，却来攻打吴国，吴王夫差被擒。

楚王想夺取息国和蔡国，于是就假装跟蔡侯友好，并且与他商量说："我想得到息国，该怎么办？"蔡侯说："息侯的夫人是我妻子的妹妹，请让我替您宴飨息侯和他的妻子，跟您一起去，乘机偷袭息国。"楚王说："好吧。"于是楚王与蔡侯带着宴飨用的食品进入息国，军队与他们同行，乘机夺取了息国。楚军回师驻扎在蔡国，又夺取了蔡国。

赵简子病重，召见太子，告诉他说："等我死了，安葬完毕，你穿着孝服登上夏屋山去观望。"太子恭恭敬敬地答应了。简子死了，安葬完毕以后，太子穿着孝服，召见大臣们并且告诉他们说："我想登上夏屋山去观望。"大臣们都劝阻说："登上夏屋山去观望，这就是出游啊。穿着孝服去出游，不可以。"襄子说："这是先君的命令，我不敢废除。"大臣们都恭恭敬敬地答应了。襄子登上夏屋山观看代国的风土人情，看到代国一派欢乐景象，于是襄子说："先君必定是用这种办法来教诲我啊！"等到回来以后，思考夺取代国的方法，于是就先友好地对待代国。代国君主爱好女色，襄子就请求把姐姐嫁给代国君主为妻，代国君主答应了。襄子的姐姐嫁给代国君主以后，襄子事事都讨好代国。代地适宜养马，代国君主把好马奉献给襄子，代地的马都送光了。襄子告诉代国君主，

请求宴飨他。事先命令几百个跳舞的人把兵器藏在舞具之中，并准备好大的金斗。代国君主来了，喝酒喝到正畅快的时候，把酒器翻过来击在代国君主头上，只一下，代君脑浆就流了一地。跳舞的人拿着兵器搏斗，把代君的随从全都杀死了。于是就用代君的车子去迎接他的妻子，他的妻子在远处听说代君死亡的情形，就磨尖簪子自刺而死。所以赵国至今有"刺笄山"和"反斗"的名号。

这三位君主，他们都有办法得到自己所需要的东西，并不完全按照常理行事，然而后世都称赞他们，这是因为他们有成就的缘故。如果有这种大功而又没有缺失，他们即使称王天下，也是可以的。

慎人

【题解】

"慎人"就是要慎重地对人事的意思，本篇作者通过舜、百里奚和孔子等人的事例，说明圣贤的立功成德要竭尽其能。文章认为，只有树立了至高的追求，才不会因一时的穷困而苦恼，也不会因一时的顺利而盲目乐观。

【原文】

功名大立，天也；为是故，因不慎其人①不可。夫舜遇尧，天也；舜耕于历山，陶于河滨，钓于雷泽，天下说之，秀士从之，人也。夫禹遇舜，天也；禹周于天下，以求贤者，事利黔首，水潦川泽之湛滞壅塞可通者，禹尽为之，人也。夫汤遇桀，武遇纣，天也。汤、武修身积善为义，以忧苦于民，人也。舜之耕渔，其贤不肖与为天子同。其未遇时也，以其徒属堀地财，取水利，编蒲苇，结罘网，手足胼胝②不居，然后免于冻馁之患。其遇时也，登为天子，贤士归之，万民誉之，丈夫女子，振振殷殷，无不戴说。舜自为诗曰："普天之下，莫非王土；率土之滨，莫非王臣。"所以见尽有之也。尽有之，贤非加也；尽无之，贤非损也。时使然也。

百里奚之未遇时也，亡虢而虏晋，饭牛[3]于秦，传鬻[4]以五羊之皮。公孙枝得而说之，献诸缪公，三日，请属事焉。缪公曰："买之五羊之皮而属事焉，无乃天下笑乎？"公孙枝对曰："信贤而任之，君之明也让贤而下之，臣之忠也。君为明君，臣为忠臣。彼信贤，境内将服，敌国且畏，夫谁暇笑哉？"缪公遂用之。谋无不当，举必有功，非加贤也。使百里奚虽贤，无得缪公，必无此名矣。今焉知世之无百里奚哉？故人主之欲求士者，不可不务博也。

孔子穷于陈、蔡之间，七日不尝食，藜羹不糁[5]。宰予备[6]矣，孔子弦歌于室，颜回择菜于外。子路与子贡相与而言曰："夫子逐于鲁，削迹于卫，伐树于宋，穷于陈、蔡。杀夫子者无罪，藉夫子者不禁，夫子弦歌鼓舞，未尝绝音。盖君子之无所丑也若此乎？"颜回无以对，入以告孔子。孔子慨然推琴，喟然而叹曰："由与赐小人也。召，吾语之。"子路与子贡入，子贡曰："如此者，可谓穷矣！"孔子曰："是何言也？君子达于道之谓达，穷于道之谓穷。今丘也拘仁义之道，以遭乱世之患，其所也，何穷之谓？故内省而不疚于道，临难而不失其德，大寒既至，霜雪既降，吾是以知松柏之茂也。昔桓公得之莒，文公得之曹，越王得之会稽。陈、蔡之厄，于丘其幸乎！"孔子烈然返瑟而弦，子路抗然执干而舞。子贡曰："吾不知天之高也，不知地之下也。"古之得道者，穷亦乐，达亦乐，所乐非穷达也。道得于此，则穷达一也，为寒暑风雨之序矣。故许由虞乎颍阳，而共伯得乎共首。

【注释】

①人：人事，人为的努力。

②胼胝：老茧。

③饭：喂养。饭牛：喂牛。

④传鬻：转卖。

⑤藜羹：用藜菜做的羹。泛指粗劣的食物。糁：用米和羹。

⑥备：通“惫”，疲惫。

【原文】

　　能使功名显赫，靠的是天意。因为这个缘故，就不慎重于人事，那是不行的。舜遇到尧，是天意。舜在历山种地耕田，在黄河边制作陶器，在雷泽钓鱼，天下人都喜欢他，豪杰之士都追随着他，这是人事。禹遇到舜，是天意。禹遍游天下，为的是寻求贤德之人，为百姓谋福利；那些淤积阻塞的河流湖泊，大禹都尽力疏通，这是人事。汤遇上桀，武王遇上纣，是天意；汤、武修养自身品德，积德行善，为百姓辛勤劳作，这是人事。

　　舜种地捕鱼的时候，他的贤德与不肖同当天子时是一样的。在没有遇到时机时，舜带领自己的部属耕种五谷，开发水利，编织蒲苇，制作兽网，手和脚都磨出了老茧也没有休息，这样才避免了挨饿受冻的遭遇。当时机来临，即位作了天子之后，贤能之士都来归附他，民众都来称赞他，天下人都很欢喜，都忠心地拥戴他。舜自己做歌唱道："普天之下，无处不是王的土地；四海之内，无一不是王的臣民。"这表现了完全拥有天下的状况。完全拥有天下，贤能并没有增加；一无所有时，贤能并没有减少，只是时势使它那样。

　　百里奚没有得到时机的时候，从虢国逃亡的时候，被晋国人捉到，后来又到秦国去饲养牛，被用五张羊皮赎买。公孙枝得到百里奚之后非常欣赏他，就把他推荐到秦穆公那里。三天之后，公孙枝请求穆公将国事委托给百里奚治理。穆公说："他是用五张羊皮买下来的，却让他来治理国家，这不是让天下人耻笑吗？"公孙枝说："如果百里奚是个贤能之士，您重用了他，那你就是圣明；主动让位于贤能之士，甘居下位，这就是臣的忠心；君主是圣明的君主，臣下是忠心的臣下。他如果真是贤能之士，民众就会服从他，敌国就会有所畏惧，这样谁还会去耻笑呢？"于是，穆公就重用了百里奚。他的谋划计策无不得当，做事就一定会取得成功，这并不是百里奚的贤能增加了。尽管百里奚非常贤能，但是如果没有遇到秦穆公，就不可能取得这样的成功。现在，又怎么能知道没

有像百里奚这样的贤能之士呢？因此，想得到
贤能之士的君主，就应该广泛地寻求才是。

百里奚

　　孔子被围困在陈、蔡之间，七天没有吃东
西了，煮的野菜中没有一粒米。宰予又饿又
乏，孔子在屋内弹琴唱歌，颜回在外面择野
菜。子路和子贡谈话："先生被鲁国驱逐，在
卫国又隐居，在宋国树下习礼时又被人把树砍
倒。现在又被困在陈、蔡，想谋害先生的人得
不到惩罚，侮辱先生的人得不到禁止，先生却
是弹琴唱歌不止。君子真是这样没有觉得耻辱
的事情吗？"颜回无从以答，到屋里告诉了孔子。孔子很不高兴地推开琴，叹息
说："仲由和端木赐真是小人啊！叫他们来，我来告诉他们。"子路和子贡进
来，子贡说："像现在这样的情况，就可以叫作穷途末路了。"孔子说："这是
什么话？君子通达于仁义之道叫作通达，困厄于仁义之道叫作困穷。现在我坚
守仁义之道，所以才遭受乱世的祸害，这正是我应该得到的境遇，怎么可以叫
作穷途末路呢？所以，反省内心而无愧于道，面临危难而不丧失自己的品德。
冬天来临，严霜大雪降落后，松柏却依然翠绿，我因此知道松柏的茂盛。从前，
齐桓公投奔莒国然后恢复了称霸的念头；晋文公出亡曹国后才有了称霸的志向；
越王勾践兵败会稽之后才产生称霸的想法，现在的困境，对我来讲也许是件好
事吧！"孔子郑重地拿起琴弹了起来，子路威武地拿起盾牌跳起舞来。子贡说：
"我不知天高地厚啊！"古代得道的人，在遭受困厄时会快乐，在通达时也快
乐，所快乐的不是困厄或是通达本身。只要坚持仁义之道，那么困厄和通达都
是一样的，就如同寒暑风雨的交替变化一样。因此，许由在颍水北边怡然自得，
共伯在共首山上悠然自乐。

《吕氏春秋》原典释译

遇合

【题解】

“遇合”就是遇上恰当的时机。在本篇中指贤明的国君遇到贤士。作者认为，贤明的国君应该明晓议论的是非得失，而不能被偏私之欲所局限，只有这样才能选贤任能，才不会任用愚陋苟且之人。

【原文】

凡遇，合也[①]。时不合，必待合而后行。故比翼之鸟死乎木[②]，比目之鱼死乎海[③]。孔子周流海内，再干世主[④]，如齐至卫[⑤]，所见八十馀君。委质为弟子者三千人[一][⑥]，达徒七十人[⑦]。七十人者，万乘之主得一人用可为师，不为无人[二]。以此游，仅至于鲁司寇[⑧]。此天子之所以时绝也，诸侯之所以大乱也。乱则愚者之多幸也[⑨]，幸则必不胜其任矣。任久不胜，则幸反为祸。其幸大者，其祸亦大，非祸独及己也。故君子不处幸，不为苟，必审诸己然后任，任然后动。

凡能听说者，必达乎论议者也。世主之能识论议者寡，所遇恶得不苟[⑩]？凡能听音者，必达于五声[三]。人之能知五声者寡，所善恶得不苟[四]？客有以吹籁见越王者[⑪]，羽、角、宫、徵、商不缪[五][⑫]，越王不善[⑬]；为野音[⑭]，而反善之。

说之道亦有如此者也。人有为人妻者，人告其父母曰：“嫁不必生也[⑮]，衣器之物，可外藏之[⑯]，以备不生。”其父母以为然，于是令其女常外藏。姑妐知之[⑰]，曰：“为我妇而有外心[六]，不可畜[七][⑱]。”因出之。妇之父母以谓为己谋者[⑪]，以为忠，终身善之，亦不知所以然矣。宗庙之灭，天下之失，亦由此矣[⑳]。

故曰：遇合也无常[㉑]，说适然也[㉒]。若人之于色也，无不知说美者，而美者未必遇也。故嫫母执乎黄帝[22]，黄帝曰："厉女德而弗忘[八][24]，与女正而弗衰[25]，虽恶奚伤[26]？"若人之于滋味，无不说甘脆，而甘脆未必受也。文王嗜昌蒲菹[九][27]，孔子闻而服之[28]，缩頞而食之[29]。三年，然后胜之[30]。人有大臭者[一〇][31]，其亲戚兄弟妻妾知识，无能与居者。自苦而居海上[32]。海上人有说其臭者，昼夜随之而弗能去。

说亦有若此者。陈有恶人焉，曰敦洽雠麋[一一]，椎颡广颜[一二][33]，色如漆赭[一三][34]，垂眼临鼻[一四][35]，长肘而盭[36]。陈侯见而甚说之，外使治其国，内使制其身。楚合诸侯，陈侯病，不能往，使敦洽雠麋往谢焉。楚王怪其名而先见之[一五]，客有进状有恶其名言有恶状[37]。楚王怒，合大夫而告之，曰："陈侯不知其不可使，是不知也[38]；知而使之，是侮也。侮且不智，不可不攻也。"兴师伐陈，三月然后丧。恶足以骇人，言足以丧国，而友之足于陈侯而无上也，至于亡而友不衰。

夫不宜遇而遇者，则必废。宜遇而不遇者，此国之所以乱、世之所以衰也。天下之民，其苦愁劳务从此生。

凡举人之本，太上以志，其次以事，其次以功。三者弗能，国必残亡，群孽大至，身必死殃，年得至七十、九十犹尚幸。圣贤之后[39]，反而孽民[40]，是以贼其身[一六][41]，岂能独哉[42]？

【校勘】

[一] 为，元本、李本作"於"。

[二] 为，李本、张本作"於"。

[三] 于，旧校云：一作"乎"。

[四] 善，旧校云：一作"喜"。

[五] 缪，元本、李木、许本、张本、姜本、宋本、刘本、汪本、凌本、黄本、吴本作"谬"，朱本、王本作"缪"。

[六] 外心，旧校云：一作异心。

［七］旧本"不可"下有旧校云：一本下有"当"字。

［八］厉，旧本皆作"属"。

［九］菹，元本、许本、张本、姜本、宋本、汪本、凌本、黄本、吴本、王本、日刊本作"俎"，朱本作"俎"，李本、刘本作"菹"。

［一〇］大，刘本作"犬"。

［一一］麋，旧本皆作"糜"。

［一二］椎，旧本皆作"雄"，并有旧校云：一作"推"。

［一三］漆赭，旧本皆作"浃赭"，并有旧校云：一作"沫赭"。

［一四］眼，旧校云：一作"发"。

［一五］怪，旧校云：一作"知"。

［一六］是以，李本、汪本、朱本、王本作"以是"。贼，旧校云：一作"残"。

【注释】

①遇：指得到君主赏识。合：指合于时机。

②比翼之鸟：鸟名。《尔雅·释地》："南方有比翼鸟焉，不比不飞。"此与下文的"比目之鱼"都是比喻形影不离。比：并。乎：于。

③比目之鱼：鱼名。《尔雅·释地》："东方有比目鱼焉，不比不行。"

④再：表示重复，又一次。干：求取，这里指谋求官职。

⑤如：往，到……去。

⑥委质：指初次拜见尊长时献上礼物。质，古代初次拜见尊长时所送的礼物。这个意义后来多写作"贽"。

⑦达徒：指成绩卓著的学生。

⑧司寇：古代官职名，掌刑法。

⑨幸：侥幸。

⑩恶：何，怎么。

⑪籁：古代一种管乐器。

⑫缪：通"谬"。错乱。

⑬善：用如意动，认为善。

⑭野音：指鄙俗之音。

⑮生：指生子。古代妇人无子即可被休弃，所以下文劝其外藏衣物，以备不生。

⑯外藏：藏私财于外。

⑰姑妐：公婆。姑，夫之母。妐，夫之父。

⑱畜：容留。

⑲谓：告诉。

⑳由：通"犹"。如同。

㉑遇合：指得到君主的赏识。

㉒说：喜欢。这个意义后来写作"悦"。适然：偶然。

㉓嫫母：古代丑女，相传为黄帝之妻。他书或作"嫫姆""嫫母"。执：这里是亲厚的意思。

㉔厉：磨砺。女：人称代词，你。

㉕正：通"政"。

㉖恶：貌丑。奚：何。

㉗昌蒲菹：腌制的菖蒲根。昌蒲，即菖蒲，这里指菖蒲根。菹，腌菜。

㉘而服：当为衍文（依孙人和说）。

㉙缩頞：皱眉。頞，鼻梁。

㉚胜之：指能够吃昌蒲菹。

㉛大臭：一种腋病，即狐臭。

㉜上：边。

㉝椎颡：尖顶。椎，椎击器具，这里是尖的意思。颡，额。广颜：宽额。颜，两眉之间。

㉞漆赭：黑红色。赭，红褐色。

㉟眼：眼珠子。

㊱"鳌"下当脱"股"字（依毕沅说）。鳌股，两腿歪向两旁。鳌，乖戾。股，大腿。

㊲此句义不可通，"有进"之"有"字，当为衍文；又句末"状"字上当脱一"其"字，原文当作"客进，状有恶其名，言有恶其状"（依谭戒甫说）。有，通"又"。

㊳知：明智。这个意义后来写作"智"。

㊴圣贤之后：指陈国。陈国君为舜之苗裔，所以这样说。

㊵孽民：害民。孽，病，害。

㊶贼：残害。

㊷岂能独哉：哪只是独自受害呢？言外之意是还要害及其民。

【译文】

凡是受到赏识，一定是因为有合适的时机。时机不合适，一定要等待合适的时机然后再行动。所以，比翼鸟死在树上，比目鱼死在海里。孔子周游天下，多次向当世君主谋求官职，到过齐国卫国，谒见过八十多个君主。献上见面礼给他当学生的有三千人，其中成绩卓著的学生有七十人。这七十个人，拥有万辆兵车的大国君主得到任何一个人都可以把他当成老师，这不能说没有人才。然而孔子带领这些人周游，做官仅仅做到鲁国的司寇。不任用圣人，这就是周天子之所以应时灭绝的原因，这就是诸侯之所以大乱的原因。混乱，那么愚昧的人就多被侥幸任用。侥幸任用，那就必定不能胜任了。长期不能胜任，那么侥幸反而成为祸害。越侥幸的，祸害也就越大，并不是祸害偏偏让自己赶上。所以君子不存侥幸心理，不做苟且之事，一定慎重考虑自己的能力然后再担当职务，担当职务然后再行动。

凡是能听从劝说的人，一定是通晓议论的人。世上的君主能识别议论的人很少，他们所赏识的人怎能不是苟且求荣的呢？凡是能欣赏音乐的人，一定通晓五音。人能懂五音的很少，他们所喜欢的怎能不是鄙俗之音？宾客中有个凭吹箫谒见越王的人，羽、角、宫、徵、商五音吹得一点儿不走调，越王却认为不好；吹奏鄙野之音，越王反而认为很好。

劝说人的事也有像这种情形的。有个给人家当妻子的人，有人告诉她的父母说：“出嫁以后不一定生孩子，衣服器具等物品，可以拿到外边藏起来，以防备不生孩子被休弃。”她的父母认为这人说得对，于是就让女儿经常把财物拿到外边藏起来。公婆知道了这事，说：“当我们的媳妇却有外心，不可以留着她。”于是就休弃了她。这个女子的父母把女儿被休弃的事告诉了给自己出主意的人，认为这个人对自己忠诚，终身与他交好，最终也不知道女儿被休弃的原因。宗庙的毁灭，天下的丧失，也像这个一样。

所以说，受到君主赏识是不固定的，被人喜欢也是偶然的。就像人们对于女色一样，没有不知道喜欢长得漂亮的，可是长得漂亮的未必能遇上。所以嫫母受到黄帝的亲厚，黄帝说：“修养你的品德，不要停止，付与你内宫之政，不疏远你，虽然长得丑陋又有什么妨碍？”就像人们对于滋味一样，没有人不喜欢又甜又脆的东西，可是又甜又脆的东西有的人未必受用。周文王爱吃菖蒲做的腌菜，孔子听了，皱着眉才吃下去。过了三年，才吃习惯。有个有狐臭的人，他的父母、兄弟、妻子、朋友，没有人能跟他在一起居住。他自己感到很痛苦，就住在海边。海边有喜欢他的臭味的人，日夜跟随着他不能离开。

喜欢人也有像这种情形的。陈国有个丑陋的人，叫敦洽雠麇，尖顶宽额，面色黑红，眼珠下垂，接近鼻子，胳膊很长，大腿向两侧弯曲。陈侯看到了，很喜欢他，在宫外让他治理国家，在宫内让他管理自己的饮食起居。楚国盟会诸侯，陈侯有病，不能前往，派敦洽雠麇去向楚国道歉。楚王对他的名字感到奇怪，就先接见了他。他进去了，相貌又丑陋，说话又粗野。楚王很生气，召来大夫们，告诉他们说：“陈侯不知道这个人不可以派遣，这就是不明智；知道这个人不可以派遣却还要派遣他，这就是轻慢。轻慢而且不明智，不可不攻打

他。"于是发兵攻打陈国，过了三个月之后灭掉了陈国。丑陋足以惊吓别人，言论足以丧失国家，可是陈侯却对他喜爱到极点，没有人能超过他了，直到亡国，喜爱的程度都不减弱。

不应该受赏识却受到赏识的，那就一定会被废弃。应该受赏识却没有受到赏识的，这就是国家之所以混乱、世道之所以衰微的原因。天下的百姓，他们的愁苦劳碌就由此产生出来了。

大凡举荐人的根本，最上等的是凭道德，其次是凭事业，其次是凭功绩。这三种人不能举荐上来，国家一定会残破灭亡，各种灾祸就会一齐到来，自身一定会遭殃，能活到七十岁九十岁，就是侥幸的了。圣贤的后代，反而给人民带来危害，因此残害到自身，岂止是独自受危害呢？连人民也要跟着受害啊！

【解析】

做任何事情都要适合自己才行，为人君之前要先练就自己的能力，为人臣之前也要选择适合自己侍奉的君主，只有这样，才能使自己的才能发挥到极致。孔子的才能得不到合适的君主赏识，最终才做到一个小官吏，一个幸福的女子而非要私藏东西而毁坏自己的家庭，这就是因为选择了不适合自己的做法来维护自己幸福的下场。由故事仔细揣摩，我们每一个人都有自己的生存价值，关键要适时适地，这是自我才能发展的基础所在，值得思考。

【故事】

孙膑装疯斗庞涓

庞涓（？—前342）战国时期魏国人，曾经和著名的兵家人物孙膑是同窗好友。他们都是鬼谷子的学生，两个人都很有才华。

庞涓先行辞别了老师，到了魏国，做了魏惠王的军师。后来魏惠王听说孙膑是"兵圣"孙武的后代，且很有才华。就向庞涓问起孙膑的情况，庞涓向魏惠王推荐了孙膑，并亲自写信将孙膑招来。孙膑到了魏国以后，魏惠王任命孙膑为军师，庞涓却说孙膑比自己有才能多了，怎么可以在自己的手下做事呢？于是魏惠王改任孙膑为上卿，这只是一个有位无权的职位。蒙在鼓里的孙膑还对庞涓心存感激。

庞涓最清楚孙膑的才能，一向对他充满了嫉妒，唯恐孙膑超过自己。于是就想出了一条毒计：因为孙膑是齐国人，他就在魏惠王面前进谗言，说孙膑私通齐国，背叛魏国。魏惠王大怒，下令把孙膑的膝盖骨给剜了。可表面上，庞涓一直对孙膑很客气，也细心地照顾他，请孙膑写出祖传的兵法。不明就里的孙膑，还觉得庞涓挺好的呢！到了后来，他才知道自己中了庞涓的诡计，于是他就开始想办法保护自己。

有一天，孙膑突然疯了，喜怒无常。庞涓怀疑孙膑是装的，就让人把他扔进了猪圈里。孙膑披头散发，睡在猪粪里，对送来的食物连看都不看，却把猪粪、土块等脏东西往嘴里塞。庞涓觉得孙膑真的是疯了，就放松了对他的看管。齐威王知道了这件事情以后，便派淳于髡偷偷地到了魏国，把孙膑偷运到了齐国。到了齐国以后，齐威王向孙膑请教一些军事问题，并把孙膑奉为军师。

周显王十四年（前355年），孙膑以"围魏救赵"之计，大败魏军于桂陵。在周显王二十七年（前342年），孙膑又以"减灶诱敌"之计，在马陵打败魏军，庞涓兵败自杀。

必己

【题解】

"必己"就是修身致道。本篇主要阐释了外在的事物没有固定的规则，千变万化，是不能完全依赖的。有了不能依赖外物的认识，就要加强自身的修养。

作者主要揭示了生活中种种不可预料的偶然性，并劝告人们尽己修身，安时知命。

【原文】

外物不可必[1]，故龙逄诛，比干戮，箕子狂，恶来死，桀、纣亡。人主莫不欲其臣之忠，而忠未必信。故伍员流乎江，苌弘死，藏其血三年而为碧。亲莫不欲其子之孝，而孝未必爱。故孝己疑，曾子悲。

庄子行于山中，见木甚美，长大，枝叶盛茂，伐木者止其旁而弗取。问其故，曰："无所可用。"庄子曰："此以不材得终其天年矣。"出于山，及邑，舍故人之家。故人喜，具酒肉，令竖子为杀雁飨之。竖子请曰："其一雁能鸣，一雁不能鸣，请奚杀？"主人之公曰："杀其不能鸣者。"明日，弟子问于庄子曰："昔者山中之木以不材得终天年，主人之雁以不材死，先生将何以处？"庄子笑曰："周将处于材、不材之间。材、不材之间，似之而非也，故未免乎累。若夫道德则不然。无讶无訾，一龙一蛇，与时俱化，而无肯专为：一上一下，以禾为量，而浮游乎万物之祖，物物而不物于物，则胡可得而累？此神农、黄帝之所法。若夫万物之情，人伦之传则不然：成则毁，大则衰，廉则剉，尊则亏，直则骫，合则离，爱则隳，多智则谋，不肖则欺，胡可得而必？"

牛缺居[2]上地大儒也，下之邯郸，遇盗于耦沙之中。盗求其橐中之载则与之，求其车马则与之，求其衣被则与之。牛缺出而去，盗相谓曰："此天下之显人也，今辱之如此，此必诉我于万乘之主。万乘之主必以国诛我，我必不生，不若相与追而杀之，以灭其迹。"于是相与趋之，行三十里，及而杀之。此以知故也。孟贲过于河，先其五，船人怒，而以楫虣其头，顾不知其孟贲也。中河，孟贲瞋目而视船人，发植，目裂，鬓指，舟中之人尽扬播入于河。使船人知其孟贲，弗敢直视，涉无先者，又况于辱之乎？此以不知故也。知与不知，皆不足恃，其惟和调近之。犹未可必，盖有不辨和调者，则和调有不免也。宋桓司马有宝珠，抵罪出亡。王使人问珠之所在，曰："投之池中。"于是竭池而求之，无得，鱼死焉。此言祸福之相及也。纣为不善于商，而祸充天地，和调何益？

张毅好恭，门间帷薄聚居众无不趋，舆隶姻媾小童无不敬，以定其身。不终其寿，内热而死。单豹好术，离俗弃尘，不食谷实，不衣芮温，身处山林岩窟，以全其生，不尽其年，而虎食之。孔子行道而息，马逸，食人之稼，野人取其马。子贡请往说之，毕辞，野人不听。有鄙人始事孔子者，曰："请往说之。"因谓野人曰："子不耕于东海，吾不耕于西海也。吾马何得不食子之禾？"其野人大说，相谓曰："说亦皆如此其辩也！独如向之人？"解马而与之。说如此其无方也而犹行，外物岂可必哉？

君子之自行也，敬人而不必见敬，爱人而不必见爱。敬爱人者，己也；见敬爱者，人也。君子必在己者，不必在人者也。必在己无不遇矣。

【注释】

①必：依仗。

②居：住。

【译文】

外物是不可靠的，因此，龙逢被诛，比干受戮而死，箕子装疯，恶来被处死，桀、纣被灭亡。君主都希望自己的臣下忠诚于自己，但是臣下不一定受到君主的信任。所以，伍员被抛尸长江，苌弘遇害之后他的雪藏了三年化为了碧玉。父母都希望自己的儿子能够孝敬自己，可是孝子不一定得到父母的喜爱。所以，孝子受到了父母的怀疑，曾参因为受到亲人的怀疑而感到悲伤。

庄子在山中行走，看见一棵树长得很美很高大，枝叶很茂盛，伐木者停在那棵树旁却不伐取它。庄子问他们这是什么缘故，伐木者回答说："这棵树没有

什么用处。"庄子说："这棵树因为不成材，结果得以终其天年了。"庄子出了山，来到县邑，住在老朋友的家里。老朋友很高兴，准备酒肉，叫童仆杀一只鹅款待他。童仆请示道："一只鹅会叫，一只鹅不会叫，请问杀哪只？"主人的父亲说："杀那只不会叫的。"第二天，弟子向庄子问道："昨天山里的树因为不成材而得以终其天年，现在这位主人的鹅却因为不成材而被杀死，先生您将在成材与不成材这两者间处于哪一边呢？"庄子笑着说道："我将处于成材与不成材之间。成材与不成材之间，似乎是合适的位置，其实不然，所以还是免不了遭到祸害。如果遵循道德行事，就不是这样了：既没有美誉，也没有毁辱，时而为龙，时而为蛇，随时势而变化，而不肯专为一物；时而上，时而下，以顺应自然为准则，在万物的原始状态中漫游，主宰万物而不被万物所役使，那么怎么会遭到灾祸呢？这就是神农、黄帝所取法的处世原则。至于万物之情，人伦相传之道，就不是这样了。成功了就会毁坏，强大了就会衰微，锋利了就会缺损，尊贵了就会受到倾覆，直了就会弯曲，聚合了就会分散，受到爱惜就会被废弃，智谋多了就会受人算计，不贤德就会受人欺辱。怎么可以偏执一方而加以依仗呢？"

　　居住在上地的牛缺是位大儒。有一次去邯郸，在途经耦沙时遇到了强盗。强盗就索要他口袋中的钱财，牛缺就给了强盗；强盗索要他的牛马，牛缺也给了；索要他的衣服，也给了。当牛缺步行离开之后，这些强盗们就商量说："他是个大人物，现在咱们抢了他的东西，还这么侮辱他，他肯定会向君主说这件事，这样君主就会派全国的兵力来讨伐我们，那时大家必死无疑。所以我们不如追上他把他给杀掉，以消灭他的行迹。"于是，这些强盗一同追了三十里，追上牛缺把他杀死了。这就是因为他们知道牛缺是贤能之士的缘故。孟贲有一次要过黄河，没有按照顺序登船，船夫就很生气，用舟楫敲打他的脑袋，只是因为船夫不知道这个人就是孟贲。船流经河中流时，孟贲瞪大眼睛，怒视船夫，头发竖立，眼眶裂开，鬓须都直立了。船上的人都纷纷躲避他，结果很多都掉进河里。如果船上的人都知道他是孟贲，就没有人敢正视他，没有人敢在他前面登船，更别说是侮辱他了。这就是因为不知道对方的原因。知道和不知道，都不能凭靠，也许只有持中调和的办法才接近于可靠，但这样还是不能完全的可靠。如果遇到不能识别持中调和的，就是采用持中调和的办法也不足以免去祸患。宋国的桓司马有一颗珠宝，有一次他犯法出逃了，宋国国君就派人追问他珠宝藏在哪里，他说："扔进水里了。"国君就让人弄干池子里的水寻找珠宝，结果没有找到，池子里的鱼都干死了。这说明祸福是相互依存的。纣在商干尽坏事，灾祸充斥天地之间，即使调和又有什么用呢？

张毅喜欢恭敬待人，凡是经过门口巷道、帷幕垂帘和人们聚集的地方，都会快步地走过，对待奴隶、姻亲和童仆也是很尊敬，以此来使自己平安。但最后他还是患内热而死，没有长寿。单豹喜欢道术，超脱世俗，不食五谷，不着丝絮，居住在山林岩洞之中，以便保全自己的生命。但最后被老虎吃掉了，没有能够终其天年。孔子赶路，休息时，马跑了，吃了人家的庄稼。农夫扣留了他的马。子贡自愿请求去劝说那农夫归还马。结果子贡把好话都说尽了，可是农人还是不答应还马。有个刚入孔子门下的乡下学生说："让我去劝说他。"他对农夫说："您耕种的土地从东海一直到西海，我们的马怎么能不吃您的庄稼呢？"农夫听了非常高兴，对他说："你说的话竟这样的善辩，哪像刚才那个人那样呢？"于是解下马交给了他。劝说农夫的话如此没有道理但是却能行得通，外物怎么可以依靠呢？

君子的做法是：尊敬别人而不一定被别人尊敬，爱戴别人并不一定被别人爱戴。尊敬爱戴别人，在于自己；被别人尊敬爱戴，在于别人。君子凭借属于自己的东西，而不依靠属于别人的东西。依靠属于自己的东西，就会无所不通。

【解析】

本篇主要采纳并融合了庄了的思想，是《吕氏春秋》中十分精彩的篇章。本篇的主旨是说人不能单纯依靠外在的条件，只有依靠自身的修养，才能保全个体的身体与生命。

首先，本篇的主旨说明外在事物不可能有个定准，指出世俗中的人如果执意于追逐利害得失，到头来只会精神崩溃。文章一开始就开宗明义，提出论点"外物不可必"，外在事物的发展是不断变化的，没有一定的必然性。既有向这种方向发展的可能性，也有朝另外一种方向发展的可能性。比如说一般而言，忠臣都是应该得到国君的褒奖的，而奸人应得到惩罚的。但是在现实生活中，却往往不是这样。"人主莫不欲其臣之忠，而忠未必信，故伍员流于江，苌弘死于蜀，藏其血三年而化为碧。人亲莫不欲其子之孝，而孝未必爱，故孝己忧而曾参悲。"（《庄子·外物》）国君无不希望他的臣子效忠于己，可是竭尽忠心未必能够取得信任，所以伍子胥被赐死而且飘尸江中，苌弘被流放西蜀而死，西蜀人珍藏他的血液三年后竟化作碧玉。做父母的无不希望子女孝顺，可是竭尽孝心未必能够受到怜爱，所以孝己愁苦而死、曾参悲切一生。同样是死亡，忠臣因为忠于国家或忠于国君而死，按理说是应该得到善终的。奸臣与暴君因为干尽了坏事，不得善终是理所当然的。但是在现实中，忠臣与奸臣、暴君的死亡往往又是一样的。"故龙逢诛，比干戮，箕子狂，恶来死，桀纣亡"（同上），比如说，忠臣之士关龙逢、比干等却同奸人恶来、暴君夏桀、商纣一样遭到杀害，贤臣箕子被迫装疯。所以，做一个忠臣与做一个奸臣又有什么区别呢？因此，一个人不要执着于自己是否是忠臣，以为按照忠臣的要求去做就会得到好下场。实际上，忠臣与奸臣的下场未必会有不同。

外物不可依赖，其中最主要的就是人们没有摆脱对"名"的束缚。牛缺是个大儒，在当时是个很有名的人。他到邯郸去，路上遇到了盗贼，他并没有与盗贼搏斗，而是把身上的财物、车马，甚至衣服都给了盗贼。盗贼放了他。牛缺走了以后，盗贼们说："这是个天下杰出的人，现在这样侮辱他，他一定会向国君诉说我们的盗窃行为，我们一定不能活命。不如赶上他，把他杀了。"于是盗贼追上他，把他杀了。牛缺被杀，主要是盗贼知道他的名声。孟贲过河，由于抢在队伍前头上了船，船工很生气，也不知道他是孟贲，就用桨敲打他的头。到了河中间，孟贲瞪大了眼睛看着船工，头发直竖起来，于是船工和船上的人

都知道他是孟贲，吓得纷纷掉到了水里。船工之所以敢敲孟贲的头，是因为孟贲并没有亮出身份。如果孟贲先表明身份，一船上的人哪里还敢与孟贲抢着上船呢？牛缺亮出身份却遭到杀害，孟贲亮出身份却让人家都感到害怕，所以一个人是否有名并不一定会给他带来好处或灾祸。有的人因有"名"而被杀，有的人因有"名"而杀人。所以，个体的生命能否得到安全与保障，与"名"无关。所以说，"知与不知，皆不足恃。"那些没有挣脱虚名束缚的人，怎么能使自己的个体生命得到保障呢？

其次，既然外物不能依靠，那么个体生命只有不断提高自身的内在修养才能得到保障。而提高自身的内在修养只有把自己从功利之心中超拔出来，才能实现。这个意思是通过"庄子行于山木"一段表达出来的。庄子在山中行走，看见一棵树长得很美很高大，枝叶很茂盛，伐木者停在那棵树旁却不伐取它。庄子问他们这是什么缘故，伐木者回答说："这棵树没有什么用处。"庄子说："这棵树因为不成材，结果得以终其天年了。"庄子出了山，来到县邑，住在老朋友的家里。老朋友很高兴，准备酒肉，叫童仆杀一只鹅款待他。童仆请示道："一只鹅会叫，一只鹅不会叫，请问杀哪只？"主人的父亲说："杀那只不会叫的。"第二天，弟子向庄子问道："昨天山里的树因为不成材而得以终其天年，现在这位主人的鹅却因为不成材而被杀死，先生您将在成材与不成材这两者间处于哪一边呢？"庄子笑着说道："我将处于成材与不成材之间。成材与不成材之间，似乎是合适的位置，其实不然，所以还是免不了遭到祸害。如果遵循道德行事，就不是这样了：既没有美誉，也没有毁辱，时而为龙，时而为蛇，随时势而变化，而不肯专为一物；时而上，时而下，以顺应自然为准则，在万物的原始状态中漫游，主宰万物而不被万物所役使，那么怎么会遭到灾祸呢？这就是神农、黄帝所取法的处世原则。"庄子所说的"处于成材与不成材之间"，实际上就是对实用的功利心的超脱。树，有"有用"与"无用"的区分；鹅，有"能鸣"与"不能鸣"之别，之所以这样来做划分，都是人们有功利之心。庄子"处于成材与不成材之间"，实质是对功利心的超脱。如果没有树木成材还是不成材这样的想法，如果不把鹅能鸣还是不能鸣当作于己有利的东西，换句话说，只有摈弃功利的心态才能完成自我解脱。这才是真正做到自我修养的完善。正如陈鼓应先生所说"唯有将心思从纠结的现实中提升一级，以卫护其精神的自主性"，只有这样才能让个体的生命价值"免于沦为工具价值而已"。所以"君子必在己者，不必在人者也。必在己，无不遇矣"，意思是说，君子所依仗的在于自己的东西，不在于依仗别人的东西。依仗自我的修养，就能无所不能了。这是道家所宣扬的人格境界。

本篇第一段来自《庄子·外物》篇，第二段来自《庄子·山木》篇，《吕氏春秋》吸收其思想的主要目的是说外在环境变幻莫测，只有不断提炼自身的修养，超脱名利的束缚，才能达到自由的境界。但是这种思想忽视外在环境对人的影响，是消极的，片面的，在法家思想占主导地位的秦国也是不可能实现的。

【故事】

周处知错能改终成名

周处是西晋时期人，少年时期曾横行乡里，被乡亲们视为一大祸患，他特别喜欢打猎，不拘小节，祸害乡里。有一次，他对邻居说："今年是个丰收年，大家应该高兴才是，怎么都哭丧个脸？"乡亲们对他说："不除三害，怎么高兴得起来呢？"周处问："有那三害呢？"人们告诉他："南山上的白额虎，长桥河里的蛟龙，加上你，就是三害。"周处听了心里咯噔一下，原来自己是如此的可恶呀！他决定改过自新，说道："我先把两害除掉，再来见你们。"

从此周处开始除害。他先杀了南山上的白额虎，又在河里与蛟龙大战了三天三夜，人们以为周处被蛟龙吃了呢，都在庆贺，周处杀了蛟龙回到村里，听到这种情况，心里难受极了，他真正感到了人们对他的厌恶，于是他悄悄地离别了老家。到了吴地，找到了自己过去的好友陆云，伤心地说："我现在也想学好，可是已经蹉跎了多年，恐怕来不及了。"陆云说："古人提倡朝闻夕改，你的前途是光明的，只要你自己下定决心，还怕将来出不了名吗？"听了好友的一番话，周处下定决心，处处严格要求自己，勤奋学习，言行有信。由于他的努力，所以屡被升迁，最后官至御史中丞。

慎大览第三

慎大

【题解】

"慎大"是在强大时也要保持小心谨慎的态度。本篇认为，只有"于安思危、于达思穷、于得思丧"，才能一直立于不败之地。旨在告诫国君在强大的时候处理国家政事也一定要保持慎重，在胜利面前更应该小心谨慎地行事。

【原文】

贤主愈大愈惧，愈强愈恐。凡大者，小邻国也①；强者，胜其敌也。胜其敌则多怨，小邻国则多患。多患多怨，国虽强大，恶得不惧？恶得不恐？故贤主于安思危，于达思穷，于得思丧②。《周书》曰③："若临深渊，若履薄冰④。"以言慎事也⑤。

桀为无道，暴戾顽贪⑥，天下颤恐而患之⑦，言者不同，纷纷分分⑧，其情难得。干辛任威⑨，凌轹诸侯⑩，以及兆民⑪。贤良郁怨，杀彼龙逢，以服群凶⑫。众庶泯泯⑬，皆有远志，莫敢直言，其生若惊[一]。大臣同患，弗周而畔⑭。桀愈自贤，矜过善非[二]⑮，主道重塞，国人大崩。汤乃惕惧⑯，忧天下之不宁，欲令伊尹往视旷夏[17]，恐其不信，汤由亲自射伊尹[18]。伊尹奔夏三年，反报于亳[19]，曰："桀迷惑于末嬉[三][20]，好彼琬、琰[21]，不恤其众。众志不堪，上下相疾[22]，民心积怨，皆曰：'上天弗恤，夏命其卒[23]。'"汤谓伊尹曰："若告我旷夏尽如诗[24]。"汤与伊尹盟，以示必灭夏。伊尹又复往视旷夏，听于末嬉。末嬉言曰："今昔天子梦西方有日[25]，东方有日，两日相与斗，西方日胜，东方日不胜。"伊尹以告汤。商涸旱[26]，汤犹发师，以信伊尹之盟。故令师从东方出于国西以进[27]。未接刃而桀走，逐之至大沙[28]。身体离散，为天下戮[29]。不可正谏[30]，虽后悔之，将可奈何？汤立为天子，夏民大说，如得慈亲，朝不易位[31]，农不去畴[32]，商不变肆[33]，亲郼如夏[34]。此之谓至公，此之谓至安，此之谓至信。尽行伊尹之盟，不避旱殃，祖伊尹世世享商[35]。

武王胜殷，入殷，未下舆[36]，命封黄帝之后于铸[37]，封帝尧之后于黎[38]，封帝舜之后于陈。下舆，命封夏后之后于杞[39]，立成汤之后于宋，以奉桑林[40]。武王乃恐惧，太息流涕[41]，命周公旦进殷之遗老，而问殷之亡故，又问众之所说、民之所欲。殷之遗老对曰："欲复盘庚之政[42]。"武王于是复盘庚之政，发巨桥之粟[43]，赋鹿台之钱[44]，以示民无私。出拘救罪，分财弃责[45]，以振穷困[46]。封比干之墓[47]，靖箕子之宫[48]，表商容之闾[49]，徒过者趋[四][50]，车过者下。三日之内，与谋之士，封为诸侯，诸大夫赏以书社[51]，庶士施政去赋[52]。然后济於河[五]，西归报于庙[53]。乃税马于华山[54]，税牛于桃林[55]，马弗复乘，牛弗复服[六][56]。衅鼓旗甲兵[57]，藏之府库，终身不复用。此武王之德也。故周明堂外户不闭[58]，示天下不藏也。唯不藏也，可以守至藏[59]。

武王胜殷，得二虏而问焉，曰："若国有妖乎？"一虏对曰："吾国有妖，昼见星而天雨血[60]，此吾国之妖也。"一虏对曰："此则妖也，虽然，非其大者也。吾国之妖甚大者，子不听父，弟不听兄，君令不行，此妖之大者也。"武王避席再拜之。此非贵虏也，贵其言也。故《易》曰："愬愬履虎尾[七][61]，终吉。"

赵襄子攻翟[62]，胜老人、中人[63]，使使者来谒之，襄子方食抟饭[64]，有忧色。

左右曰："一朝而两城下，此人之所以喜也，今君有忧色，何也[八]？"襄子曰："江河之大也⑥，不过三日。飘风暴雨[九]⑥，日中不须臾。今赵氏之德行，无所于积，一朝而两城下，亡其及我乎！"孔子闻之曰："赵氏其昌乎？"

夫忧所以为昌也，而喜所以为亡也。胜非其难者也，持之其难者也⑥。贤主以此持胜，故其福及后世。齐荆吴越，皆尝胜矣，而卒取亡[一〇]，不达乎持胜也。唯有道之主能持胜。孔子之劲⑥，举国门之关⑥，而不肯以力闻。墨子为守攻，公输般服⑩，而不肯以兵知[一一]。善持胜者，以术强弱⑪。

【校勘】

[一]惊，旧校云：一作"梦"。

[二]矜，旧校云：一作"给"。

[三]末，张本、姜本、刘本作"妹"。

[四]各本"徒"作"士"，今据俞樾说改。

[五]济於河，旧本作"於济河"。

[六]元本、李本、许本、张本、姜本、宋本、汪本、凌本、黄本、吴本作"牛弗服"，朱本、王本、日刊本作"牛弗復"。

[七]恩，旧校云：一作"逆"。

[八]各本脱"也"字，今据孙人和说补。

[九]飘风，旧校云：一作"焱风"。

[一〇]取，一作"败"。

[一一]各本"知"作"加"，今据孙志祖说改。

【注释】

①小：用如使动，使……小。

②丧：失。

③《周书》：古逸书。

④履：踩，踏。这两句《诗·小雅·小旻》作"如临深渊，如履薄冰"。

⑤以：此。

⑥顽：贪婪。

⑦颤恐：惊恐。颤，惊。

⑧分分：当作"介介"（依王念孙说），怨恨的意思。

⑨干辛：桀之谀臣。任：放纵。

⑩凌轹：欺压、干犯。轹，车轮碾过，这里指欺压。

⑪兆民：天子所治之民为兆民。

⑫凶：通"汹"。争吵不止，这里指群臣的诤谏。

⑬泯泯：纷乱的样子。

⑭弗周：不亲附。周，亲和。畔，通"叛"。

⑮矜：自夸。善：用如意动，以……为善。

⑯惕惧：恐惧。

⑰旷夏：大国夏。旷，大。

⑱汤由亲自射伊尹：这句意思是，汤为使夏信任伊尹，所以扬言亲自射伊尹，伊尹获罪而出亡。

⑲亳：古邑名，商汤的都城。在今河南偃师县。

⑳末嬉：有施氏之女，嫁给桀，很得桀的宠信。它书或作"妹喜"。

㉑琬、琰：桀的宠妾。

㉒疾：怨恨。

㉓卒：尽，完结。

㉔若：人称代词，你。诗：指有韵之文，即上文"上天弗恤，夏命其卒"而言。

㉕昔：夜。

㉖涸旱：干旱，指遇到旱灾。

㉗东方：指汤所居之地亳。亳在夏桀东方，所以这样称呼。国西：指夏桀的国都（今洛阳）之西。以：而。这句大意是，为了应验"西方日胜"之梦，汤从亳发兵到桀国都之西，然后从西方向桀进攻。

㉘大沙：地名，即南巢，位于当时华夏各族所居地区的南方。《尚书·仲虺之诰》："成汤放桀于南巢。"在今安徽省巢县西南。

㉙戮：耻笑。

㉚正：通"证"。谏。

㉛位：官位。

㉜畴：田亩。

㉝肆：商人聚集经商的地方。

㉞郼：汤为天子之前的封国。这句大意是，夏民得以安居乐业，所以亲近殷商如同亲近自己的民族一样。

㉟祖：对始建功德者的尊称。享：指受祭祀。因伊尹对商建有大功，所以世代在商享受祭祀。

㊱轝：同"舆"。车。

㊲铸：古国名。《史记》作"祝"。《礼记·乐记》："封帝尧之后于祝。"盖传说不同。

㊳黎：古国名。《史记》作"蓟"。《礼记·乐记》："封黄帝之后于蓟。"也属传闻不同。

㊴夏后：夏君。后：君主。《史记·夏本纪》此夏后指大禹。杞：古国名。

㊵桑林：汤祈祷的地方。

㊶涕：眼泪。

㊷盘庚：商汤的第九代孙，是商的中兴君主。

㊸巨桥：粮仓名，纣储粮于此。故址在今河北曲周县东北。

㊹赋：布施。鹿台：钱库名，纣藏钱财于此。

㊺责：债务。这个意义后来写作"债"。

㊻振：救济。这个意义后来写作"赈"。

㊼封：堆土使高大。比干忠心谏纣而被杀，武王为表彰他的忠诚，所以把他的坟墓修得很高。

㊽靖：通"旌"。彰明。宫：室。

㊾商容：商代贤人，相传被纣废黜。表：标记，这里用作动词。

㊿徒：徒步。

51书社：古代二十五家为一社，在册籍上书写社人姓名，称为"书社"。这里借指一定数量的土地（包括附于土地的人口）。

52施政：通"弛征"（依孙锵鸣说）。减轻赋税。

53西归：指归于丰镐。庙：指文王庙，

54税：释，放。华山：阳华山，在今陕西商洛南。

55桃林：古地域名，其地约相当于河南灵宝以西、陕西潼关以东地区。

56服：役使。

57衅：古代的一种祭礼，杀牲并用它的血涂抹钟鼓等器物。

58明堂：天子理政之处。

59至藏：指至德，最完美的品德。

60雨：降落。血：指像血一样红色的雨。

61愬愬：恐惧的样子。引这两句是告诫君主行事应小心谨慎。今本《周易·履》作"履虎尾愬愬，终吉"。

62翟：国名。《国语·晋语九》作"赵襄子使新稚穆子伐狄"。

63老人：当作"左人"（依毕沅说）。左人、中人：都邑名。

64抟饭：弄成团的饭。

65大：这里指涨水。

66飘风：旋风。这句是本老子"飘风不终朝、骤雨不终日"之意，用以说明强大之物不易持久。

67持：守，保持。

(68)劲：坚强有力。

(69)关：门闩。

(70)墨子为守攻，公输般服：公输般为楚国造云梯，要攻打宋国，墨子听说后去劝阻。公输般九次攻城，墨子九次打退他；公输般守城，墨子九次攻下。事见《墨子·公输》。公输般：古代巧匠。

(71)强：用如使动。

【译文】

作为圣明的君主，国土越广大就会越害怕，国力越强盛就会越恐惧。国家大的，就轻视邻国；力量的强盛，是战胜敌人的结果。战胜了敌国就会引起他们的仇恨，掠夺了邻国就会引起祸患。祸害增加，仇恨增强，虽然国家强大，又怎么能不害怕不恐惧呢？所以贤君都会在安全时想着危险，在通达时想着困穷，得到时想到失去。《周书》说："就像站在深渊边上，就像踩在薄冰上。"说的就是小心行事的道理。

夏桀不实施德政，昏庸残暴，引起天下人的恐惧和忧患，民众纷纷议论，毫无秩序，就算天子也难以明辨是非真假。干辛逞强作威，欺凌诸侯，祸及民众，贤能之士都忧郁怨恨。桀杀害了龙逢来压服跟自己意见不合的人。天下人心散乱，民众都有逃难的念头，没有人敢发表直言，人人自危。臣下都有随时被杀害的可能，与桀不相合的人都想背叛他。桀更加自以为是，到处炫耀自己的才能，掩盖自己的过失，为君之道被严重阻塞，全国上下四处逃散。商汤很恐惧，忧虑天下会不得安宁，他想派伊尹去夏国探听情况，又担心夏国不相信伊尹，就发话出来要亲自射死伊尹。伊尹逃难到夏国，三年之后，回到了亳，对汤禀告说："末嬉迷住了桀，桀又宠爱着琬、琰两个妾，一点也不体恤民众，民众都不能忍受了，上下之间都彼此仇恨，民众心中的怨恨积蓄已久，都说上天不再保佑夏桀，夏国就要灭亡了。"汤说："你跟我说的夏国的情形就像诗上说的一样。"汤于是就和伊尹结盟宣誓要消灭夏。伊尹再次前往夏去探明情况，

受到末嬉的信任。末嬉对他说："昨天晚上天子梦见西方有个太阳，东方也有个太阳，两个太阳相互争斗，最后西方的太阳胜了，东方的太阳败了。"伊尹又把这些话告诉了汤。那时，商天下大旱，汤很相信自己跟伊尹立下的盟誓，就发动军队攻打夏。军队从国都的东边出发，班师时从国都的西边进入。两军还没有交战，桀就已经逃走了。后来桀被放逐大沙，身首异处，被天下人所耻笑。当初不听直言，就算最后醒悟过来，又能怎么样呢？汤成为天子，民众都很高兴，就像得到了慈父一样，商朝的官吏都各守其职，没有更换，农民没有离开农田，商人没有更换市场，人民亲近商就像亲近夏一样。这就叫作公正、安定、恪守信用。完全地履行了同伊尹立下的盟誓，没有回避大旱情形，最终大功告成，伊尹因为自己的功劳而被祭祀在商的太庙中，世代不绝。武王打败商，进驻殷都，还没有下车，就命令把黄帝的后代分封到铸，把尧的后代分封到黎，把舜的后代分封到陈；下了车之后，命令把禹的后代分封到杞，立汤的后代为宋国的国君，让他继承桑林的祭祀。当时，武王很害怕，又叹息又落泪，就下令周公旦推荐商朝的遗老，向他们请教商灭亡的原因，同时向民众询问喜欢什么，有什么希望。遗老们说："请恢复盘庚时候的政令。"于是武王就下令恢复了盘庚时候的德政：发放仓库的粟米，分发官府的钱财，这样向民众表明自己的公正无私；释放，赦免罪犯，分发财物，免除债务，来救济穷困之人；整修加固比干的陵墓，装修箕子的宫殿，在商容的闾里树立标记，士人经过的时候，必须快步穿过，乘车经过的人，必须下车；在三天中，那些参与策划讨伐商的贤能之士都被封为诸侯，赏给大夫士地，减免庶民的赋税；之后武王才渡过孟津河，向西经过丰镐对文王庙报功；于是，把马匹放于华山，把牛放于桃林，不再让它们参与战争；把牺牲的血涂抹在鼓、旗、铠甲和兵器上，装入仓库，不再使用。这就是武王的德政。所以，周天子明堂的门户没有关闭，以此向人们表明没有私藏之物。只有没有私自收藏物品，才可以持守仁爱。武王打败了殷，捉来了两个俘虏，问他们："你们国家有什么怪异的事情吗？"一个说："有，在我国白天能看见星星，下过血雨，这些都是在我国发生的怪事。"另一个说："这些确实是怪事，但这还不是最重要的，我们国家还有更严重的，例如，儿子不听从父亲的话，弟弟不听从哥哥，国君的政令得不到实施，这些才是最严重的怪事。"武王急忙离开座席拜了两拜，不是拜两个俘虏，而是敬重他们所说的话。所以《周易》说："像踩着老虎的尾巴一样警惕不安，做事始终都是会吉利的。"

赵襄子命令新稚穆子去讨伐翟人，占领了老人、中人两座城。新稚穆子就让使者向赵襄子禀告此事。赵襄子正在吃饭团，听后面露忧色。侍臣说："瞬间就占领了两座城，这是件高兴的事，您怎么还面带忧愁啊？"赵襄子说："长江黄河涨水，三天也会退去；疾风骤雨，很快也会停息。现在赵氏没有丰厚的德行，一下子就占领两座城，灭亡的命运恐怕要降临到我头上了吧？"孔子听说这件事后，说："赵国可能要兴盛了吧！"

忧患是兴盛的基础，欢喜是灭亡的开始；胜利不是件难事，难的是保持胜利。贤君在忧虑中保持胜利，因此他们的福祉延续到后代，齐、楚、吴、越国都曾经胜利过，但是最后都灭亡了，这就是因为他们并不懂得保持胜利的道理。只有得道的君主才能够保持胜利。孔子强劲有力，能够举得起国都城门的门闩，但是不愿意凭借力气大而闻名天下；墨子擅长于摧城拔寨，公输般都很佩服他，但是他却不支持战争。只有善于保持胜利的人，充分运用谋略才能够由弱变强。

权勋

【题解】

"权勋"就是权衡功利大小的意思。本篇主要论述了小忠、大忠，小利、大利，认为小忠、小利会影响大忠、大利。圣人之所以成为圣人，在于可以舍小取大。要是不懂得权衡轻重，不懂得大小，就会导致国破身亡的结局。

利不可两，忠不可兼。不去小利，则大利不得；不去小忠，则大忠不至。故小利，大利之残也①；小忠，大忠之贼也。圣人去小取大。

昔荆龚王与晋厉公战于鄢陵②，荆师败，龚王伤。临战，司马子反渴而求饮③，竖阳谷操黍酒而进之④，子反叱曰："訾⑤，退！酒也。"竖阳谷对曰："非酒也。"子反曰："亟退却也⑥！"竖阳谷又曰："非酒也。"子反受而饮之。子反之为人也嗜酒，甘而不能绝于口，以醉。战既罢，龚王欲复战而谋，使召司马子反，子反辞以心疾。龚王驾而往视之⑦，入幄中⑧，闻酒臭而还⑨，曰："今日之战，不穀亲伤⑩，所恃者司马也，而司马又若此，是忘荆国之社稷，而不恤吾众也。不穀无与复战矣。"于是罢师去之，斩司马子反以为戮⑪。故竖阳谷之进酒也，非以醉子反也，其心以忠也，而适足以杀之⑫。故曰：小忠，大忠之贼也。

昔者晋献公使荀息假道于虞以伐虢⑬。荀息曰："请以垂棘之璧与屈产之乘⑭，以赂虞公，而求假道焉，必可得也。"献公曰："夫垂棘之璧，吾先君之宝也；屈产之乘，寡人之骏也。若受吾币而不吾假道⑮，将奈何？"荀息曰："不然。彼若不吾假道，必不吾受也[一]；若受我而假我道，是犹取之内府而藏之外府也⑯，犹取之内皁而著之外皁也⑰。君奚患焉？"献公许之。乃使荀息以屈产之乘为庭实⑱，而加以垂棘之璧，以假道于虞而伐虢。虞公滥于宝与马而欲许之⑲，宫之奇谏曰⑳："不可许也。虞之与虢也，若车之有辅也㉑，车依辅，辅亦依车。虞虢之势是也。先人有言曰：'唇竭而齿寒㉒。'夫虢之不亡也，恃虞；虞之不亡也，亦恃虢也。若假之道，则虢朝亡而虞夕从之矣。奈何其假之道也？"虞公弗听[二]，而假之道。荀息伐虢，克之。还反伐虞，又克之。荀息操璧牵马而报。献公喜曰："璧则犹是也㉓，马齿亦薄长矣㉔。"故曰：小利，大利之残也。

中山之国有内繇者^{[三]㉕}，智伯欲攻之而无道也㉖，为铸大钟，方车二轨以遗之㉗。内繇之君将斩岸堙谿以迎钟㉘。赤章蔓枝谏曰㉙："诗云㉚：'唯则定国㉛。'我胡以得是于智伯^[四]？夫智伯之为人也，贪而无信，必欲攻我而无道也，故为大钟，方车二轨以遗君。君因斩岸堙谿以迎钟，师必随之。"弗听，有顷谏之㉜。君曰："大国为欢，而子逆之，不祥。子释之㉝。"赤章蔓枝曰："为人臣不忠贞，罪也。忠贞不用，远身可也。"断毂而行㉞，至卫七日而内繇亡。欲钟之心胜也。欲钟之心胜，则安内繇之说塞矣。凡听说所胜不可不审也。故太上先胜㉟。

昌国君将五国之兵以攻齐㊱。齐使触子将㊲，以迎天下之兵于济上。齐王欲战，使人赴触子，耻而訾之曰㊳："不战，必剗若类㊴，掘若垄㊵！"触子苦之，欲齐军之败，于是以天下兵战㊶，战合，击金而却之^{[五]㊷}。卒北㊸，天下兵乘之㊹。触子因以一乘去，莫知其所，不闻其声^[六]。达子又帅其馀卒以军于秦周㊺，无以赏，使人请金于齐王。齐王怒曰："若残竖子之类㊻，恶能给若金？"与燕人战，大败，达子死，齐王走莒。燕人逐北入国㊼，相与争金于美唐甚多㊽。此贪于小利以失大利者也㊾。

【校勘】

[一] 吾，旧校云：一作"敢"。

[二] 弗，汪本、凌本、朱本、王本作"不"。

[三] 内，旧本皆作"夙"。

[四] 旧本"胡"下皆有"则"字。

[五] 却，旧校云：一作"退"。

[六] 闻，旧校云：一作"问"。

【注释】

①残：与下文的"贼"都是害的意思。

②荆龚王：即楚共王，楚庄王之子，公元前 590 年—前 560 年在位。晋厉公：晋景公之子，公元前 580 年—前 573 年在位。鄢陵：地名，在今河南鄢陵西北。

③司马：官名，掌管军政。子反：楚公子侧之子。司马子反是这次战斗的楚军主帅。饮：用如名词，指水。

④竖：童仆。阳谷：人名。他书或作"谷阳"。

⑤訾：呵斥的声音。

⑥亟：速，急。

⑦驾：君王的车乘，这里用作动词，指乘车驾。

⑧幄：帐幕。

⑨臭：气味。

⑩不穀：诸侯的谦称。

⑪戮：陈尸。

⑫适：恰好。

⑬晋献公：晋武公之子，公元前 676 年—前 651 年在位。荀息：晋大夫。假道：借路。虞：国名，姬姓，在今山西平陆北。虢：国名，又名北虢，姬姓，在今山西平陆。

⑭垂棘之璧：垂棘出产的美玉。垂棘，地名，产美玉。璧，圆形中间有孔的玉器。屈产之乘：屈邑产的骏马。屈，晋地名，出骏马。乘，四马叫乘。

⑮币：礼物。指上文的璧、马。

⑯内府：君主储藏财物之处。外府：国中内府之外藏财物的府库。这里以外府喻虞，是把虞国看作晋国所有了。下文用外皂喻虞同。

⑰皂：即皂，通"槽"。牛马槽。

⑱庭实：诸侯间相互聘问，把礼物陈于中庭，叫庭实。

⑲滥：贪。

⑳宫之奇：虞大夫。

㉑车：齿床。辅：颊骨。两者互相依存。

㉒竭：亡。

㉓是：如此，这样。

㉔马齿：指马的年龄。薄：微。

㉕内繇：春秋时国名，在今山西盂县一带。他书或作"仇酋""仇由""厹由""仇犹"。

㉖智伯：指智襄子，晋大夫。

㉗方车：两车并排。方，并列。轨：车两轮间的距离。遗：给。

㉘岸：水边高地。堙：堵塞。

㉙赤章蔓枝：内繇国之臣。

㉚下引诗是逸诗。

㉛则：法，法则。

㉜有顷：过了一会儿。

㉝释：置，放下。这里是停下来，不要再说了的意思。

㉞断毂：砍掉车轴两头长出的部分。毂，车轮中心圆木，中间有孔用来穿轴。这里指车轴的两端。断毂而行是因为山路狭窄。

㉟先：当作"无"（依陶鸿庆说）。

㊱昌国君：燕昭王亚卿乐毅，因功封于昌国，号昌国君。将：率领。五国：指秦楚韩赵魏。

㊲触子：齐国的将领。他书或作"蜀子""向子"。

㊳訾：非难。

㊴刬：消灭。类：同类。

㊵垄：坟墓。

㊶以：与。

㊷金：指金属制的乐器。古代作战时，鸣金是退兵的信号。

㊸北：败逃。

㊹乘：追击、践踏的意思。

㊺达子：齐人。帅：率领。军：驻扎。秦周：齐地名。

㊻残：残余。竖子：小子，这里是骂达子的话。

㊼北：指齐国的败军。国：指齐国都城。

㊽美唐：当是齐国藏金的地方。

㊾小利：指金。大利：指国。

【译文】

利不能两得，忠不可兼备。不舍弃小利就得不到大利，不舍弃小忠就得不到大忠。所以，小利是大利的祸害；小忠是大忠的祸害。圣人为取大利而舍小利。

从前，楚共王和晋厉公在鄢陵交战，楚军战败，共王负伤。临战时，司马子反渴了，要找水喝，童仆阳谷拿一碗酒给他。子反斥责道："嘿！拿下去！这是酒。"童仆阳谷回答说："这不是酒。"子反说："赶快拿下去！"童仆阳谷又说："这不是酒。"子反就接过来喝了。子反这个人嗜好喝酒，他觉得酒味甘美而不能自制，因此喝醉了。战斗停下来后，楚共王想重新组织战斗，要商讨作战计划，派人去叫司马子反，司马子反借口心痛没有去。楚共王乘车来看他，一进入军帐，闻到酒气就回去了。楚共王说："今天的战斗，我自己受了伤，现在所能依靠的就是司马了。而司马又醉成了

晋厉公

这个样子，他这是忘记了楚国的社稷，而不顾恤我的部属。我没有人相与作战了。"于是收兵离去，将司马子反斩首，并陈尸示众。可见，童仆阳谷给司马子

反进酒，并不是要把子反灌醉，他心里认为这是忠爱子反，却恰好因此而害了他。所以说，小忠是大忠的祸害。

从前，晋献公派荀息去向虞国借路以便攻打虢国，荀息说："请用垂棘之璧和屈地所产的良马作为礼物赠给虞公，这样去要求借路，一定会得到允许。"晋献公说："垂棘之璧是先君传下来的宝贝，屈地所产的良马是我的骏马，如果他们接受了我们的礼物而又不借给我们路，那将怎么办呢？"荀息说："不会这样，他们如果不借路给我们，一定不会接受我们的礼物。如果他们接受我们的礼物而借路给我们，这就好像我们把垂棘之璧从内府转藏到外府，把屈地产的良马从内厩牵出来关到外厩里，有什么好担忧呢？"晋献公同意了。就派荀息把屈地出产的良马作为礼物，再加上垂棘之璧，送给虞国以借路攻打虢国。虞公盯着宝玉和骏马，就想答应荀息。宫之奇劝谏说："不可以答应呀。虞国跟虢国，就像车牙跟车辅，车牙依赖车辅，车辅也依赖车牙，这正是虞虢相依的形势。古人有句话说：'嘴唇没有了，牙齿就会感到寒冷。'虢国不被灭亡，靠的是有虞国；虞国不被灭亡，靠的是有虢国。如果我们借路给晋国，那么虢国早晨灭亡，虞国晚上也就会跟着灭亡。怎么能借路给晋国呢？"虞公不听宫之奇的话，把路借给了晋军。荀息领兵攻打虢国，消灭了虢国。再回军攻打虞国，又消灭了虞国。荀息拿着玉璧牵着骏马回来向晋献公报告。献公高兴地说："玉璧还是原来的样子，只是马的年龄稍微长了一点。"所以说，小利是大利的祸害。

中山诸国中有个叫厹繇国的，智伯想要攻占它，但是苦于没有带兵进攻的道路，于是就铸造了一口大钟，用两辆并排的车载着大钟送给他们的国君。这个国君就想削平山丘、填平沟壑来迎接这口大钟。赤章蔓枝上前劝阻道："《诗》上说只有遵守法度才可以安邦定国。我们为什么能够得到智伯送的大钟呢？这个人为人贪婪，不守信用，他肯定是想攻打我们国家但是没有进军的道路，所以就铸造了这口大钟，用两辆车载来送给您。国君如果真的削平山丘、填平沟壑来迎接这口大钟，他们的军队一定会随之而来。"但是国君没有采纳，过了一会儿，赤章蔓枝又来劝说，国君说："大国想要和我们友好，你却拒绝他

们，这样不好，你就别说了。"赤章蔓枝说："为人臣而不忠，这就是罪过；忠贞而不被信任，即可以离开了。"于是赤章蔓枝乘马车离去，到达卫国七天之后，夻繇国就被智伯消灭了。夻繇国之所以被消灭，是因为他们的国君太想得到大钟了，想得到的心思太强烈了，那么，保全国家的意见就不会被采纳。凡是听取意见，占主导地位的心思不能不谨慎地考察，所以，最主要的是要克服内心的私欲。

昌国君乐毅率领五个国家的军队去攻打齐国。齐国派触子为将，在济水边迎战各国诸侯的军队。齐王急着想开战，派人到触子那里去，侮辱并且斥责他说："不开战，我一定宰了你一家，挖掉你的祖坟。"触子感到很苦恼，想让齐军战败。于是跟各国诸侯的军队开战，两军刚一交锋，触子就鸣金退却。齐军败逃，诸侯军队乘胜追击，触子于是坐上一辆兵车跑了，没有人知道他去了哪里，再也听不到他的声音。齐军另一位将领达子又率领残余部队驻扎在秦周，没有东西可用来赏赐士卒，就派人向齐王请求一笔金钱。齐王愤怒地说："你们这些残存下来的家伙，怎么能给你们金钱？"齐军与燕军交战，结果被打得大败，达子阵亡，齐王逃到了莒。燕国人追赶败逃的齐兵进入齐国国都，在美唐你争我夺抢走了齐国很多金钱。这就是贪图小利反而失去大利的事例啊。

【解析】

本篇的主旨就是善于处理小利与大利之间的关系。本篇篇名"权勋"，意即权衡事功的大小。在结构上比较简单，开篇提出论点：即"利不可两，忠不可兼。不去小利则大利不得，不去小忠则大忠不至。故小利，大利之残也；小忠，大忠之贼也。圣人去小取大。"意思是说，利不可能既得到大的利益同时也能得到小的利益，忠不可能同时忠于两个国家。不抛弃小的利益，就不能得到大的利益；不抛弃小忠，大忠就不会实现。所以说小利是大利的祸害，小忠是大忠的祸害。圣人都善于处理小大之间的关系，善于舍弃小利而获取大利。为了说明这个道理，文中列举了四个事例，运用摆事实、讲道理的方法来说理。

　　文中所举的第一个事例是阳谷献酒。楚共王和晋厉公在鄢陵交战，楚军战败，共王负伤。在战斗间隙，司马子反渴了，要找水喝。他的童仆阳谷拿一碗酒给他。子反叱责道："哼！拿下去！这是酒。"童仆阳谷坚持说："这不是酒。"于是子反就接过来喝了。子反这个人嗜好喝酒，一接到酒就不能自制，因此喝醉了。战斗停下来后，楚共王想重新组织战斗，要商讨作战计划，派人去叫司马子反，结果却发现子反喝醉了。楚共王只好收兵离去。回去以后，即将司马子反斩首，并陈尸示众。当初，童仆阳谷给司马子反进酒，其目的并不是要把子反灌醉，他心里认为这是忠于子反，这是小忠。但却因为这样，使国家在战争中遗失战机，没有做到忠于国家的"大忠"。所以说，小忠是大忠的祸害，而子反也被杀了。

　　文中所举的第二个事例是晋献公向虞国借路攻打虢国。献公接受荀息的建议，把屈邑盛产的四匹马，加上垂棘出产的玉璧作为礼物献给虞国国君，以此向虞国借路。虞国国君贪恋财物，拒绝大臣宫之奇的劝说，执意收下晋国的宝马和玉璧，借道给晋国。结果晋国的军队攻下并占领虢国以后，在回师经过虞国的时候，顺便攻打虞国，虞国战败，荀息又把送给虞国国君的宝马和玉璧拿了回来，还给了晋献公。虞国国君贪图宝马和玉璧这样的小利，而不顾国家的安危，最终导致了国破家亡。这是贪图小利而丧失了大利啊！后文的事例也与此类似。

　　从文中所举的几个事例来看，本篇所说的"大利"，是指事关国家生死存亡的根本利益；"小利"是指当事人的个人爱好。如司马子反嗜酒，虞国国君贪财，公孙之君爱钟，齐王爱金而不舍得赏赐。本篇所说的处理"小利与大利的关系"，实质上是要求国君善于处理个人爱好与国家安危之间的关系问题。作为一国之君或者国家依赖的栋梁之臣，个人的爱好事关国家的安危，所以不能不有所控制，不能放纵自己，不能为了满足个人的爱好而将国家命运置于危险之中。这是国君必须要慎重衡量的，也是本篇的真正用意。

　　《吕氏春秋》的这种认识，也是春秋战国时期人们的普遍认识。《商君书·

修权》："凡人臣之事君也，多以主所好事君。君好法，则臣以法事君；君好言，则臣以言事君。君好法，则端直之士在前；君好言，则毁誉之臣在侧。"意思是大凡臣子侍奉国君，多是根据国君的喜好，国君喜好法制，臣子就以法制侍奉他；国君喜好言谈，臣子就以言谈侍奉他。国君喜好法制，正直的人就会出现在他面前；国君喜好言谈，搬弄是非、溜须拍马之辈就会围拢在他周围。《战国策·楚策一》载莫敖子华的话说："昔者先君灵王好小要，楚士约食，冯而能立，式而能起，食之可欲。忍而不入；死之可恶，就而不避。章闻之，其君好发者，其臣抉拾。君王直不好，若君王诚好贤，此五臣者，皆可得而致之。"这段文字的意思是说：从前，楚国的先君楚灵王喜欢细腰女子，楚国的人为了让灵王高兴便少吃饭，使自己的腰都细起来，以致要扶着东西才能站立。有的人虽然想吃东西，但总是忍着饿不去吃，这样饿下去，就有死的危险，可是人们无所畏惧。我听说："国君喜好射箭，大臣也会去学习射箭。"大王您只是不喜好贤臣而已，如果真是喜好贤臣，这五种贤臣，都是可以被大王罗致来的。这也是国君因个人爱好而影响到国家的命运和前途。《荀子·君道》里有这样一段话："请问为国？曰：闻修身，未尝闻为国也。君者，仪也；仪正而景正。君者，盘也；盘圆而水圆。君者，盂也；盂方而水方。君射，则臣决。楚庄王好细腰，故朝有饿人。故曰：闻修身，未尝闻为国也。"荀子这里的比喻很巧妙，把民众比喻成水，国君比喻成盛水的器具。可见国君的个人爱好对国家的重大影响力。荀子在这里是强调国君个人修养的重要性。但这个意思被《吕氏春秋》所吸收，用来说明国君个人爱好与国家存亡的关系。这种吸收利用，正反映了《吕氏春秋》杂家的特点。

下贤

【题解】

"下贤"就是尊重贤能、礼贤下士的意思。本篇着重强调了圣贤之士的德行，强调他们对于国君成就功业的重要意义，认为国君若可礼贤下士，小则平治国家，大则称霸称王。

【原文】

有道之士，固骄人主^①；人主之不肖者，亦骄有道之士。日以相骄，奚时相得^②？若儒墨之议与齐荆之服矣^③。

贤主则不然。士虽骄之，而己愈礼之，士安得不归之？士所归，天下从之，帝^④。帝也者，天下之适也^⑤；王也者，天下之往也。得道之人，贵为天子而不骄倨^⑥，富有天下而不骋夸^{[一]⑦}，卑为布衣而不瘁摄^⑧，贫无衣食而不忧慑^⑨。恳乎其诚自有也^{[二]⑩}，觉乎其不疑有以也^⑪，桀乎其必不渝移也^⑫，循乎其与阴阳化也^⑬，匆匆乎其心之坚固也^⑭，空空乎其不为巧故也^⑮，迷乎其志气之远也^⑯，昏乎其深而不测也^{[三]⑰}，确乎其节之不庳也^⑱，就就乎其不肯自是也^{[四]⑲}，鹄乎其羞用智虑也^⑳，假乎其轻俗诽誉也^㉑。以天为法，以德为行^㉒，以道为宗^㉓，与物变化而无所终穷，精充天地而不竭，神覆宇宙而无望^㉔。莫知其始，莫知其终，莫知其门，莫知其端，莫知其源。其大无外^㉕，其小无内^㉖。此之谓至贵。十有若此者，五帝弗得而友^㉗，三王弗得而师，去其帝王之色固，则近可得之矣^{[五]㉙}。

尧不以帝见善绻^㉚，北面而问焉。尧，天子也；善绻，布衣也。何故礼之若此其甚也？善绻，得道之士也。得道之人，不可骄也。尧论其德行达智而弗若^㉛，故北面而问焉^㉜。此之谓至公。非至公其孰能礼贤？

周公旦，文王之子也，武王之弟也，成王之叔父也。所朝于穷巷之中，瓮牖之下者七十人^㉝。文王造之而未遂^㉞，武王遂之而未成，周公旦抱少主而成之^㉟，故曰成王不唯以身下士邪？

齐桓公见小臣稷^㊱，一日三至弗得见。从者曰："万乘之主，见布衣之士，一日三至而弗得见，亦可以止矣。"桓公曰："不然，士骜禄爵者^㊲，固轻其主，其主骜霸王者，亦轻其士。纵夫子骜禄爵，吾庸敢骜霸王乎㊳？”遂见之，不可止。世多举桓公之内行㊴，内行虽不修，霸亦可矣。诚行之此论㊵，而内行修，王犹少㊶。

子产相郑㊷，往见壶丘子林㊸，与其弟子坐必以年㊹，是倚其相于门也㊺。夫相万乘之国而能遗之㊻，谋志论行而以心与人相索㊼，其唯子产乎！故相郑十八年㊽，刑三人，杀二人。桃李之垂于行者㊾，莫之援也㊿；锥刀之遗于道者，莫之举也(51)。

魏文侯见段干木(52)，立倦而不敢息。反见翟黄(53)，踞于堂而与之言(54)。翟黄不说，文侯曰：“段干木官之则不肯(55)，禄之则不受(56)；今女欲官则相位，欲禄则上卿。既受吾实(57)，又责吾礼(58)，无乃难乎(59)！”故贤主之畜人也[六]，不肯受实者其礼之。礼士莫高乎节欲[七]，欲节则令行矣。文侯可谓好礼士矣。好礼士，故南胜荆于连堤(60)，东胜齐于长城(61)，虏齐侯，献诸天子，天子赏文侯以上闻[八](62)。

【校勘】

［一］骋夸，李本、许本、宋本、汪本、凌本、朱本、吴本作“聘夸”，张本作“骋誇”。

［二］恳，毕本作“貇”，元本、李本作“很”，张本、宋本、汪本、凌本、朱本、黄本、吴本、王本作“狠”，今据姜本、刘本改。

［三］“测”下旧本无“也”字。

［四］各本脱“也”字，今据王念孙说补。

［五］可，旧校云：一作“於”。

［六］人，张本作“之”。

［七］礼，旧校云：一作“卑”。

［八］上闻，旧本皆作“上卿”。

【注释】

①骄：傲视。

②相得：指相投。

③儒墨之议：指儒墨互相非议。齐荆之服：指齐楚互相不服。

④"帝"上当有脱文。

⑤适：往。

⑥倨：傲慢。

⑦骋：放任，放纵。夸：自大，炫耀。

⑧瘁摄：失意屈辱，这里是感到失意屈辱的意思。

⑨慑：恐惧。

⑩自有：指有道。

⑪有以：有原因。

⑫桀：突出。渝：改变。

⑬循：顺。

⑭匆匆：明确的样了。

⑮空空：诚实的样子。巧故：诈伪之事。

⑯迷：通"弥"（依俞樾说）。远。

⑰昏：这里是幽深的意思。

⑱确：刚强。庳：低下。

⑲就就：犹豫的样子，这里指行事谨慎。

⑳鹄：通"浩"。大。

㉑假：通"遐"。远。

㉒行：品行。

㉓宗：根本。

㉔无望：指没有界限。

㉕其大无外：指道大则无所不包。

㉖其小无内：指道微则微小至极。

㉗友：用作动词，指与之交友。下文的"师"字用法同。

㉘去：除掉。帝王之色：指帝王尊贵的神态。

㉙得之：指得贤士为师为友。

㉚善绻：尧时的有道之士。

㉛论：分析、判断。

㉜北面：面向北。古代以面向南为尊，君主面南而坐，臣子面北而侍，尧北面而问善绻，是为了表示尊敬。

㉝穷巷：陋巷。瓮牖：用破瓮遮蔽窗户，形容贫困简陋。瓮，陶制的盛东西的器皿。牖，窗户。

㉞造：始。遂：达，达到。

㉟抱：奉。少主：指周成王。成王继位时尚年幼，周公负成王以听政。

㊱小臣稷：春秋时齐国的隐士，复姓小臣，名稷。

㊲骜：通"傲"。傲视，轻视。

㊳庸：何，怎么。

㊴内行：指私生活。

㊵诚：表示假设，相当于现代汉语的"果真"。

㊶王犹少：称王尚且不止。

㊷子产：郑国相公孙侨，字子产。

㊸壶丘子林：郑国的高士，复姓壶丘，名子林。

㊹年：年龄。

㊺是：此。倚：置。这句的大意是，子产去拜见壶丘子林，与他的弟子按年龄的长幼排定座次，不因自己是相而居上座，这好像把相的尊贵放在门外似的。

㊻遗之：指扔掉相的架子。

㊼索：求。

㊽《左传》谓子产相郑二十二年，《史记·循吏列传》作二十六年。

㊾行：道路。

㊿援：拉，攀。

51举：拾取。

52魏文侯：战国时，魏国始立之侯，公元前446年—前396年在位。段干木：战国时魏国隐士。

53翟黄：魏文侯上卿。

54踞：非正规的"坐"（古人坐时两膝着地，臀部靠在脚后跟上），坐时，臀部和两足底着地，状似簸箕，故又称"箕踞"。这是一种不恭敬的姿势。

55官：用如使动。

56禄：用作动词。

57实：指爵禄。

58责：求，要求。

59无乃：表示反问的习惯说法，略等于现代汉语的"恐怕"。

60连堤：楚地名。

61长城：指齐境内的长城。

62上闻：指始列为侯，名字上闻于天子。

【译文】

有道的士人本来就傲视君主，不贤明的君主也傲视有道的士人。他们天天这样互相傲视，什么时候才能相投呢？这就像儒家墨家思想不同，齐国楚国衣服不同，各是己而非人的情况一样。贤明的君主就不是这样，有道的士人虽然傲视自己，而自己对他却更加有礼，这样，士人怎么会不归附呢？士人所归附的君主，天下的人也会顺从，他就可以成为帝王。所谓帝，就是天下的人都来亲附；所谓王，就是天下的人都来归服。得道的人，即使贵为天子也不会骄横傲慢，即使富有天下也不会放纵自夸，即使卑为普通百姓也不会感到失意屈辱，即使贫困到无衣无食也不会忧愁恐惧。他诚恳坦荡，胸有大志；他明觉事理，遇事不疑；他卓尔不群，从不动摇；他遵循法则，随着阴阳一起变化；他坦白直率，意志坚定；他忠厚淳朴，不做诈伪之事；他志向远大，高远无边；他思想深邃，深不可测；他刚毅坚强，节操高尚；他做事谨慎，不肯自以为是；他光明正大，耻于运用智巧；他胸襟宽广，轻视世俗的诽谤和赞誉。他以天为法则，以德为品行，以道为根本。他随万物变化而无所终极。他的精气充满天地而不衰竭，他的精神覆盖宇宙而没有边界。他所拥有的道，没有谁知道它何时开始，没有谁知道它何时终结，没有谁知道它的门径在哪儿，没有谁知道它的开端在哪儿，没有谁知道它的来源是什么。道大至无所不包，小至微乎其微。这就是最珍贵的东西。士人如果有持此大道的，五帝也得不到他们当朋友，三王也得不到他们当老师。如果能够去掉帝王的尊贵神态，那就差不多能够和他们交朋友、以他们为老师了。

尧并不以自己是帝的身份来见善绻，面北而立向他请教。尧是天子，善绻只是平民，为什么尧对善绻如此恭敬有礼呢？这是因为善绻是天下的得道之士啊！天子也是不敢轻慢得道的贤能之士。尧觉得自己的德行和智慧都比不过善绻，所以就面北而立请教，这就是很公正。如果不是公正，谁又能遵礼贤人呢？

周公旦是周文王的儿子、周武王的弟弟、成王的叔父，他拜访过的居住在简陋房屋中的贤能之士有七十人。周文王发起了这样的做法，但是他没有做到；周武王有这样的做法，但是没有做完。只有周公旦所辅佐的成王才是真正实现了它。所以说成王不正是遵礼下士吗？

齐桓公要拜见小臣稷，一天三趟都没有见到。侍从人员说：“您是一国之君，一天三次去见一个平民百姓都没有见到，还是算了吧。”桓公说：“不是的。轻视官爵俸禄的贤士是可以轻视国君的；轻视霸王之业的国君，也会轻视贤士。就算这位贤士轻视官爵俸禄，但我作为国君怎么可以轻视霸王之业呢？”侍从没有成功劝阻齐桓公，最后还是见到了那位贤士。很多民众指责齐桓公的个人生活，虽然他的生活不检点，但由于他能够礼贤下士，还是可以建立霸业的。假如齐桓公能够礼贤下士，并且能够注意自己的私生活，恐怕不只会是称王了。

子产是郑国的相，去拜见壶丘子林。和他的学生坐在一起时，一定是按年龄大小就座的，这就是子产把自己相的尊贵位置放在一边，没有看重尊卑贵贱。作为一个国家之相，能够忘记自己的尊贵身份，与这样的平民一起谈论思想，议论品行，诚心切磋，可能只有子产这样的人能够做到吧？所以，子产为相十八年，只判三人有罪，杀了二人，实现了国家大治：桃李的果实即使是悬垂在路边，也没有人去摘，刀子丢在路上，也没有人去捡。

魏文侯见段干木，站累了但还是不敢休息。回来之后又召见了翟黄，盘踞着坐在堂上和他说话。翟黄不高兴了。文侯说："我封官职给段干木他不做，我赐俸禄他也不接受。现在，你想要做官已经官居相位，想要俸禄已经爵为上卿。你既然接受了我的官爵俸禄，又责怪我轻慢无礼，恐怕是件难事吧？"所以，贤君对待士人，不肯接受官爵俸禄的就加以礼遇。尊敬、礼遇士人，重要的是节制欲望。欲望节制，政令就会得到实施。文侯可以称得上是礼尊下士了，所以，才能够在南面连堤战胜了楚国，东面在长城战胜了齐国，并俘虏了齐侯，献给周天子。周天子赏赐了文侯，封他为诸侯。

【解析】

敬重贤德的人是古今都遵循的道理。贤德之人"以天为法，以德为行，以道为宗，与物变化而无所终，精充天地而不竭，神覆宇宙而无穷"，修正我们的道德言行，使我们行事做人有自己的准则，拥有自己的崇高精神而不为外物所利诱，这就是古代君主礼贤下士的原因。

仔细想来，万事万物是有联系的，并加以演变的，古代的礼贤下士已经演变为当今的重视有才能的人。古人礼贤下士会使国家安定，不遭受侵害；现今重用人才，有助于为企业创造效益，推进社会的发展，总之古人总结出来的道

理是善为我用的，要不断汲取其精华所在。

【故事】

介子推誓死保清名

晋文公经过 19 年的流亡之后，回国后赏赐有功之臣，但赏赐未完毕，周襄王因弟弟王子带发难逃到郑国居住，于是来向晋国告急。晋国刚刚安定，想派军队去，又担心国内发生动乱，因此，文公赏赐随从的逃亡者一时还未轮到隐藏起来的介子推。介子推并不要求俸禄，俸禄也还没轮到他。

介子推自言自语说："献公有九个儿子，只有国君还健在。惠公、怀公没有亲信，国内外都唾弃他们；上天还没让晋国灭亡，必定要有君主，主持晋国祭祀的，除了国君还有谁呢？上天确实在助您兴起，可是有两三个人以为是自己的功劳，不是很荒谬吗？偷了别人的财物，可以说是盗贼，何况贪天之功以为己功的人呢？臣下遮盖罪过，主上赏赐奸佞，上下互相欺骗，我难以与他们相处了！"介子推的母亲很不理解他的话，介子推说："我怨恨那些人，再去仿效他们的行为，罪过就更大了。况且我已经说出了怨言，绝不吃他的俸禄。"

介子推的随从们很怜悯他，就在宫门口挂上一张牌子，上面写道："龙想上天，需五条蛇辅佐。龙已深入云霄。四条蛇各自进了自己的殿堂，只有一条蛇独自悲怨，最终没有找到自己的去处。"晋文公出宫时，看见了这几句话，说："这是介子推。我正为王室之事担忧，还没来得及考虑他的功劳。"于是，文公派人去叫介子推，但介子推已逃走。

晋文公就打听介子推的住所，听说他进了绵上山。晋文公看到苍茫的大山，实在不知道该怎么寻找介子推，底下有人建议他放火烧山，以此逼介子推出山。晋文公听从了，就命人放火。但是，介子推母子始终没有出来，活活被烧死了。于是，晋文公把整座绵上山封给介子推，作为他的封地，称之为介推田，又起名叫介山。

报更

【题解】

“报更”就是回报知遇之恩的意思。本篇认为，若是君主可以尊贤礼士，贤士就会全力回报。礼贤下士是君主大立功名、安国免身的必由之路。

【原文】

国虽小，其食足以食天下之贤者[1]，其车足以乘天下之贤者[2]，其财足以礼天下之贤者。与天下之贤者为徒[3]，此文王之所以王也。今虽未能王，其以为安也，不亦易乎！此赵宣孟之所以免也[4]，周昭文君之所以显也[5]，孟尝君之所以却荆兵也[6]。古之大立功名与安国免身者，其道无他，其必此之由也[7]。堪士不可以骄恣屈也[一][8]。

昔赵宣孟将上之绛[9]，见骫桑之下有饿人卧不能起者[10]，宣孟止车，为之下食[11]，蠲而餔之[12]，再咽而后能视[13]。宣孟问之曰：“女何为而饿若是？”对曰："臣宦于绛[14]，归而粮绝，羞行乞而憎自取，故至于此。”宣孟与脯一朐[二][15]，拜受而弗敢食也。问其故，对曰："臣有老母，将以遗之。”宣孟曰："斯食之[16]，吾更与女。”乃复赐之脯二束，与钱百，而遂去之。处二年，晋灵公欲杀宣孟，伏士于房中以待之[17]。因发酒于宣孟。宣孟知之，中饮而出。灵公令房中之士疾追而杀之。一人追疾，先及孟宣，之面曰[18]："嘻！君辈[19]！吾请为君反死。”宣孟曰："而名为谁[20]？”反走对曰[21]："何以名为[22]？臣骫桑下之饿人也。”还斗而死。宣孟遂活。此《书》之所谓“德几无小”者也[23]。宣孟德一士[24]，犹活其身，而况德万人乎？故《诗》曰："赳赳武夫，公侯干城。”[25]“济济多士，文王以宁。”[26]人主胡可以不务哀士[27]？士其难知，唯博之为可。博则无所遁矣㉘。

　　张仪，魏氏馀子也㉙。将西游于秦，过东周。客有语之于昭文君者，曰：“魏氏人张仪，材士也，将西游于秦，愿君之礼貌之也㉚。”昭文君见而谓之曰：“闻客之秦，寡人之国小，不足以留客。虽游，然岂必遇哉？客或不遇^[三]，请为寡人而一归也。国虽小，请与客共之。”张仪还走，北面再拜。张仪行，昭文君送而资之。至于秦，留有间㉛，惠王说而相之。张仪所德于天下者㉜，无若昭文君。周，千乘也，重过万乘也。令秦惠王师之。逢泽之会㉝，魏王尝为御，韩王为右，名号至今不忘。此张仪之力也。

　　孟尝君前在于薛㉞，荆人攻之。淳于髡为齐使于荆㉟，还反，过于薛，孟尝君令人礼貌而亲郊送之，谓淳于髡曰：“荆人攻薛，夫子弗为忧，文无以复侍矣^[四]㊱。”淳于髡曰：“敬闻命矣。”至于齐，毕报，王曰：“何见于荆？”对曰：“荆甚固㊲，而薛亦不量其力。”王曰：“何谓也？”对曰：“薛不量其力，而为先王立清庙㊳。荆固而攻薛，薛清庙必危，故曰薛不量其力，而荆亦甚固。”齐王知颜色㊴，曰：“嘻！先君之庙在焉。”疾举兵救之，由是薛遂全。颠蹶之请㊵，坐拜之谒，虽得则薄矣^[五]。故善说者，陈其势，言其方㊶，见人之急也，若自在危厄之中，岂用强力哉？强力则鄙矣。说之不听也，任不独在所说，亦在说者。

【校勘】

[一] 屈，旧校云：一作“有”。

[二] 一，毕本作“二”，今据众旧本改。

[三] 或，旧校云：一作“啙”，啙犹叹也。

[四] 侍，旧本作“待”。

[五] 得，旧本皆误作“薄”。

【注释】

①“食”：前一个“食”字，名词，食物。后面“食”字，用如动词，给

……吃，供养。

②乘：供……乘。

③为徒：指在一起。徒，徒党。

④赵宣孟：即赵宣子赵盾，春秋时晋国正卿。免：指免于难。

⑤周昭文君：战国时东周国国君。

⑥孟尝君：战国时齐国公子田文，封于薛孟尝君是他的封号。

⑦此：指与贤者为徒。由：经由。"此"是"由"的前置宾语。

⑧煁：通"煁"。乐，喜爱。

⑨上：从地势低的地方到地势高的地方去叫"上"。绛：即故绛，晋国当时的都城，在今山西翼城县东南。

⑩欹桑：蟠曲的桑树。饿人：因挨饿而病倒的人。

⑪下食：准备食物。

⑫蠲：清洁。这里用如动词。餔：给人食物吃。

⑬再：二，两次。

⑭宦：当仆隶。

⑮脯：干肉。朐：弯曲的干肉。

⑯斯：尽。

⑰房：正室两侧的房舍。

⑱之面：当作"面之"（依孙锵鸣、陈奇猷说）。面之，背向宣孟。

⑲軎：车，这里用如动词，乘车。

⑳而：你。

㉑反走：退避以示恭敬。

㉒何以……为：表示反问的习惯句式，意思是"用……干什么呢"。

㉓德几无小：此句当是逸《书》文。几，微。

㉔德：用如动词，施恩德。

㉕见《诗·周南·兔罝》。赳赳：雄壮的样子。干：盾牌。"干"和"城"

都用来比喻捍卫者。

㉖见《诗·大雅·文王》。济济：众多的样子。

㉗哀：爱怜。

㉘遁：失。

㉙馀子：大夫的庶子。

㉚礼貌：用如动词，以礼对待。

㉛有间：短时间，一段时间。

㉜德：感激。

㉝逢泽之会：指秦在逢泽盟会诸侯。逢泽，泽薮名，故址在今河南开封市东南。

㉞薛：孟尝君封地，故城在今山东省滕县东南。

㉟淳于髡：齐国大夫，以博学著称。

㊱侍：侍奉。

㊲固：本指独占，这里是贪婪的意思。

㊳清庙：宗庙。宗庙肃然清静，故称清庙。

㊴齐王：指齐宣王，齐威王之子，公元前320年—前302年在位。知颜色：变了脸色。知，显现。

㊵颠蹶：仆倒。

㊶方：道，主张。

【译文】

国家即使国土很小，但是生产的粮食可以供养天下的贤能之士，车辆可以搭载天下的贤能之士，财富可以礼遇天下的贤能之士。文王之所以能够成为大王，就在于能够结交天下的贤能之士为友。

虽然现在还没有称王，任用贤士来安定天下，这不是一件容易的事情吗？而这也是赵宣孟免遭杀害、周昭文君能够尊显、孟尝君能够威却楚军的原因所在。古时候那些能够建立功名、安定国家、免遭杀身之祸的人，所采用的方法没有别的，一定是他礼贤下士的缘故。贤士是不会因为君主的傲慢妄为而屈服的。

从前，赵宣孟将要上国都绛邑去，看见一棵枯死的桑树下有一个饿坏了的人躺在地上，起不来了。宣孟停下车，给他东西吃。宣孟连续喂了他几次，他一点一点咽下食物，慢慢地才睁开了眼睛。宣孟问他："你为什么饿成这个样子？"他回答说："我在绛做小差使，回家的路上断了粮，我羞于向人乞讨，又不愿擅自去拿别人的食物，所以才饿成这个样子。"宣孟送给他一块干肉，他拜了拜，接受了干肉，但却不肯吃。宣孟问他这是什么缘故，他回答说："我家有老母，想把这些肉留给她吃。"宣孟说："你把这些肉吃了，我另外再给你一些。"于是又赠给他两束干肉和一百枚钱，就离开了。过了两年，晋灵公要杀宣孟，就在房子里埋伏了兵士等待着宣孟的到来，然后把宣孟请来饮酒。宣孟看出了酒宴中藏伏的杀机，酒喝到一半就起身离开了。晋灵公命令房子里的伏兵立即去追杀宣孟。有一个士兵跑得很快，最先追上宣孟，他面对宣孟说："喂，请您上车快跑！我愿为您回去死战。"宣孟问："你叫什么名字？"那人退让道："何必打听我的名字！我就是枯桑下饿倒的那个人。"他返回身去跟追杀宣孟的兵士搏斗而死。宣孟于是得以活命。这就是《尚书》上所说的"恩德再微也无所谓小"的意思啊！赵宣孟对一个普通士兵施恩德，尚且能使自己活命，更何况对万人施恩德呢！所以《诗经》上说："雄赳赳的武士，是捍卫公侯的屏障。""人才济济，文王因此安宁。"作为一位人主，怎么可以不致力于爱怜贤士呢？贤士是很难了解到的，只有广泛寻求才可能得到。广泛寻求就能无所遗漏。

张仪是魏国大夫的庶子，将要向西到秦国去游说，路过东周。有一个门客告诉周昭文君说："魏国人张仪，是个有才干的士人，将要向西到秦国去游说，希望君王对他能以礼相待。"昭文君接见了张仪，对他说："听说您要到秦国去。我的国家小，不足以留住客人。但您西去游说，难道就一定能为秦王所知

道吗？您要是得不到知遇，请看在我的面上回到这里来。我的国家虽然小，我愿与您共同治理这个国家。"张仪一再退让，面北连拜了两拜。张仪走时，昭文君又去送行，并资助旅费。张仪到了秦国，在那儿呆了一段时间，秦惠王很喜欢他，任命他为相国。张仪在天下所受的恩德，没有比在昭王文君那里所受的更大了。周是个只拥有千辆兵车的小国，但是张仪尊重它超过了拥有万辆兵车的大国。他让秦惠王以昭文君为师。秦国在逢泽盟会诸侯的时候，秦王让魏王作周昭文君的御手，让韩王当周昭文君车右，昭文君的名号至今没有被忘掉，这都是靠的张仪的力量啊！

孟尝君在薛的时候，受到楚军的攻打。淳于髡被齐王派出出使楚国，返回的时候经过薛。孟尝君命令手下人对他十分恭敬，而且亲自到郊外去送行，并对他说："楚国军队现在来攻占薛，如果没有您的操念，我就没法侍奉先生了。"淳于髡说："谨遵您的吩咐。"淳于髡回到齐国，向齐王禀告出使的情况。齐王问："你怎么看楚国？"淳于髡说："楚国太贪心了，但是薛也太不量力而行了。"齐王说："这话怎么讲？"淳于髡说："薛没有估计自己的实力，就为先王建立宗庙。贪婪的楚国军队去攻打薛，现在薛的宗庙肯定有危险了，因此可以说，薛是不自量力，楚国是贪婪的。"齐王听完后脸色大变，说："啊！先王的宗庙还在薛呢！"于是就赶忙派兵援救薛，这样薛才得到幸存。趴在地上乞求，跪着恳请，就是能得到救助也是很有限的。因此，善于劝说的人，通过对形势的分析、政策的阐述，就可以让被劝说者像自己身处险境一样看到别人的危险处境，这样的话，怎么还用得着极大的劝说呢？极大的劝说就显得鄙陋了。劝说没有效果，责任不仅仅是在被劝说的人，劝说者自己也是有责任的。

【解析】

"报更"，本意即回报、偿还。本篇主要论述作为一国之君的君主，如果要礼贤下士的话，必然会得到贤士的高额回报。礼贤下士也就成了君主安国全身的必由之道。本篇与《下贤》篇一起反映了《吕氏春秋》中的贤人思想。

　　本篇在结构上比较简单，一开始就点明主题："国虽小，其食足以食天下之贤者，其车足以乘天下之贤者，其财足以礼天下之贤者，与天下之贤者为徒，此文王之所以王也。今虽未能王，其以为安也，不亦易乎？"国家即使再小，它的粮食也足以供养贤士，它的车辆也足以乘载天下的贤士，它的钱财也足以礼遇天下的贤士。与天下的贤士为伍，这是周文王称王天下的原因。现在虽然不能称王，使用贤人来安定国家，还是容易做到的。为了证明这个观点，文中列举了赵盾救助骫桑之饿人、周昭文君礼遇张仪、孟尝君礼遇淳于髡三个事例来证明。

　　赵宣子将要上国都绛邑去，看见一棵枯死的桑树下有一个饿倒了的人躺在地上。宣子停下车，给他东西吃，连续喂了他好几次，他一点一点咽下食物，慢慢地才睁开了眼睛。经宣子询问，才知道他在回家的路上断了粮，不愿意去拿别人的食物。宣子送给他两块干肉，这个人接受了干肉，但却要带回家给老母吃。过了两年，晋灵公要杀赵宣子，借口请宣子喝酒，并在房子里设伏。赵宣子看出了酒宴中藏伏的杀机，酒喝到一半就起身离开了。晋灵公命令房子里的伏兵立即去追杀宣子。有一个士兵跑得很快，最先追上宣子，他面对宣子说："请您上车快跑！我愿为您回去死战。"他返回身去跟追杀宣子的兵士搏斗而死。宣子于是得以活命。这个人就是赵宣子在枯桑树下救活的那个人。张仪西游秦国，路过东周。东周的昭文君很善待张仪。昭文君说："听说客人要到秦国去，我的国家小，不足以留住您。但即便您游说秦国，难道一定会受到赏识吗？假如得不到赏识，请看在我的面子上再回来，我的国家虽然小，但愿意与您共同掌管。"昭文君对张仪可谓做到了礼贤下士。张仪后来做了秦国的国相，他让秦惠王拜昭文君为师，让魏王给昭文君当御者。昭文君能够得到如此的尊荣，完全是礼贤下士的结果啊。孟尝君的封地薛被楚国攻打，淳于髡路过薛孟尝君以礼相待。后淳于髡回到齐王身边，巧妙地让齐王出兵解救了薛。这三个事例都说明，只要善待贤人，贤人就会有回报。而且回报的比贤人当初得到的要大得多。

　　《吕氏春秋》的这种对待贤人的态度与先秦时期其他诸子是不同的。其他诸子对贤人的尊重，大都是站在贤人或民众的立场，《吕氏春秋》却是站在国君的立场，是利用贤人为自己服务。

　　先秦时期，"贤人"问题是当时的一个讨论热点，各家都对此发表意见。儒家的孔子十分重视礼贤下士。据刘向《说苑·尊贤》篇记载，孔子闲居，喟然而叹曰："铜鞮伯华而无死，天下其有定矣！"子路曰："愿闻其为人也何若？"孔子曰："其幼也，敏而好学；其壮也，有勇而不屈；其老也，有道而能以下人。"子路不信。孔子曰："由不知也！吾闻之：以众攻寡，而无不消也；以贵下贱，无不得也。昔者周公旦制天下之政，而下士七十人，岂无道哉？欲得士之故也。夫有道而能下于天下之士，君子乎哉！"这段话的意思是，孔子感叹说如果铜鞮伯华不死的话，天下早就安定了。子路说："愿意听您给我们讲讲这个人的为人到底是怎么样的。"孔子说："这个人啊，幼年的时候，聪颖好学；长大后，勇敢而不能使他屈服；到了老年，还能向才华不如自己的人学习。"子路不信，孔子说："子由，你不知道！我听说用人多攻打人少的，没有不取得胜利的；以尊贵的身份去亲近地位比自己低的人，没有不得到尊重的。过去周公摄天下之政，但是他能礼贤下士七十多人，难道是他没有德行吗？不是的。这是因为他想得到贤士的缘故。有道之士而能甘居天下贤士之下的人，难道不是君子吗？"这篇短文通过孔子与他的弟子子路的对话，阐明了"礼贤下士"的重要。孔子列举了两个古代著名的人物铜鞮伯华和周公旦，他们都是有德才的人，但仍然对士人谦下有礼，这反映了统治者通过"礼贤下士"而笼络人才的现象。儒家另一位代表人物孟子也十分重视贤人的作用。《孟子·公孙丑上》曰："莫如贵德而尊士，贤者在位，能者在职，国家闲暇，及是时明其政刑，虽大国必畏之矣。"如果国君能让贤者在位，国家必然会得到治理。孟子又说："尊贤使能，俊杰在位，则天下之士皆悦，而愿立于其朝矣。"（《孟子·公孙丑上》）孟子特别赞扬汤任用贤人的行为，说："汤执中，立贤无方。"（《孟子·离娄下》）意思是说成汤坚持中和之道，不拘一格起用贤人。战国后期，儒学大家荀子也主张用贤。《荀子·大略》："君人者，隆礼尊贤而王，重法爱民而霸，好利多诈而危。"

尚贤，是墨家的核心思想之一。墨子认为，尚贤使能是为政之本，国家的兴亡成败关键在于用人。《墨子·尚贤上》载子墨子言曰："是在王公大人为政于国家者，不能以尚贤事能为政也。是故国有贤良之士众，则国家之治厚；贤良之士寡，则国家之治薄。故大人之务，将在于众贤而已。"一个国家的贤良之士的多少以及是否做到尚贤使能，关系着国家的兴衰、社会的稳定或混乱。《墨子·尚贤下》："子墨子言曰：天下之王公大人皆欲其国家之富也，人民之众也，刑法之治也。然而不识以

墨子

尚贤为政其国家百姓，王公大人本失尚贤为政之本也。若苟王公大人本失尚贤为政之本也，则不能毋举物示之乎？"墨子说：天下的王公大人都希望自己的国家富足，人民众多，政治安定。但却不知道以尚贤作为对国家百姓为政的原则，王公大人从来就不知道尚贤是政治的根本。如果王公大人从来不知道尚贤这一治理政事的根本，我们就不能举出事例来开导他吗？墨子心目中的贤良之士，就是德行忠厚、道术渊博的德才兼备之人。他说："贤良之士，厚乎德行，辩乎言谈，博乎道术者乎！此固国家之珍而社稷之佐也。"就是人要有好的品行，做事要有利于人民，有利于兴利除害，要有很高的思想水平，能辨析事理，通晓治国的道理和方法。墨家尚贤使能的用人原则，跟儒家基于血缘关系的"亲亲"用人原则是相对立的。墨子提出"贤"的标准，要求把那些世袭的无才无德的贵族换下来，将符合"贤"的标准的人士选拔上去，正是为了实现他建立贤人政治的愿望。

与儒、墨不同，法家则否定尊贤用贤。韩非子对于不图名利地位、不惧生

死祸福、保持信仰气节的所谓"贤士"，一律称为"不令之民"。他说："若夫许由、续牙、晋伯阳、秦颠颉、卫侨如、狐不稽、重明、董不识、卞随、务光、伯夷、叔齐，此十二者，皆上见利不喜，下临难不恐，或与之天下而不取，有萃辱之名，则不乐食谷之利。"这些人"见利不喜，上虽厚赏，无以劝之；临难不恐，上虽严刑，无以威之：此之谓不令之民也"。（《韩非子·说疑》）这些天下公认的贤士，见到利益不高兴，见到危难不恐惧，用赏罚不能命令他们做事，所以对于国家是没有用的人。韩非子接着说："此十二人者，或伏死于窟穴，或槁死于草木，或饥饿于山谷，或沉溺于水泉。有如此，先古圣王皆不能臣，当今之世，将安用之？"（同上）对于儒家歌颂的伯夷叔齐，韩非子说："古有伯夷叔齐者，武王让以天下而弗受，二人饿死首阳之陵。若此臣，不畏重诛，不利重赏，不可以罚禁也，不可以赏使也，此之谓无益之臣也。"伯夷、叔齐在法家看来都是无用之臣。

比较先秦诸子各家的贤人思想，可以看出《吕氏春秋》是继承了儒家和墨家的看法，《吕氏春秋》杂家"兼儒墨"的特点于此亦可一见。但是很明显，吕不韦的思想不同于韩非子。而秦国自秦穆公以来一直就是以法家思想来治国的。吕不韦这样说，有着想把秦国的治国思想进行纠偏的意思。秦始皇与吕不韦之间的矛盾，其核心正在于此。这才是吕不韦最终饮鸩自杀的根本原因。

【故事】

申包胥泣血求兵救楚国

春秋时，伍子胥为了报父兄的仇，率领吴国的军队占领了楚国郢都，想要灭掉楚国，永绝后患。楚国的大臣申包胥修书一封给伍子胥，请求吴国允许另立一个继位的君主，以便保存楚国的宗庙，世代祭祀先王，维系楚国国体。伍子胥被复仇冲昏了头脑，对此不予理睬。

申包胥一看此路不通，就转而向秦国乞求救兵，打算借助外力把吴国军队赶走。对这样的大事，秦哀公一时难以下决心，就叫申包胥暂时住在客馆里，等待决定。申包胥却说："我们国君楚昭王现在逃亡在外，奔波于草莽之间，要吃没吃的，要住没住的，作为臣子的我怎么敢住在贵国的客馆里享清福？"于是，他就站在秦国的朝廷上依着柱子日夜痛哭。一连七天，不吃不喝，眼里流出血来。

秦哀公终动了恻隐之心，说："大臣爱他的君主，竟达到这种程度啊！楚王有这样的贤臣，吴国还要灭它，干出这样不仁不义的事，怎么能容忍呢？"秦哀公为申包胥的行为所感动，即刻决定派出五百辆兵车援助楚国。

这时候，吴国迫于秦国的压力，只好撤兵。楚国不但没有被灭掉，反而很快得以复兴。

顺说

【题解】

"顺说"就是顺着被劝说者的意思进行劝说，本篇认为因势利导地劝说才能实现自己的目的。

【原文】

善说者若巧士，因人之力以自为力[1]，因其来而与来[2]，因其往而与往，不设形象，与生与长，而言之与响[3]，与盛与衰，以之所归[4]。力虽多，材虽劲[5]，以制其命。顺风而呼，声不加疾也；际高而望[6]，目不加明也。所因便也[7]。

惠盎见宋康王[8]，康王蹀足謦欬[一][9]，疾言曰："寡人之所说者，勇有力也，不说为仁义者[二]。客将何以教寡人？"惠盎对曰："臣有道于此：使人虽勇，刺之不入；虽有力，击之弗中。大王独无意邪[10]？"王曰："善！此寡人所

欲闻也。"惠盎曰："夫刺之不入，击之不中，此犹辱也。臣有道于此：使人虽有勇，弗敢刺；虽有力，不敢击。大王独无意邪？"王曰："善！此寡人之所欲知也。"惠盎曰："夫不敢刺，不敢击，非无其志也。臣有道于此：使人本无其志也。大王独无意邪？"王曰："善！此寡人之所愿也。"惠盎曰："夫无其志也，未有爱利之心也。臣有道于此：使天下丈夫女子莫不欢然皆欲爱利之。此其贤于勇有力也，居四累之上[11]。大王独无意邪？"王曰："此寡人之所欲得也[三]。"惠盎对曰："孔、墨是也。孔丘、墨翟，无地为君，无官为长。天下丈夫女子莫不延颈举踵[12]，而愿安利之。今大王，万乘之主也，诚有其志，则四境之内皆得其利矣[四]，其贤于孔、墨也远矣[13]。"宋王无以应。惠盎趋而出，宋王谓左右曰："辨矣[14]！客之以说服寡人也[15]。"宋王，俗主也，而心犹可服，因矣[16]。因则贫贱可以胜富贵矣，小弱可以制强大矣。

田赞衣补衣而见荆王[17]，荆王曰："先生之衣，何其恶也！"田赞对曰："衣又有恶于此者也。"荆王曰："可得而闻乎？"对曰："甲恶于此[18]。"王曰："何谓也？"对曰："冬日则寒，夏日则暑，衣无恶乎甲者。赞也贫，故衣恶也。今大王，万乘之主也，富贵无敌，而好衣民以甲，臣弗得也[19]。意者为其义邪[20]？甲之事，兵之事也，刽人之颈[21]，刳人之腹[22]，隳人之城郭[23]，刑人之父子也[24]。其名又甚不荣。意者为其实邪？苟虑害人，人亦必虑害之；苟虑危人，人亦必虑危之。其实人则甚不安[五]。之二者[25]，臣为大王无取焉。"荆王无以应。说虽未大行，田赞可谓能立其方矣[26]。若夫偃息之义[27]，则未之识也[28]。

管子得于鲁[29]，鲁束缚而槛之[30]，使役人载而送之齐，皆讴歌而引[六]。管子恐鲁之止而杀己也，欲速至齐，因谓役人曰："我为汝唱，汝为我和。"其所唱适宜走，役人不倦，而取道甚速。管子可谓能因矣[31]，役人得其所欲，己亦得其所欲。以此术也，是用万乘之国，其霸犹少[32]，桓公则难与往也[33]。

【校勘】

[一] 惠盎见宋康王，康王蹀足謦欬，旧本皆讹作"惠盎见宋康成公，而

谓足声速”。

　　[二] 勇有力也，不说为仁义者，李本作“男有德而无为仁义者”，馀旧本作“勇有力而无为仁义者”。

　　[三] 各本脱“也”字，今据毕沅说补。

　　[四] 矣，毕本无，今据元本、许本、张本、姜本、汪本、凌本、朱本、王本补。宋本无“矣”字，“利”作“和”。

　　[五] 人，旧校云：一作“久”。

　　[六] 各本“皆”作“其”，今据毕沅说改。

【注释】

①因：凭借。

②与来：与之来。

③而：如。响：回声。

④所归：终极目的。以上几句的意思是，善说者要善于顺应形势，加以引导，以便达到自己的目的。

⑤劲：强。

⑥际：到，接近。

⑦便：有利。

⑧惠盎：战国时期宋国人。宋康王：名偃，即宋君偃，公元前 328 年—前 286 年在位，为齐所灭。

⑨蹀足：顿足。謦欬：咳嗽。

⑩独：岂，难道。

⑪四累：指上面提到的四种行为（刺击、不敢刺击、无志刺击、未有爱利之心），因为这四种行为有害于世，所以称之为“四累”。

⑫丈夫：成年男子。延颈：伸长脖子。举踵：抬起脚跟。延颈举踵都是急切盼望的表示。

《吕氏春秋》原典释译

⑬贤：胜，超过。

⑭辨：通"辩"。

⑮以说服寡人：用言论使我信服。服，用如使动，使……服。

⑯因：因势利导的意思。

⑰田赞：齐国人。补衣：敝衣，破旧的衣服。

⑱甲：铠甲。

⑲弗得：不取，不赞成的意思。

⑳意者：抑或，料想。

㉑刘：砍断。

㉒刳：剖挖。

㉓隳：毁坏。城郭：内城为城，外城为郭。这里城郭指城池。

㉔刑：杀。

㉕之：此。

㉖方：道，主张。

㉗偃息之义：指段干木隐居不仕而安魏国。偃息，安卧。

㉘未之识：意思是还不能做到这一点。

㉙齐遭无知之难，公子纠奔鲁，管仲傅之。后公子小白在齐国即位（即齐桓公），胁迫鲁杀死公子纠，把管仲送交齐国。"管子得于鲁"即指此而言。

㉚槛：指关人的囚笼。此处用如动词，关在囚笼中。

㉛能因：指能利用役人的唱歌。

㉜其霸犹少：意思是，不仅仅至于成就霸业。

㉝难与往：指难以跟他（桓公）达到成就王业的地步。往，向往，指人心归附。

【译文】

擅长劝说的人，如同技艺高超的武士，把敌方的力量变作自己的力量，顺应来势牵引他，顺应去势推开他。擅长劝说的人，不会先展示自己的想法，他会根据被劝说者的进退而进退，就像言语和回音一样相随。他的劝说会随着被劝说者的激扬而激扬，随着被劝说者的低沉而低沉，这样是为了因势利导，从而实现自己的目的。即使是被劝说的人的力量很大，能力很强，但是也可以控制他的命运。顺着风的方向呼喊，声音没有加大，但是可以传得很远；站在高处眺望，眼睛没有更明亮，但是可以看得更远。这就是因为所凭借的条件有利的原因。

惠盎谒见宋康王。康王一边跺脚一边咳嗽，大声地说道："我所喜欢的是勇敢有力的人，而不喜欢行仁义的人。客人将对我有何见教？"惠盎回答说："我这里有一种法术，能使人虽然勇敢，但是他的剑戟却刺不进您的身体；虽然有力，却击不中您。大王您难道无意于这种法术吗？"康王说："好！这是我想要听的。"惠盎说："剑戟虽然刺不进您的身体，击打也不能命中您的身体，但您还是受到了侮辱。我这里有一种法术，能使人虽然勇敢却不敢刺您，虽然有力却不敢击打您。大王您难道无意于这种法术吗？"康王说："好！这是我想要知道的。"惠盎说："那些人虽然不敢刺您，不敢击打您，但并不是没有刺您击打您的想法啊。我这里有一种法术，能使人根本就没有刺您击打您的想法。大王您难道无意于这种法术吗？"康王说："好！这是我所希望的。"惠盎说："那些人虽然没有刺您击打您的想法，但还没有爱您利您的心。我这里有一种法术，能使天下的男男女女无不愉快地爱您利您。这就胜过了勇敢有力，在四种法术中位居于首。大王您难道无意于这种法术吗？"康王说："这是我想要得到的。"惠盎回答说："这就是孔丘、墨翟的品德呀。孔丘、墨翟没有领土，却能像当君主一样得到尊荣；没有官职，却能像当官长一样受到尊敬；天下的男男女女没有谁不伸长脖子、抬起脚跟盼望他们，希望他们平安顺利。现在大王您是拥有万辆兵车的大国君主，如果真有这样的志向，那么四境之内都能得到您的好处了，您就能远远胜过孔丘、墨翟了。"宋康王听了无话可答。惠盎快步走了出去，宋康王对左右的人说："很善辩啊！客人用言论说服了我。"宋康王是个庸

俗的君主，而他的心还可以说服，这是惠盎因宋王之所好而加以引导的结果。能因势利导，那么贫贱可以胜富贵，弱小可以制强大了。

田赞穿着有补丁的衣服去拜见楚王。楚王说："你的衣服怎么这么破旧呢？"田赞说："还有比我的衣服更加破旧的呢。"楚王说："那你能说说吗？"田赞说："铠甲就比我的衣服更加破旧鄙陋。"楚王问："你这是什么意思？"田赞说："冬天时候穿铠甲会让人觉得寒冷，夏天时候穿铠甲会让人觉得酷热，所以说衣服中没有比铠甲更加鄙陋的了。我是穷人，所以只好穿这样的破旧鄙陋的衣服。但是大王您是一国之君，荣华富贵之人，却让百姓穿上铠甲，我就不理解了。我想这可能是因为某种道义吧？铠甲是用来作战的，可以用来砍人的脖子，挖人的心腹，毁坏人的城池，杀害人的父子，这样得到的名声并不光荣。我想这大概是因为利益吧？如果你谋害别人，别人肯定也会同样对你；如果你想着去危害别人，那别人肯定也会有这样的想法存在。结果是很不安全的。综合这两方面，我都认为您不能这样做。"楚王无法回答了。虽然田赞的意见没有被采纳，但他可以称得上是劝说有方了。对于弭兵息战的意见，是没有人愿意欣赏的。

鲁国捉住了管子，把他捆着囚入木槛中，派士兵用车载着他送到齐国，这些士兵们一边唱着歌，一边拉着囚车。管子担心鲁国的人会后悔而派兵来追杀自己，就想尽快回到齐国，就对拉车的士兵说："我为你们唱歌，你们为我伴奏吧。"管子所唱的歌正好适合赶路，所以士兵们没有感觉到疲倦，赶路的速度加快，管子就称得上是因势利导了。士兵们得到了他们想得到的，管子也达到了自己的目的。如果一个大国的国君能够采用这样的方法，那么他就不只是称霸诸侯了，但是齐国却就到此为止了，这就是因为齐桓公难以和管子相偕并进的缘故啊！

【解析】

本篇论述的是劝说君主的方法——顺说之法。顺说，意思是要善于揣摩君主的心理，顺其思路，投其所好，然后因势利导，以达到自己的目的。所谓"因人之力以自为力，因其来而与来，因其往而与往。"文章结构简单，先提出观点，然后列举惠盎、田赞、管仲三人的事例作论证。

惠盎谒见宋康王。康王一边跺脚一边咳嗽，急促地说道："我所喜欢的是勇敢有力的人，而不喜欢行仁义的人。客人将对我有何见教？"惠盎知道宋康王喜欢勇敢有力的人，于是就顺着勇敢的话题回答说："我这里有一种法术：能使人虽然勇敢，但是他的剑戟却刺不进您的身体；虽然有力，却击不中您。大王您难道无意于这种法术吗？"既然有这样的法术，康王当然说："好！这是我想要听的。"在此形势下，惠盎继续延伸说："剑戟虽然刺不进您的身体，击打也不能命中您的身体，但您还是受到了侮辱。我这里有一种法术：能使人虽然勇敢却不敢刺您，虽然有力却不敢击打您。大王您难道无意于这种法术吗？"这种法术比上一种法术更加高明，康王高兴地说："好！这是我想要知道的。"惠盎还不停止，继续顺着这个思路说："那些人虽然不敢刺您，不敢击打您，但并不是没有刺您击打您的想法啊。我这里有一种法术：能使人根本就没有刺您击打您的想法。大王您难道无意于这种法术吗？"这比不敢刺更加高明，康王当然说："好！这是我所希望的得到的。"惠盎顺着康工爱好勇力继续说："那些人虽然没有刺您击打您的想法，但还没有爱您利您的心。我这里有一种法术：能使天下的男男女女无不愉快地爱您利您。这就胜过了勇敢有力，在四种法术中位居于首。大王您难道无意于这种法术吗？"康王说："这是我想要得到的。"到此，惠盎终于回答说："这就是孔丘、墨翟的品德呀！孔丘、墨翟没有领土，却能像当君主一样得到尊荣；没有官职，却能像长者一样受到尊敬。天下的男男女女没有谁不伸长脖子、抬起脚跟盼望他们，希望他们平安顺利的。现在大王您是拥有万辆兵车的大国君主，如果真有这样的志向，那么四境之内都能得到您的好处了，您就能远远胜过孔丘、墨翟了。"宋康王听了无话可答。虽然宋康王是个庸俗的君主，但是他的心还是被说服了，这是惠盎因宋王之所好而加以引导的结果。所以说"善说者若巧士，因人之力以自为力，因其来而与来，因其往而与往"，顺说就能够轻易地实现目标。

田赞穿着破衣服去见楚王。楚王说："先生，您的衣服怎么这么破旧呢？"田赞抓住楚王对破旧衣服的兴趣，顺势引导说："衣服还有比这更坏的呢？"楚王听不懂这话的意思，要求田赞说说其中的道理。田赞说："铠甲比这破衣服更坏。"因为铠甲与战争有关，是有关杀人的事啊，而这样又会遭到报复，带来双方的伤害。所以铠甲比破衣服更坏。田赞借破衣服顺势进谏楚王不要兴兵打仗，那样只能给人们带来灾害。

管仲在鲁国被捉住，关在囚笼里，被运送回齐国。差役们抓住管仲很高兴，一边押着管仲，一边唱歌。在路上，管仲怕鲁国人杀他。于是就对差役们说："我来给你们领唱，你们一起应和。"于是他唱的歌都是适合快走的歌，结果差役们走得很快，而且不感到累。管仲很快便回到了齐国。管仲善于利用形势，顺着形势，达到了目的。

上述例证都证明了顺说确实是一种行之有效的方法，能够巧妙地进行劝说，就能达到自己的目的。

"顺说"，作为一种谏说方法，很早就在社会实践中得到验证。可以说是自春秋以来一种常见的方法。春秋时期，晏子善于使用这种方法。根据《晏子春秋·晏子谏杀烛邹》篇记载：齐景公喜欢射鸟，让烛邹替他掌管那些鸟，但是鸟跑掉了。景公大怒，诏告官吏想杀掉烛邹。晏子说："烛邹的罪有三条，我请求列出他的罪过再杀掉他。"景公说："可以。"于是召来烛邹并在景公面前列出这些罪过。晏子说："烛邹，你为国君掌管鸟而丢失了，是第一条罪；使我们的国君因为丢鸟的原因而杀人，是第二条罪；使诸侯们知道这件事了，以为我们的国君重视鸟而轻视士人，是第三条罪。"把烛邹的罪状列完了，晏子向齐景公请示杀了烛邹。景公说："不要杀了，我明白你的指教了。"晏子在这里，并不是直接劝阻景公，而是先顺着齐景公的心理，说杀烛邹可以，先列举出他的罪状再杀也不迟。这样，景公不仅不会阻拦，反而很高兴。晏子顺着这个思路列举了烛邹的三条罪状，最后点醒了景公，没有杀烛邹。

到了战国时期，"顺说"方法在专门探讨游说的《鬼谷子》一书中上升到理论高度。《鬼谷子》中有多数篇章说到这个问题。《捭阖》篇说："观阴阳之开阖以名命物，知存亡之门户，筹策万类之终始，达人心之理。"就是说，在游说时要通达人之心理。如何通达人之心理呢？顺其意而说之，即能做到。《飞箝》篇中论"飞箝"之术说："用之于人，则量智能、权材力、料气势，为之枢机以迎之随之。以箝和之，以意宜之。"在游说中，运用"飞箝"之术时，要根据对方的智力和才能，衡量对方的才智个性，度量当时的形势，然后"随之迎之"，顺着这个形势，迎合这个形势进行游说。晏子说齐景公不杀烛邹，惠盎说宋康王等，无不是如此。《摩》篇亦说："说者听必合于情，故曰情合者听。"游说的人在游说时，必须符合当时的情势，这样对方才会听。符合当时的情势，就必须要顺着君主的意愿。《谋》篇在谈到游说时有："因其见以然之，因其说以要之，因其势以成之。"都是这个意思。

值得注意的是，本篇主张顺说，实际上也有反对直言进谏的意思。游说之士，或臣对君主谏言，往往需要讲究策略。直言极谏，虽然是对的，但往往因为让君主下不来台，没有回旋的余地，反而不能成功。所以游说要看对象、看时机，也要讲究方法，不能只图个人情绪上的一时痛快，而不考虑实际效果。因为既定的制度环境是客观给定的，不能超越既定的环境，而只能顺应既定的环境。顺说，就是一种富有智慧的进说策略，这种方式既能达到目的，又能保全自己，从而因势利导地达到自己的目的。

【故事】

蘧伯玉论士荐公子晳

卫国大夫蘧瑗，字伯玉，出使楚国。在濮水边上遇到楚国公子晳。公子晳托付蘧伯玉向楚王推荐自己。

蘧伯玉见到楚王，出使的公务办完，就坐着与楚王闲谈，从容不迫地淡到"士"的问题。蘧伯玉说："楚国人才众多，但伍子胥生在楚国，却逃往吴国，做了吴国宰相，带兵攻打楚国。毁了楚平王的墓。蚲贫黄生在楚国，却跑到晋国，治理七十二县，政绩良好，路上掉了东西，不怕被人捡去，城门不用关，也没有盗贼。这二位都生在楚国，但吴、晋懂得重用他们。"

"今天我来的时候在濮水附近遇到公子皙，他说：'上士可以托他照顾妻室，中士可以托他传话，下士可以托他保管财物。这三样可不可以托你？'我看公子皙出国，不知道会到哪里发挥他的治国才能呢？"

楚王听了，派使者坐专车一辆，副使专车两辆，到濮水附近去追公子皙。公子皙回到楚国，受到重用。这全是蘧伯玉的功劳。

不广

【题解】

"不广"就是不废人事的意思。本篇认为，要想实现功成名就就一定要等到适合的时机，又必须谨于人事。如果谋事周全，符合义理，就会获得成功。

【原文】

智者之举事必因时，时不可必成①，其人事则不广②。成亦可，不成亦可，以其所能托其所不能，若舟之与车。北方有兽，名曰蹶③，鼠前而兔后，趋则踬④，走则颠⑤，常为蛩蛩距虚取甘草以与之⑥。蹶有患害也，蛩蛩距虚必负而走。此以其所能托其所不能。

鲍叔、管仲、召忽⑦，三人相善，欲相与定齐国，以公子纠为必立。召忽曰："吾三人者于齐国也，譬之若鼎之有足，去一焉则不成。且小白则必不立矣，不若三人佐公子纠也。"管仲曰："不可，夫国人恶公子纠之母，以及公子纠，公子小白无母，而国人怜之。事未可知，不若令一人事公子小白。夫有齐国，必此二公子也。”故令鲍叔傅公子小白，管子、召忽居公子纠所。公子纠外物则固难必[8]。虽然，管子之虑近之矣[9]。若是而犹不全也，其天邪！人事则尽之矣。

齐攻廪丘[10]。赵使孔青将死士而救之[11]，与齐人战，大败之。齐将死，得车二千，得尸三万，以为二京[12]。宁越谓孔青曰[13]：“惜矣，不如归尸以内攻之[14]。越闻之，古善战者，莎随贲服[15]。却舍延尸[一][16]，车甲尽于战，府库尽于葬，此之谓内攻之。”孔青曰：“敌齐不尸则如何[17]？”宁越曰：“战而不胜，其罪一；与人出而不与人入，其罪二；与之尸而弗取，其罪三。民以此三者怨上[二]，上无以使下，下无以事上，是之谓重攻之。”宁越可谓知用文武矣。用武则以力胜，用文则以德胜。文武尽胜，何敌之不服！

晋文公欲合诸侯，咎犯曰：“不可，天下未知君之义也。”公曰：“何若？”咎犯曰：“天子避叔带之难[18]，出居于郑，君奚不纳之，以定大义，且以树誉。”文公曰：“吾其能乎？”咎犯曰：“事若能成，继文之业[三]，定武之功[19]，辟土安疆[四]，于此乎在矣[20]；事若不成，补周室之阙[21]，勤天子之难[22]，成教垂名，于此乎在矣。君其勿疑！”文公听之，遂与草中之戎、骊土之翟[五][23]，定天子于成周[24]。于是天子赐之南阳之地[25]，遂霸诸侯。举事义且利[26]，以立大功，文公可谓智矣。此咎犯之谋也。出亡十七年，反国四年而霸，其听皆如咎犯者邪！

管子、鲍叔佐齐桓公举事，齐之东鄙人有常致苦者[27]。管子死，竖刀、易牙用[28]，国之人常致不苦，不知致苦。卒为齐国良工[29]，泽及子孙，知大礼。知大礼，虽不知国可也。

【校勘】

[一] 毕本此句下有“彼得尸而财费乏”七字，旧本皆为注文（乏作之），今据旧本删。

[二] 怨，旧校云：一作“罪”。

[三] 继，旧校云：一作"经"。

[四] 辟，旧校云：一作"开"。

[五] 与，旧校云：一作"兴"。

【注释】

①成：这里是得的意思。

②广：通"旷"。废弃（依俞樾说）。

③蹶：通"蹷"。兽名。他书或作麌。

④踣：牵绊，绊倒。

⑤颠：跌倒。

⑥蛩蛩距虚：古代传说中的兽名，前足高，善走而不善求食。与蹷互相依赖生存。或以为"蛩蛩距虚"为二兽名。

⑦鲍叔：即鲍叔牙，春秋时齐国大夫，以善知人著称。管仲：名夷吾，字仲，由鲍叔牙举荐，为齐桓公相。召忽：周召公之后，仕于齐，遭齐之乱，与管仲傅公子纠奔鲁，后公子纠被杀，召忽殉难。

⑧固难必：指公子纠在外，不能说一定能成为齐国之主。这里用庄子"外物不可必"之意。

⑨虑：谋。

⑩廪丘：原为齐邑，后"齐乌余以廪丘奔晋"，三家分晋后属赵。在今河南范县一带。

⑪孔青：赵将。死士：敢死之士。

⑫京：人工堆成的高丘，这里指战胜者收集敌尸封土而成的高丘。

⑬甯越：赵国中牟人，曾为周威公师。

⑭归尸以内攻之：意思是，归还齐国尸体，齐人必怨其上，且葬死者必将耗其钱财，所以说"内攻之"。内攻，从内部进攻它。

⑮莎随：相守，不进不退。贲服：犹言进退。此句大意是该坚守就坚守，

该进退就进退。

⑯却舍：后退三十里。舍，三十里为一舍。延尸：使敌军收尸。延，纳。

⑰敌齐：指齐军。齐军为敌人，所以称"敌齐"（依毕沅说）。尸：用作动词，收尸。

⑱天子：指周襄王。叔带之难：周襄王同母弟叔带在周作乱，襄王出奔郑，此事历史上称作叔带之难。

⑲文：指晋文侯，文侯辅佐周平王东迁，受珪瓒秬鬯。武：指曲沃武公，公子重耳的祖父，灭晋侯湣，统一晋国。

⑳乎：句中语气词。

㉑阙：缺点，过失。

㉒勤：忧虑。

㉓戎、翟：古代部族名。草中、骊土：二邑名，在晋东（依韦昭《国语》注）。

㉔成周：即洛邑。在今洛阳。

㉕南阳：古地域名，因在太行山南、黄河之北，故名南阳。相当现在河南济源至获嘉一带。

㉖举事：用事，治理国事。

㉗致苦：指向上传达困苦的情况。

㉘竖刀、易牙：齐桓公臣，管仲死后专权，桓公死后作乱。用：指用事，掌权。

㉙此句以下意义不明，似当指管仲而言。

【译文】

明智的人一定要根据时机行事。好的时机不一定能够得到，但人为的努力却不可废弃。得到时机也好，得不到时机也好，都可以用自己能具备的条件弥补自己所不具备的条件，就像船和车一样相互弥补。

　　北方有一种野兽，名叫蹶，它的前腿像老鼠腿那样短，后腿像兔子腿那样长，走起路来就绊脚，跑起来就会跌倒。它常常采鲜美的草供给蛩蛩距虚食用。当它遇到危险的时候，蛩蛩距虚一定背着它逃命。这就是用自己所能做到的弥补自己所不能做到的。

　　鲍叔、管仲、召忽三个人彼此很要好，想共同来安定齐国。他们认为公子纠一定能继承君位。召忽说："咱们三个人对于齐国来说，就好像鼎的三足，去掉一个都不成。况且公子小白一定不会被立为君主，不如三个人都去辅佐公子纠。"管仲说："不可以。国人厌恶公子纠的母亲，因而连及到公子纠；公子小白没有母亲了，国人都怜悯他。将来的事情还不可预料，不如让一个人去侍奉公子小白。将来享有齐国的，必定是这两位公子中的一位。"因此让鲍叔做公子小白的老师，管仲、召忽到公子纠那里。身外的事物本来就很难预料。尽管如此，管子的谋虑还是近于妥善的。如果这样做了事情还不能万全，那大概是天意吧，但人为的努力总算是尽到了。

　　齐国攻打廪丘。赵国派孔青率领敢死军队去援救，与齐军交战，大败齐军。齐帅战死。孔青俘获战车两千辆，清理得到三万具敌人尸体，可以堆成两座高丘。宁越对孔青说："悲惨了，不如把尸体归还给齐国，从内部攻击它。我听说古代善于作战的军队，该坚守就坚守，该进退就进退。现在我军后退三十里，给敌军收尸的时间，战车兵器在战争中消耗了，府库里的钱财殓葬时花光了，这就叫作从内部击破敌方。"孔青说："如果齐人不来收尸，那该怎么办？"宁越说："作战没有取胜，这是他们的第一条罪状；率领士兵出去作战而没有让他们一起回来，这是他们的第二条罪状；给他们尸体却不收取，这是他们的第三条罪状。民众会因为这三条罪状而怨恨当权者，这样的话当权者就没有办法指使人民，人民也不会去侍奉当权者，这就叫作加倍的攻击敌方。"宁越可以说是懂得运用文武之道了。用武就凭力量取胜，用文就凭仁德取胜。文武两方面都能取胜，什么样的敌人还能不降服呢？

　　晋文公打算会盟诸侯，咎犯说："不行，天下人还不了解您的道义呢。"文公说；"那该怎么办呢？"咎犯说："周天子正在躲避叔带的变乱，流亡郑国，您何不接纳他，以此确立大义，而且借此树立自己的名声呢？"文公说："这样做可以吗？"咎犯说："这件事如果能成功，那么继承文王的大业，建立武王的功绩，开拓国土安定疆域，就全在此一举了。如果行不通的话，您补偿周王室的过失，担忧天子的患难，成就教化流芳百世，也是在此一举。请您不要再迟疑了。"文公采纳了他的建议，于是就联合草中的戎人，骊土的翟人在成周恢复了周天子的统治。天子给他南阳的土地作为赏赐，文公就称霸诸侯了。做事合乎义理而且有利，这样来建立功业，文公可以算得上是明智的了。这是咎犯的策略啊。晋文公在外流亡十七年，回国四年之后就成就了霸业，他所听从的应该就是像咎犯这样的贤能之士吧？

管子、鲍叔牙辅佐齐桓公创业时，在齐国的东边经常出现禀告生活困苦的民众。管仲死后，竖刁、易牙处理政事，民众就经常禀告高兴事情而没有禀告困苦的事情。管子因此成为齐国著名的政治家，惠及子孙，这是因为他懂得大礼。懂得了大礼，即使不知道国事也是可以的。

贵因

【题解】

"贵因"是顺天应人的意思。本篇认为，只要君主讲求诚信、顺应时势、合乎民心，就会天下无敌、千古流芳。

【原文】

三代所宝莫如因[1]，因则无敌。禹通三江五湖，决伊阙[2]，沟回陆[3]，注之东海，因水之力也。舜一徙成邑[4]，再徙成都，三徙成国，而尧授之禅位[5]，因人之心也。汤、武以千乘制夏、商[6]，因民之欲也。如秦者立而至[7]，有车也；

适越者坐而至⑧，有舟也。秦、越，远涂也⑨，竫立安坐而至者⑩，因其械也。

武王使人候殷⑪，反报岐周曰⑫："殷其乱矣！"武王曰："其乱焉至⑬？"对曰："谗慝胜良⑭。"武王曰："尚未也。"又复往，反报曰⑮："其乱加矣！"武王曰："焉至？"对曰："贤者出走矣。"武王曰："尚未也。"又往，反报曰："其乱甚矣！"武王曰："焉至？"对曰："百姓不敢诽怨矣⑯。"武王曰："嘻！"遽告太公⑰，太公对曰："谗慝胜良，命曰戮⑱；贤者出走，命曰崩；百姓不敢诽怨，命曰刑胜⑲。其乱至矣，不可以驾矣⑳。"故选车三百，虎贲三千㉑，朝要甲子之期㉒，而纣为禽㉓。则武王固知其无与为敌也。因其所用，何敌之有矣㉔！

武王至鲔水㉕，殷使胶鬲候周师㉖，武王见之。胶鬲曰："西伯将何之㉗？无欺我也！"武王曰："不子欺㉘，将之殷也。"胶鬲曰："曷至㉙？"武王曰："将以甲子至殷郊，子以是报矣！"胶鬲行。天雨，日夜不休，武王疾行不辍㉚。军师皆谏曰："卒病㉛，请休之。"武王曰："吾已令胶鬲以甲子之期报其主矣，今甲子不至，是令胶鬲不信也。胶鬲不信也，其主必杀之。吾疾行，以救胶鬲之死也。"武王果以甲子至殷郊，殷已先陈矣㉜。至殷，因战，大克之。此武王之义也。人为人之所欲㉝，己为人之所恶㉞，先陈何益？适令武王不耕而获㉟。

武王入殷，闻殷有长者，武王往见之，而问殷之所以亡。殷长者对曰："王欲知之，则请以日中为期。"武王与周公旦明日早要期㊱，则弗得也。武王怪之，周公曰："吾已知之矣。此君子也。取不能其主㊲，有以其恶告王㊳，不忍为也。若夫期而不当，言而不信，此殷之所以亡也，已以此告王矣。"

夫审天者，察列星而知四时，因也[一]；推历者㊳，视月行而知晦朔㊵，因也；禹之裸国㊶，裸入衣出[二]，因也；墨子见荆王，衣锦吹笙[三]㊷，因也；孔子道弥子瑕见釐夫人[四]㊸，因也；汤、武遭乱世，临苦民，扬其义，成其功，因也。故因则功㊹，专则拙㊺。因者无敌。国虽大，民虽众，何益？

【校勘】

[一] 此句下有旧校云：一本此下有"动作因日光而治万事，因也"十

一字。

〔二〕裸入衣出，旧校云：一本作"入衣出否"。

〔三〕各本"衣锦"作"锦衣"，今据孙人和说改。

〔四〕道，旧校云：一作"遵"。

【注释】

①因：凭借，顺应。

②伊阙：山名，又名"塞阙山""龙门山"。因两山相对如阙，伊水流经其间，故名"伊阙"。

③沟回陆：当作"迥沟陆"（依王念孙说），指疏通沟道。迥，通达。陆，道。

④邑：与下文的"都"都指古代的区域单位，邑小都大。这几句意思是，舜受到人民拥戴，人民都归附他。

⑤禅：把帝王之位传让给他人。

⑥千乘：千乘之国，代称诸侯国。

⑦如：往，到……去。古代乘车立乘，所以说"立而全"。

⑧适：往，到……去。

⑨涂：通"途"。路途。

⑩竫：安静。

⑪候：刺探。

⑫岐周：城邑名。周武王的曾祖父古公亶父自豳迁于岐山下周原，筑城郭，因名岐周。故址在今陕西省岐山县东北。

⑬焉至：何至，达到什么程度。

⑭谗慝：邪恶，此指邪恶之人。良：贤良，此指贤良之人。

⑮反：返回。这个意义后来写作"返"。

⑯诽：责备。

⑰遽：速。

⑱戮：暴乱。

⑲刑胜：刑法太过。

⑳驾：同"加"。增加。

㉑虎贲：勇士。

㉒要：约定。甲子之期：甲子日。武王伐纣，于甲子日兵至牧野。

㉓禽：擒获。这个意义后来写作"擒"。

㉔何敌之有：有什么敌手。之，代词，复指"有"的前置宾语"何敌"。

㉕鲔水：水名，在河南省巩县北。武王伐纣时经过此处。

㉖胶鬲：原隐居为商，后经文王推举而为纣臣。

㉗西伯：本指周文王。文王在殷商时为西伯。《史记·殷本纪》："纣赐昌弓矢斧钺，得征伐，为西伯。"殷代州之长官曰"伯"，文王为雍州（在西方）之伯，故称"西伯"。这里的"西伯"指周武王。

㉘不子欺：不欺骗你。

㉙揭：通"曷"。何。

㉚辍：停止。

㉛病：疲困。

㉜陈：摆开阵势。这个意义后来写作"阵"。

㉝前"人"指武王。

㉞己：指纣王。

㉟适：恰好，正好。不耕而获：指不战而获胜。《史记·周本纪》："纣师虽众，皆无战之心，心欲武王亟入，纣师皆倒兵以战，以开武王。武王驰之，纣兵皆崩，畔纣。纣走，反入登于鹿台之上，蒙衣其珠玉，自燔于火而死。"

㊱要期：履行约定的日期。

㊲取：选取，采取。能：亲近，亲善。

㊳有：通"又"。

㊴历：历法。

㊵晦：夏历每月的最后一天。朔：夏历每月的第一天。

㊶裸国：指不知穿衣服的部族。

㊷墨子好俭非乐，这里说他"衣锦吹笙"，是为了顺应荆王的嗜好。

㊸道：由。弥子瑕：卫灵公的宠臣。釐夫人：当指卫灵公夫人南子。

㊹因则功：顺应、依凭外物就会成功。

㊺专则拙：单凭个人力量就会失败。拙，这里是失败的意思。

【译文】

夏商周三代最宝贵的就是凭依、顺应外物了，顺应时势就可以天下无敌了。大禹疏通了三江五湖，凿开了伊阙山，沟通了大陆泽，让水流往东海，这就是顺应了水向下流的力量。舜第一次迁徙形成了村落，第二次迁徙形成了都城，第三次迁徙形成了国家，尧把帝位让给了他，这就是顺应了人心。商汤、周武王以诸侯国的地位取代了夏、商，这就是顺应了人民的愿望。到秦国的人站在车上就可以到达，这是因为有车的原因；到越国的人坐着就可以到达，这是因为有船的原因。到秦国、越国，路途很遥远，安静地站着，舒服地坐着就可以到达，这是因为凭借了车、船等交通工具。

周武王派人去探察殷的情况，被派的人回到岐周禀告说："殷可能已经混乱了。"武王说："混乱到什么样的程度了呢？"那人回答说："邪恶的人压制了贤良的人。"武王说："这还没有乱到极点。"这个人又去探察，回来禀告说："殷的情况更加混乱了。"武王问："乱到什么程度了？"那人回答说："贤能之士都逃亡了。"武王说："这还没有乱到极点。"然后这个人又去探察，再回来禀告说："殷的混乱更厉害了。"武王问："乱到什么程度了？"那人说："民众都不敢发表怨恨的言辞了。"武王说："好啊！"于是赶紧把这个情况告诉了太公望。太公说："邪恶的人压制了贤良的人，这叫作暴乱。贤能之士外逃，这叫作崩溃。民众都不敢发表怨恨的言辞，这叫作刑罚苛刻。殷的混乱已经到了极点了，无以复加了。"于是精选战车三百辆，壮士三千人，同各国的诸侯商定甲子日早朝兵发牧野，最后擒获了商纣。这样看来，武王本来就知道商纣无力同自己为敌。善于利用敌方的力量的话还有什么敌手呢？

武王的军队到了鲔水。殷派胶鬲来侦察周师，武王会见了他。胶鬲说："西伯将到什么地方去？不要欺骗我。"武王说："我不欺骗你，我们将到殷去。"胶鬲说："哪一天到达？"武王说："将在甲子日到达殷都郊外。你可以拿这话回去报告。"胶鬲走了。这时天下起雨来，日夜不停。武王命令快速行军，不停止前进。军官们都劝谏说："士兵们都很疲惫了，让他们休息休息吧。"武王说："我已经让胶鬲把甲子日到达殷都郊外的事报告给他的君主了，如果甲子日不能到达，这就会使胶鬲失信。胶鬲失信，他的君主就一定会杀死他。我急行军是为了救胶鬲的命啊。"武王果然在甲子日到达殷都郊外，殷军已经先摆好阵势了。武王到达后，就立即开始战斗，结果大败殷军。这就是武王的仁义。武王做的是人们所希望的事情，而纣王自己做的却是人们所厌恶的事情，所以事先摆好阵势又有什么用？这正好让武王不战而胜。

武王进入殷都，听说这里有个德高望重的人，武王就去拜见他，请教他殷商之所以灭亡的原因。那个德高望重的人回答说："您如果想要知道，就请定于明天日中之时再谈吧。"武王和周公旦第二天提前去赴约，却没有见到那个人。武王感到很奇怪，周公旦说："我已经知道其中的原因了。这是个君子啊。他本来没有想追随自己的国君去死，现在又要把自己君主的过失告诉您，他不忍心这样做。至于约定了日期却不如期赴约，说了话却不讲信用，这就是殷商之所以灭亡的原因。他已经用这种方法把原因告诉您了。"

观测天象的人，观察日月群星运行的情况就能知道四季的变化，这是因为有所根据。推算历法的人，观看月亮运行的情况，就能知道每月的初一和十五，这是因为有所根据。禹到裸国去，进去时脱光衣服，出来以后再穿衣服，这是顺应那里的习俗。墨子谒见楚王，身着华丽衣服，吹着笙，为的就是迎合楚王的爱好。孔子通过弥子瑕去见釐夫人，为的就是借此实行自己的主张。汤、武王遇到混乱的世道，面对苦难的百姓，弘扬他们的道义，成就了功业，这是因为顺应民众的心愿。所以善于顺应，依凭外物，就能成就功业；只凭借个人的力量，就会失败。善于顺应、凭借外物的人所向无敌。不能顺应客观形势的变化，即使国土广大、人民众多，又有什么用处呢？

【解析】

贵因，意思是善于依凭并利用客观形势，因势利导，达成自己的目的，其内容包含有因循、因仍、因应和因凭四重内涵。《吕氏春秋》中多数篇章谈到了"贵因"思想，并利用"贵因"思想发表关于为人君主、治理国家等看法。"因"，是《吕氏春秋》特别重视的一种思想与方法，在吕不韦的思想体系中占有重要地位。上一篇《顺说》，实际上已经含有"贵因"的意思在里面，是"贵因"思想在游说谏说领域的运用。本篇则是关于"贵因"思想的宏观论述，是《吕氏春秋》哲学思想中具有代表性的一篇。

"因"是战国时期人们普遍讨论的热点话题之一。在老庄道家，"因"是政治哲学的核心范畴，老庄道家强调"道"，"因"的意义也与"道"相连。"道"的本意即顺应自然，所以"因"也有顺应自然，反对违背自然，违背客观规律的意思。在兵家，"因"也是战略战术的一个重要原则。《孙子兵法·虚实》说："因形而错胜于众。"曹操注说"因形"，即"因敌形"，也就是利用敌人的形势。《史记·孙子吴起列传》引孙膑的话说："善战者，因其势而利导之。"善于打仗的人，都是根据战场上的形势变化而做出相应的变化。《吕氏春秋·决胜》也说："凡兵，贵其因也。因也者，因敌之险以为己固，因敌之谋以为己事。能审因而加，胜则不可穷矣。"因，就是利用敌人的天险，把它当作自己的防守阵地；利用敌人的谋略把它当作自己的取胜之道。能根据战场形势的变化，并加以利用，胜利就是没有穷尽的。这些都是兵家重视"因"的言论。在纵横家，《鬼谷子》也说"因"。其《忤合》篇说："反覆相求，因事为制。是以圣人居天地之间，立身御世施教扬声明名也，必因事物之会，观天时之宜，因知所多所少，以此先知之，与之转化。"或反或覆，推求事理时，都要根据事情的具体情况来制定策略。因此，圣人在天地之间，立身御世，都是顺应事物的发展规律，看天时是否相宜，据此来做相应变化。《鬼谷子》把"因"引入纵横学说的理论领域，并把"因"看作是处理游说和谋略等问题的一个原则和方法。

《吕氏春秋》也积极参与到当时的时代话题中，发表对"因"的看法。本篇所论之"因"，主要有两种意思；

一是顺应客观形势。文章先从历史和人们的日常生活常识出发，引出论点。"三代所宝莫如因，因则无敌"，夏商周三代最宝贵的东西没有什么比得上顺应、依凭外物了，顺应、依凭外物就能所向无敌。禹疏通三江五湖，凿开伊阙山，使水道畅通，让水流入东海，是顺应了水的力量。舜迁移了一次形成城邑，迁移了两次形成都城，迁移了三次形成国家。因而尧把帝位让给了他，这是顺应了民心。周武王在杀纣前，派人刺探殷商的动静。等殷商内部邪恶的人战胜了忠良的人，贤德的人都出逃了，民众都不敢说怨恨的话了，然后出兵，杀了商纣王。武王能够获胜，是趁殷商混乱的机会，顺应了民心，才能成功。禹到裸体国去，裸体进去，出来以后再穿衣服，是为了顺应那里的习俗；墨子见楚王，穿上华丽的衣裳，吹起笙，是为了迎合楚王的爱好。所以说"因则功"，顺应客观形势的人就能成功。

二是要善于凭借外物，利用外物。观测天象的人，通过看众星运行的情况就能知道四季，是因为有所凭借；推算历法的人，观看月亮的运行情况就能知道晦朔，是因为他们对专业知识的凭借。秦国地处僻远，但是到秦国去的人，站在车上，只要安静地站着就能到达，主要是因为利用了车的缘故。越国路途遥远，到越国去的人，只要坐在船上就能到目的地，那是因为凭借着船的缘故。孔子通过弥子瑕去见釐夫人，是为了借此实行自己的主张。釐夫人，是卫灵公的妻子，即南子。当时卫灵公懦弱无能，其夫人当政，即南子是当政者。孔子推行他的学说，怕釐夫人不予接见或接见了而不接纳他的学说。于是就假借卫灵公的宠臣，即釐夫人的心腹弥子瑕去见南子。《吕氏春秋》上称此曰"因也"，即凭借外力的意思。商汤、武王遇到混乱的世道，面对贫苦的人民，发扬自己的道义，成就了自己的功业，都是因为顺应外物的缘故。所以善于顺应、依凭外物，就能成功；专凭个人的力量，就会失败。故曰"因者无敌"。

《吕氏春秋》关于"因"的思想，实际上是接受了黄老之学的思想。在黄老道家，"因"论作为一种"君术"，强调"因臣之为"和"因民之性"两个方面。《慎子·因循》篇说："天道因则大，化则细。因也者，因人之情也。""因人之情"实际上就是"因民之性"。《管子·白心》说："无为之道，因也，因也者，无益无损也。以其形因为之名，此因之术也。"因，是无为之道。黄老道家主张君无为而臣有为，故无为之道亦为君道。《史记·太史公自序》评价黄老学说："其术以虚无为本，以因循为用。"又曰："有法无法，因时为业；有度无度，因物与合。"为君之道，要根据时势不同，外在的客观条件不同，而及时变化。所谓法度，尽在于"因"。这种思想被《吕氏春秋》所继承。《任数》篇说："古之王者，其所为少，其所因多。因者，君术也；为者，臣道也。为则扰矣，因则静矣。因冬为寒，因夏为暑，君奚事哉！""因"就是为君之术，所以"贵因"。必须指出的是，《吕氏春秋》中的道家思想虽然与黄老道家一脉相承，但也有改造。这是我们需要格外注意的。

<h1 style="text-align:center">察今</h1>

【题解】

本篇主要论述了考察现实、应时变法的道理。在作者看来，只有通达世道，因时损益，变化法令，才不会出现过失，才可以功成名就。

【原文】

上胡不法先王之法①？非不贤也，为其不可得而法②。先王之法，经乎上世

而来者也，人或益之，人或损之，胡可得而法？虽人弗损益，犹若不可得而法③。东夏之命④，古今之法，言异而典殊[一]⑤。故古之命多不通乎今之言者，今之法多不合乎古之法者[二]。殊俗之民，有似于此。其所欲同[三]，其所为异[四]。口憺之命不愉⑥，若舟车衣冠滋味声色之不同。人以自是，反以相诽。天下之学者多辩，言利辞倒⑦，不求其实，务以相毁，以胜为故⑧。先王之法，胡可得而法？虽可得，犹若不可法。

凡先王之法，有要于时也⑨。时不与法俱至，法虽今而至，犹若不可法。故择先王之成法[五]⑩，而法其所以为法⑪。先王之所以为法者，何也？先王之所以为法者，人也，而己亦人也，故察己则可以知人，察今则可以知古。古今一也，人与我同耳。有道之士，贵以近知远，以今知古，以所见知所不见[六]。故审堂下之阴⑫，而知日月之行，阴阳之变；见瓶水之冰，而知天下之寒，鱼鳖之藏也；尝一脟肉[七]⑬，而知一镬之味⑭，一鼎之调⑮。

荆人欲袭宋，使人先表澭水[八]⑯。澭水暴益⑰，荆人弗知，循表而夜涉，溺死者千有馀人，军惊而坏都舍⑱。向其先表之时可导也⑲，今水已变而益多矣，荆人尚犹循表而导之，此其所以败也。今世之主法先王之法也，有似于此。其时已与先王之法亏矣⑳，而曰此先王之法也，而法之，以此为治[九]，岂不悲哉？

故治国无法则乱，守法而弗变则悖，悖乱不可以持国。世易时移，变法宜矣。譬之若良医，病万变，药亦万变。病变而药不变，向之寿民㉑，今为殇子矣㉒。故凡举事必循法以动，变法者因时而化，若此论则无过务矣㉓。夫不敢议法者，众庶也㉔；以死守法者[一〇]，有司也㉕；因时变法者，贤主也。是故有天下七十一圣㉖，其法皆不同。非务相反也，时势异也。故曰良剑期乎断，不期乎镆铘㉗；良马期乎千里，不期乎骥骜㉘。夫成功名者，此先王之千里也。

楚人有涉江者，其剑自舟中坠于水，遽契其舟[一一]㉙，曰："是吾剑之所从坠㉚。"舟止，从其所契者入水求之。舟已行矣，而剑不行，求剑若此，不亦惑乎？以故法为其国[一二]，与此同。时已徙矣，而法不徙，以此为治，岂不难哉？

有过于江上者，见人方引婴儿而欲投之江中，婴儿啼。人问其故，曰："此其父善游。"其父虽善游，其子岂遽善游哉㉛？以此任物^{[一三]㉜}，亦必悖矣。荆国之为政，有似于此。

【校勘】

[一] 言，旧校云：一作"世"。

[二] 合，旧校云：一作"同"。

[三] 各本"所"下有"为"字，今据陶鸿庆说删。

[四] 元本、许本、张本、姜本、宋本、刘本、汪本、凌本、朱本、黄本、吴本、王本"为"下有"欲"字。

[五] 择，旧校云：一作"释"。

[六] 各本"以"下有"益"字，今据陶鸿庆说删。

[七] 胕，旧本皆误作"脬"。

[八] 瀸，旧校云：一作"灌"。

[九] 此，毕本及李本、许本、宋本、刘本、汪本、凌本、朱本黄本、吴本、王本脱，今据元本、张本、姜本补。

[一〇]各本脱"法"字，今据毕沅说补。

[一一]契，旧校云：一作"刻"。

[一二]各本"以"下有"此"字，今据王念孙、许维遹说删。

[一三]各本脱"以"字，今据王念孙、许维遹说补。

【注释】

①上：指君主。前"法"是动词，取法、效法的意思。后"法"是名词，法令，法度。

②不可得：不可能。

③犹若：仍然，还是。

④东：指东夷，东方少数民族。夏：指华夏，中原各国。命：名，指事物的名称。

⑤典：典章制度。

⑥口惛之命：指方言。惛，通"吻"（依吴汝纶说）。愉：通"渝"。改变。这句是说，各地方言的差别是存在的。

⑦利：锋利。

⑧故：事。

⑨要于时：与时代相合。要，合。

⑩择：通"释"。释，放弃，丢开。

⑪所以为法：用来制定法令的依据。

⑫阴：指日影、月影。

⑬一胏肉：一块肉。胏，同"脔"。切成的块状肉。

⑭镬：无足的鼎。与上下文的"鼎"，都是古代煮肉器具。

⑮调：调和，这里指调味。

⑯表：做标记。下文"循表"之"表"指标记。澭水：古水名，也作"灉水"。其故道为黄河所淤塞，已无遗迹可寻，当在河南省境内。

⑰暴：突然。益：水满外溢。这个意义后来写作"溢"。

⑱而：如。都舍：都市里的房子。

⑲向：从前。可导：指可以顺着标记渡过去。

⑳亏：通"诡"。异。

㉑寿民：长寿的人。

㉒殇子：未成年而死的孩子。

㉓无过务：无错事。务，事。

㉔众庶：众人，指百姓。庶，众。

㉕有司：指各种官吏。

㉖七十一圣：指古代的圣贤君主。

㉗镆铘：宝剑名。

㉘骥骜：千里马名。

㉙遽：速。契：刻。

㉚是：此，这里。

㉛岂遽：等于说"岂"。

㉜任：这里是"对待"的意思。

【译文】

国君为什么不取法古代帝王的法令制度呢？不是它不好，而是因为后人无从取法它。先王的法令制度，是经历了漫长的古代流传下来的，人们有的增补它，有的删减它，怎么能够取法它呢？即使人们没有增减它，也还是无从取法它的。东夷和华夏对事物的名称，古代和现代的法度之间，言语不同，典制各异，所以，古代事物的名称和现代有很多的不同，现在的法令和古代的法令也有很多的差异之处。不同习俗的民众，与这种情形类似。他们所有的欲望是相同的，但是满足欲望的方式是不同的。不同的地域有不同的方言，所以相互之间不懂对方的意思。如同都需要舟、车、衣服，都希望得到滋味声色，但是不同风俗的民众所追求的并不一样。各人都认为自己是对的，因而相互指责攻击。天下有学问的人都能言善辩，是非颠倒，一味地相互攻击非难，以驳倒对方为能事。古代国君的法令制度怎么可以得到并且实施呢？即使能够得到，还是不可以实施效法的。

凡是先王的法令制度，是适应当时的需要的。过去的时代不能与法令制度的条文一同存在下来。古代的法令制度即使现在还保存下来，还是不能取法它。因此要抛弃先王现成的法令制度，而取法他制定法令制度的根据。先王制定法令制度的根据是什么呢？那就是从人出发，自己本来也是人，所以明察自己就可以推知别人，明察现在就可推知古代。古代和现在是一样的，别人和自己也是相同的。明白事理的人，可贵的地方就在于他能够根据近的推知远的，根据

现在的推知古代的，根据看到的推知未见到的。所以观察房屋下面的光影，就知道太阳、月亮的运行，早晚和寒暑季节的变化；看到瓶子里水结的冰，就知道天下已经寒冷，鱼鳖已经潜伏了。尝一块肉，就知道一锅里的味道和全鼎中调味的好坏。

楚国人想偷袭宋国，派人先去测量澭水的深浅做好标志。澭水突然暴涨，楚国人不知道，仍然照着旧标志在深夜中涉渡，结果淹死了一千多人，三军惊恐就像都市中的房屋倒塌一样。原先做标志的时候本是可以渡过去的，现在水位已经发生变化，上涨得多了，楚国人却仍然照着旧标志渡河，这就是他们失败的原因啊。现在的君主效法古代帝王的法度，就有些像这种情况。他所处的时代已经与古代帝王的法度不适应了，却还说"这是古代帝王的法度"，并且效法它，以它作为治理国家的依据，难道不是很可悲吗？

所以说治理国家没有法令制度就会混乱，死守古老的法令制度而不改变就会行不通，混乱和不合时宜都不能治理好国家。社会不同了，时代改变了，改变法令制度是应该的。比如好的医生，病症千变万化，下药也要千变万化。病症变了而药不变，本来可以长寿的人，现在也变成短命鬼了。所以做事情一定要根据法令制度来进行，修订法令制度要随时代的变化而变化。如果懂得这个道理，那就没有错误的事了。

不敢议论法令的，都是一般的民众；死守法令的，是各种官吏；顺应时代而变法的，是贤明的君主。因此，统治过天下的七十一位帝王，他们的法令制度都各不相同，不是一定要有所不同，而是时代形势不一样了。所以说：好剑只要求它能斩断东西，不要求它一定是镆铘；好马只要求它一天能跑千里，不要求它一定是骥骜。完成功名，这才是古代帝王追求的目标啊。

楚国有个渡江的人，他的宝剑从船上掉到水里，就急忙用刀在船上刻个记号，说："这里是宝剑掉下去的地方。"船停了，他就从他刻着记号的地方下水去打捞宝剑。船已经走了，但剑没有动，这样寻找宝剑，不也是很糊涂吗？用旧的法令制度治理他的国家，正和这个故事相同。时代已经变了，而法令制度不变，用这种方法治理国家，岂不太难了吗？

有个从江边上走过的人，看见一个人正在拉着个婴儿想把他投到江里去，婴儿啼哭起来。旁人问他为什么这么做，他说："这孩子的父亲很会游泳。"孩子的父亲尽管很会游泳，那孩子难道就一定也很会游泳吗？用这种方法处理事情，也必然是荒谬的。楚国人治理国家，就有点像这种情况。

【解析】

事物是不断发展变化的，因此要用发展的眼光看世界。上代的法令不能照搬。这是因为它已经不适应当今社会的发展了。后代要效法的只有他的精华部分。因此我们不能照搬老一套的方法来解决新问题，而是应该采用新的办法来解决问题，否则就会出现"循表夜涉""刻舟求剑""其父善游"的问题。不懂得跟随事物的发展而变通，就会造成不良的后果。

【故事】

公孙鞅变法治理秦国

公孙鞅，是卫国宗族旁支后裔，喜好法家刑名之学。他在魏国国相公叔痤手下做事，公叔痤深知他的才干，但还未来得及推荐，就重病不起。死前推荐公孙鞅，却得不到魏惠王的信任。

于是，公孙鞅进入秦国，由孝公宠臣景监引荐而拜见孝公。商鞅与孝公谈论治国方略。孝公任命商鞅为左庶长，准备推行变法，以实现强国之愿望。

商鞅下令将民众编为五家一伍，十家一什，互相监督，犯法连坐。举报奸邪的人能获得与杀敌立功者同等的赏赐，隐瞒不报的人则罪过与临阵降敌者一样，给予同等的处罚；立军功者，可以获得上等爵位；私下斗殴者，视其情节轻重处以大小刑罚；致力于本业耕田织布的人，如果生产的粮食布匹多，就免

除其赋役；不务正业，因懒惰而贫困的人，全家充为国家的奴隶；皇亲国戚没有获得军功的，不能再享有贵族的地位；确立由低到高的各级官阶等级，分别配给其田地房宅、奴仆侍女、衣饰器物。这样一来，有功劳的人尊贵荣耀，没有功劳的人即使富有也不光彩。

商鞅变法

变法令颁布一年后，秦国上下指责新法使民不便的人数达到千人以上。这时太子触犯了法令，商鞅说："新法之所以实施不畅，就在于上层人物带头违反！"

太子是国君的继承人，不能施以刑罚，商鞅便将他的老师公子虔处刑，又在他另一个老师公孙贾的脸上刺了字。

第二天，秦国人都知道了这件事，于是每个人都小心翼翼地遵令行事。新法施行十年，秦国被治理得路不拾遗，山无盗贼，人民勇于为国作战，不敢私下斗殴，乡野和城镇都安定太平。

先识览第四

先识

【题解】

"先识"就是有先见之明的意思。本篇主要论述了贤能之士可以预见国家败亡的道理。

【原文】

凡国之亡也，有道者必先去[1]，古今一也。地从于城[2]，城从于民，民从于贤。故贤主得贤者而民得，民得而城得，城得而地得。夫地得岂必足行其地、人说其民哉[3]？得其要而已矣[4]。

夏太史令终古出其图法[5]，执而泣之。夏桀迷惑，暴乱愈甚。太史令终古乃出奔如商[6]。汤喜而告诸侯曰："夏王无道，暴虐百姓，穷其父兄[7]，耻其功臣，轻其贤良，弃义听谗，众庶咸怨，守法之臣[8]，自归于商。"

殷内史向挚见纣之愈乱迷惑也[9]，于是载其图法，出亡之周[10]。武王大说，以告诸侯曰："商王大乱，沈于酒德[11]，辟远箕子[12]，爰近姑与息[13]。妲己为政[14]，赏罚无方[15]，不用法式[16]，杀三不辜[17]，民大不服。守法之臣，出奔周国[18]。"

晋太史屠黍见晋之乱也[19]，见晋公之骄而无德义也，以其图法归周。周威公见而问焉[20]，曰："天下之国孰先亡？"对曰："晋先亡。"威公问其故，对曰："臣比在晋也[21]，不敢直言，示晋公以天妖[22]，日月星辰之行多以不当[23]。曰[24]：'是何能为[25]'又示以人事多不义，百姓皆郁怨。曰：'是何能伤？'又示以邻国不服，贤良不举。曰：'是何能害？'如是，是不知所以亡也。故臣曰晋先亡也。"居三年，晋果亡[26]。威公又见屠黍而问焉，曰："孰次之？"对曰："中山次之[27]。"威公问其故，对曰："天生民而令有别，有别，人之义也[28]，所异于禽兽麋鹿也，君臣上下之所以立也。中山之俗，以昼为夜，以夜继日，男女切倚[29]，固无休息[30]，淫昏康乐[一]，歌谣好悲[二]，其主弗知恶。此亡国之风也。臣故曰中山次之。"居二年，中山果亡[31]。威公又见屠黍而问焉，曰："孰次之？"屠黍不对。威公固问焉，对曰："君次之。"威公乃惧，求国之长者[32]，得义莳、田邑而礼之[33]，得史驎、赵骈以为谏臣[34]，去苛令三十九物[35]，以告屠黍。对曰："其尚终君之身乎[三][36]"曰[37]："臣闻之，国之兴也，天遗之贤人与极言之士[38]；国之亡也，天遗之乱人与善谀之士[四]。”威公薨[39]肂九月不得葬[40]，周乃分为二[41]。故有道者之言也，不可不重也。

周鼎著饕餮[42]，有首无身，食人未咽[五]，害及其身，以言报更也[43]。为不善亦然。

白圭之中山[44]，中山之王欲留之，白圭固辞，乘舆而去。又之齐，齐王欲留之仕[45]，又辞而去。人问其故，曰：“之二国者皆将亡[46]。所学有五尽[六][47]。何谓五尽？曰：莫之必[48]，则信尽矣；莫之誉，则名尽矣；莫之爱，则亲尽矣；行者无粮，居者无食，则财尽矣；不能用人，又不能自用，则功尽矣。国有此五者，无幸必亡[七][49]。中山、齐皆当此。”若使中山之王与齐王闻五尽而更之，则必不亡矣。其患不闻，虽闻之又不信。然则人主之务，在乎善听而已矣。夫五割而与赵[50]，悉起而距军乎济上[51]，未有益也。是弃其所以存[52]，而造其所以亡也[53]。

【校勘】

［一］淫昏，众本无，今据毕沅、许维遹说补。

［二］谣，朱本作“淫”。

［三］旧本“君”下皆衍“子”字。

［四］遗，旧校云：一作“予”。

［五］未，旧校云：一作“来”。

［六］学，汪本、朱本、王本、日刊本作“举”。

［七］幸，旧本除许本作“幸”外，馀本皆误作“辜”。

【注释】

①去：离开。

②地从于城：意思是，城存则地存，城亡则地亡。

③足行其地：指亲自到那里去。说：劝说。

④要：关键。

⑤太史令：官职名。掌典册、祭祀、天文历算等。终古：人名。图法：图录和法典。

⑥太史令终古乃出奔如商：传说桀凿池为夜宫，男女杂处，三旬不理朝政。终古执其图法泣谏，桀不听，终古遂出奔商。如，到……去。

⑦穷：用如使动，使……困窘。

⑧守法之臣：指夏太史令终古。守法，掌管法典。

⑨内史：官职名。掌著作简册、策命官爵等。向挚：人名。

⑩之：到……去。

⑪沈于酒德：沉湎在饮酒之中。沈，溺于所好。酒德，以酗酒为德，指酒后昏乱。

⑫辟：躲避。这个意义后来写作"避"。

⑬爱：乃。姑：妇女，指宠妃。息：小儿，这里指男宠。

⑭妲己：纣的宠妃。

⑮方：法则，原则。

⑯法式：法度，法则。

⑰杀三不辜：指剖比干之心，折材士之股，刳孕妇而观其胞胎。不辜，无罪的人。

⑱周国：周的国都。

⑲屠黍：晋幽公的太史。

⑳周威公：战国时小国西周国君。焉：之，代屠黍。

㉑比：近来。

㉒天妖：不吉祥的天象。妖，不祥的征兆。

㉓不当：指不合度次。

㉔曰：主语是晋公。

㉕是何能为：这能怎么样？意思是没有关系。

㉖晋果亡：这里指晋幽公遇乱而死。

㉗中山：春秋时白狄别支鲜虞族建立的国家，战国时改称中山，位于今河北省中部偏西一带。

㉘人之义：指人伦。

㉙切倚：耳鬓厮磨，互相偎依。形容十分亲昵。他书或作"切踦"。切，贴近。倚，依。

㉚固：坚持，持续。

㉛中山果亡：指为魏文侯所灭。

㉜长者：指德高望重的人。

㉝义莳、田邑：都是当时的贤人。

㉞史驎、赵骈：都是当时的正直之人。

㉟物：事。

㊱其：表委婉的语气词，有"大概""恐怕"的意思。

㊲曰：主语是屠黍，下文是进一步论述，故又用一"曰"字。

㊳极言：尽言，敢于把所有的话都说出来。

㊴薨：古代专指诸侯死。

㊵殡：暂殡，把棺柩暂时浅埋在地中待以后安葬。

㊶周乃分为二：周威公死后，小国西周分裂为西周、东周二小国。

㊷饕餮：古代传说中一种贪食的恶兽。钟鼎彝器上常铸刻其头部形状作为装饰。

㊸报更：报偿。这句的意思是说，"周鼎著饕餮"寓告诫之义，象征残害人者立刻得到报应，正如饕餮食人，尚未及咽，其身已残亡。

㊹白圭：魏人。中山：指赵武灵王所灭的中山，与上文中山当属二国。

㊺齐王：指齐湣王。

㊻之：此。

㊼所学：等于说“所闻”。

㊽必：相信。

㊾无幸：无可幸免。

㊿五割而与赵：指中山国五次割地给赵国。

(51)悉起而距军乎济上：指齐滑王率领齐国全部军队在济水一带抵御以燕国为首的五国军队的进攻。距，通“拒”。抵御。

(52)所以存：用以使自己生存的东西，指上文的信、名、亲、财、功。

(53)造：至，到。

【译文】

凡是国家濒于灭亡的时候，有道之人一定会事先离开，古今都是一样的。土地的归属取决于城邑的归属，城邑的归属取决于人民的归属，人民的归属取决于贤人的归属。所以，贤明的君主得到贤人辅佐，人民自然就得到了，得到人民，城邑自然就得到了，得到城邑，土地自然就得到了。土地的获得难道一定要亲自巡视那里，一定要亲自劝说那里的人民吗？只要得到根本就够了。

夏朝的太史令终古拿出法典，抱着哭泣。夏桀执迷不悟，暴虐荒淫更加厉害。终古于是出逃投奔商。商汤高兴地告诉诸侯说：“夏王无道，残害百姓，逼迫父兄，侮辱功臣，轻慢贤人，抛弃礼义，听信谗言，众人都怨恨他，他的掌管法典的臣子已自行归顺了商。”

殷商的内史向挚，看到纣王越来越淫乱昏惑，于是用车载着殷商法典出逃投奔周。武王非常高兴，把这事告诉诸侯说：“商王昏乱至极，溺于饮酒作乐，躲避疏远箕子，亲近妇女和小人。妲己参与政事，赏罚没有准则，不依法度行事，残杀三个无辜的人，人民大为不服。他的掌管法典的臣子已出逃到周的国都。”

晋国的太史屠黍，看到晋国混乱，晋国君主骄横而没有德义，于是带着晋国的法典归顺周国。周威公接见他时问道：“天下的诸侯国哪个先灭亡？”屠黍

回答说:"晋国先灭亡。"威公问其原因,屠黍回答说:"我前一段在晋国的时候,不敢直言劝谏,我拿天象的异常,日月星辰的运行多不合度的反常现象启示晋君,他说:'这些又能怎么样?'我又拿人事的处理大多不符合道义,百姓都烦闷怨恨的情况启示他,他说:'这些又能有什么妨害?',我又拿邻国不归服,贤人得不到举用的情况启示他,他说:'这些又能有什么危害?'像这样,就是不了解所以灭亡的原因啊。所以我说晋国先灭亡。"过了三年,晋国果然灭亡了。威公又接见屠黍,问他说:"哪一国接着要灭亡?"屠黍回答说:"中山国接着要灭亡。"威公问其原因,屠黍回答说:"上天生下人来就让男女有别,男女有别,这是人伦大义,是人与禽兽麋鹿不同的地方,是君臣上下所以确立的基础。中山国的习俗,以日为夜,夜以继日,男女耳鬓厮磨,互相偎依,没有停止的时候,纵情安逸享乐,歌唱喜好悲声,对这种习俗,中山国的君主不知厌恶,这是亡国的风俗啊,所以我说中山国接着要灭亡。"过了两年,中山国果然灭亡了。威公又接见屠黍,问说:"哪一国接着要灭亡?"屠黍不回答。威公坚持问他,他回答说:"接着要灭亡的是您。"威公这才害怕了,访求国中德高望重的人,得到义莳、田邑,对他们以礼相待,得到史驎、赵骈,让他们作谏官,废除了苛刻的法令三十九条,威公把这些情况告诉了屠黍,屠黍回答说:"这大概可以保您一生平安吧!"又说:"我听说过,国家将若盛的时候,上天给它降下贤人和敢于直言相谏的人,国家将灭亡的时候,上天给它降下乱臣贼子和善于阿谀谄媚的人。"威公死了,暂殡九个月不得安葬,周国于是分裂为两个小国。所以有道之人的话,不可以不重视啊。

周鼎上铸上饕餮纹,有头没有身子,吃人来及下咽,祸害已连累自身,这是表明恶有恶报啊。做不善的事也是这样。

白圭到中山国,中山国的君主想要留下他,白圭坚决谢绝,乘车离开了。又到了齐国,齐国君主想要留他做官,他又谢绝,离开了齐国。有人问他为什么,他说:"这两个国家都将要灭亡。我听说有'五尽'。什么叫'五尽'?就是:没有人信任他,那么信义就丧尽了;没有人赞誉他,那么名声就丧尽了,没有人喜爱他，那么亲人就丧尽了；行路的人没有干粮，居家的人没有吃的，那么财物就丧尽了；不能任用人，又不能发挥自己的作用，那么功业就丧尽了。国家有这五种情况，必定灭亡，无可幸免。中山、齐国都正符合这五种情况。"假如让中山的君主和齐国的君主闻知五尽，并改正自己的恶行，那就一定不会灭亡了。他们的祸患在于没有听到这些话，即使听到了又不相信。这样看来，君主需要努力做的，在善于听取意见罢了。中山五次割让土地给赵国，齐湣王率领全部军队在济水一带抵御以燕国为首的五国军队，都没有什么益处，都没有逃脱国亡身死的下场。这是由于他们抛弃了那些能使国家生存的东西，而为自己准备下了灭亡的条件。

【解析】

国家即将灭亡之时为什么先离去的总是圣贤之人？原因就是他们的忠言不被采纳，因此君主只要得到贤能的人就会得到天下，因为百姓就是跟随贤能的人而追随君主的，反之，国家灭亡之际，首先离开的即是有道之人，百姓将随之而去。

没有人任用他，那么信义就丧失了；没有人称赞他，那么名声就丧失了；没有人喜爱他，那么亲人就丧尽了；行路的人没有干粮，居家的人没有吃的，那么财物就丧尽了；不能利用人，又不能发挥自己的作用，那么功业就灭亡了。这是白圭论述国家灭亡的"五尽"。君主善于吸纳圣人的忠言，才能保证国家不会灭亡。

【故事】

心都子岔路迷羊论学习

杨朱的邻居走失一只羊。邻居率领众人去追反而被羊跑掉了。杨朱问其原因，回答说：“岔路之中又有岔路，所以跑丢了。”杨子忧愁地变了脸色，好久不说话，整天也不笑。弟子们深感疑惑。

弟子孟孙阳出来告诉了心都子。几天后，心都子与孟孙阳一道进去，问道："从前有兄弟三人，在齐国与鲁国之间游历，同向一位老师求学，把仁义之道全部学到了才回去。他们的父亲问：'仁义之道怎么样？'老大说：'仁义使我爱惜身体而把名誉放在后面。'老二说：'仁义使我不惜牺牲性命去获取名誉。'老三说：'仁义使我的身体与名誉两全其美。'他们三个人所说的仁义之道各不相同，但都是从儒学中来的，哪一个对，哪一个不对呢？"杨子说："有个住在河边的人，熟习水性，划船摆渡所获的利益可以供养百人。背着粮食前来学习的人一批又一批，而被水淹死的人几乎达到了一半。本来是学习泅水而不是学习淹死的，但利与害却成了这个样子。你认为哪一种对。哪一种不对呢？"心都子不声不响地走了出来。

孟孙阳责备他说："为什么您问得那么迂腐，先生回答得那么隐晦？我迷惑得更厉害了。"心都子说："大路因为岔道多而走失了羊，学习的人因为方法多而没学好知识。学习并不是根源不同，根源一样，而结果的差异却这样大。只有回归到相同，返回到一致才行。你在先生的弟子中是位长者，学习先生的学说，却不懂得先生的譬喻，可悲啊！"

观世

【题解】

"观世"在本篇中是指观察当世治乱的。世道治乱的根本就在于是否可以了解以及重用贤能的人，了解并重用这样的人，天下和国家就可以得到治理，否则的话，就会出现国破家亡身丧的局面。

天下虽有有道之士，国犹少①。千里而有一士，比肩也②；累世而有一圣人③，继踵也④。士与圣人之所自来，若此其难也，而治必待之，治奚由至⑤？虽幸而有，未必知也，不知则与无贤同。此治世之所以短，而乱世之所以长也。故王者不四⑥，霸者不六⑦，亡国相望，囚主相及⑧。得士则无此之患。此周之所封四百余⑨，服国八百余，今无存者矣。虽存，皆尝亡矣⑩。贤主知其若此也，故日慎一日，以终其世。譬之若登山，登山者，处已高矣，左右视，尚巍巍焉山在其上⑪。贤者之所与处，有似于此。身已贤矣，行已高矣，左右视，尚尽贤于己。故周公旦曰："不如吾者[一]，吾不与处，累我者也⑫；与我齐者，吾不与处，无益我者也。"惟贤者必与贤于己者处。贤者之可得与处也，礼之也。

主贤世治，则贤者在上；主不肖世乱，则贤者在下。今周室既灭，天子既废[二]，乱莫大于无天子。无天子则强者胜弱，众者暴寡，以兵相划⑬，不得休息⑭。而佞进⑮。今之世当之矣。故欲求有道之士，则于江海之上，山谷之中，僻远幽闲之所，若此则幸于得之矣。太公钓于滋泉⑯，遭纣之世也，故文王得之。义王，十乘也；纣，天子也。天子失之，而千乘得之，知之与不知也。诸众齐民⑰，不待知而使，不待礼而令。若夫有道之士，必礼必知，然后其智能可尽也。

晏子之晋⑱，见反裘负刍息于涂者⑲，以为君子也，使人问焉，曰："曷为而至此？"对曰："齐人累之⑳，名为越石父㉑。"晏子曰："嘻！"遽解左骖以赎之㉒，载而与归。至舍㉓，弗辞而入。越石父怒，请绝㉔。晏子使人应之曰："婴未尝得交也[三]，今免子于患，吾于子犹未邪[四]㉕？"越石父曰："吾闻君子屈乎不已知者㉖，而伸乎已知者。吾是以请绝也。"晏子乃出见之，曰："向也见客之容而已㉗，今也见客之志。婴闻察实者不留声㉘，观行者不讥辞㉙，婴可以辞而无弃乎㉚？"越石父曰："夫子礼之，敢不敬从。"晏子遂以为客㉛。俗人有功则德^㉜，德则骄。今晏子功免人于厄矣^㉝，而反屈下之，其去俗亦远矣。此全功之道也^{[五]㉞}。

子列子穷^㉟，容貌有饥色。客有言之于郑子阳者^㊱，曰："列御寇^[六]，盖有道之士也，居君之国而穷，君无乃为不好士乎^㊲？"郑子阳令官遗之粟数十秉^㊳。子列子出见使者，再拜而辞^㊴。使者去，子列子入，其妻望而拊心曰^㊵："闻为有道者妻子，皆得逸乐。今妻子有饥色矣，君过而遗先生食^㊶，先生又弗受也。岂非命也哉？"子列子笑而谓之曰^[七]："君非自知我也，以人之言而遗我粟也，至已而罪我也^㊷，有且以人言^[八]。此吾所以不受也。"其卒民果作难，杀子阳。受人之养而不死其难，则不义；死其难，则死无道也^㊸。死无道，逆也。子列子除不义、去逆也，岂不远哉？且方有饥寒之患矣，而犹不苟取，先见其化也^㊹。先见其化而已动^㊺，达乎性命之情也^[九]。

【校勘】

［一］不如吾者，旧本皆误作"吾不如者"。

［二］天子，旧本皆误作"天下"。

［三］交，旧校云：一作"友"。

［四］旧本"邪"下皆有"也"字。

［五］全，众本作"令"，今据毕沅说改。

［六］旧本"列"上有"子"字。

［七］笑，旧校云：一作"叹"。

［八］众本"有"下有"罪"字，今据毕沅说删。

［九］达，众本作"远"，今据毕沅、王念孙说改。

【注释】

①国：疑当作"固"（依王念孙说）。

②比肩：并肩，肩靠着肩。

③累世：连续数代。

④继踵：接踵，脚挨着脚。这句极言有道之士稀有难遇。如果纵横千里有一贤士，就可称得上是贤士"比肩"了；如果接连几代出一圣人，就可称得上圣人"继踵"了。

⑤奚：何。由：从。

⑥王者不四：称王的君主没有出现四个。这是对"三王"而言。

⑦霸者不六：称霸的诸侯没有出现六个。这是对春秋"五霸"而言。

⑧囚主相及：被囚禁的君主一个接一个。

⑨封：指分封诸侯。

⑩尝：曾经。

⑪巍巍焉：高峻的样子。焉，词尾。

⑫累：牵累。

⑬划：铲除，消灭。

⑭休息：停止。

⑮而佞进：疑当在上文"贤者在下"之下（依王念孙说）。佞，奸佞小人。进，受到举用。

⑯滋泉：水名。疑即今陕西渭水。

⑰齐民：平民。

⑱晏子：名婴，字平仲，春秋时齐国大夫，后继任齐卿，历仕灵公、庄公、景公三世。

⑲反裘：翻穿皮衣。古人穿皮衣一般是毛朝外，这里的"反裘"指毛朝里穿，为的是爱惜毛。刍：喂牲口的草。涂：道路。

⑳齐人累之：大意是，给齐人为奴。累，通"缧"。本指拘系犯人的绳索，引申为囚禁。

㉑越石父：人名。

㉒遽：立刻。骖：驾车时辕马两旁的马。

㉓舍：馆舍，招待宾客的地方。

㉔绝：断绝交情。

㉕未：未可。

㉖不己知：不了解自己。"己"是"知"的宾语。下句"己知"，即知己之意。

㉗向：刚才。

㉘察实者不留声：考察人的功实，不留意人的名声。留，留意，这里有察的意思。

㉙讯：察，查问。辞：言辞。

㉚辞：谢罪。弃：被动用法，被拒绝。

㉛客：指上宾。

㉜德：用如动词，自认为有德。

㉝厄：困境。

㉞令功：据《晏子春秋》《新序》，当作"全功"。

㉟子列子：即列子，列御寇，战国时郑人，道家人物。子，"夫子"之意，冠于列子之前，是对列子的尊称。

㊱子阳：郑相。

㊲无乃……乎：表揣测的习惯说法，相当于"恐怕……吧"。

㊳秉：古量名，十六斛为一秉。

㊴再拜：拜两次，表示恭敬的礼节。

㊵望：怨。拊心：手拍胸膛，表示气愤。

㊶过：访，探望。

㊷已而：不久，表示时间短暂。

㊸有：通"又"。

㊹死无道：为无道之人而死。

㊺先见其化：事先预见到事情的发展变化。

㊻已：通"以"。动：采取相应的行动，指谢绝子阳的馈赠。

【译文】

天底下虽然有有道之士，可是一国之内毕竟不多。方圆千里之内出现一个贤士，那就可以叫天下贤能之士遍地了；几代出现了一个圣人，那就可以叫作接踵而至了。贤士和圣人的产生，就是这样的困难，然而治理天下就一定依靠他们，那么，天下大治的局面怎么那么容易形成呢？就算侥幸有这样的一两个贤才，国君也不一定会知道，不为所知，那么就和没有贤才一样。这就是治世清明的时间短，乱世混浊时间长的原因所在。所以之前成就王业的人没有第四个，建立霸业的没有第六个，国家一个个地灭亡，君主一个又一个地被囚禁。但是，如果得到了贤士就没有这种祸患。这就是周代的四百多个封国，八百多个服从的国家，现在没有多少存在下来的原因。即使有存在下来的，也都曾经灭亡过。贤明君主知道这样的道理，所以每天都非常谨慎，这样终其一生。这好比爬山，登山的人已经爬了很高了，向左右看看，发现山上面还是有高高的山。贤人和与他相处的人，就和这类似。他自己的德行已经很贤明了，品节已经很高洁了，向左右看看，发现还有许多比自己贤明的。所以周公旦说："不如我的人，我不和他相处，因为他会拖累我；和我相当的人，我不和他相处，因为他对我没有帮助。"因而只有贤人才一定会和比自己贤明的人相处。能够得到贤能之士并且与他同处，关键在于尊礼贤士。

君主贤明，世道清明，那么贤能之士就会居高位；君主昏庸不肖，世道混乱，那么贤能之士就会居下位。现在周已经灭亡，天子已经被废黜，那么最大的祸患就是没有天子了。没有了天子，强者就会欺凌弱者，势众的就会欺负势单的，兵戎相见，没有停止。这时候，奸臣小人就会趁机得势，现在的世道就是这个样子的。所以，要想寻求到有道之士，那么就要在江河之上、山谷之中、偏远悠闲的地方寻找，这样才可以侥幸得到。姜太公在滋泉钓鱼，当时正值商纣时的乱世局面，所以文王能够得到他。文王当时只是一国诸侯，而纣却是贵为天子。天子失去了贤能之士，却被诸侯得到了，这就是因为知道和不知道贤能之士的道理。平民百姓，不需要知道就可以驱使，不需要礼遇就可以命令。但是对于那些有道贤能之士，一定要礼遇对待，一定要理解，这样他才会发挥出自己的才智能力。

晏子出使晋国，在路上看见一个反穿着裘衣背着草料的人在休息，晏子觉得这是个有道贤能之士，就叫人去问他："怎么到了这个地步？"那人回答说："我给齐国人做奴仆，名叫越石父。"晏子说："噢！"立刻解下车驾左边的马来赎下他，并且让越石父坐车一起回去。回到了馆舍，晏子没向越石父告辞就自己进去了，越石父很生气，提出来和晏子绝交。晏子派人对他说："我还没有和您结交啊，现在我从患难中把你解救出来，这对你还不够好吗？"越石父说："我听说君子在不了解自己的人面前可以忍受屈辱，在了解自己的人面前挺胸做人，所以我才要和您绝交。"晏子听了之后，就出来会见越石父，说："以前我不过是看到了您的容貌而已，现在我知道您的志向了。我听说体察实情的人并不会看重他的名声，而看重行动的人不太在意他的言辞，我可以向您谢罪而不被离弃吗？"越石父说："您这样礼遇我，我怎么敢不恭敬从命呢？"于是晏子把越石父待为宾客。世俗的人对人有了功绩，就以为有了恩德，有了恩德就待人傲慢。现在晏子有解救他人于困境的功绩，却反而屈尊待人，这和一般的世俗之人差距太大了。这就是保全功德的方法啊！

列子很贫穷，脸上出现饥饿的颜色。有人把这种情况告诉了郑国子阳，说："列御寇是个有道之士，他现在居住在您的国家却是如此的穷困，您恐怕不礼贤下士吧？"子阳就命令官吏送给列子几百石粮食。列子出来会见使者，拜了两拜，就谢绝了。使者就离开了，列子回到屋里，他的妻子怨恨地捶着胸脯说："我听说有道之士的妻子儿女能过得舒舒服服，现在你的妻子儿女面露饥色，国相派人探望你，又给你送来了粮食，你又不接受。难道我们全家人注定要忍受饥饿吗？"列子笑着对她说："你不是能够理解我的人啊，国相是因为听了别人的话才送给我粮食，那么也会因为别人的话加罪于我。这就是我不接受他的粮食的原因啊。"后来，郑国百姓果然发难，杀死了子阳。接受了别人的供养，却不为别人的遭难去死，这是不义；为了别人的遭难而死，这就是为没有道义之人而死。为无道之人去死，这是不合乎情理的。列子不接受子阳的粮食，避免了不义，去掉了不合情理，这难道不是很有远见吗？而且当他有饥寒之患的时候，仍旧不随便接受别人的馈赠，这是因为有先见之明。能够事先体察世事的变化从而预先做好相应的准备，这就通晓了人生的真谛了。

【解析】

君主在上，还是圣贤之人在上？霎时看来似乎很明显的道理，然而恰恰相反，君主不礼贤下士，那么国家就要灭亡。天下虽然有有道之士，然而在一国之中则嫌少。方圆千里有一个士，可以算得上肩并肩了；连续若干世出一个圣人，可称得上脚挨着脚了。士和圣人的产生是如此困难，可是国家的安定一定要等待他们，安定的局面怎能到来？即使侥幸有了贤能的人，未必被人知道，不知道就跟没有贤能的人一样。这就是安定的世道那么少，而动乱的世道那么多的原因。所以君主治理国家，求贤是首先要做的事情。而国君要真正得到贤士，必须了解他们，礼遇他们，重用他们，只有这样，他们的聪明才智才能充分发挥出来。

【故事】

九方皋相马胜过伯乐

秦穆公对伯乐说："你的年纪大了，你们家族中有谁善于相马的吗？"伯乐回答说："我有一个一起挑担子卖柴草的伙伴，叫九方皋，这个人相马本领不在我之下，请您接见他。"

于是，穆公接见了他，派他出外求马。三个月以后，他回来报告说："已经找到了，在沙丘那儿。"穆公问："什么样的马？"九方皋回答道："母马，黄色的。"穆公派人去取这匹马，却是一匹公马，纯黑色的。穆公就不高兴，召见伯乐，并对他说："你推荐找马的人太差了，颜色、公母都不知道。又怎么能知道马的好坏呢？"伯乐长叹了一口气说："竟然到了这种程度吗？这就是他比我强的原因啊！像九方皋所观察的，是马的内在能力，得到了马的精华而忘掉了马的粗糙的外相，进入了马的内核而忘掉了马的外表；见到了他所要见的，没有见到他所不要见的；看到了他所要看的，遗弃了他所不要看的。"那匹马牵来了，果然是一匹天下少有的好马。

知接

【题解】

"知接"就是智力所及的意思。本篇讲述了管仲病危的时候，桓公探望管仲的事情。管仲劝桓公亲近贤臣，疏远小人。本篇论述了智力所及与知贤的道理。智者有能力洞悉未来，预测到今后会发生什么事情；愚者却无法洞察未来将要发生的事情，就算智者告诉他将来的事情，他也不会信任智者。

【原文】

人之目，以照见之也①，以瞑则与不见②，同③。其所以为照，所以为瞑异④。瞑士未尝照⑤，故未尝见。瞑者目无由接也⑥，无由接而言见，诡[一]⑦。智亦然。其所以接智，所以接不智同，其所能接，所不能接异。智者，其所能接远也；愚者，其所能接近也。所能接近而告之以远[二]，奚由相得⑧？无由相得，说者虽工⑨，不能喻矣⑩。戎人见暴布者而问之曰⑪："何以为之莽莽也⑫？"指麻而示之。怒曰："孰之壤壤也⑬，可以为之莽莽也！"故亡国非无智士也，非无贤者也，其主无由接故也。无由接之患，自以为智[三]，智必不接。今不接而自以为智，悖。若此则国无以存矣，主无以安矣。智无由接[四]，而自知弗智，则不闻亡国，不闻危君。

管仲有疾，桓公往问之，曰："仲父之疾病矣⑭，将何以教寡人？"管仲曰："齐鄙人有谚曰⑮：'居者无载⑯，行者无埋⑰。'今臣将有远行⑱，胡可以问？"桓公曰："愿仲父之无让也⑲。"管仲对曰："愿君之远易牙、竖刀、常之巫、卫公子启方⑳。"公曰："易牙烹其子以慊寡人㉑，犹尚可疑邪？"管仲对曰："人之情，非不爱其子也，其子之忍㉒，又将何有于君㉓？"公又曰："竖刀自宫以近寡人㉔，犹尚可疑邪？"管仲对曰："人之情，非不爱其身也，其身之忍，又将何有于君？"公又曰："常之巫审于死生，能去苛病㉕，犹尚可疑邪？"管仲对曰："死生，命也。苛病，失也㉖。君不任其命、守其本㉗，而恃常之巫，彼将以此无不为也。"公又曰："卫公子启方事寡人十五年矣，其父死而不敢归哭，犹尚可疑邪？"管仲对曰："人之情，非不爱其父也，其父之忍，又将何有于君？"公曰："诺。"管仲死，尽逐之。食不甘，官不治，苛病起，朝不肃㉘。居三年，公曰："仲父不亦过乎！孰谓仲父尽之乎㉙！"于是皆复召而反[五]㉚。明年，公有病，常之巫从中出曰："公将以某日薨。"易牙、竖刀、常之巫相与作乱，塞宫门，筑高墙，不通人，矫以公令㉛。有一妇人逾垣入㉜，至公所。公曰："我欲食。"妇人曰："吾无所得。"公又曰："我欲饮。"妇人曰："吾无所得。"公曰："何故？"对曰："常之巫从中出曰：'公将以某日薨。'易牙、竖刀、常之巫相与作乱，塞宫门，筑高墙，不通人，故无所得。卫公子启方以书社四十下卫㉝。"公慨焉叹，涕出曰㉞："嗟乎！圣人之所见，岂不远哉！若死者有知，我将何面目以见仲父乎？"蒙衣袂而绝乎寿宫㉟。虫流出于户㊱，上盖以杨门之扇㊲，三月不葬㊳。此不卒听管仲之言也[六]。桓公非轻难而恶管子也㊴，无由接也[七]。无由接，固却其忠言[八]㊵，而爱其所尊贵也㊶。

【校勘】

［一］詤，旧本皆误作"謊"。

〔二〕毕本"远"下有"化"字，今据汪本、朱本、王本、日刊本删。

〔三〕为，旧校云：一作"长"。

〔四〕由，毕本作"以"，今据元本、李本、张本改。

〔五〕元本、张本"反"下有"之"字。

〔六〕言，旧校云：一作"败"。

〔七〕众本"接"下有"见"字，今据毕沅说删。

〔八〕固，张本、刘本误作"见"。

【注释】

①照：昭，明亮。

②瞑：闭着眼睛。这里是失明的意思。与：疑是衍文（依陶鸿庆说）。

③同：指看见或看不见，眼睛都是相同的。

④其所以为照，所以为瞑异：大意是，其接触外物，或明亮、或失明则是不同的。

⑤瞑士：即下文"瞑者"，指失明的人。

⑥无由接：没有办法接触外物。

⑦譓：同"谎"，诬妄，欺骗。

⑧奚由：何由。

⑨工：指善辩。

⑩喻：用如使动，使……明白。

⑪暴：晒。这个意义后来写作"曝"。布：麻布。

⑫莽莽：长大的样子。

⑬孰：何。壤壤：纷乱的样子。

⑭仲父：桓公尊称管仲为"仲父"。病：病重，病危。

⑮鄙人：乡野之人。

⑯居者：指家居之人。载：车载之物。

⑰埋：指埋藏之物。管仲引此俗谚意在说明，自己病危将死，不能再考虑其他无关的事情了。

⑱远行：指死。这是一种委婉的说法。

⑲无：通"毋"。

⑳常之巫：巫者。他书或作"堂巫"。启方：卫国的公子，在齐国做官，齐桓公的宠臣之一。他书或作"开方"。

㉑慊：惬意，满足。这里用如使动。

㉒忍：狠心。此句为宾语前置句式，"其子"是"忍"的宾语，"之"复指前置的宾语。下文"其身之忍""其父之忍"句式与此句同。

㉓何有于君：对您又能怎么样呢。

㉔宫：阉割。

㉕苛病：指鬼降给人的疾病。

㉖失：指精神失其守。

㉗任：听凭。

㉘肃：整饬。

㉙尽：指尽可听从。

㉚反：返，用如使动，让……回来。

㉛矫：假称，假托。

㉜垣：墙。

㉝书社：古代二十五家为社，把社内人名登录在册，称之书社。下卫：降卫。

㉞涕：泪。

㉟袂：衣袖。绝：气绝身亡。寿宫：宫中寝室。

㊱虫：尸虫。

㊲杨门：当是门名（依高诱说）。

㊳三月不葬：据《史记·齐世家》《左传》记载，当作"三月不殡，九月

不葬"。殡，停枢。

㉞轻难：轻视灾难。

㊵固：通"故"。却：弃，不采纳。

㊶所尊贵：指易牙、竖刀、常之巫、卫公子启方等宠臣。

【译文】

　　人的眼睛，是因为光亮才能看见东西，失去光明就看不见东西了。眼睛没有变，只是它在睁眼或失去光明的时候见到的东西是不同的。盲人的眼睛因为失去了光明，也就从来没有看见过东西，因为他们的眼睛无法与外物接触。无法看见东西却还说能看见，这明明是在欺骗人。智慧也和它是同一个道理的。人的大脑没有变，而有智慧的人之所以聪明、愚蠢的人之所以笨拙，是因为他们在接触外界时表现出的智慧或笨拙是不一样的。有智慧的人，能都预测将来要发生的事情，而愚蠢的人，只看得见眼前的东西。所以说，即使把以后要发生的事情告诉他，他怎么能够理解呢？他不能够领会其中的道理，给他说理的人即使口才出众，也无法让他明白其中的道理。一个戎人见到一个晒布的人，上前问他："这样有大有长的东西是用什么做成的？"晒布的人拿起麻丝给他示范。这个戎人发怒道："不可能用这么乱的东西，织出这么大块的布的！"国家之所以被灭亡不是因为缺乏有智慧的人，也不是因为没有贤达的人，是因为该国的君主不重用他们。由于君主的智力有限，还要自作聪明远离贤臣，导致了内患。而今智力有限还要自作聪明，这种人真是糊涂呀。如果这样下去必定会灭亡，君主也没有安宁的日子过了。智力有限却还执迷不悟，是不会懂得再这样下去国家将会灭亡，也不会知道君主处于为难之境的。

　　管仲病危，桓公来探望他，说："仲父的病已经很严重了，有什么要教导寡人的吗？"管仲道："齐国的乡下人中流传这样一句话：'不出门的人没有必要再准备装载东西，出门的人不用准备在家里埋藏宝贝。'我是一个快去世的人了，您还来问我呀？"桓公道："望仲父不要谦让啊。"管仲答道："我希望君主能够远离易牙、竖刁、常之巫、卫公子启方。"桓公道："易牙把自己的儿子杀后煮之来取悦寡人，他还值得怀疑吗？"管仲答道："爱自己的子女是人的本性，易牙能狠心煮自己的儿子，对陛下您又有什么爱护呢？"桓公又道："竖刁为了在我身边侍奉我忍痛把自己阉割了，他还值得怀疑吗？"管仲答道："爱自己的身体是人的本性，他狠心在自己的身体上下手，对陛下您又有什么爱心呢？"桓公又道："常之巫能知道人的生死去除妖魔鬼怪，他还值得怀疑吗？"管仲答道："人的命老天早已注定，人们所说的鬼降疾病给人，实际上是人的精神失常所致。陛下应该服从天命，抓住最根本的东西，再宠着常之巫的话，他会仗着陛下您的威风而无法无天了。"桓公又道："卫公子启方侍奉我十五年了，他的父亲过世了他都没有回去奔丧，他还值得怀疑吗？"管仲答道："爱自己的父亲是人的本性，他这样无情地对待自己的亲生父亲，对陛下您又有什么爱心呢？"桓公说道："好吧。"管仲去世后，易牙等人都被桓公驱逐了。桓公咽不下饭，后宫得不到好的治理，鬼病缠身，朝政也得不到整顿。这样过了三年以后，桓公道："管仲言过其实了吧？谁说仲父的话全部可信呢？"就这样桓公又把易牙等以前侍奉过他的人全召进宫来。第二年，桓公得了疾病，常之巫在宫中四处造谣道："陛下将在某天过世。"易牙、竖刁、常之巫、卫公子启方合起来作乱，封锁宫门，还建起了高墙，不让任何人进出，还谎报说这是桓公的旨意。一位妇人翻墙进入到宫中，见到了桓公。桓公道："我想吃饭。"妇人道："我无法给陛下弄到饭菜。"桓公又道："我想喝水。"妇人道："我也无法给陛下弄到水。"桓公问道："这是为何呀？"妇人答道："常之巫在宫中四处造谣道：'陛下将在某天过世。'易牙、竖刁、常之巫、卫公子启方合起来作乱，他们封锁宫门，还建起了高墙，不让任何人进出，没有人能够进到宫中送饭菜和水。卫公子启方给卫国奉送上四十社的人家而归顺了该国。"桓公感慨流泪道："唉！圣人的预见不是很远大吗？假若死后人有知，我有何脸面见仲父呢？"随后把衣袖遮在自己的身上死在了宫里。尸虫爬出门外，尸体上盖着杨门之扇，死亡三个月了还没有下葬。这就是桓公当初不听管仲忠言的恶果。桓公

不是轻视内患而厌恶管仲，是他的智力有限不能理解管仲的患言，智力有限，因而没有遵循管仲的忠言，一意孤行地亲近那些害他的人。

悔过

【题解】

本篇讲述了秦穆公没有听从蹇叔的劝告，长途跋涉进攻郑国，落得个劳民伤财的下场。但是秦穆公却可以谦虚悔改，最后实现了自己的霸主之业。本文表达出"吃一堑，长一智"的道理，同时也强调了悔过自新的重要作用。所以本文命题为"悔过"。

【原文】

穴深寻[①]，则人之臂必不能极矣[②]。是何也？不至故也[③]。智亦有所不至。所不至，说者虽辩，为道虽精，不能见矣。故箕子穷于商[④]，范蠡流乎江[⑤]。

昔秦缪公兴师以袭郑[⑥]，蹇叔谏曰[⑦]："不可。臣闻之，袭国邑，以车不过百里，以人不过三十里，皆以其气之趫与力之盛至[⑧]，是以犯敌能灭，去之能速。今行数千里，又绝诸侯之地以袭国[⑨]，臣不知其可也。君其重图之[⑩]。"缪公不听也。蹇叔送师于门外而哭曰："师乎！见其出而不见其入也。"蹇叔有子曰申与视[⑪]，与师偕行。蹇叔谓其子曰："晋若遏师必于殽[⑫]。女死，不于南方之岸[⑬]，必于北方之岸，为吾尸女之易[⑭]。"缪公闻之，使人让蹇叔曰[⑮]："寡人兴师，未知何如。今哭而送之，是哭吾师也[⑯]。"蹇叔对曰："臣不敢哭师也。臣老矣，有子二人，皆与师行。比其反也[⑰]，非彼死，则臣必死矣，是故哭。"

师行过周[⑱]，王孙满要门而窥之[⑲]，曰："呜呼！是师必有疵[⑳]。若无疵，吾不复言道矣。夫秦非他[㉑]，周室之建国也[㉒]。过天子之城，宜橐甲束兵[㉓]，左右皆下[㉔]，以为天子礼。今衶服回建[一][㉕]，左不轼[㉖]，而右之超乘者五百乘[㉗]，力则多矣，然而寡礼，安得无疵？"师过周而东。

郑贾人弦高、奚施将西市于周㉘，道遇秦师，曰："嘻！师所从来者远矣。此必袭郑。"遽使奚施归告，乃矫郑伯之命以劳之㉙，曰："寡君固闻大国之将至久矣㉚。大国不至，寡君与士卒窃为大国忧，日无所与焉㉛，惟恐士卒罢弊与糗粮匮乏㉜。何其久也！使人臣犒劳以璧，膳以十二牛㉝。"秦三帅对曰："寡君之无使也㉞，使其三臣丙也、术也、视也于东边候晞之道[二]㉟，过㊱，是以迷惑，陷入大国之地[三]。"不敢固辞，再拜稽首受之㊲。三帅乃惧而谋曰："我行数千里，数绝诸侯之地以袭人㊳，未至而人已先知之矣，此其备必已盛矣。"还师去之。

当是时也，晋文公适薨，未葬。先轸言于襄公曰㊴："秦师不可不击也，臣请击之。"襄公曰："先君薨，尸在堂，见秦师利而因击之，无乃非为人子之道欤！"先轸曰："不吊吾丧㊵，不忧吾哀，是死吾君而弱其孤也㊶。若是而击，可大强[四]。臣请击之。"襄公不得已而许之。先轸遏秦师于殽而击之，大败之，获其三帅以归。

缪公闻之，素服庙临㊷，以说于众曰："天不为秦国㊸，使寡人不用蹇叔之谏，以至于此患。"此缪公非欲败于殽也，智不至也。智不至则不信㊹。言之不信[五]，师之不反也从此生。故不至之为害大矣。

【校勘】

[一] 衿，旧本皆误作"初"。

[二] 术，旧本皆误作"林"；晞，旧本皆误作"晋"，有旧校云：一作"晞"。

[三] 陷入，旧校云：一作"以及"。

[四] 若是而击，可大强，旧校云：一作"若是而弗击，不可大强"。

[五] 言之不信，元本、李本、许本、张本、姜本、凌本、黄本、吴本作"而言不可不信"，汪本、朱本、王本作"言之不信"。

【注释】

①寻：古代长度单位，八尺为寻。

②极：用如动词，这里是探到底的意思。

③不至：达不到。

④箕子穷于商：指箕子被商纣囚禁。箕子，商纣叔伯父，封国于箕，故称箕子。商纣暴虐，箕子谏不听，于是披发佯狂为奴，被纣囚禁。穷，困窘。

⑤范蠡流乎江：据《国语·越语下》记载，范蠡辅佐越王勾践灭吴后，"乘轻舟以浮于五湖"。流，浮。

⑥秦缪公：即秦穆公，春秋五霸之一。缪，通"穆"。

⑦蹇叔：秦穆公时任上大夫。

⑧趫：壮盛。

⑨绝：横穿，穿越。

⑩其：表示委婉的语气词。图：谋，考虑。

⑪申、视：蹇叔二子名。

⑫遏：这里是阻击的意思。殽：同"崤"。山名，在今河南洛宁西北。

⑬岸：山崖。

⑭为吾尸女之易：意思是，为的是让我给你们收尸容易识别。尸，用如动词，给……收尸。女，你们。这个意义后来写作"汝"。

⑮让：责备。

⑯哭吾师：给我的军队哭丧。

⑰比：及，等到。反：返回。

⑱周：指西周的东都，即王城，故址在今河南洛阳市王城公园一带。

⑲王孙满：周大夫。要：通"邀"。闭门上闩（依马叙伦说）。

⑳有疵：这里是遭到挫败的意思。

㉑他：其他的，别的。

㉒建国：所分封建立的诸侯国。

㉓橐甲：把铠甲装在口袋里。橐，口袋，用如动词。

㉔左右：春秋时作战，一般兵车乘甲士三人，驭者居中。左右指驭者两旁的甲士。

㉕衵服：即"均服"，指军服上下颜色没有区别。衵，通"均"。上下同色。回建：指车上建置混乱。回，违背。建，兵车上的建置。

㉖左不轼：指居于兵车左侧的将士不凭轼致敬。轼，车前横木。用如动词，扶轼。

㉗右：车右，骖乘。超乘：跃上战车。这是一种无礼的举动。

㉘弦高、奚施：郑国二商人名。市：做买卖。

㉙矫：假称，假托。劳：慰劳。

㉚寡君：对别国谦称自己的国君。大国：对别国的尊敬说法，这里指秦国。

㉛日：每日。与：通"豫"（依高亨说）。乐。

㉜罢弊：通"疲敝"。羸弱疲困。糒粮：干粮。糒，炒熟的米麦等谷物。匮：缺乏。

㉝膳：用如动词，作为膳食。

㉞寡君之无使也：我们的国君没有可派遣的人。这是客气话。

㊱丙：白乙丙。术：西乞术。视：孟明视。三人是这次战争中秦军的主帅。候：视察。晻：通"晋""鄮"。晋国。

㊱过：超过。这里是走过了的意思。

㊲稽首：古时的一种礼节。跪下，拱手至地，头也至地。整个过程较缓慢。

㊳数：多次。

㊴先轸：晋国的执政大臣，食邑在原（今河南济源西北），故又称"原轸"。襄公：晋襄公，晋文公之子，名欢，公元前627年—前621年在位。

㊵吊：对遭遇不幸的人表示哀悼、慰问。

㊶死吾君：意思是，背弃了我们死去的君主。弱：用如意动。这里有欺侮

的意思。

㊷素服：穿上丧服。庙临：到祖庙中将此事哭告祖先。临，哭。

㊸为：帮助。

㊹不信：指不相信蹇叔之言。

【译文】

洞穴深达八尺的话，则人的手臂是不能够到达它的底部的。为什么呢？人的手尺寸有限啊。同样的道理，人的智慧也是有限。由于这个原因，口才出众的人怎样善辩，阐述的道理再怎么精辟，也不会被人接受。这也是箕子为什么被商纣囚禁，范蠡乘轻舟而去的缘故。

当年秦穆公向郑国发兵，蹇叔上谏道："不行的。臣听说过，袭击他国城邑，如果利用战车，作战的路途不能超过一百里，如果徒步行军不能超过三十里，这样才可以使士兵保持高昂的斗志和旺盛的精力到达，所以进攻能消灭敌人，撤退能很迅速。而今，郑国在千里之外，行军的途中还要经过他国的领域，臣不知道这次出征是否可行。君主应当仔细考虑这次远征。"秦穆公没有采纳蹇叔的意见。蹇叔送军队出城门哭诉道："军士们呀！我看得见你们出去，却见不到

秦穆公

你们归来啊。"蹇叔有两个儿子，一个叫申，另一个叫视，也随军出征。蹇叔向他的两个儿子说道："晋国假若出兵阻拦你们，地点一定在殽山一带。假如你们战死沙场，尸首不是在南山就是在北山。我就去那里为你们收尸。"秦穆公听说了蹇叔的话之后，派人责怪蹇叔说："我派兵远征，还不知道结果怎么样，而今你却哭丧着送士兵，这是在打击我军的锐气啊。"蹇叔答道："臣没有打击军队

的锐气。臣老了，这次两个儿子与军队一起远征，等到他们返回之时，不是他们死了就是我死了，因为这个原因才哭的。"秦国的士兵行过周的领域，王孙满关闭城门观察秦军的情况，道："唉！这次秦军远征郑国一定会遇到困难的。假如他们没有困难的话，我从此以后不会再评述道理啦。秦国并非独立的国家，它是周王室曾经分封的一诸侯国。秦军经过天子的王城，应该装起铠甲，捆起兵器，左右武式下车而行，以此向天子致礼。而今他们身穿同色的战服回到王城，在车左边的士兵不扶推车前行，右边的大约有五百左右的人坐在车上，他们看起来很有力量，但是却缺少礼仪。这样的军队怎么不败呢？"秦国的士兵经过周往东前行。

郑国的商人弦高、奚施打算往西去周的市场做生意，在路上见到了秦国的士兵，道："啊！秦国的军队长途跋涉而来，必定是打算袭击郑国。"弦高马上让奚施快速回到郑国报信，弦高则假借郑国君主之命慰问秦国的军队，道："我国君主听说你们要来，在你们还没有到时，我国君主和军队私底下替你们担忧呢，几乎每天都担忧而不愉快，就是担忧你们士兵远道而来力疲精弱，缺衣少食。为何这么长时间才来呢！国君派我用璧玉来慰问你们的军队，而且奉上十二头牛给军队食用。"秦国的三个主帅道："秦穆公没有派使臣拜访郑国，只是派白乙丙、西乞术、孟明视三位臣子探察晋国的道路，没有想到迷了路走过了头进入到你们的国度。"三位大帅无法拒绝他，奉上两拜，又叩头致谢，收下了礼物。秦国的三位大帅有些恐惧，一起商量道："秦国的军队远征千里，途经多国去攻打郑国，军队离郑国还有一段距离，郑国就已经获悉，足以证明，郑国一定准备好了迎战。"结果，秦国的部队撤回了自己的国家。

就在这个时候，晋文公驾崩，还没有安葬。先轸对襄公道："秦国不可不攻打，臣愿前往攻打秦国。"襄公道："先王刚过世，尸体还放在宫堂内，虽然现在向秦国发起进攻是最好的时机，但这样做违背了作为晚辈的准则了吧！"先轸道："对丧事秦国不前来吊唁，甚至也不为我们失去先君的悲痛而哀伤，这是蔑视你的年幼无知，背叛先王的行为，假如此时攻打秦国，晋国的势力就会增强。

臣请求陛下攻打秦国。"襄公不得已允许了先轸。先轸在崤山一带阻击秦国军队，大败秦军，俘虏了秦国的三位大帅回到晋国。

这件事被秦穆公听说后，换上素服到庙堂哭诉，面对着众人说道："上天不为我秦国谋事，导致寡人当初没有听取蹇叔的劝告，才遇到这次灾祸。"崤山的失败不是秦穆公预料到的，是他的智慧有限的缘故。智力有限才没有听取蹇叔的劝告。蹇叔的劝谏没有得到重视，导致秦军失利，这就是智力有限的灾难啊。

【解析】

人的智慧是无限的，就像八尺之洞人的手臂无法触及一样，"智有所不至"却要急切的追求功利，结果是不堪设想的。蹇叔谏秦缪公事，就是明显的例证。

秦缪公急欲扩张自己势力，违反了作战的基本原则。使劳师袭远，疲惫不堪，没有战斗力，注定以惨败告终。在利令智昏的情况下所犯的错误，是不可宽恕的。再说。秦缪公言而无信，自食其言，不讲任何道义、仁德，为了利益违背盟约，这同样应当遭谴责，遭惩罚。正因秦缪公智有所不至，才不能接受蹇叔的劝告，以至全军覆没，三帅被俘。缪公虽智有所不至，但他能悔过自新，故最终成就霸业。

私欲过重就会影响了心智，因此要尊重贤人，不断地扩充自己的智慧，才能避免犯下严重的错误。

【故事】

秦穆公中肯悔过成大业

公元前 627 年，秦穆公派孟明视、西乞术、白乙丙三人出兵伐郑，结果在涌山遭到伏击，全军覆没，三个将领在晋襄公的嫡母的说情下，三人才免于一死，逃回秦国。一时间大臣议论纷纷，认为孟明视等三人作战不力，丧师辱国，应该立即杀掉以平民愤。要求秦穆公杀掉三个人。

秦穆公知道，孟明视等三人是秦国不可多得的勇将。秦、晋争霸中原的战争刚刚开始，自己正在用人之际，杀掉三人，肯定有百害而无一利。况且晋襄公放走三人，显然是借刀杀人，既要除掉仇人，又要赢得秦国的好感。胜败乃兵家常事，凭三人的本领。将来总有一天一定能打败晋国，洗掉今日的耻辱。于是，秦穆公对大家说："这次出兵，是因为我不听蹇叔、百里奚的话，才导致失败。所有后果我一个人承担，同其他人无干。"秦穆公不顾群臣的反对，身穿白衣，到郊外迎接孟明视等三人。一见面就哭着向他们表示安慰，并对死去的将士表示悼念。孟明视等三人非常感激，发誓一定效忠于秦穆公。

不久，秦穆公又任命孟明视、西乞术和白乙丙三人为将，统率军队。三人都非常感激国君的宽宏大量，竭尽所能辅佐秦穆公整顿军备，加强军队的训练。经过一段时间的精心准备，三人后来攻打晋国。并大败晋国，不仅报了仇，而且使秦穆公成为中原霸主。

乐成

【题解】

本篇通过列举大禹、孔子、子产、乐羊、史起的事例，阐述了有智慧的人可以筹划利于千秋的宏伟事业，这也是法家思想的表达。

【原文】

大智不形[①]，大器晚成[②]，大音希声[③]。

禹之决江水也[④]，民聚瓦砾[⑤]。事已成，功已立，为万世利。禹之所见者远也，而民莫之知。故民不可与虑化举始[⑥]，而可以乐成功[⑦]。

孔子始用于鲁，鲁人鹭诵之曰[⑧]："麛裘而韠[⑨]，投之无戾[⑩]。韠而麛裘，投

之无邮⑪。"用三年，男子行乎涂右，女子行乎涂左⑫，财物之遗者，民莫之举⑬。大智之用，固难逾也⑭。

子产始治郑⑮，使田有封洫⑯，都鄙有服⑰。民相与诵之曰："我有田畴⑱，而子产赋之⑲。我有衣冠，而子产贮之⑳。孰杀子产，吾其与之㉑。"后三年，民又诵之曰："我有田畴，而子产殖之㉒。我有子弟，而子产诲之。子产若死，其使谁嗣之？㉓"

使郑简、鲁哀当民之诽訿也㉔，而因弗遂用，则国必无功矣，子产、孔子必无能矣。非徒不能也，虽罪施㉕，于民可也。今世皆称简公、哀公为贤，称子产、孔子为能。此二君者，达乎任人也。舟车之始见也，三世然后安之㉖。夫开善岂易哉㉗！故听无事治㉘。事治之立也，人主贤也。

魏攻中山，乐羊将㉙。已得中山，还反报文侯㉚，有贵功之色[一]㉛。文侯知之，命主书曰㉜："群臣宾客所献书者，操以进之。"主书举两箧以进㉝。令将军视之，书尽难攻中山之事也㉞。将军还走㉟，北面再拜曰："中山之举，非臣之力，君之功也。"当此时也，论士殆之日几矣㊱，中山之不取也，奚宜二箧哉？一寸而亡矣㊲。文侯，贤主也，而犹若此，又况于中主邪？中主之患，不能勿为，而不可与莫为㊳。凡举无易之事[二]㊴，气志视听动作无非是者㊵，人臣且孰敢以非是邪疑为哉㊶？皆壹于为㊷，则无败事矣。此汤、武之所以大立功于夏、商，而句践之所以能报其雠也。以小弱皆壹于为而犹若此㊸，又况于以强大乎！

魏襄王与群臣饮㊹，酒酣㊺，王为群臣祝，令群臣皆得志。史起兴而对曰㊻："群臣或贤或不肖㊼，贤者得志则可，不肖者得志则不可。"王曰："皆如西门豹之为人臣也㊽。"史起对曰："魏氏之行田也以百亩㊾，邺独二百亩㊿，是田恶也。漳水在其旁，而西门豹弗知用○51，是其愚也。知而弗言，是不忠也。愚与不忠，不可效也。"魏王无以应之。明日，召史起而问焉，曰："漳水犹可以灌邺田乎？"史起对曰："可。"王曰："子何不为寡人为之？"史起曰："臣恐王之不能为也。"王曰："子诚能为寡人为之，寡人尽听子矣。"史起敬诺，言之于王曰："臣为之，民必大怨臣，大者死○52，其次乃藉臣○53。臣虽死藉，愿王之使他人遂之也^{⑤④}。"王曰："诺。"使之为邺令。史起因往为之。邺民大怨，欲藉史起。史起不敢出而避之。王乃使他人遂为之。水已行，民大得其利，相与歌之曰："邺有圣令^{⑤⑤}，时为史公^{⑤⑥}。决漳水，灌邺旁。终古斥卤^{⑤⑦}，生之稻粱。"使民知可与不可，则无所用矣^{⑤⑧}。贤主忠臣，不能导愚教陋^{⑤⑨}，则名不冠后、实不及世矣。史起非不知化也，以忠于主也。魏襄王可谓能决善矣。诚能决善，众虽喧哗，而弗为变。功之难立也，其必由讻讻邪^{⑥⓪}！国之残亡，亦犹此也。故讻讻之中，不可不味也。中主以之讻讻也止善，贤主以之讻讻也立功。

【校勘】

[一] 贵，旧校云：一作"责"。

[二] 易，旧校云：一作"为"。

【注释】

①形：用如动词，表现出来。

②大器晚成：本指大材须积久始能成器。后多用以指人成就较晚。

③大音希声：最大的乐声反而听不出音响。希，稀少。以上二句见《老子》第四十一章。

④决：疏导。

⑤聚瓦砾：堆集瓦石加以阻挡。

⑥虑化举始：商讨改变现状，进行创业开拓。

⑦以：与。

⑧謷：通"繁"（依孙诒让说）。句中语气词。诵：这里是怨谤、讽诵的意思。

⑨麑裘而鞸：穿着鹿皮衣和蔽膝。麑，小鹿。鞸，朝服的蔽膝。按：古代麑裘为常服，鞸为朝贺之服，二者不得共用。

⑩投：弃。戾：罪。

⑪邮：通"尤"。罪。

⑫涂：道路。这两句是说民知礼义。

⑬举：拾取。

⑭逾：通"喻"。知晓。

⑮子产：郑大夫，姓公孙，名侨，字子产，春秋时有名的政治家。

⑯封：田界。洫：水沟。

⑰都鄙有服：城邑、鄙野各有规定的服色。都，与"鄙"对文，泛指城邑。

⑱田畴：土地。

⑲赋：收取赋税。

⑳贮：古代一种财务税（依杨宽说，见《古史新探》）。

㉑其：句中语气词。与：帮助。

㉒殖：繁殖。这里指增加产量。

㉓嗣：继承。

㉔郑简：郑简公，名嘉，春秋时郑国国君。鲁哀：鲁哀公，名蒋，春秋时鲁国国君。这两位君主分别是子产、孔子的国君。按：《左传》记载，孔子仕于鲁定公，死于哀公时。訕：也作"訾"，毁谤，非议。

㉕罪施：被治罪。

㉖安：习惯。

㉗开：始。

㉘听无事治：意思是，听信愚民之言，任何事情都办不好。

㉙乐羊：魏人，为魏文侯将。

㉚报：禀告。文侯：魏文侯，名斯，战国初期魏国国君。

㉛贵功：这里是夸功的意思。

㉜主书：主管文书的官吏。

㉝箧：盛物的箱子。

㉞难：责难。

㉟还走：转身退下几步，表示恭敬惶恐。

㊱论士：议论的人。殆：危害。几：近。

㊲一寸：极言书信之少之短。

㊳莫为：疑作"莫易"（依陶鸿庆说），不中途改变。

㊴举：行。无易：不中途改变。

㊵是：认为正确。

㊶人臣且孰敢以非是邪疑为哉：大意是，臣下谁还敢认为不对而横加怀疑呢？"非是邪疑"是"以"的宾语。邪，歪曲。

㊷壹：专一。

㊸小弱：指汤、武、勾践。汤、武封地仅方百里，勾践臣事吴王夫差，故称小弱。

㊹魏襄王：名嗣，战国时魏国国君。

㊺酣：喝酒喝得正畅快。

㊻史起：魏襄王之臣。兴：起，站起来。

㊼或：有的。

㊽西门豹：姓西门，名豹，魏文侯时曾为邺令。让人民开水渠，引漳水灌溉农田。

㊾行田：分配土地给人耕种。

㊿邺：魏地，在今河北临漳县西南。

51漳水在其旁，而西门豹弗知用：史起之言与史书所载不同。《史记·河渠书》："西门豹引漳水溉邺。"《史记·滑稽列传》："西门豹即发民凿十二渠，引河水灌民田。"《后汉书·安帝纪》："初元二年，修西门豹所分漳水为支渠以溉田。"《水经注·浊漳水》："豹引漳以溉邺。"

52死：其宾语"臣"涉下文省略。

㊾藉：践踏，欺凌。

㊾遂：完成。

㊾圣令：贤令。

㊾时：通"是"。此。

㊾终古：久远，自古以来。斥卤：盐碱地。他书或作"舄卤""潟卤"。斥，指地咸卤。

㊾无所用：没有任用贤人的必要。

㊾导愚教陋：教导愚笨、鄙陋的人。

⑥讻讻：喧闹声。

【译文】

有大智慧的人不显露，有才干的人成就事业往往较晚，最大最美的声音乃是无声之音。

大禹在治理江水时，人们聚集瓦砾阻拦。等到事业完成以后，他的功劳也就突现出来，为子孙后代带来了好处。足以见禹有远大的目光，但是平民百姓却不知道这些。所以，平民百姓不能够和开动脑筋思考的人做的事相提并论，却能够和他们共同分享成功的快乐。

孔子被鲁国任用之初，鲁国人私下里嘲讽他道："不仅穿着鹿皮衣裳而且蔽膝，拒绝他到鲁国来也没有罪过，穿得如此简陋，不应该任用他。"孔子在被鲁国任用三年期间，男的见到他靠路的右边走，女的看见他往路的左边走，就是丢失了财物，也没人去捡。拥有智慧的人，普通的人是无法理解的。

子产在治理郑国之初，下令把田地水道划分界域，让城里的人和城外的人穿相同的衣服。百姓们嘲讽他说："我们虽然有田种，但是子产却对有田的人征收赋税。有各种不同的衣服，子产又让我们把它储藏起来。假如谁要杀他，我肯定会和他一起去的。"三年以后，百姓又在私下里赞颂他道："我们虽然有田，但是是子产帮我们增产的。我们的子弟，是子产帮我们教导他们。假如子产过世了，谁还能代替他呢？"

如果当初郑简公、鲁哀公由于人们诽谤、责难而不打算任用他们两个人，那么他们的国家就不会有安定、繁荣的局面，子产、孔子也就不会名留史册了。自己的聪明才智不但得不到发挥，相反，假如给他们定罪，人们也会同意的。而今世人都赞颂郑简公、鲁哀公慧眼识才，赞颂子产、孔子有大智慧。这两位贤明国君通晓用人的道理。

舟、车刚出现的时候，人们对它们也是有抵触心理的，过了几世之后，人们才觉得它们便利。万事开头难！不应该听平民百姓的话，要不然什么事情也办不成。建立事业，还是要有贤明的君主。

魏国攻打中山国时，命乐羊为主将。击败中山国以后，乐羊回到了魏国向自己的君主禀告喜讯，且炫耀自己的功劳。文侯觉察到了这一点，就对着主书官道："把各位臣子、贤客奉上的书信呈上来。"主书官把两个小箱子呈上来。文侯让乐羊看这两箱信，所有的书信都是谴责发兵攻打中山国这件事的。看完后乐羊将军转身向后退了两步，面对着北面拜了几拜道："此次攻下中山国，我个人的力量是微不足道的，全在于君主的英明。"当乐羊袭击中山国的时候，朝中议论纷纷认为这件事情将带来很大的危害，假如不是文侯认为攻取中山国很重要，怎么会有那两箱书信呢？极短的一封信就够了。文侯是一位英明的君主，况且出现这种情况，更何况一般的君主呢？一般君主的困惑是，不能不做事情，也不能和臣子一块做事情。如果君主有目标，且言行无不正确的，那么朝野中的人谁敢对他加以怀疑呢？君主和臣子齐心协力地做一件事情的话，就没有办不到的事情。这也是汤、武灭夏、商建立功业，勾践卧薪尝胆复仇的缘由，以一个弱小的国家同心协力就能够做到，更何况一个大国呢？

魏襄王和臣子们一起聚会饮酒，喝得爽快的时候，魏襄王给各位大臣祝酒，祝愿群臣都有所成就。史起站起来向魏襄王道："臣子有英明的也有愚笨的，英明的臣子可以取得成就，而愚笨的臣子是不能够成就事业的。"魏襄王道："大家应该把西门豹作为自己的榜样。"史起答道："魏国百亩为单位分田，邺地却

《吕氏春秋》原典释译

是以二百亩为单位，主要是田地不好。漳水就在这些地的旁边，而西门豹不知道怎么加以利用，这是其愚笨之处。这些情况他也没有向朝廷如实地报告，这又是不忠的表现。不忠而又愚笨，怎么能够效仿呢？魏襄王听完后哑口无言。第二天，魏襄公召见史起，问道："漳水还能够灌溉邺地的田吗？"史起答道："是的。"魏襄王道："你为什么不替寡人办理这件事情呢？"史起答道："臣正担心陛下不想做这件事情呢。"魏襄王道："只要你能够把事情办成，寡人就会按照你的想法去做。"史起恭敬地答应道："如果我去那里做这件事情，当地的百姓不了解，人们必然会怨恨我，甚至会杀了我或者侮辱我。假如我被害或者侮辱，臣希望陛下再派其他的人完成这件事情。"魏襄王道："好的。"就这样史起到邺地做了县令。邺地的人们对史起的做法十分恼怒，想要侮辱他，史起知道后就躲藏了起来。魏襄王另派了一个人完成了这件事情。等水流到了田里，庄稼得到了灌溉，邺地的人们得到了实惠，就一起赞颂史起道："邺地贤令，这人是史公。会引漳河水，灌溉邺田地。自古以来就是盐碱地，现在长出了稻和谷。"如果百姓早已知道哪些事情可以做，哪些事情不能做，这样也就没有任人唯贤的事了。作为一个英明的君主、忠诚的贤臣，假如不去教导愚昧无知的人，他的名字也就不会被流传下来，做的事情也就不能有利于当代的百姓。史起并非不知道事情的变化，是因为他忠诚于自己的君主。魏襄王可以说能够对事情做出正确的判断。正因为对事情可以做出正确的判断，即使有很多人议论纷纷，也不会改变自己的主意。不能建立功绩，主要也是众说纷纭！一个国家的衰败，往往也是这样的。众说纷纭中不能不考虑其中的道理。有些君主在众说纷纭的情况下，会放弃好的行为，而英明的国君则可以在众说纷纭中建立自己的功绩。

【解析】

万众一心才能众志成城，尽管在事情初始会有各种阻挠意见。往往在吵吵闹闹中，中等资质的国君因为民众的吵吵闹闹而停止做好事，贤明的君主却因为民众的吵吵闹闹而建立功业。因此不可不好好研究。

无论国家的大小，只要君臣全都一致去做，就不会有失败之事。这就是商、汤之所以能消灭夏桀、周武王之所以能消灭商纣的原因，也是越王勾践能消灭吴王夫差报仇雪耻的原因。小国地位虽然弱小，只要全国统一，尚且能取得胜利，又何况是凭借强大的力量呢？

但文中宣扬"民不可与虑化举始，而可以乐成功"的观点，过分夸大君主、贤臣的作用，轻视人民的作用，这是违背历史事实的。

察微

【题解】

本篇阐发了察微的道理。文章指出："治乱存亡，其始若秋毫，察其秋毫，则大物不过矣。"全文就是围绕这一观点从正反两方面举例加以论证的。文章举例赞扬孔子"见之以细，观化远也"，指出智士贤者应该处心积虑，考察事物的端倪，见微知著，防患于未然。文章还列举了吴楚卑梁之争、宋华元飨士而忘其御、鲁昭公听伤而不辨其义三则事例，说明小处不察，必酿成大患，以历史教训为借鉴，从反面强调了察微的重要。

【原文】

使治乱存亡若高山之与深溪①，若白垩之与黑漆②，则无所用智，虽愚犹可矣。且治乱存亡则不然③。如可知，如可不知④；如可见，如可不见。故智士贤者相与积心愁虑以求之⑤。犹尚有管叔、蔡叔之事与东夷八国不听之谋⑥。故治乱存亡，其始若秋毫⑦。察其秋毫，则大物不过矣。

鲁国之法，鲁人为人臣妾于诸侯⑧，有能赎之者，取其金于府⑨。子贡赎鲁人于诸侯，来而让，不取其金。孔子曰："赐失之矣⑩。自今以往，鲁人不赎人矣。"取其金，则无损于行；不取其金，则不复赎人矣。子路拯溺者，其人拜之

以牛⑪，子路受之。孔子曰："鲁人必拯溺者矣。"孔子见之以细，观化远也⑫。

楚之边邑曰卑梁⑬，其处女与吴之边邑处女桑于境上⑭，戏而伤卑梁之处女。卑梁人操其伤子以让吴人⑮，吴人应之不恭，怒，杀而去之。吴人往报之，尽屠其家。卑梁公怒⑯，曰："吴人焉敢攻吾邑？"举兵反攻之，老弱尽杀之矣。吴王夷昧闻之⑰，怒，使人举兵侵楚之边邑，克夷而后去之⑱。吴、楚以此大隆⑲。吴公子光又率师与楚人战于鸡父⑳，大败楚人，获其帅潘子臣、小帷子、陈夏齧㉑。又反伐郢㉒，得荆平王之夫人以归㉓，实为鸡父之战。凡持国，太上知始，其次知终，其次知中。三者不能，国必危，身必穷。《孝经》曰㉔："高而不危，所以长守贵也；满而不溢，所以长守富也。富贵不离其身，然后能保其社稷，而和其民人。"楚不能之也。

郑公子归生率师伐宋㉕。宋华元率师应之大棘㉖，羊斟御㉗。明日将战，华元杀羊飨士，羊斟不与焉㉘。明日战，怒谓华元曰："昨日之事，子为制㉙；今日之事，我为制。"遂驱入于郑师。宋师败绩㉚，华元虏。夫弩机差以米则不发㉛。战，大机也。飨士而忘其御也，将以此败而为虏，岂不宜哉！故凡战必悉熟偏备㉜，知彼知己，然后可也。

鲁季氏与郈氏斗鸡㉝，郈氏介其鸡㉞，季氏为之金距㉟。季氏之鸡不胜，季平子怒，因侵郈氏之宫[一]㊱，而益其宅㊲。郈昭伯怒，伤之于昭公㊳，曰："禘于襄公之庙也㊴，舞者二人而已㊵，其余尽舞于季氏。季氏之舞道[二]，无上久矣㊶。弗诛，必危社稷。"公怒，不审㊷，乃使郈昭伯将师徒以攻季氏，遂入其宫。仲孙氏、叔孙氏相与谋曰㊸："无季氏，则吾族也死亡无日矣。"遂起甲以往㊹，陷西北隅以入之㊺，三家为一，郈昭伯不胜而死。昭公惧，遂出奔齐，卒于干侯㊻。鲁昭听伤而不辩其义㊼，惧以鲁国不胜季氏，而不知仲、叔氏之恐，而与季氏同患也。是不达乎人心也。不达乎人心，位虽尊，何益于安也？以鲁国恐不胜一季氏，况于三季㊽？同恶固相助㊾。权物若此其过也㊿，非独仲、叔氏也，鲁国皆恐。鲁国皆恐，则是与一国为敌也，其得至于侯而卒犹远[51]。

【校勘】

［一］侵，众本作"归"，今据孙人和说改。

［二］舞，毕本作"无"，旧本皆作"舞"，今据旧本改。

【注释】

①使：假使。

②白垩：白色的土。

③且：等于说"而"。

④可不：当作"不可"（依毕沅说）。下句同。

⑤愁虑：等于说"积虑"。愁，通"挈"。聚的意思（依王引之说）。

⑥管叔、蔡叔之事与东夷八国不听之谋：管叔、蔡叔为周武王之弟，武王灭商后，分别封于管（今河南郑州）和蔡（今河南上蔡西南）。武王死，成王幼，周公摄政，管叔、蔡叔不服，和武庚（纣王之子）一起叛乱，东夷八国附从，不听王命。

⑦秋毫：鸟兽在秋天新长出的细毛。用以比喻极微小的东西。

⑧臣：男奴仆。妾：女奴仆。

⑨府：收藏钱财的地方。这里指公家府库。

⑩赐：孔子弟子子贡姓端木，名赐，字子贡。

⑪拜：谢。

⑫观化远：指对事情的发展变化有远见。

⑬卑梁：《史记》称是吴边邑，与本文记载不同。

⑭桑：用如动词，采桑。

⑮子：指上文"处女"。古代男孩女孩都可称"子"。让：责备。

⑯卑梁公：卑梁邑的守邑大夫。楚僭称王，故守邑大夫都称公。

⑰夷昧：他书或作"馀昧""馀眛"。春秋时吴国国君，吴王寿梦之子，公元前 530 年—前 527 年在位。

⑱夷：平。

⑲隆：通"哄"。相斗（依孙诒让说）。

⑳公子光：吴王诸樊之子（据《史记》《吴越春秋》）。鸡父：古地名，在今河南固始县东南。

㉑潘子臣、小帷子：都是楚国大夫。陈夏齧：陈国大夫夏齧。鸡父之战，陈助楚，故其大夫为吴所擒。按：据《左传》记载，鸡父之战，吴获陈夏齧在鲁昭公二十三年；吴太子终累获潘子臣、小惟（又作"帷"）子在鲁定公六年。与本文所记不同。

㉒反：复。郢：楚国国都。

㉓得荆平王之夫人以归：本文言"伐郢"，"得荆平王之夫人以归"，与《左传》所载不同。《左传·昭公二十三年》："楚太子建之母（按：即荆平王之夫人）在郹，召吴人而启之。冬十月甲申，吴太子诸樊入郹，取楚夫人与其宝器以归。"

㉔《孝经》曰：下引文见今《孝经·诸侯章》。

㉕归生：春秋时郑国大夫，字子家。

㉖华元：春秋时宋国大夫，历事文公、共公、平公三君。大棘：宋邑。故址在今河南柘城县西北。

㉗羊斟：宋人，华元的驭手，后奔鲁。御：驾车。

㉘与：参与，在其中。

㉙制：这里是控制、掌握的意思。

㉚败绩：大败。

㉛弩机：弩牙，弩上发箭的装置。弩，古代一种利用机械力量发射箭的弓。米：指一个米粒的长度。

㉜悉：全，都。偏：通"遍"。

㉝季氏：季孙氏，鲁国最有权势的贵族。此指季平子。郈氏：鲁国公室。此指郈昭伯。

㉞介：甲，用如动词，给……披上甲。

㉟为之金距：给鸡套上金属爪。之，代鸡。距，鸡爪。

㊱宫：室。

㊲益其宅：扩大自己的住宅。

㊳伤：诋毁。

㊴禘：古代祭名。襄公：昭公之父。

㊵二人：当为"二八"之误（依毕沅校说）。古代舞制，天子八佾（舞蹈时八人一行，谓之一佾），诸侯六佾，大夫四佾。鲁本诸侯，礼当用六佾，今只用二佾，其余四佾为季氏占有。故《论语·八佾》说季氏"八佾舞于庭"。

㊶无上：目无君主。

㊷审：详察。

㊸仲孙氏、叔孙氏：都是鲁国的贵族，与季孙氏同族。

㊹起甲：发兵。甲，甲士。

㊺隅：墙角。

㊻干侯：晋邑，在今河北成安县东南。

㊼辩：通"辨"。分辨。

㊽三季：指季孙氏、仲孙氏、叔孙氏。

㊾同恶：所厌恶的相同。这里指仲孙氏、叔孙氏、季孙氏都厌恶昭公。

㊿权：衡量。

[51]其得至干侯而卒犹远：大意是，昭公与一国为敌，在国内就该被杀，今得以死在干侯，还算是有幸死得远了呢。

【译文】

假如治理乱世和生死存亡之间的区别就像高山和深谷，像白土和黑漆一样

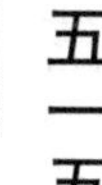

明显的话，就没有必要使用智慧，愚笨的人就行了。但是治理乱世就不能这样了。仿佛可以明白，也可以不明白；可以看见，也可不见。于是明智贤达的人一起想尽办法寻找治理、生存的办法，即使这样还是出现了管叔、蔡叔犯上作乱和东夷八国反叛的诡计。所以说，治理乱世求生存的征兆开始就像鸟兽们秋天长出的新毛，假如能够做到明察秋毫，在大事上就不会出现什么问题了。

鲁国的法律有规定，本国人又在其他国家给别人做奴隶的，假如有人能有赎回他们的话，这笔赎金从国库中支出。子贡在一个诸侯国赎回了一个鲁国人，回到鲁国后他很坚决不从国库中拿钱。孔子说："子贡这件事情做得不妥，从今以后就没有人再愿意赎回鲁国的奴隶了。"从国库中拿钱，不会对人的行为品德有什么损失，不接受这笔赎金，那么就没有人做这件事情了。子路救了一个溺水的人，这个人为了感谢子路而送给他一头牛，子路毫不犹豫地接受了。孔子说："鲁国的人一定会救溺水的人。"孔子观察事物细致，眼光真远啊！

楚国的边界有一个叫卑梁的地方，这里的女孩子和吴国的女孩子在一起采集桑叶，她们嬉闹中伤害了一个卑梁的女孩子。卑梁的人带着这个受伤的女孩子去责备吴国人，吴国人对他们不恭敬，卑梁人很恼火，一气之下就杀死了吴国的人。吴国人向卑梁人复仇，残忍地杀死了卑梁人全家。卑梁公很生气地说道："吴国人胆大包天，竟敢侵犯我们的城邦？"然后就发兵攻打吴国，把老弱病残的人一个也不留的全都杀死了。吴国的君主听说此事后勃然大怒，派兵攻打卑梁，把这个地方杀得片甲不留才离开。紧接着吴国、楚国也开始宣战了。吴国的公子光率兵在鸡父与楚国交锋，大败楚国，俘虏了他们的三元大帅潘子臣、小惟子、陈夏啮。又返伐楚国都城郢，俘虏了楚平王的夫人，把她带回自己的国家，这些战役都是鸡父战役的延续。如果想要守住自己的国家，最高明的策略是要了解事情发生的开端，然后能够预测事情发展趋势及结果，即使这些都做不到，也要了解到当时的情况。假如这几点一点都做不到，那么国家就会有危机，自身也会颠沛流离、穷困潦倒。《孝经》中说："站在高处而不害怕危险这样才能够守住持自己的高贵，水满而不往外溢流，这样才可以长久地保持住富裕。有高贵和富裕这两件东西，才会守住自己的国家，百姓才能安居乐业。"而楚国却没有做到这些。

郑国的公子归生统率军队袭击宋国。宋国大夫华元在大棘应战，羊斟给华元做驭手。第二天上战场之前，华元杀羊来慰劳诸位将士，羊斟没有参加这个仪式。第二天上战场的时候，羊斟恼怒地向华元道："昨天你主持了杀羊犒劳将士的事，现在驾战车上战场的事情就由我来领导。"就这样勇猛地驾着战车冲向了郑国的阵营中。宋国的部队败北，华元也被郑国俘虏。弩上的弩牙差一厘米的距离是不可以发射的。作战也像一个巨大的弩。慰劳士兵却忘了自己的助手，结果导致战争失败，自己被俘，难道不是这样吗？只要是作战就要了解熟悉作战的情况才能做好准备，知己知彼才是取胜的妙方。

鲁国的季氏和郈氏玩斗鸡的游戏，郈氏在鸡头上装上小甲，季氏在鸡的爪子上装的是金属。季氏的鸡被郈氏的鸡打败了，季平子非常恼怒，把郈氏的宫院侵占了，使自己的庭院扩大了。郈昭伯很恼怒，就在昭公面前恶语中伤季氏道："陛下在襄公庙举行的祭祀，只有十几个人在跳舞，其他人都在季氏的家里。季氏家里的人数超过了礼数的规定，可见他眼里没有您已经很久了。如果不杀了他，以后会给国家带来灾难的。"昭公坐不住了，他不仅没有去调查这件事情的真相，反而派郈昭伯统领军队袭击季氏。已经攻入季氏的后院，仲孙氏、叔孙氏私下里一起商量道："季氏被杀死了，我们整个家族也就覆灭了。"他们决定前去助阵，攻到了院墙的西北角，三家开始汇合，郈昭伯败北被杀。昭公知道后怕被杀逃到了齐国，后死在了干侯。鲁昭公轻信他人的话就对季氏发起进攻，却忽视了仲孙氏、叔孙氏的势力，他们是患难与共的。这也是鲁昭公没有具体分析事情的发展趋势。不了解自己国家的情况，虽然地位高贵，对于治理、稳定国家又有什么好处呢？整个鲁国的势力竟然敌不过一个季氏，更何况他们三家联合起来呢？他们厌恶昭公，定会合作救助的。昭公在处理事情的时候没有考虑周全，不只是仲孙氏、叔孙氏等人感到恐慌，整个鲁国人也觉得不安心。整个国家上上下下都感到恐惧，整个鲁国人都与他为敌，这么说来，昭公在干侯过这么久才死还算是幸运的了。

【解析】

俗话说，"小洞不补，大洞尺五"。一般而言，事物的发展都是由小到大的。注意事物处在萌芽状态时的苗头，是十分重要的。本篇就此问题发表看法，名为"察微"。文章一开始提出论点："治乱存亡，其始若秋毫。察其秋毫，则大物不过矣。"全文围绕这一观点从正反两方面举例加以论证。

首先，文章举例赞扬孔子"见之以细，观化远也"，指出智士贤者应该处心积虑，考察事物的端倪，见微知著，防患于未然。这是从正面论证。春秋时期，鲁国的法令规定，如果鲁国人在外国看见同胞被卖为奴婢，如果他们肯出钱把人赎回来，那么回到鲁国后，国家就会给他们赔偿和奖励。这道法律执行了很多年，很多流落他乡的鲁国人因此得以重返故国。后来，孔子有一个弟子叫子贡，他是一个很有钱的商人，他从国外赎回了很多鲁国人，但是却拒绝了国家的赔偿。孔子却对此不以为然，说子贡此举是"做错了"，鲁国的人以后不再赎人了。孔子为什么这么说呢？主要是孔子看到这件事以后的发展趋势。因为子贡的所作所为，固然让他为自己赢得了更高的赞扬，但是同时也拔高了大家对"义"的要求。往后那些赎人之后去向国家要钱的人，不但可能再也得不到大家的称赞，甚至可能会被国人嘲笑，责问他们为什么不能像子贡一样为国分忧。自子贡之后，很多人就会对落难的同胞装作看不见了。因为他们不像子贡那么有钱，如果他们求国家给一点点补偿的话反而会被人唾骂。很多鲁国人因此而不能返回故土。所以孔子说鲁国的人以后再也不会赎人了。子贡的做法，就是看不见事物的发展趋势啊！孔子的另一位弟子子路，则不是这样。子路救了一个溺水的人，那个人用牛来酬谢他，子路收下了牛。孔子说："鲁国人一定会救溺水的人了。"孔子能从细小处看到结果，这是由于他对事物的发展变化观察得远啊。

其次，从反面来看，文章还列举了吴楚卑梁之争，宋华元飨士而忘其御，鲁昭公听伤而不辨其义三则故事，说明小处不察，必然会酿成大患。

楚国有个边境城邑叫卑梁，那里的姑娘与吴国边境城邑的姑娘一起在边境上采桑叶。嬉戏时，吴国的姑娘伤了卑梁的姑娘。卑梁人带着受伤的姑娘去责备吴国人，吴国人应答很不恭敬，卑梁人很恼怒，杀死了那个吴国人就走了。吴国人很愤怒，很多人去报复，把那个楚国人全家都杀死了。卑梁的守邑大夫非常愤怒，发兵去攻打吴国人，把吴国边境城邑的人，连老弱在内全都杀死了。吴王夷昧听到这事以后大怒，派人率兵侵犯楚国的边境城邑，攻下楚国的边邑，把它夷为平地，然后才离开。楚王非常震怒，因此与吴国展开大战。吴公子光又率领军队在鸡父跟楚国军队交战，把楚军打得大败，俘虏了楚军的主帅潘子臣、小帷子以及陈国的夏啮。又接着攻打郢，得到了楚平王的夫人，把她带回吴国。这实际上还是鸡父之战的继续。楚国与吴国之间的战争，因采桑女嬉戏而引发，岂不是发人深省吗？

郑国的公子归生率领军队攻打宋国。宋国的华元率领军队在大棘迎敌，羊斟给华元作驭手。第二天将要作战，华元杀了羊来宴请甲士，却没有请羊斟来吃饭。第二天作战的时候，羊斟愤怒地对华元说："昨天宴享的事由你掌握，今天驾车的事该由我掌握了。"于是把车一直赶进郑国军队里。宋军大败，华元被俘。所以，凡作战一定要熟悉全部情况，做好全面准备，一定要把所有的细节都考虑清楚，才能取胜。

鲁国的季氏与郈氏斗鸡，郈氏给他的鸡披上甲，季氏给鸡套上金属爪。季氏的鸡没有斗胜，季平子很生气，于是侵占郈氏的房屋，扩大自己的住宅。郈昭伯非常恼怒，就在鲁昭公面前诋毁季氏说："在襄公之庙举行大祭的时候，舞蹈的人仅有十六人而已，其余的人都到季氏家去跳舞了。季氏家舞蹈人数超过规格，他目无君主已经很长时间了。不杀掉他，一定会危害国家。"昭公大怒，不加详察，就派郈昭伯率领军队去攻打季氏，攻入了他的庭院。仲孙氏、叔孙氏彼此商量说："如果没有了季氏。那我们家族离灭亡就没有几天了。"于是发兵前往救助，攻破院墙的西北角进入庭院，三家合兵一处，郈昭伯战败而被杀

死。鲁昭公逃亡齐国，后来死在干侯。鲁昭公听信诋毁季氏的话，却不知道季氏与仲孙氏、叔孙氏是患难与共的，杀掉季氏会让仲孙氏、叔孙氏感到恐惧。这都是没有从小处看到大处的危害啊！

通过以上三个历史故事，可知察微的重要。所以说："凡持国，太上知始，其次知终，其次知中。三者不能，国必危，身必穷。"凡是要治理国家，最上等的能力是要能洞察事情的开端，其次是预见到事情的结局，再次是随着事情的发展来了解它。这三样都做不到，国家一定危险，而君主自身也一定会陷入困境。

对于事物由小到大的发展趋势，在治理国家中务必要认识到这一点，《鬼谷子》的论述最为详细。其《抵巇》篇为专论。文中说："巇者，罅也。罅者，峒也。峒者，成大隙也。"巇，就是小的裂缝，小的裂缝会发展成中等裂缝，中等裂缝最终会发展成大的裂缝。并说"自天地之合离、终始，必有罅隙，不可不察也。"这就是说，事物有裂缝是必然的，为政者在治理国家时，必须要善于洞察这些裂缝，然后据此做出对策，以防止向吴楚两国一样，因采桑女嬉戏而导致战争的事情出现。

本篇在文学上堪称范例。开篇先以高山与深谷、白土与黑漆做比喻，说明治与乱之间的区别，但是由治到乱总是有一个由小到大的过程，开始出现缝隙的时候，就像秋毫一样。这样的表达形象生动。在行文过程中，从正反两个方面举例历史事例作论证，且在论证过程中，夹叙夹议，很有说服力。

【故事】

商纣王荒淫侈靡终败国

商纣王即位不久，就命令工匠给他做了一把象牙筷子。纣王庶兄、贤臣箕子感叹说："象牙筷子肯定不能配土瓦器皿，而要配犀牛角做的碗、白玉做的杯子。有了玉杯肯定不能盛野菜汤和粗粮做的饭，只有配山珍海味。吃了山珍海味肯定不愿意穿粗布衣服，也不愿住茅草屋子，而要穿锦绣的衣服，乘华贵的车子，住高楼广室。这样下去，肯定我们商国也不能满足他的欲望，他还要去征收远方各国的奇珍异宝，从象牙筷子为开端，我已经看到纣王的最后结果了。我真的很替纣王担心呀！"果然纣王的贪欲越来越大．他征发了成千上万的民工来修筑鹿台和居室。搜罗四方的珍奇异兽来充塞其中。而且又毫无节制地寻欢作乐，不仅引起了宫中人的反对，而且士兵也倒戈反商，老百姓也怨声载道，纣王最后也只能葬身于熊熊烈火之中。

去宥

【题解】

本篇旨在论述认识问题的方法。所谓"去宥"，是说要正确认识事物，必须去掉主观偏见。文章列举了秦惠王问唐姑果、荆威王学书于沈尹华、邻父有与人邻者、齐人有欲得金者四例，说明："夫人有所宥者，固以昼为昏，以白为黑，以尧为桀。宥之为败亦大矣"；论证了"凡人必别宥然后知"这一中心论点。

【原文】

东方之墨者谢子[1]，将西见秦惠王[2]。惠王问秦之墨者唐姑果[3]。唐姑果恐王之亲谢子贤于己也[一][4]，对曰："谢子，东方之辩士也。其为人甚险，将奋于说[5]，以取少主也[6]。"王因藏怒以待之。谢子至，说王，王弗听。谢子不说[7]，遂辞而行。凡听言以求善也，所言苟善，虽奋于取少主，何损？所言不善，虽不奋于取少主，何益？不以善为之愳[8]，而徒以取少主为之悖，惠王失所以为听矣[9]。用志若是，见客虽劳，耳目虽弊[10]，犹不得所谓也[11]。此史定所以得行其

邪也⑫，此史定所以得饰鬼以人、罪杀不辜，群臣扰乱、国几大危也。人之老也，形益衰而智益盛。今惠王之老也，形与智皆衰邪？

荆威王学书于沈尹华⑬，昭釐恶之⑭。威王好制⑮，有中谢佐制者⑯，为昭釐谓威王曰[二]："国人皆曰：王乃沈尹华之弟子也。"王不说，因疏沈尹华。中谢，细人也⑰，一言而令威王不闻先王之术⑱，文学之士不得进⑲，令昭釐得行其私。故细人之言，不可不察也。且数怒人主⑳，以为奸人除路㉑，奸路已除，而恶壅却㉒，岂不难哉？夫激矢则远㉓，激水则旱㉔，激主则悖，悖则无君子矣。夫不可激者，其唯先有度。

邻父有与人邻者㉕，有枯梧树，其邻之父言梧树之不善也㉖，邻人遽伐之。邻父因请而以为薪。其人不说曰："邻者若此其险也，岂可为之邻哉？"此有所宥也㉗。夫请以为薪与弗请，此不可以疑枯梧树之善与不善也。

齐人有欲得金者，清旦，被衣冠㉘，往鬻金者之所㉙，见人操金，攫而夺之㉚。吏搏而束缚之㉛，问曰："人皆在焉，子攫人之金，何故？"对吏曰㉜："殊不见人㉝，徒见金耳。"此真大有所宥也。

夫人有所宥者，固以昼为昏，以白为黑，以尧为桀。宥之为败亦大矣。亡国之主，其皆甚有所宥邪？故凡人必别宥然后知，别宥则能全其天矣[三]㉞。

【校勘】

[一] 亲，旧校云：一作"视"。

[二] 为，旧本皆脱。

[三] 则，旧本皆误作"别"。全，旧校云：一作"令"。

【注释】

①谢子：姓谢，子是古代对人的尊称。他书或作"射子"。

②秦惠王：即秦惠文王，战国时秦国国君，名驷，公元前 337 年—前 311

年在位。

③唐姑果：秦国的墨家人物。他书或作"唐姑""唐姑梁"。

④贤：胜过，超过。

⑤奋于说：竭力游说。

⑥取少主：取得少主的欢心。少主，指惠王的太子。

⑦说：喜悦。这个意义后来写作"悦"。

⑧为之悫：认为他忠厚老实。为，通"谓"。下句"为"与此同。悫，诚实，忠厚。

⑨所以为听：指听言的目的。

⑩弊：疲惫。

⑪所谓：指宾客言谈的宗旨。

⑫史定：秦史官，名定。行其邪：即指下文的"饰鬼以人、罪杀不辜"。

⑬荆威王：即楚威王，名熊商。公元前339年—前329年在位。书：指古代文献典籍。沈尹华：威王之臣。

⑭昭釐：当是威王之臣。

⑮制：成法，法制。

⑯中谢：官职名，侍奉帝王的近臣。

⑰细人：小人，指地位卑贱的人。

⑱术：道术，方法。

⑲文学之士：研习、精通古代文献典籍的人。

⑳怒：用如使动，激怒的意思。

㉑除路：扫清仕进之路。

㉒雍却：指贤人的仕进之路被阻塞。

㉓激矢：这里指奋力向后引箭。

㉔激水则旱：阻遏水流，水势就猛。旱，通"悍"。猛。

㉕邻父：当涉下文而衍。

㉖父：古代对老年男子的尊称。

㉗宥：通"囿"。局限，闭塞。

㉘被：这里是穿戴的意思。这个意义后来写作"披"。

㉙鬻：卖。

㉚攫：本指鸟用爪疾取，引申为抓取。

㉛搏：抓住。

㉜吏：当是涉上文而衍（依孙人和说）。

㉝殊：极，很。这里有根本的意思。

㉞天：指身。

【译文】

东方的墨家学士谢子，打算到西方拜访秦惠王。秦惠王向秦国的墨家学士唐姑果打听他的情况。唐姑果，担心秦惠王亲信谢子超过自己，就答道："谢子此人是东方的雄辩家。但是他的品行奸邪，很会说话讨太子喜欢。"秦惠王心怀不悦地等待着谢子的拜访。谢子到了，向秦惠王进谏，而秦王怎么也不相信他，于是谢子心情很沮丧地离开了秦国。能够听取别人劝告的人，一般是为了从中学到东西。假如进谏有用，就算是为了得到太子的欢心，又有什么关系呢？假如劝谏没有用，就算不是取悦太子又有什么好处呢？不要因他意见有用就认为他为人忠厚，也不要因他想讨太子喜欢就认为他奸邪，秦惠王放弃了听取真言的机会。如果有这样的心态，即使会客会到疲倦，耳朵、眼睛计算累了，也是达不到目的的。这也是使史定的奸邪之念成功的缘故。史定指使人装鬼，给无辜的人加莫须有的罪，乱杀人，导致从臣骚乱，使得国家也处于灾难之中。人老了，身体更加衰弱，而智慧应该是更加丰富的。而今秦惠王已经老了，该不会是智慧和身体一起老退了吧？

楚威王向沈尹华请教怎样学习文献典籍，昭厘对这件事情耿耿于怀。楚威王希望用法律治理国家，中谢官是制定法律的参与者之一，他向楚威王道："整个国家老老少少都在传言说您是沈尹华的徒弟。"楚威王听了很不高兴，从而疏远了沈尹华。中谢官是一个品行卑劣的人，他的一句奸邪的话导致了楚威王不向沈尹华学习治理国家的方法。掌握文献典籍的人不被人用，使得昭厘达到了自己的私人目的。所以说对地位低下的人说的话要明察秋毫。这些人的话经常使君主感到愤怒做出一些不理智的事情。这也为小人扫清的道路，小人得志以后，又要阻碍贤达的人取得的成就，这个难吗？用力拉弓开箭，箭才能飞得很远；激怒君主，君主就会做出一

楚威王

些违背常规的事情。远离贤能的人，不会被激怒的君主，大概也是一位有深谋远虑的人吧。

有一个人与一位老头是邻居，这个人家里长着一棵枝叶稀疏的梧桐树，他的邻居对他说这棵树不好，这个人毫不犹豫地把梧桐树砍掉了。他的邻居趁机请求把这棵树当柴烧，这个人很不高兴地说："你这老头竟然这么阴险狡诈，想不到和你这样的人做了邻居。"这就是有了成见，是否请求把梧桐树当柴烧，是不能用来怀疑梧桐树的好坏的。

在齐国，有一个人想要拥有金子，一大早，就穿上衣服，戴上帽子，走到卖金的盲人那里，见到他手里拿着金子就夺。官吏逮捕了他，问道："这么多人在，你就大白天抢人家的东西，为什么呢？"他答道："我只见到闪闪发光的金子，没有看到人在跟前。"这真是愚蠢到极点了。人在糊涂的时候，往往把白天当成黑夜。把白色当成黑色的，把尧当成桀。不知道事情的本来面目害处可真大啊！国家灭亡的君主，犯了不了解事情本来面目的严重错误吧？一般人们只有摆脱这种盲目、局限的情况才能明智，才能保住自己的安危。

正名

【题解】

本篇阐述了正名与治乱的联系。作者认为名实相符国家就可以治理得好，名实不符国家就必然混乱。

【原文】

名正则治①，名丧则乱②。使名丧者，淫说也③。说淫则可不可而然不然，是不是而非不非④。故君子之说也，足以言贤者之实、不肖者之充而已矣⑤，足以喻治之所悖、乱之所由起而已矣⑥，足以知物之情、人之所获以生而已矣。

凡乱者，刑名不当也⑦。人主虽不肖，犹若用贤⑧，犹若听善，犹若为可者。其患在乎所谓贤从不肖也⑨，所为善而从邪辟[一]⑩，所谓可从悖逆也。是刑名异充，而声实异谓也。夫贤不肖⑪，善邪辟，可悖逆，国不乱，身不危，奚待也？

齐湣王是以⑫。知说士，而不知所谓士也。故尹文问其故⑬，而王无以应。此公玉丹之所以见信[二]、而卓齿之所以见任也⑭。任卓齿而信公玉丹，岂非以自雠邪⑮？

尹文见齐王，齐王谓尹文曰："寡人甚好士。"尹文曰："愿闻何谓士。"王未有以应。尹文曰："今有人于此，事亲则孝，事君则忠，交友则信，居乡则悌⑯。有此四行者，可谓士乎？"齐王曰："此真所谓士已[三]⑰。"尹文曰："王得若人⑱，肯以为臣乎[四]？"王曰："所愿而不能得也。"尹文曰："使若人于庙朝中深见侮而不斗[五]⑲，王将以为臣乎？"王曰："否。大夫见侮而不斗⑳，则是辱也，辱则寡人弗以为臣矣。"尹文曰："虽见侮而不斗，未失其四行也。未失其四行者，是未失其所以为士一矣。未失其所以为士一，而王以为臣，失其所以为士一[21]，而王不以为臣，则向之所谓士者，乃士乎？"王无以应。尹文曰："今有人于此，将治其国，民有非则非之，民无非则非之，民有罪则罚之，民无罪则罚之，而恶民之难治，可乎？"王曰："不可。"尹文曰："窃观下吏之治齐也[22]，方若此也。"王曰："使寡人治信若是[23]，则民虽不治，寡人弗怨也。意者未至然乎[24]！"尹文曰："言之不敢无说[25]，请言其说。王之令曰：'杀人者死，伤人者刑。'民有畏王之令、深见侮而不敢斗者，是全王之令也[六]，而王曰：'见侮而不敢斗，是辱也。'夫谓之辱者，非此之谓也。以为臣不以为臣者，罪之也。此无罪而王罚之也。"齐王无以应。论皆若此，故国残身危，走而之谷[26]，如卫[27]。齐[七]，周室之孟侯也[28]，太公之所以老也[八][29]。桓公尝以此霸矣，管仲之辩名实审也[30]。

【校勘】

[一] 所，旧本皆误作"不"。从，旧校云：一作"徒"。

[二] 公玉丹，元本、李本、许本、张本、姜本、宋本、汪本、凌本、吴本作"公王丹"，朱本、王本作"公玉丹"。

[三] 已，旧校云：一作"矣"。

[四] 肯，旧校云：一作"用"。

[五] 庙，旧校云：一作"广"。

[六] 李本、许本、汪本、凌本、朱本、王本无"之"字。

[七] 众本"齐"下有"湣王"二字，今据俞樾说删。

[八] 元本、李本、许本、张本、姜本、刘本、汪本、朱本、王本"所"下无"以"字，凌本、黄本、吴本有"以"字。

【注释】

①名：与"形""实"相对，指名称或名分。

②名丧：指名分不正。

③淫说：浮夸失实的言辞。

④可不可而然不然，是不是而非不非：把不可说成可，把不是这样说成这样，把不对说成对，把不错说成错。第一个"可""然""是""非"都用如意动。

⑤充：实。

⑥悖：通"勃"。兴盛。

⑦刑：通"形"。形体。这里有实际的意思。

⑧犹若：犹然，仍然。

⑨从：当作"徒"（依王念孙说）。下面两句中的"从"也当作"徒"。

⑩为：通"谓"。

⑪贤不肖：以不肖为贤。贤，用如意动。下文"善邪辟""可悖逆"与此句结构同。"善""可"用如意动。

⑫是以：就是这样。是，这样。以，通"已"，句末语气词。

⑬尹文：战国时齐人，其学说与黄、老、申、韩之学相近。今本《尹文子》为后人依托之作。

⑭公玉丹：齐湣王之臣，其事可参见《审己》。见：表被动。卓齿：楚人，在齐国做官，齐湣王之臣。他书或作"淖齿"。

⑮自雠：湣王宠信公玉丹、卓齿，行无道，后被卓齿所杀，所以这里说他"自雠"。雠，树立仇敌。

⑯悌：敬爱兄长。

⑰已：语气词，用于句末表示确定。

⑱若：此，如此。

⑲庙朝：古代帝王、诸侯皆有三朝，即外朝、中朝、内朝。宗庙在中朝之左，聘享、命官等事都在这里进行，与朝廷出政令并重，故合称庙朝。这里是大庭广众的意思。

⑳大夫：当作"夫士"（依许维遹说）。

㉑而王以为臣，失其所以为士一：这十二个字当是衍文（依陈昌齐说）。

㉒下吏：实指齐湣王，这是一种委婉的说法。

㉓使：假设。信：真的，确实。

㉔意者：抑或，或许。

㉕说：解说，道理。

㉖之：往。谷：齐邑。

㉗如：往。

㉘孟侯，诸侯之长。按：这里就齐始封而言。

㉙太公：即太公望。老：养老。这里是得以寿终的意思。

㉚辩：通"辨"。辨别。

【译文】

名分合宜，国家就治理得好；名分不正，国家就混乱。使名分不正的是浮夸失实的言辞。言辞浮夸失实就会以不可为可，以不然为然，以不是为是，以不错为错。所以君子的言辞，足以说出贤人的贤明、不肖之人的不肖就行了，足以讲明治世之所以兴盛、乱世由何引起就行了，足以令人知晓事物的真情、人之所以能生存的原因就行了。

凡是混乱，都是由于名实不符造成的。君主即便不贤，也还是知道任用贤人，还是知道听从善言，还是知道做可行之事。他们的弊病就在于他们所认为的贤人只不过是不肖之人，他们所认为的善言只不过是邪僻之言，他们所认为的可行之事只不过是悖逆之事。这就是形名异实、名实不符。把不肖当成贤明，把邪僻当成善良，把悖逆当成可行，像这样，国家不混乱，自身不危殆，还等什么呢？

齐湣王就是这样。知道喜欢士，却不知道什么叫作士。所以尹文问他什么叫士，湣王无话回答。这就是公玉丹之所以被信任、卓齿之所以被任用的原因。

任用卓齿，信任公玉丹，难道不是给自己安排仇人吗？

尹文谒见齐王，齐王对尹文说："我非常喜欢士。"尹文说："我希望听您说说什么样的人叫作士。"齐王没有话来回答。尹文说："假如有这样一个人，侍奉父母很孝顺，侍奉君主很忠诚，结交朋友很守信用，住在乡里敬爱兄长。有这四种品行的人，可以叫作士吗？"齐王说："这真是所说的士了。"尹文说："您得到这个人，肯用他做臣子吗？"齐王说："这是我所希望的，但却不能得到。"尹文说："假如这个人在大庭广众之中受到莫大侮辱却不争斗，您还将让他做臣子吗？"齐王说："不。士受到侮辱却不争斗，这就是耻辱。甘心受辱，我就不让他做臣子。"尹文说："这个人虽然受到侮辱而不争斗，但他并没有丧失上述四种品行。没有丧失上述四种品行，这就是说没有丧失一点成为士的条件。没有丧失一点成为士的条件，可是大王您却不让他做臣子，那么您先前所认为的士还是士吗？"齐王无话回答。尹文说："假如有这样一个人，将治理他的国家，人民有错误就责备他们，人民没有错误也责备他们，人民有罪就惩罚他们，人民没有罪也惩罚他们。这样做，反倒埋怨人民难于治理，可以吗？"齐王说："不可以。"尹文说："我私下观察您的臣属治理齐国，正像这样。"齐王说："假如我治理国家真的像这样，那么人民即使治理不好，我也不怨恨。或许我还没有到达这个地步吧！"尹文说："我既然这样说就不能没有理由，请允许我说一说理由。您的法令说：'杀人的处死，伤人的受刑。'人民中有的敬畏您的法令，受到莫大侮辱而不敢争斗，这是顾全您的法令啊，可是您却说：'受侮辱而不敢争斗，这是耻辱。'真正叫作耻辱的，不是说的这个。本该做臣子的，您却不让他做臣子，等于是惩罚他。这就是没有罪过而您却惩罚他啊。"齐王无话回答。湣王的议论都像这样，所以国家残破，自身危急，逃到谷邑，又到了卫国。齐国是周朝分封的诸侯之长，太公在这里得以寿终。桓公曾凭借齐国称霸诸侯，这是由于管仲辨察名实非常详明啊。

【解析】

辨别名分的问题，从春秋到战国时期学术界就开始争论。孔子在《论语·子路》中也提出了正名的主张。但本文所言正名，与孔子所言似有所异。孔子正名的标准是以周礼为尺度；本文则以实为原则。

名分合宜国家就治理得好，名分不正国家就混乱。使名分不正的是浮夸失实的言辞。所以君子的言论要合宜，足以分辨贤人与不肖者的区别，足以说明治理之所以兴盛、混乱之所以害国的起因，足以知晓事物的真情、人之所以能获得生存的原因就可以了。过分浮夸失实的言辞就会扰乱是非。

审分览第五

审分

【题解】

本篇和上篇的《正名》彼此联系。作者阐释了审分正名的重要性，同时还阐释了审分正名的方法，"按其实而审其名，以求其情，听其言而察其类，无使放悖"。这也是法家思想的表达。

【原文】

凡人主必审分，然后治可以至，奸伪邪辟之涂①可以息，恶气苛疾无自至。夫治身与治国，一理之术也。今以众地②者，公作则迟，有所匿其力也；分地则速，无所匿迟也。主亦有地，臣主同地，则臣有所匿其邪③矣，主无所避其累④矣。

　　凡为善难，任⑤善易。奚以知之？人与骥⑥俱走，则人不胜骥矣；居于车上而任骥，则骥不胜人矣。人主好治人官之事，则是与骥俱走也，必多所不及矣。夫人主亦有居车，无去车，则众善皆尽力竭能矣，谄谀诐贼巧佞之人无所窜其奸矣，坚穷廉直忠敦之士毕竞劝骋骛矣。人主之车，所以乘物也。察乘物之理，则四极可有。不知乘物而自怙恃，夺其智能，多其教诏，而好自以；若此则百官恫扰，少长相越，万邪并起，权威分移，不可以卒，不可以教，此亡国之风也。

　　王良⑦之所以使马者，约审之以控其辔，而四马莫敢不尽力。有道之主，其所以使群臣者亦有辔。其辔何如？正名审分，是治之辔已。故按其实而审其名，以求其情；听其言而察其类，无使放悖。夫名多不当其实、而事多不当其用者，故人主不可以不审名分也。不审名分，是恶壅而愈塞也。壅塞之任，不在臣下，在于人主。尧、舜之臣不独⑧义，汤、禹之臣不独忠，得其数也；桀、纣之臣不独鄙，幽、厉之臣不独辟，失其理也。

　　今有人于此，求牛则名马，求马则名牛，所求必不得矣；而因用威怒，有司必诽怨矣，牛马必扰乱矣。百官，众有司也；万物，群牛马也。不正其名，不分其职，而数用刑罚，乱莫大焉。夫说以智通，而实以过悗；誉以高贤，而充以卑下；赞以洁白，而随以污德；任以公法，而处以贪枉；用以勇敢，而堙以罢怯；此五者，皆以牛为马，以马为牛，名不正也。故名不正，则人主忧劳勤苦，而官职烦乱悖逆矣。国之亡也，名之伤也，从此生矣。白之顾益黑、求之愈不得者，其此义邪！故至治之务，在于正名。名正则人主不忧劳矣。不忧劳则不伤其耳目之主。问而不诏，知而不为，和而不矜，成而不处。止者不行，行者不止，因形而任之，不制于物，无肯为使，清静以公，神通乎六合，德耀乎海外，意观乎无穷，誉流乎无止，此之谓定性于大湫，命之曰无有。故得道忘人，乃大得人也，夫其非道也；知德忘知，乃大德知也，夫其非德也；至知不几，静乃明几也，夫其不明也；大明不小事，假⑨乃理事也，夫其不假也；莫人不能，全乃备能也，夫其不全也。是故于全乎去能，于假乎去事，于知乎去几，所知者妙矣。若此则能顺其天，意气得游乎寂寞之宇矣，形性得安乎自然之所矣。全乎万物而不宰，泽被天下而莫知其所自姓⑩，虽不备五者，其好之者是也。

【注释】

①涂：同"途"，路径。

②地：此处为动词，耕种。

③邪：私。

④累：负担。

⑤任：任用。

⑥骥：指千里马。

⑦王良：春秋时晋国驾车的高手。

⑧独：全，所有。

⑨假：大。

⑩莫之其所自姓：不清楚其泽从何而来。

【译文】

作为一个君主，一定要分清楚君臣上下的名分，这样国家才可以得以安定，百姓才可以乐业，奸邪、欺诈才可以防止，千疮百孔的局面才没有出现的机会。修身养性和治理国家的道理是一样的。而今许多人集体耕种庄稼就显得慢，这是因为大家都把力气藏起来了；把田分开给他们种，就显得快多了，这是因为人们释放出了自己的力气，干活的速度也就加快了。君主治理国家时就像耕地一样，君主和臣子一起耕作，臣子往往会藏奸要滑，这样君主就会负担过重。

　　一般来说亲自做好事就觉得难，让别人做好事就轻松多了。为什么会这样呢？人和千里马一起跑，可以肯定地说人是跑不过千里马；假如人坐在千里马

《吕氏春秋》原典释译

上，毫无疑问千里马就跑不过人了。君主往往对官吏的权限范围内的事情关心，这就像和千里马一起跑一样，在许多方面没有官吏了解得多。君主应该像驾驭千里马一样，不要离开，这样该做好事的人就去尽心地做好事了，阿谀、邪僻、奸巧认就无法做坏事了，坚强智慧、勤政廉洁、忠诚质朴的人都会前来效劳了。君主的驾车是用来装物的，懂得了装物的道理，那么即使很远的地方都可以治理好；不明白怎样装载物的道理，还自以为了不起、炫耀浮夸的人，法令规定了很多，白花功夫，这样一来，上上下下的官吏都会惊恐万分，老少没有了秩序，许多的恶事也就出现了。君主失去了权威，不能收拾乱摊子，不能施教，这也是国家灭亡的征兆啊。

王良驾车的方法是查明驾车的方法，紧握马的缰绳，这样一来四匹马没有一匹省力的。怀有治理国家良方的君主，他领导臣子也是有方法的。那么方法是什么呢？端正名爵、分清职责，这就是掌控臣子的方法。所以，根据实际情况来分清他们的职责，这样可以更方便地得到实情，听其言观其行，也不能让他们彼此悖逆。名爵有很多不符合实际情况，干的事情也有很多不实用的，所以作为君主不得不审定名分。不审定名分，会障碍重重。出现这种情况的责任，在于君主，与臣子无关。尧、舜时的臣子不全是仁人志士，汤、禹时的臣子不全是忠厚老实的，是因为他们指挥臣子有方；桀、纣时的臣子也不全是卑微，幽厉时的臣子不全是奸邪，只是因为他们的指挥没有方法。

现在有这样一个人，把牛唤成马，把马唤成牛，这样的人他想要的是不会得到的。而他还狐假虎威，主事的人一定会抱怨他，牛马也会乱作一团。众多官员就像主事人一样，牛马就像百姓一样。不纠正他们的名爵，对他们的职责权限不加以区分，却多次使用暴力的手段，危机就会四起。说一个人贤能，而实际上这个人却是愚笨的人；称一个人的德才兼备，而实际上却很卑微；赞赏一个人品质高尚，而这个人却表现出低俗的品德；任命一个人掌控法令，而这个人做起事来却贪赃枉法；任用一个外表勇敢的人，而这个人内心却是怯弱的。以上几种情况都是把牛当成马，把马当成牛，是名分不正。这样看来，名分不正，国君就要筋疲力尽，众官混乱悖逆。国家灭亡，名声就会受到就极大的损失，这就是根源了。想要使他白，反而使他更加黑；想得到，反而更加得不到，也许就是这个道理吧。

也许要想治理好国家，主要还在于端正名分。名分端正了，这样君主就不会筋疲力尽，不筋疲力尽，也就不会损伤耳目的天性了。询问，却不专断地下命令。明明知道怎么去做，却不亲自去做。能够使万物和谐，还要做到不夸大其词。即使是事情已经取得了成功，也不炫耀。静止的东西不让它运动，运动的东西不让它静止。清静而公正，精神通达到天地四方，美名宣扬四海之外，思想永远不枯竭，美德流传后世。这就叫作把性命寄托在深邃遥远的地方，命名无形。所以说，有道德的人能够原谅别人的过失，就更得人心了，这样还不算有道吗？明知自己有德行，却不在乎其他人是否知道，这样的结果人们知道得更多了，这种人怎么不算是有德呢？拥有大智慧的人一般深藏不露，泰然自若中就会显示出他们的机敏，这样的人怎么不是聪明的人呢？有大智慧的人一般不拘小礼，这样才能做成大事，这怎么不算伟大呢？才德双全的人虽然看起来无能，但是人们一旦服从他，那他就无所不能了，这样的人算不算完美的人呢？一旦众人都肯效力就用不着君主事事都去做了，做了大事就不会去做小事了，有了内在的智慧就不会用外表的机智，这样所知道的就很微妙了。如果这样的话，就是在顺应天命，意气遨游在浩瀚的宇宙中，形体也就在自然中获得安逸了。能够包容万象却不主宰，给天下人施与好处，他们还不知道是谁做的。如是说，即使不具备以上几种情况，也可以说是这些行为的仰慕者了。

【解析】

审分，就是审察名分，亦就是要正名。审分，是战国时期法家思想所热衷讨论的话题。本篇反映了《吕氏春秋》合理吸收战国时期的法家思想而为治国所用。

首先，论述君主审分正名的必要性。本篇旨在论述君主必须审分正名。一

开头便提出论点："凡人主必审分，然后治可以至。"法家主张人人都是逐利的，君主利用这种逐利之心，以赏罚来驾驭群臣和百姓。但是在赏罚的实施过程中，君主要根据群臣的职位、名分来进行。《韩非子·扬权》说："夫物者有所宜，材者有所施，各处其宜，故上下无为。使鸡司夜，令狸执鼠，皆用其能，上乃无事。……用一之道，以名为首，名正物定，名倚物徙，故圣人执一以静，使名自命，令事自定。"意思是说，万物都有它适宜的用处，才能都有它施展的地方，各自处在适当的位置上，所以君主可以无为而治。让鸡负责报晓，让猫负责捉鼠，都是使用他们所擅长的才能。君主就能不要亲自去做事了。君主治理国家最根本的原则，就是要把确定客观事物的名称摆在首位。名称正确地反映了客观事物的属性，所以名确定了，事物也就确定了。名称改变了，所指称的事物就变了。所以，君主只要抓住"正名"这个根本的原则，使"名"能定，就能令天下之事自然安定。《吕氏春秋》吸收了法家的思想，主张"正名"。《正名》篇说："名正则治，名丧则乱。"又说："凡乱者，刑名不当也。"大凡是国家混乱的，都是正名审分的工作做得不恰当。"故至治之务，在于正名"，所以说达到治世的当务之急，就在于要正名。

其次，循名责实是君主驾驭臣下的关键。正因为正名如此重要，所以君主驾驭群臣，关键在于循名责实。《韩非子·定法》篇说："术者，因任而授官，循名而责实，操生杀之柄，课群臣之能者也，此人主之所执也。"按其名而求其实，要求名实相符。《文子·上仁》篇也说："循名责实，使自有司以不知为道，以禁苛为主，如此则百官之事，各有所考。"《淮南子·主术训》："故有道之主……循名责实，使有司任而弗诏，责而弗教。"本篇以耕作、使马为喻，说明君臣必须各守职分。"人与骥俱走，则人不胜骥矣；居于车上而任骥，则骥不胜人矣"，人与马一起跑，那么人是不可能跑得过马的；人站在车上驾着马，那么马就跑不过人了。所以"人主好治人官之事，则是与骥俱走也，必多所不及矣"，君主治理群臣也与人驾车一样啊，如果人主喜欢亲自处理本来属于官员做的事，那么，国家的很多事情也就根本无法做了。"百官，众有司也；万物，群牛马也。不正其名，不分其职，而数用刑罚，乱莫大焉。"所以，君主不该"好治人官之事"。"有道之主，其所以使群臣者亦有辔。其辔何如？正名审分，是治之辔已。"

吕不韦集门客编写《吕氏春秋》的根本目的，就是要探索如何治理国家的理论和方法。而在这方面，法家思想经过实践检验证明是有效的。法家以人性理论为依据，由人性的好利恶害而设赏罚，就成为法。君主循名责实以课责群臣，自己则南面而无为，就叫作术。君主执柄以处势，临之以利害使百官之吏不得不居其下而守其职，就叫作势。法、术、势三者紧密相关，而成为一个整体。前文已引韩非子关于"术"的论述，术，就是"任而授官"，根据官职所承担的职责来任命官员，官员任命完了以后，"循名而责实"，根据此官职所应完成的责任来判定官员是否称职。如果不称职，则责成之，若不能按"名"而行，君主就要动用生杀大权，即所谓"操生杀之柄，课群臣之能"。法，君主必须明确规定各职位的职责，规定完成任务者会得到什么奖赏，完不成者，会得到什么惩罚。法令规定好了，就严格执行。国家就能得到治理。《韩非子·定法》说："法者，宪令著于官府，刑罚必于民心，赏存乎慎法，而罚加乎奸令者也，此臣之所师也。"而"势"就是威势。循名责实是通过操控生杀来达到的，并严格执行，造成一种法必行，行必果的威势，让人心存畏惧，增加按名而行的自觉性。《韩非子·八经》说："君执柄以处势，故令行禁止。柄者，杀生之制也。势者，胜众之资也。"韩非子取商鞅的法、申不害的术与慎到的势，将法、术、势三者合为一体，而以"控名责实"为核心。《吕氏春秋》吸收了这一思想。

不过，《吕氏春秋》与法家思想还是有不同之处的。区别主要是，《吕氏春秋》认为君主"循名责实"不仅是治国的需要，还是养生的需要。本篇说："夫治身与治国，一理之术也。"养生与治国的道理是一样的。正名之后，"名正则人主不忧劳矣，不忧劳则不伤其耳目之主"，循名责实，让君主不再为国事操心，身心安静，"神通乎六合，德耀乎海外"。从中不难看出，《吕氏春秋》

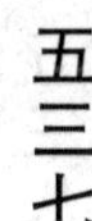

折中法家与道家的痕迹。

【故事】

马夫悔过反任大夫

晏子任齐国丞相期间，有一位替他驾车的马夫，因自己随时陪伴在大名鼎鼎的相国身边而深感自豪，因此表现出一副高高在上的样子。

终有一天，马夫的发妻看见了趾高气扬的丈夫。待丈夫归来后，妻子对他说道："晏相国身高不足六尺，操持国家大权，让天下诸侯敬服，却处之泰然，严谨而有风度。反过来看夫君你，身长八尺有余，远甚于晏子，却位居仆役之职，你不因此而感到羞耻，反倒自满得意，如何成得了大事呢?"

遭妻子的当头棒喝之后，马夫再出行时，便收敛了先前那股骄气。晏子乃是心思细密之人，很快便发现了马夫不同以往的表现，便询问其原因，马夫将妻子说过的话原原本本地告诉晏子。晏子认为马夫乃知道羞耻之人，是可造之才，便举荐他担任大夫之职。

君守

【题解】

所谓的君守就是指国君应该遵守的道理。本篇体现了道家的思想，也就是要求国君无为。"善为君者无识，其次无事""智乎深藏""清静以待"，这些思想难免陷入了的唯心主义认识论。

【原文】

得道者必静，静者无知，知乃^①无知，可以言君道也。

故曰中②欲不出谓之扃，外欲不入谓之闭。既扃而又闭，天之用密。有准不以平，有绳不以正，天之大静，既静而又宁，可以为天下正③。

身以盛心，心以盛智，智乎深藏，而实莫得窥乎！《鸿范》曰："惟天阴骘下民。"阴之者，所以发之也。故曰不出于户而知天下，不窥于牖④而知天道。其出弥远者，其知弥少，故博闻之人、强识⑤之士阙矣，事耳目、深思虑之务败矣，坚白之察、无厚之辩外矣。不出者，所以出之也；不为者，所以为之也。此之谓以阳召阳、以阴召阴。东海之极，水至而反；夏热之下，化而为寒。故曰天无形，而万物以成；至精无象，而万物以化；大圣无事，而千官尽能。此乃谓不教之教，无言以诏。

故有以知君之狂也，以其言之当也；有以知君之惑也，以其言之得也。君也者，以无当为当，以无得为得者也。当与得不在于君，而在于臣。故善为君者无识，其次无事。有识则有不备矣，有事则有不恢矣。不备不恢，此官之所以疑，而邪之所从来也。今之为车者，数官然后成。失国岂特为车哉？众智众能之所持也，不可以一物一方安车也。

夫一能应万，无方而出之务者，唯有道者能之。鲁鄙人遗宋元王闭，元王号令于国，有巧者皆来解闭。人莫之能解。儿说之弟子请往解之，乃能解其一，不能解其一，且曰："非可解而我不能解也，固不可解也。"问之鲁鄙人。鄙人曰："然，固不可解也。我为之而知其不可解也。今不为而知其不可解也，是巧于我。"故如儿说之弟者，以"不解"解之也。郑大师文终日鼓瑟而兴，再拜其瑟前曰："我效于子，效于不穷也。"故若大师文者，以其兽者先之，所以中之也。

故思虑自心伤也。智差自亡也，奋能自殃，其有处自狂也。故至神逍遥倏忽而不见其容，至圣变习移俗而莫知其所从，离世别群而无不同，君民孤寡而不可障壅，此则奸邪之情得，而险陂谗慝谄谀巧佞之人无由入。凡奸邪险陂之人，必有因也。何因哉？因主之为。人主好以己为，则守职者舍职而阿主之为矣。阿主之为，有过则主无以责之，则人主日侵而人臣日得。是宜动者静，宜静者动也；尊之为卑，卑之为尊，从此生矣。此国之所以衰，而敌之所以攻之者也。

奚仲[6]作车，仓颉作书，后稷作稼，皋陶作刑，昆吾作陶，夏鲧作城。此六人者所作当矣，然而非主道者。故曰作者忧，因者平。惟彼君道，得命之情，故任天下而不强，此之谓全人。

【注释】

①乃：就像。

②中：内心。

③正：主宰。

④牖：窗户。

⑤识：识记。

⑥奚仲：传说中造车的始祖。

【译文】

得道的人内心必然平静，心静的人没有感知，即使感知了也像没有感知一样，像这样的人就可以和他谈论为君的道理了。

当内心的愿望不被表现出来就称为封闭，面对外面的诱惑不动心就叫关闭。拥有封闭和关闭这两方面的人，本性的周到、细密就会显现出来。即使有水准器也不用来作为公正的测量，即使有墨绳也不作为取直的标准。内心非常冷静。心里冷静而且安宁，这样就具备了匡正、主宰天下的能力。

把心包藏在身体里，把智慧包藏在心里，这样智慧就被深深地埋藏起来了，人们就看不见他的本来面目了！《鸿范》上说："上天静默地安定着下民。"静默着，是为了让下民受到启发。所以说，待在家里而能知道天下的事，不向窗外看就能够知道自然界四季有规律的变化。一个人思考的事情越远，他们往往知道的就不多。所以，拥有渊博的知识，是在伤害自己呢；想要使自己耳目聪慧，深谋远虑的人，是在自我摧残；考察"坚白"，辩论"无厚"的人，是在自我放弃。不外出，也是为了达到外出的目的；无所为，就是为了达到有所为。这称为用阴气换来阳气，用阳气换来阴气。遥远的东海，水流到那里又返回来；炎热的夏天过后，天气就会变得凉爽。这就是说，上天虽然无形，而世界万物却靠它生存；最精微的元气是无形的，而万物靠它生长；伟大的圣人虽然什么也没有做，他手下的臣子都会尽力效劳于他。这称为不教化的教化，不开口的旨意。

这么说来，要想知道君主是否狂妄自大，就看他说话是否恰当；要想知道君主是否糊涂，就看他语言是否得体。恰当和得体，不是针对君主的，而是针对臣子来说的。所谓会当君主的人，他们不要官职，也不做具体的事情。只要为官就会有做事不周全的时候，只要做事就会准备不充分。不周全、不充分是官吏迷惑、奸邪出现的原因。而今要想造车，必须经过许多部门才能造出来。治理国家哪里仅仅和造车一样呢？一个国家要想安定祥和，需要众人集体的智慧和才干来保持，不能顽固守旧地一件事情一种方法。

处理万事万物只用一种方法，或者没有办法也能办成事，这种现象也只有有"道"的人才能做到。在鲁国的偏僻小镇里，有个村夫给宋元王献上一个连环结，宋元王向全国下令，让所有心灵手巧的人来解这个连环结。然而没有人能够解开这个结。儿说的弟子请求前去解这个连环结，解开一个的时候，另一个又解不开，就说道："我解开可以解开的，而这个是根本就解不开的。"于是就去问那个鲁国的村夫。他道："是的，根本就解不开，我打这个结的时候就清楚它是解不开的。而今您没有解开这个结，就已经知道它是解不开的，比我还聪明呀。"儿说的弟子巧用解不开的理论解释了连环结的事情。郑国的太师文一整天都在弹瑟，然后站起来向着瑟拜了又拜道："我永远给你效力，永无止境。"太师文让自己的心灵像兽一样没有思想意识，这才掌握的弹瑟的窍门。

这么说来，会使人受到伤害的是思考，摆弄自己的智慧是在自我毁灭，夸夸其谈是自我招灾，拥有职权会使自己狂妄。所以说，什么事情一旦到达极限就会逍遥自在，转瞬即逝，人们还来不及目睹他的容貌；贤明到极限就能易俗移风，这个过程中人们是不知道怎么改变的；与世隔绝，也没有什么不和谐的；治理百姓，称孤道寡，没有什么阻碍。如此，一些丑恶的事情就可以一眼看透，而阴险不正、进谗奸邪、阿谀奉承、投机取巧的人就不要去接近他们。这些人奸险邪恶，一定有滋养他们行为的人。谁在滋养他们呢？这个人就是君主的行为。君主自己承担了所有的事情，这样一来所有以前承担这些事情的人就会放弃自己的职责来迎合君主。奉承君主所做的一切事情，即使出现了错误也无法定罪。那么君主逐渐地就会失利，臣子就会逐渐地得势。这就是说该运动的却静止了，该静止的却在运动。高贵的变为低贱的，低贱的上升为高贵的。产生这种现象，也是国家衰退，成为敌人攻击的目标的原因了。

奚仲造车，仓颉造字，后稷发明耕种法，皋陶制定刑法，昆吾制造陶器，夏鲧发明筑城。这几个人，所发明创造的都是合适合时的，但是这些不是为了君主的道而出现的。勤者多劳，而苟且偷生的人则很安静。一般来说，明白了为君之道，也就明白了命运的情况，治理天下也就省去很多力气，这种人称之为完人。

【解析】

善于当君主的人不担当任何官职，不做具体的事情。担当官职就会有不能完备的情况，做具体事情就会有不能周全的情况。不完备不周全，这是官吏之所以产生疑惑，邪僻之所以出现的原因。所以圣明的人虽然不做事，而所有的官吏都能各尽其能。这就叫作不进行教化的教化，是不说话的诏示。就像广漠的天空是无形的，而万物则靠了它而生成；最精妙的东西没有作为，可万物就靠它化育，这是一样的道理。从文中可以体会到老子无为的思想。

班婕妤聪明机智保性命

最初，许皇后与班婕妤都受汉成帝宠爱，班婕妤是班超的妹妹，非常有才华。有一次成帝在后宫庭院游玩，想跟班婕妤同乘一辆车。班婕妤推辞说："我观看古代的图画，圣贤的君王身旁，都跟随着名臣，而三代末世君王身旁，才有宠妾。现在陛下想让我同车，是不是有些相似呢！"成帝对她的回答很赞赏，也就不再勉强。太后听说了，高兴地说："古代有樊姬，今天有班婕妤！"

后来，成帝微服出行，喜欢上阳阿公主家的歌舞女赵飞燕，便召她入宫，大加宠爱。赵飞燕有个妹妹，也被召入宫，姿容艳丽，成帝左右的人看见她，都惊叹赞赏。有位汉宣帝时的披香博士淖方成，当时正站在成帝身后，却吐唾说："这是祸水呀，定会颠覆汉王朝！"赵飞燕姐妹俩心肠恶毒，诬告许皇后和班婕妤用妖术诅咒后宫得宠的美人，甚至连皇上都骂到了。

汉成帝不明是非，听信了二人谗言，把许皇后废了，迁居昭台宫。许后的姐姐许谒等人全被诛杀，许后的亲属被逐回原郡。成帝审讯班婕妤的时候，婕妤回答说："我听说'死生有命，富贵在天'，我修行持正，尚且没有得到幸福，如果做邪恶的事，就更不用想会有好结果了。假使鬼神有知，不会听取诅咒主上的恶毒咒语；假使鬼神无知，向鬼神诉说又有什么用呢？所以用妖术诅咒之事，我不会做的。"成帝认为她说的有道理，就赦免了她。但班婕妤料想赵氏姐妹终将残害于她，就主动请求到长信宫侍奉太后，皇上同意了，就此免于一死。

任数

【题解】

本篇强调了"君术"，即君主应无为而治，顺其自然；身为臣子却要认真负责做好具体的事宜。君主与臣子要各司其职，彼此协调，才能将国家治理好。

【原文】

凡官者，以治为任[1]，以乱为罪。今乱而无责，则乱愈长矣[2]。人主以好暴示能[一][3]，以好唱自奋[4]，人臣以不争持位[5]，以听从取容，是君代有司为有司也，是臣得后随以进其业[6]。君臣不定[7]，耳虽闻不可以听，目虽见不可以视，心虽知不可以举[8]，势使之也。凡耳之闻也藉于静[9]，目之见也藉于昭[10]，心之知也藉于理。君臣易操[11]，则上之三官者废矣[12]。亡国之主，其耳非不可以闻也，其目非不可以见也，其心非不可以知也，君臣扰乱，上下不分别，虽闻曷闻？虽见曷见？虽知曷知？驰骋而因耳矣[13]，此愚者之所不至也。不至则不知，不知则不信。无骨者不可令知冰[14]。有土之君，能察此言也，则灾无由至矣。

且夫耳目知巧固不足恃，惟修其数行其理为可。韩昭釐侯视所以祠庙之牲[15]，其豕小，昭釐侯令官更之。官以是豕来也，昭釐侯曰："是非向者之豕邪[16]？"官无以对。命吏罪之。从者曰："君王何以知之？"君曰："吾以其耳也[17]。"申不害闻之[18]，曰："何以知其聋？以其耳之聪也[二][20]；何以知其盲？以其目之明也；何以知其狂？以其言之当也。故曰去听无以闻则聪[20]，去视无以见则明，去智无以知则公。去三者不任则治，三者任则乱。"以此言耳目心智之不足恃也。耳目心智，其所以知识甚阙[21]，其所以闻见甚浅。以浅阙博居天下[22]，安殊俗[23]，治万民，其说固不行。十里之间，而耳不能闻；帷墙之外，而目不能见；三亩之宫，而心不能知。其以东至开梧[24]，南抚多颋[25]，西服寿靡[26]，北怀

儋耳㉗，若之何哉㉘？故君人者，不可不察此言也。

治乱安危存亡，其道固无二也。故至智弃智㉙，至仁忘仁，至德不德。无言无思，静以待时，时至而应，心暇者胜。凡应之理，清净公素㉚，而正始卒㉛。焉此治纪[三]㉜，无唱有和，无先有随。古之王者，其所为少，其所因多。因者，君术也；为者，臣道也。为则扰矣，因则静矣。因冬为寒，因夏为暑，君奚事哉？故曰君道无知无为，而贤于有知有为，则得之矣。

有司请事于齐桓公，桓公曰："以告仲父㉝。"有司又请，公曰："告仲父。"若是三㉞。习者曰㉟："一则仲父，二则仲父，易哉为君㊱！"桓公曰："吾未得仲父则难，已得仲父之后，曷为其不易也？"桓公得管子，事犹大易㊲，又况于得道术乎？

孔子穷乎陈、蔡之间㊳，藜羹不糁[四]㊴，七日不尝粒。昼寝。颜回索米，得而爨之㊵，几熟㊶，孔子望见颜回攫其甑中而食之㊷。选间㊸，食熟，谒孔子而进食。孔子佯为不见之㊹。孔子起曰："今者梦见先君，食洁而后馈㊺。"颜回对曰："不可。向者煤炱入甑中[五]㊻，弃食不祥，回攫而饭之㊼。"孔子叹曰："所信者目也，而目犹不可信[六]；所恃者心也，而心犹不足恃。弟子记之：知人固不易矣。"故知非难也，所以知人难也[七]。

【校勘】

[一] 旧校云：暴一作"为"。

[二] 聪，旧本皆误作"听"。

[三] 纪，旧校云：一作"乱"。

[四] 糁，众本作"斟"，今据毕沅、许维遹说改。

[五] 炱，旧本皆误作"室"。

[六] 黄本、吴本"目"上无"而"字。

[七] 众本"所"上衍"孔子之"三字，今据陶鸿庆说删。

【注释】

①任：胜任。

②长：这里是大的意思。

③暴：显露，显示。

④唱：倡导。奋：矜夸。

⑤争：谏诤。这个意义后来写作"诤"。持位：保住官职。

⑥进其业：指做"持位""取容"之事。

⑦君臣不定：君臣的正常关系不能确立。

⑧举：指举荐人，选取人。

⑨藉：凭借，依靠。

⑩昭：明亮。

⑪易操：交换彼此的职守。操，职守。

⑫三官：指上文所说的耳、目、心。

⑬驰骋而因：大意是说，要想达到随心所欲无所不至的地步，就要有所凭借。驰骋，比喻无所拘束、无所不至。因，凭借。耳：语气词。

⑭无骨者不可令知冰：无骨之虫春生秋死，不知有冰雪。这里比喻愚君不可使知治国之道。

⑮韩昭釐侯：《史记》作"韩昭侯"，公元前362年—前333年在位。

⑯是：此。向者：刚才。

⑰以其耳：凭着猪的耳朵辨认出来。

⑱申不害：战国时期郑国人，曾任韩昭侯相，主张法治，尤其注重"术"，即君主监督考核臣下、加强专制的方法。

⑲以其耳之聪：根据他的耳朵听觉好。下文"以其目之明"是说根据他的眼力好，"以其言之当"是说根据他的话得当。

⑳去听无以闻则聪：去掉听觉没有办法去听了，那么听觉就真的好了。去，

抛弃。这句与下文的"去视无以见则明""去智无以知则公"，表现的都是道家学派"绝圣弃智""无为而治"的主张。

㉑阙：缺。

㉒博：广博。

㉓安殊俗：使不同习俗的地区安定。安，用如使动。

㉔开梧：古代传说中的东极之国。

㉕多颥：古代传说中的南极之国。

㉖寿靡：古代传说中的西极之国。

㉗儋耳：古代传说中的北极之国。

㉘若之何：如之何，怎么样。

㉙至智弃智：最大的聪明是抛弃聪明。这句与下文的"至仁忘仁""至德不德"等，都表现了道家学派"大巧若拙""绝圣弃智"的观点和主张。

㉚公素：公正质朴。素，质朴。

㉛卒：终。

㉜焉此：于此。焉，于。纪：纲纪，法纪。

㉝仲父：指管仲。

㉞若是三：这种情况（指有司请事，桓公回答"告仲父"）一共有三次。若是，如此。

㉟习者：指所亲近的臣子。习，近习。

㊱易哉为君：即"为君易哉"的倒装。

㊲大易：非常容易。

㊳陈、蔡：都是春秋时代的诸侯国。

㊴藜羹：指带汤的煮野菜。糯：以米和羹。

㊵爨：烧火煮饭。

㊶几：将要。

㊷攫：用手抓取。甑：古代炊具，类似现在的蒸锅。

㊸选间：须臾，一会儿。

㊹孔子佯为不见之：这里是说孔子假装没有看见颜回抓锅里的饭吃。

㊺馈：送给人食物，这里指献给鬼神祭品。

㊻炱：凝聚的烟尘。

㊼饭：吃饭。

【译文】

凡是任用官吏，把治理得好看成能胜任，把治理得混乱看成有罪。如果治理得混乱却不加责备，那么混乱就更加厉害了。君主以好炫耀来显示自己的才能，以好做先导来自夸，臣子以不劝谏君主来保持官职，以曲意听从来求得容身，这样就是君主代替主管官吏当主管官吏，这样就使臣子得以跟随着干那些保持官职、曲意求容的事情。君臣的正常关系不确定，耳朵即使能听也无法听清，眼睛即使能看也无法看清，内心即使知道也无法选择，这是情势使他这样的。耳朵能听见是凭借着寂静，眼睛能看见是凭借着光明，内心能知道是凭借着义理。君臣如果交换了各自的职守，那么上面说的三种器官的功用就被废弃了。亡国的君主，他的耳朵不是不可以听到，他的眼睛不是不可以看到，他的内心不是不可以知道，君臣的职分混乱，上下不加分别，即使听到，又能真正听到什么？即使看到，又能真正看到什么？即使知道，又能真正知道什么？要达到随心所欲无所不至的境界，就得有所凭借啊。这是愚蠢君主的智慧所不能达到的。不能达到就不能知道，不能知道就不会相信。没有骨骼的虫子春生秋死，不可能让它知道有冰雪。拥有疆土的君主，能明察这些话，那么灾祸就无法到来了。

再说，耳目智巧，本来就不足以依靠，只有讲求驾驭臣下的方法，按照义理行事才可以依靠。韩昭釐侯察看用来祭祀宗庙的牺牲，那猪很小，昭釐侯让官员用大猪替换小猪。那官员又把这头猪拿了来，昭釐侯说："这不是刚才的猪吗？"那官员无话回答。昭釐侯就命令官吏治他的罪。昭釐侯的侍从说："君王您根据什么知道的？"昭釐侯说："我是根据猪的耳朵识别出来的。"申不害听到了这件事，说："根据什么知道他聋？根据他的听觉好；根据什么知道他瞎？根据他的视力好；根据什么知道他狂？根据他的话得当。所以说，去掉听觉使之无法听见，那么听觉就灵敏了；去掉视觉使之无法看见，那么目光就敏锐了；去掉智慧使之无法知道，那么内心就公正无私了。去掉这三种东西不使用，就治理得好；使用这三种东西，就治理得乱。"以此说明耳目心智不足以依靠。耳目心智，它们所能了解认识的东西很贫乏，它们所能听到见到的东西很浮浅。凭着浮浅贫乏的知识占有广博的天下，使不同习俗的地区安定，治理全国人民，这种主张必定行不通。十里远的范围，耳朵就不能听到；帷幕墙壁的外面，眼睛就不能看见；三亩大的宫室里的情况，心就不能知道。凭着这些，往东到开梧国，往南安抚多颗国，往西让寿靡国归服，往北让儋耳国归依，那又会怎么样呢？所以当君主的，不可不明察这些话啊。

治乱安危存亡，本来就没有另外的道理。所以，最大的聪明是丢掉聪明，最大的仁慈是忘掉仁慈，最高的道德是不要道德。不说话，不思虑，清静地等待时机，时机到来再行动，内心闲暇的人就能取胜。凡是行动，其准则是，清静无为，公正质朴，自始至终都端正。这样来整顿纲纪，就能做到虽然没有人倡导，但却有人应和，虽然没有人带头，但却有人跟随。古代称王的人，他们所做的事很少，所凭借的却很多。善于凭借，是当君主的方法；亲自做事，是当臣子的准则。亲自去做就会忙乱，善于凭借就会清静。顺应冬天而带来寒冷，顺应夏天而带来炎热，君主还要做什么事呢？所以说，当君主的原则是无知无为，却胜过有知有为，这样就算掌握了当君主的方法了。

主管官吏向齐桓公请示事情，桓公说："把这事情告诉仲父去。"主管官吏又请示事情，桓公说："告诉仲父去。"这种情况连续了三次。桓公的近臣说："第一次请示，说让去找仲父；第二次请示，又说让去找仲父。这样看来，当君主太容易啦！"桓公说："我没有得到仲父时很难，已经得到仲父之后，为什么不容易呢？"桓公得到管仲，做事情尚且非常容易，更何况得到道术呢？

孔子被困在陈国、蔡国之间，只能吃些没有米粒的煮野菜，七天没有吃到粮食。孔子白天躺着睡觉。颜回去讨米，讨到米后烧火做饭，饭快熟了，孔子望见颜回抓取锅里的饭吃。过了一会儿，饭做熟了，颜回谒见孔子并且献上饭食，孔子假装没有看见颜回抓饭吃，起身说："今天我梦见了先君，把饭食弄干净了然后去祭祀先君。"颜回回答说："不行。刚才烟尘掉到锅里，扔掉沾着烟尘的食物不吉利，我抓出来吃了。"孔子叹息着说："所相信的是眼睛，可是眼睛看到的还是不可以相信；所依靠的是心，可是心里揣度的还是不足以依靠。学生们记住：了解人本来就不容易呀。"所以，有所知并不难，掌握知人之术就难了。

【解析】

君臣的职责不确定，耳朵即使能听也无法听清，眼睛即使能看也无法看清，内心即使知道也无法选取，这是情势使他这样的。耳朵之所以能听见是借助于安静，眼睛之所以能看见是借助于明亮，心之所以能知道是借助于义理。所以君主要善于依凭臣子，才能治理好国家，做事是臣子的准则。一旦君主任何事都亲力亲为，就会显得很忙乱。善用依凭就会清静。顺应事物发展的自然趋势，国君还有什么事可做呢？所以说，当君主的原则就是无知无为，却胜过有知有为，这就得到当国君的方法了。

【故事】

王莽玩弄权术做高官

当初，太后王政君弟弟王曼早死，没有封侯。太后怜惜他，就把王曼的遗孀供养在东宫。王曼的儿子王莽，因为自己从小就成了孤儿，不能与其他人相比。他勤学苦修，学识渊博，穿着朴素像儒生一样。在家侍奉母亲和寡嫂，抚养亡兄的孤儿，十分尽心周到。同时，他在外结交俊杰之士，在内对待诸位伯父叔父，礼敬有加。

大将军王凤病重时，王莽侍候他，亲口尝药，一连几个月没有解衣入睡，因而蓬头垢面。王凤将死时，把王莽托付给太后及成帝，王莽因此被封为黄门郎，以后又升任射声校尉。很久以后，叔父成都侯王商上书，表示愿意分出自己封地上的土地和百姓，请求皇上封给王莽。长乐少府戴崇、侍中金涉、中郎陈汤等，都是当代名士，也都为王莽美言。成帝因而认为王莽贤能，太后又屡次以此嘱咐成帝。

王莽

永始元年，王莽被封为新都侯，后又升为骑都尉、光禄大夫、侍中。他在宫廷谨慎尽心，爵位越加尊贵，他的礼节操守就越加谦恭。他把自己的车马、衣物、皮裘等周济给门下宾客，而自己却家无余财。他收罗赡养名士，结交很多将、相、卿、大夫，因而在位的官员轮番向皇帝推荐他，善于游说的人也为他到处宣传，声誉隆盛无比，压过了他的诸位伯父、叔父。于是，他敢于做违俗立异的事情而又安然处之，毫无愧色。王莽曾私下买了一个婢女，兄弟中有人听说了，王莽就辩解说："后将军朱子元没有儿子，我听说此女有适合生男孩的相。"当天就把婢女奉送给朱博。他就是这样隐匿真情博取名声的！

王莽外表严厉，言谈方直，想要做什么，只需略微作一点暗示，手下的党羽就会按照他的意愿公然上奏。王莽却叩头涕泣，坚持推让。他用这种办法，对上迷惑太后，对下向众人显示他的谦恭可信。

勿躬

【题解】

本篇强调了君主要有开放的思想，不能自我封闭；其次，在道德精神层面要修养身心，还要用人有术，可以让臣子能够各尽其能。

【原文】

人之意苟善，虽不知可以为长。故李子①曰："非狗则不得兔，兔化而狗，则不为兔。"人君而好为人官，有似于此。其臣蔽之，人时禁之，君自蔽则莫之敢禁。夫自为人官，自蔽之精②者也。被簪日用而不藏于箧，故用则衰，动则暗，作则倦③。衰、暗、倦三者非君道也。

大桡作甲子，黔如作虏首，容成作历，羲和作占日，尚仪作占月，后益作占岁，胡曹作衣，夷羿作弓，祝融作市，仪狄作酒，高元④作室，虞姁作舟，伯益作井，赤冀⑤作臼，乘雅作驾，寒哀作御，王冰作服牛，史皇⑥作图，巫彭⑦作医，巫咸作筮，此二十官者，圣人之所以治天下也。圣王不能二十官之事，然而使二十官尽其巧、毕其能，圣王在上故也。圣王之所不能也，所以能之也，所不知也，所以知之也。养其神、修其德而化矣，岂必劳形愁弊耳目哉？是故圣王之德，融乎若月之始出，极烛六合而无所穷屈；昭乎若日之光，变化万物而无所不行。神合乎太一，生无所屈，而意不可障；精通乎鬼神，深微玄妙，而莫见其形。今日南面，百邪自正，而天下皆反其情，黔首毕乐其志、安育其性、而莫为不成。故善为君者，矜服性命之情，而百官已治矣，黔首已亲矣，名号已章⑧矣。

管子复于桓公，曰："垦田大邑，辟土艺粟，尽地力之利，臣不若宁速，请置以为大田。登降辞让，进退闲习，臣不若隰朋，请置以为大行。蚤入晏出，犯君颜色，进谏必忠，不辟死亡，不重贵富，臣不若东郭牙，请置以为大谏臣。平原广城，车不结轨，士不旋踵，鼓之，三军之士，视死如归，臣不若王子城父，请置以为大司马。决狱折中，不杀不辜，不诬无罪，臣不若弦章，请置以为大理。君若欲治国强兵，则五子者足矣；君欲霸王，则夷吾在此。"桓公曰："善。"令五子皆任其事，以受令于管子。十年，九合诸侯，一匡天下，皆夷吾与五子之能也。管子，人臣也，不任己之不能，而以尽五子之能，况于人主乎？人主知能、不能之可以君民也，则幽诡愚险之言无不职矣，百官有司之事毕力竭智矣。五帝三皇之君民也，下固不过毕力竭智也。夫君人而知无恃其能、勇、力、诚、信，则近之矣。

凡君也者，处平静、任德化以听其要，若此则形性弥嬴，而耳目愈精；百官慎职，而莫敢愉綖；人事其事，以充其名。名实相保，之谓知道。

【注释】

①李子：李悝。

②精：严重。

③倦：疲劳、疲惫。

④高元：传说中房屋的创造者。

⑤赤冀：相传为神农氏的臣子。

⑥史皇：相传为黄帝的官吏。

⑦巫彭：古代传说中的神医。

⑧章：通"彰"。

【译文】

一个人如果心地善良厚道，那么，即使这个人没有什么知识，也是能够做君主的。因此李悝说："假如没有狗的话，就没有办法捕捉到兔子；假如兔子变成了狗，那么，世界上就没有了兔子。"君主如果喜欢做臣子该做的一些事情，情况就和刚才的例子很相似了。臣子欺骗君主，知道的人还会及时地加以阻止；如果是君主自己欺骗自己，这样一来就没有人敢阻拦了。君主做一些臣子该做的事情，那么这就是君主在自己欺骗自己了，这也会带来很严重的后果的。扫帚不能藏在箱子里而要每天都用，所以，君主经常思考着怎样做臣子的事情，这样思想就会衰竭；君主亲自去做臣子该做的事，这样不仅受蒙蔽而且也会疲惫不堪。衰竭、蒙蔽、疲惫这几种情况都不是君主之道所要求的。

黄帝的臣子大桡为了记日创造了六十甲子，黔如创造出了蔀首计算法，容成创造了历法，羲和创造出了计算日子的方法，尚仪创造出了计算月份的方法，后益创造了计算年份的方法，胡曹创造了衣服，夷羿创造了弓，祝融创造了市场，仪狄创造了酒，高元创造了房子，虞姁创造了船，伯冀创造了打井的方法，赤冀创造了臼，乘雅创造了用马驾驶车辆的方法，寒衰创造了医术，王冰创造了骑牛的方法，史皇创造了怎样绘画的技术，巫彭创造了驾驶车辆的技术，巫咸创造了占卜的方法。这几十位人，是贤能的人治理天下所依赖的。作为一个贤能的君主是不能够做这些人所做的事情的，由于有贤能的君主在位，才有了这几十位人德发明创造的成果。贤能的君主有自己不能够做到的事情（这是因为能者多劳，各尽其能），但也有他们能够做到的事情。使自己的道德情操上升到一定的程度，万事万物也就容易化解了。难道一定要使自己身心疲惫吗？所以说，贤能的君主品德和行动要像明亮的月亮刚升起来一样，给大地带来光明，不存在照不到的地方；灿烂的太阳光芒万丈，能滋润万物，没有做不到的事情；精神和道义相一致，性命就不会脆弱，心智就不会受到障碍；精神和鬼神相通，其中定有它的神妙，人的肉眼是看不见它的形体的。而今君主面南而冶，还怕什么邪恶的事情不能纠正呢？普天下的人都会重返自然的本性，所有的百姓都会心情愉快，修身养性地培养自己的本性。所以说，能够当君主的人，小心遵循着生命的本性，所有的贤能的君主品德和行动要像明亮的月亮刚升起来一样，给大地带来光明，不存在照不到的地方；也会遵从君主的命令，各尽其职。所有的百姓安心地归顺于他，美名就会远扬四海。

管子向桓公禀告道："开垦荒地，扩大城市的范围，开辟土地种植五谷杂粮，合理利用土地，这些宁速都比我有优势，陛下就任用他为天官之长吧。对升降的了解、辞让、进退等各种礼仪，隰朋比我更擅长，陛下就任命他为大行吧。早入朝，迟退朝，敢于冒犯君主，诚心地良言劝谏，不怕自己的生死安危，淡泊名利，谁能比得上东郭牙？请陛下任用他当大谏臣吧。善于在广衰无垠的平原上作战，战车行进有条不紊，士兵勇敢善战，击鼓向前，三军士兵视死如归，没有人能比得上王子诚父，请陛下任用他为大司马。秉公断案，不乱杀无辜，不陷害没有罪的人，谁能比得上弦章？请陛下任用他当大理。陛下想国富民强，这几个人够了；假如您想完成自己的霸业，还有老臣在这里。"齐桓公道："好的。"齐桓公接受了管子的建议，重用了他们五个人。十年以后，齐桓公多次和各位诸侯结盟，匡正天下，就是凭借着管子和这五个人的才华啊。管子作为一个大臣，他没有把所有的事情都承担下来，而是任用其他五个有才华的人，使他们在不同的领域发挥自己的聪明才智。更何况是君主呢？作为君主只要分清楚自己该做什么，其他人该做什么，就可以把天下治理得太平了，那些淫衰、奸诈、狡猾的谬论就会不攻自破，各位官吏就会各尽所能地为朝廷做事。三皇五帝治理国家的时候，也不过是用人得当，臣子们就兢兢业业罢了。在治理国家和人民时，记住不要仅仅凭借一个人的才华、勇敢、力量、诚实、守信，这样就与君道不远了。

一般来说，作为君主心一定要冷静，要以理服人，要治理最根本的东西。这样做了，外表和内心才会更加充实，耳目就会更加聪敏；所有的官吏也会做好自己的分内的事情，没有人敢苟且偷生；每个人都做好自己的事情，符合自己的名誉。这两样东西相辅相成，这也就算明白了道。

【解析】

本篇的主旨是说作为一国之君，应"处平静，任德化，以听其要"，本着君道无为，臣道有为来处理国事。在结构上比较简单，先提出论点，然后举古代圣王任二十官、管仲建议齐桓公任用五人为例加以论证。

文章一开头引用李悝的话，点出本文的中心论点："李子曰：'非狗则不得兔，兔化而狗，则不为兔。'人君而好为人官，有似于此。"李悝说："没有狗就不能捕获兔，兔如果变得跟狗一样，那就无兔可捕了。"兔就是兔，狗就是狗，兔和狗都是各有名分的。君主与臣子之间也是这样。君主如果喜欢做臣子做的事，就与兔狗不分相类似了。这段话的意思是，君与臣也是各有名分的，君是君，臣就是臣，君主有君主做的事，臣有臣要做的事。《吕氏春秋》主张君"无为"而臣"有为"，君主只要按名分选拔官员就可以了，国家管理的具体事务由臣负责，君主不能越位做了臣职责范围内的事情，国家的具体事务由各官员来处理。为什么君主不能处理具体事务呢？因为一旦君主陷入具体繁杂的事物中，一则违背循名责实的原则，这是《吕氏春秋·贵因》篇反复强调的；二则妨碍了君主的养生。所以下文说："被箑日用而不藏于箧，故用则衰，动则暗，作则倦。衰、暗、倦三者非君道也。"扫帚每天都要使用，因而就不会放在安静的地方。所以，君主如果思虑群臣职权范围内的事，那么心志就会因得不到安静地思考而衰竭；君主如果亲自做群臣职权范围内的事，就会昏昧；亲自做群臣该做的事，就会疲惫。衰竭、昏昧、疲倦，不是君主应该实行的准则。

君主不做具体事务，而只做君主分内之事，君主的分内之事，就是无为。古代的圣王，"不能二十官之事，然而能使二十官尽其巧，毕其能"。这里所说的"二十官"，其实是二十种职业。"大桡作甲子，黔如作虏首，容成作历，羲和作占日，尚仪作占月，后益作占岁，胡曹作衣，夷羿作弓，祝融作市，仪狄作酒，高元作室，虞姁作舟，伯益作井，赤冀作臼，乘雅作驾，寒哀作御，王冰作服牛，史皇作图，巫彭作医，巫咸作筮，此二十官者，圣人之所以治天下也。"大桡发明了六十甲子纪日法，黔如发明了蔀首计算法，容成氏发明了历法，羲和发明了占日，尚仪发明了占月，后益发明了占卜年岁，胡曹发明了衣服，夷羿发明了弓箭，祝融发明了市场，仪狄发明了酒，高元发明了房屋，虞姁发明了船，伯益发明了井，赤冀发明了舂米的臼，乘雅发明了马车，寒哀发明了驾车的技术，王冰发明了驭牛耕田的技术，史皇发明了绘画，巫彭发明了医术，巫咸发明了用草占卜之术。以上发明创造实际上是指以上二十种职业，圣王不需要会哪怕其中的一种，但是只要有人从事这些行业，天下人的需求就能满足，天下也就得到了治理。这段文字也给我们提供了古代发明的原始资料，这是十分珍贵的。

君主不做具体事务，那是通过什么方式来管理国家呢？主要是合理选拔任用官员。本文举管仲向齐桓公举荐人才为例。管仲向桓公禀告说："开垦田地扩大城邑，开辟土地种植谷物，充分发挥土地效率，我比不上宁速，请让他担任主管农业的大臣。进退揖让，迎送应酬，我比不上隰朋，请让他担任主管礼仪的大臣。早晚上下朝，敢于冒犯国君，忠心进谏，不避死亡，不看重富贵，我比不上东郭牙，请让他作谏议大臣。在广阔的平原上，使战车井然有序，战士勇往直前，击鼓进军，三军将士视死如归，我不如王子城父，请让他作大司马。断案公正，不杀无辜，不冤枉无罪的人，我不如弦章，请让他担任主管刑狱的大臣。您如果想使国家得到治理，军队强大，那么有这五个人足够了；您若想在诸侯中称霸，那么有我管夷吾在这里。"桓公说："好。"便命令五个人都担任了各自擅长的职务，并统一接受管夷吾的命令。而齐桓公什么事都不需过问，结果七年间，齐桓公九合诸侯，一匡天下，这都是管夷吾与五个人的才能所致啊。管夷吾是个臣子，尚且不去做自己不能胜任的事，而让其他五个人竭尽各自的才能去做，何况是国君呢？

君道无为，这是春秋以来的思想。《论语·卫灵公》："无为而治者，其舜也与？"《老子》第二章说："是以圣人处无为之事，行不言之教。"在孔子、老子那里，"无为"并不是不做，而是不妄为。到了法家那里，君道无为是一种权"术"。《韩非子·主道》篇说："明君无为于上，君臣竦惧乎下。"明智的君主，一旦能在上做到"无为"，那么，在下的群臣就没有不感到害怕的。"明君

之道，使智者尽其虑，而君因以断事，故君不躬于智；贤者敕其材，君因而任之，故君不躬于能；有功则君有其贤，有过则臣任其罪，故君不躬于名。"明智的君主，其治国之道关键在于使有智慧的人都能尽情发挥他的智慧，有才能的人都能尽情发挥他的才能。君主所任之人如能建立功业，君主则独享贤君的美名；而一旦所任之人有罪，那么臣子认罪而与君主无关。《韩非子·有度》篇又说："夫为人主而身察百官，则日不足，力不给。"如果君主天天审察百官，那么即使天天审察也看不完，自己的精力也会不够。所以君主要"无为"，而任臣"有为"。这样天下尽在掌控之中了。

但是《吕氏春秋》中的"无为"思想与上述各家有所不同。既不是不妄为，也不是一种君主驭臣之术，而是治国之术。《吕氏春秋·分职》篇说："夫君也者，处虚素服而无智，故能使众智也。智反无能，故能使众能也。能执无为，故能使众为也。无智、无能、无为，此君之所执也。"作为君主，需要处于清虚素朴之中，不显示出自己的智慧，所以能够驱使别人的智慧。君主能执无为之道，所以才能使众人有所作为。无智、无能、无为，才是君主所应该执守的。君主通过这样的执守，能够使天下得到治理。这里的"无智""无能""无为"，是说君主及统治者不要强自己之智以为智而要任天下人之智；不要强自己之能以为能，而是要任天下人之才能；不强自己之所为要天下人接受，而要任天下人之所为。君主自己遵循顺应自然的规律，不强为，不妄为，就是最大的作为。又因为君主"清虚自守"，并不铺张奢华，实际上是爱惜民力的表现。总之，一句话，《吕氏春秋》所主张的治国思想就是黄老之学的"无为而治"。《吕氏春秋》关于"无为而治"的论述是黄老之学的具有代表性的表述。西汉初年崇尚黄老之学，实行无为而治，创造了"文景之治"，涌现出像文帝一样的贤君和曹参一样的名臣，其理论来源实际就是《吕氏春秋》。汉初的文景之治，验证了吕不韦思想的先进性。可惜这样的结果，在吕不韦生前没有能够得到实现。

【故事】

灵帝经商误国政

东汉的灵帝是一个"精打细算"的"商人"。光和四年，灵帝在后宫修建了许多商业店铺，让宫女们行商贩卖。灵帝还穿上商人的服装，与经商的宫女们一起饮酒作乐。汉灵帝还喜好积蓄私房钱，搜集天下的各种奇珍异宝。每次各郡、国向朝廷进贡，都要先精选出一部分珍品，送交管理皇帝私人财物的中署，叫作"导行费"。

中常侍吕强上书规劝说："普天之下的财富无不生于阴阳，都归陛下所有，难道还有公私之分！而现在，敛积各郡的珍宝，中御府堆满天下出产的丝织品，西园里收藏着理应由大司农管理的钱物，驻骥厩中则饲养着本该归太仆管理的马匹，而各地向朝廷交纳贡品时，都要送上导行费，征调数量增加，人民贫困，花费增多，贡品减少。贪官污吏乘机从中取利，黎民百姓深受其害，更有一些阿谀献媚的臣子，进献额外财物，好让皇上对他们纵容，不良风气因此越来越盛。依照以往制度，选拔官员的事情应由三府负责，尚书只负责将三府的奏章转呈给皇上。被选拔者通过考核，加以委任。并责成他们拿出政绩。没有政绩时，才交付尚书进行弹劾，提请转到廷尉核查虚实，加以处罚。因此，三公在选拔人才时，都要与属僚仔细评议，了解这些人的品行，评估他们的才干；尽管如此严格，仍然有些官员不能胜任，使政务荒废。如今只由尚书负责选拔官员，或由陛下颁下诏书，直接任用，这样，三公就免除了选拔不当的责任，尚书也不再因此获罪。奖惩都兑现不了，谁还肯白白地操心呢？"奏章呈上，灵帝未加理睬。

知度

【题解】

本篇文章阐述了身为一国的君主应掌握治理国家的法则，做到分辨忠诚和邪恶，并且重用忠诚之人，远离邪恶的人，使得国泰民安、繁荣祥和。

【原文】

明君者，非遍见万物也，明于人主之所执也①。有术之主者，非一自行之也②，知百官之要也。知百官之要，故事省而国治也。明于人主之所执，故权专而奸止。奸止则说者不来，而情谕矣③。情者不饰，而事实见矣④。此谓之至治。至治之世，其民不好空言虚辞，不好淫学流说⑤。贤不肖各反其质⑥，行其情，不雕其素⑦，蒙厚纯朴⑧，以事其上。若此则工拙愚智勇惧可得以故易官⑨，易官则各当其任矣。故有职者安其职，不听其议；无职者责其实，以验其辞。此二者审，则无用之言不入于朝矣。君服性命之情，去爱恶之心⑩，用虚无为本，以听有用之言，谓之朝⑪。凡朝也者，相与召理义也，相与植法则也⑫。上服性命之情，则理义之士至矣，法则之用植矣，枉辟邪挠之人退矣⑬，贪得伪诈之曹远矣⑭。故治天下之要，存乎除奸⑮；除奸之要，存乎治官；治官之要，存乎治道；治道之要，存乎知性命。故子华子曰⑯："厚而不博，敬守一事，正性是喜⑰。群众不周⑱，而务成一能。尽能既成，四夷乃平⑲。唯彼天符⑳，不周而周。此神农之所以长㉑，而尧舜之所以章也㉒。"

人主自智而愚人㉓，自巧而拙人，若此则愚拙者请矣[一]㉔，巧智者诏矣㉕。诏多则请者愈多矣，请者愈多，且无不请也。主虽巧智，未无不知也。以未无不知，应无不请，其道固穷㉖。为人主而数穷于其下，将何以君人乎？穷而不知其穷，其患又将反以自多㉗，是之谓重塞之主㉘，无存国矣。故有道之主[二]，因而不为㉙，责而不诏，去想去意，静虚以待，不伐之言㉚，不夺之事，督名审实，官使自司㉛，以不知为道，以奈何为宝[三]㉜。尧曰："若何而为及日月之所烛㉝？"舜曰："若何而服四荒之外㉞？"禹曰："若何而治青丘[四]㉟，化九阳、奇肱之所际[五]㊱？"

赵襄子之时，以任登为中牟令㊲。上计㊳，言于襄子曰："中牟有士曰胆胥己㊴，请见之。"襄子见而以为中大夫㊵。相国曰："意者君耳而未之目邪㊶！为中大夫，若此其易也[六]？非晋国之故㊷。"襄子曰："吾举登也，已耳而目之矣。登所举，吾又耳而目之[七]，是耳目人终无已也㊸。"遂不复问，而以为中大夫。襄子何为？任人，则贤者毕力㊹。

人主之患，必在任人而不能用之，用之而与不知者议之也。绝江者托于船㊺，致远者托于骥，霸王者托于贤。伊尹、吕尚、管夷吾、百里奚，此霸王者之船骥也。释父兄与子弟㊻，非疏之也；任庖人钓者与仇人仆虏㊼，非阿之也㊽。持社稷立功名之道，不得不然也。犹大匠之为宫室也，量小大而知材木矣，訾功丈而知人数矣[八]㊾。故小臣、吕尚听㊿，而天下知殷、周之王也；管夷吾、百里奚听[九]，而天下知齐、秦之霸也。岂特船骥哉[一〇]？

夫成王霸者固有人[51]，亡国者亦有人。桀用干辛[一一][52]，纣用恶来[53]，宋用唐鞅[一二][54]，齐用苏秦[55]，而天下知其亡[一三]。非其人而欲有功，譬之若夏至之日而欲夜之长也，射鱼指天而欲发之当也[56]。舜、禹犹若困，而况俗主乎？

【校勘】

[一] 请，元本、李本、张本作"谓"。

[二] 故，李本、张本作"固"。

[三] 宝，众本作"实"。旧校云：一作"宝"。今据毕沅说改。

[四] 丘，众本作"北"，今据王念孙、孙诒让说改。

[五] 肱，众本作"怪"，今据孙诒让说改。

[六] 易，旧本皆作"见"。

〔七〕旧本"之"下皆有"矣"字。

〔八〕丈，旧校云：一作"力"。

〔九〕听，旧校云：一作"任"。

〔一〇〕船，众本无，今据毕沅说补。众本"骥"下有"远"字，今据毕沅说删。

〔一一〕干，旧本皆误作"駃"。

〔一二〕唐鞅，旧本皆误作"駃唐"。

〔一三〕知其亡，旧本皆误作"甚亡"。

【注释】

①所执：指应掌握的东西。

②一：一概。

③情谕：真情显露出来让人知道。谕，晓谕。

④见：同"现"，显露。

⑤淫学：指邪僻的学说。流说：流言，指无稽之谈。

⑥反：返回。

⑦雕：雕饰。素：质朴。

⑧蒙厚：敦厚。蒙，通"厖"。厚。

⑨易官：改换官职。

⑩爱恶：喜爱和憎恶。

⑪朝：听朝。

⑫植：树立，确立。

⑬邪挠：邪曲。挠，曲。

⑭曹：辈。

⑮存：存在，在。

⑯子华子：战国时期魏国人，思想属道家。

⑰正性是喜：即"喜正性"。是，指示代词，复指前置宾语"正性"。

⑱群众：众人。周：合。

⑲四夷：指四方之国。

⑳天符：上天的符命，天命，天道。

㉑长：兴盛。

㉒章：彰明，卓著。

㉓自智：认为自己聪明。愚人：认为别人愚蠢。

㉔请：请示，此指凡事都向君主请示。

㉕诏：上告下，教导。

㉖固：必然。穷：困，穷尽。

㉗自多：自高自大。

㉘重塞：双重的阻塞。道术穷为一塞，穷而自多为又一塞，所以说"重塞"。又"重塞"当叠，而今本误脱（依陈昌齐说）。

㉙因而不为：依靠臣子做事，自己不亲自去做。

㉚伐：当为"代"字之误（依王念孙说）。

㉛官使自司：官府之事让官吏自己管理。

㉜奈何：与下文的"若何"义同，如何，怎样。

㉝及：赶上，达到。烛：照耀。

㉞四荒：四方边远之地。

㉟青丘：传说中的东方之国。

㊱九阳：传说中的南方山名。奇肱：传说中的西方国名。

㊲任登：赵襄子之臣。中牟：古邑名，在今河南省汤阴县西。

㊳上计：古代考核地方官员政绩的方法。战国时，官员于年终须将赋税收入等写在木券上，呈送国君考核，叫作"上计"。

㊴胆胥己：人名。胆（繁体作"膽"）疑"瞻"字之误（依王念孙说）。《韩非子·外储说左上》作"中章、胥己"，以为二人。

㊵以：用，任用。

㊶耳而未之目：意思是，对这个人，只是耳闻，尚未亲眼见到其为人如何。"耳"和"目"都用如动词。

㊷故：故事，成例，老规矩。

㊸已：止。

㊹毕力：尽力。

㊺绝：横渡。

㊻释：舍弃，不用。

㊼庖人：指伊尹。伊尹曾为庖厨之臣，所以这里称之为"庖人"。钓者：指吕尚。吕尚曾钓于兹水，所以称之为"钓者"。仇人：指管夷吾。他曾箭射公子小白（即齐桓公）中钩，所以称之为"仇人"。仆虏：指百里奚。他曾被俘并当过陪嫁之臣，所以称之为"仆虏"。

㊽阿：偏私。

㊾訾：估量。

㊿小臣：指伊尹，他被汤任为小臣（官名）。

51固：本来，当然。

52干辛：桀之邪臣。

53恶来：纣之谀臣。

54唐鞅：宋康王之臣。

55苏秦：战国时期东周人，字季子。他奉燕昭王命入齐从事反间活动，想让齐疲于对外战争，以便攻齐。后乐毅率六国军队攻齐，其反间活动暴露，被车裂而死。

56当：这里是射中的意思。

【译文】

英明的君主，不需要完全做到明察秋毫，但要明白作为君主需要掌握一些什么东西。怀有治理国家策略的君主，并不以为一切事情都得君主亲自去做，是要掌握治理众多官吏的方法。只要君主明白了治理众多官吏的方法，朝政就不会混乱，国家也会太平。邪恶不存在了，谣言也就不存在了，这样事情的本来面目就会被认识清楚了。真情是没有任何包装的，事实就会浮出水面，这就是最完美的朝政。在朝政上完美的国家，人们不会吹毛求疵和歪理邪说，是否是贤能的人就自然而然地恢复了本来面目。依据真情做事，不修饰自己的本性，忠诚厚道，来侍奉自己的君主。依据灵巧、笨拙、愚蠢、聪敏、勇敢、怯弱这些条件来调换官职。调换来以后各自做起自己的工作来就会效率更高。所以说职位低的人就要安于他们的职责，不听任何人的言论。如果什么职位也不担当，那就要实际行动起来，用实际行动来检验自己的言论。

　　这两种情况要明察秋毫，没有什么有益的意见就不要进入朝廷。君主依赖天性做事情，假如没有了爱憎分明的感情，把无所作为作为自己的根本，来听取有用的意见，这称为听朝。一般来说听朝的时候，君臣共同谋事，一起制定法律。君主是依据天性办事的，这样讲求道义的人就会被招纳进朝廷，法律也就会发挥它的作用，奸邪的人就会被除掉，贪婪狡诈的人就不得不躲开。这么说来，治理天下的关键在于消除奸邪；清除奸邪的关键是整顿不同职位上的官吏；而整顿官吏的关键就是学习道义；习得道义的关键就是明白天性。子华子道：“不求广博而求深厚，小心地遵守根本，欣赏本来的天性。”人是不同的，要学习驾驭众臣的方法。这种方法学到了，四面八方的百姓就会安于乐业。一般来说，顺应天性的人，不求相同却能达到相同，这也是神农之所以成就繁荣昌盛，尧、舜美名远扬四海的缘由了。

　　君主认为自己聪明别人愚蠢，认为自己灵巧别人笨拙。因此，愚蠢、笨拙的人就开始请示了；灵巧、聪明的人就开始向下发号施令了。发号施令的人越多，请求指示的人也就越多，就不会出现不请求指示的事了。君主即使聪明绝顶，也还是有他不了解的事情。如果一个君主被自己的臣子问得无言以对，这样的君主又怎么能治理人民呢？智慧有限但是自己还不知道，那么他的隐患会

《吕氏春秋》原典释译

因为他的骄傲自大而逐渐增多，这称为双重阻碍的君主。对这样的君主寄托希望是靠不住的，国家迟早会灭亡的。因此，有道义的君主不会亲自做事，会把事情分配给自己的臣子来做；把事情分配给臣子们做的时候不要发号施令；不要抱着一颗怀疑、猜测的心去用臣子，而是要耐心地等待；不要代替臣子们发话；不要霸占臣子们的工作。要注意审察名分和他们的实际行动，官府的事情让他们自己处理。始终明白自己有些事情是不知道的，把询问臣子怎么样做当作自己的财富。尧曾经说过：“怎样做才能比得上日月的光亮呢？”舜说：“怎样做才能使四方边远之处归服？”禹曾经说过：“怎样才能使青丘国臣服，九阳、奇怪得到教化呢？”

赵襄子在位期间，曾任用任登做中牟县令。任登给他呈上一年的账簿时，对赵襄子道：“中牟县有个叫胆胥己的人，恳请陛下召见此人。”赵襄子照着他的意思召见了这个人，然后任命此人为中大夫。相国道：“陛下只是听过这个人，而从来没有见过这个人吧？就这样任命他为中大夫，这行吗？怎么能破晋国的老规矩呢？”赵襄子道：“我在提拔胆胥己的时候，已经听到过他的一些事迹，并且亲自召见过他了。任登所推荐的这个人，我既听说过他，也见过他，目睹到的人就没有停止过。”所以说没有必要再咨询其他人了，认定让他做了中大夫。赵襄子还需要做些什么呢？在任用人的方面，一般来说，贤能的人只要被任用他就会尽自己的所能为朝廷服务。

君主遇到麻烦，可能是因为给他职位却不让他做事情；即使让他做事，但是却和不了解情况的人议论他。船是横渡大江的条件，想要去远方必须要有千里马，要想成就伟业必须有贤能的人协助他。伊尹、吕尚、管夷吾、百里奚这几个人就是成就伟业的船和千里马。没有任用自己的父兄、子弟，不表示疏远了他们；任用厨师、渔父和仇人、仆人，并不表示对他们很偏爱。要想使自己的国家安宁，要想使自己成就事业就不得不这样做。就像一个优秀的工匠建筑房子那样，把房子的大小测量准确就明白了需要多少木材，评测工程的大小就会清楚需要多少工人了。当小臣、吕尚被殷、周重用以后，天下人都知道霸业指日可待了；当管夷吾、百里奚被齐、秦重用以后，天下的人也就知道这两个国家的霸业会成功了。他们都是千里马啊！

一般来说，称王称霸的人周围离不开其他人的协助，国家的灭亡也是人在起作用。桀任用羊辛，纣任用恶来，大宋任用唐鞅，齐国任用苏秦。所以天下的人都已经明白他们的国家离灭亡不远了。假如不任用贤能的人来建立伟业的话，就好像想要夏至的这一天变得更长一些，射击鱼的时候却射向了天空一样的。舜、禹这样的圣人都办不到的事情，普通的人又怎么能够办得到呢？

【解析】

知度，知悉为君之法则。上文论述，君主应"无智""无能""无为"，做到"无为而治"，本篇阐述君主实行"无为而治"的具体做法。

首先，君主要"知百官之要"。百官之要，即百官的职责。文章说"明君者，非遍见万物也，明于人主之所执也"，作为一个明君，不是自己能明察万物，而是明察君主所应掌握的东西。这个东西就是驾驭百官去完成自己的职责。所以说："有术之主者，非一自行之也，知百官之要也。知百官之要，故事省而国治也。"有道术的君主，不是一切都亲自去做，而是要明了如何驾驭百官去完成各自的事情。这就是"无为"。

在《吕氏春秋》看来，君主通过利用臣子的智能达到"无为而治"的目标。倘若君主事必躬亲，这是"代有司为有司也"（《任数》）；倘若"人主好治官人之事"，则是"与骥俱走也"，这样"则人不胜骥也"（《审分》）。倘若"人主好以己为，则守职者舍职而阿主之为矣。阿主之为有过，则主无以责之，则人主日侵，而人臣日得……尊之为卑，卑之为尊，从此生矣"（《君守》）。因此，君主只有因臣下之智能而无所事事，才可称得上是"善为君者"。这种思想与慎到十分接近。慎到的无为而治，包含"君臣之道：臣事事而君无事"，即国君不要去做具体工作，具体工作应在"事断于法"的前提下，尽量让臣下去做，以调动臣下的积极性，发挥他们的才能，使得"下之所能不同"，而都

能为"上之用"，从而达到"事无不治"的目的。他还认为，"亡国之君非一人之罪也，治国之君非一人之力也"，如果国君只靠自己一个人的力量，决不能把各方面的事办好。因为"君之智未必最贤于众"，即使"君之智最贤"，也必然精疲力竭，不胜其劳。而且国君如果事必躬亲，一个人去"为善"，臣下就不敢争先"为善"，甚至会"私其所知"，不肯出力，国事如有差错，"臣反责君"。慎到认为这是"乱逆之道"，是"君臣易位"，国家也就不可能不乱。

不过，需要指出的是，黄老道家的"无为"主要是针对"物"而非"人"而言的。《淮南子·原道训》说："所谓无为者，不先物为也。所谓无不为者，因物之所为。所谓无治者，不易自然也。所谓无不治者，因物之相然也。"从这里可以看出，黄老道家已经把道家的"无为"作了改造，老庄道家的无为，是顺应自然，是包含人要顺应自然万物的发展规律在内的。黄老道家把"无为"运用到政治领域，对"人"与"物"作了区分。无为，对物来说，要求君主不作为，也就是君主不做一件件具体的事；但是，对人来说，要求君主善于驭人，不是不作为，而是大作为。"无为而治"，不是放任不管，也不是让民众自治。《淮南子·修务训》说："夫地势水东流，人必事焉，然后水潦得谷行。禾稼春生，人必加功焉，故五谷得遂长。听其自流，待其自生，则鲧禹之功不立，而后稷之智不用。"这里已经说得很清楚了，无为，不是什么事都不做。从地势上讲，水是从西往东流的，人顺应这个水势，然后引水进入田里，庄稼才能得到灌溉。人如果不做引水这个工作，任水自流，那么，庄稼就不能得到生长，人也将会饿死。所谓"无为"就是顺应水势而加以利用，而不是改变水势，让其从东向西流。所以，顺乎自然，因势利导，都是无为。做到了"无为"，圣人就能无所不为了。这样就清楚了，《吕氏春秋》中的"无为"，是指君主不去做一件件具体的事，但是要善于驾驭百官去做一件件具体的事，这就是"知百官之要"的含义。

其次，君主要善于任用贤人。无为就是顺应自然加以利用，而君主不亲自参与到利用的过程中，所以必须要选他人来代自己做。一般的人是不行的，只有选拔任用贤人才能达到效果和目的。所以说："绝江者托于船，致远者托于骥，霸王者托于贤。伊尹、吕尚、管夷吾、百里奚，此霸王者之船骥也。"渡长江的人依靠的是船，走远路的人依靠的是良马，称霸称王的人依靠的是贤人。伊尹、吕尚、管夷吾、百里奚，这些人就是成就霸王之业的渡船和良马啊。不仅如此，任用贤人还会营造一种人人思贤的社会风气。"释父兄与子弟非疏之也；任庖人钓者与仇人仆虏，非阿之也；持社稷立功名之道，不得不然也。"不任用自己的父兄和子弟，并不是疏远他们；任用厨师、钓人和仇人、奴仆，并不是偏爱他们。这是保住国家、建立功名的途径，不得不这样啊。这样做"犹大匠之为宫室也，量小大而知材木矣，訾功丈而知人数矣。故小臣、吕尚听而天下知殷、周之王也，管夷吾、百里奚听而天下知齐、秦之霸也，岂特船骥之绝江致远哉"。这就好像大工匠建造宫室，量一量大小就知道要用多少木料，估量一下工程的大小尺寸就知道要用多少人。因此，小臣伊尹、吕尚被重用，天下人就知道殷、周要成就王业了；管夷吾、百里奚被重用，天下人就知道齐、秦要成就霸业了。他们岂止是船和良马呢，这是人们顺着这样的形势去判断得出的必然结果啊！而如果用人不善，则会带来严重的后果。如"桀用羊辛，纣用恶来，宋用唐鞅，齐用苏秦，而天下知其亡"。

最后，君主实行"无为而治"，必须自己"清虚自守"。"故有道之主，因而不为，责而不诏，去想去意，静虚以待，不伐之言，不夺之事，督名审实，官使自司，以不知为道，以奈何为宝。"所以，有道的君主，依靠臣子做事，自己却不亲自去做；要求臣子做事有成效，自己却不发布指示。去掉想象，去掉幻想，清静地等待。不代替臣子讲话，不抢夺臣子的事情做。审察名分和实际，官府之事让臣子们来管理，以不问臣子到底如何去作为根本，而以询问臣子怎么办为宝。这里的"去想去意，静虚以待"，实际上是强调君主破除主观成见，进行虚静的内在修养。这样做的目的有三：其一，从道家的角度来理解，君主增加虚静的修养，可以更好地把握"因"和实现"无为"；其二，从儒家的角度来理解，君主增加内在修养，可以提高品德修养，增加民众对其的尊敬以及

由此带来的凝聚力；其三，从法家的角度来理解，君主把自己内心的真实想法隐藏起来，使臣下摸不透君主内心的真实想法，从而产生畏惧，便于掌控臣下。所以，君主的"清虚自守"是实行"无为"的思想保障。这是为君者不得不明了的一个法则。

【故事】

唐太宗遵循君道贤明治国

唐太宗曾经询问魏徵："君王怎样做算是明，怎样做算是暗？"魏徵回答："能听取多方面的意见就叫明，只相信个别人的意见就叫暗。"唐太宗听后说："非常正确。"

唐太宗对黄门侍郎王硅说："隋文帝开皇十四年大旱，隋文帝不同意开仓赈济老百姓，而叫老百姓到山东去找饭吃。隋炀帝凭借着丰富的粮食储备，奢侈浪费，大肆挥霍，最终失去了天下。仓库中储备的粮食只要能应付荒年就行了，多余的又有什么用呢？"

有一次，唐太宗对身边的大臣说："人们说天子是至尊，没有可惧怕的事情，朕则认为不是这样。朕对上害怕上天的监视，对下害怕众臣的仰视；整天兢兢业业，勤勤恳恳，还担心上不合天意，下不得人心。"魏微说："这确实是天下大治的关键，希望陛下有始有终，这就很好了。"

唐太宗对房玄龄等人说："处理政事最重要的是公正。从前诸葛亮把廖立、李严流放南夷，诸葛亮去世后，廖立、李严都悲痛哭泣，李严甚至悲伤过度而死。如果不是公正无私，能让人这样吗？再如隋朝宰相高绢，办事公正，懂得治国的要领。隋朝的存亡，与高绢的生死密切相关。既然朕仰慕前世明君，你们也要效法前世的贤相啊！"

慎势

【题解】

本篇讲述了齐简公因为不懂得用人的方法，最终导致国破人亡的事例，说明身为一个君主要学会如何让朝政中的臣子臣服，如何安抚民众。若是君主没有这些能力，就会丧失君主的权势。

【原文】

失之乎数，求乏乎信，疑；失之乎势，求之乎国，危。吞舟之鱼，陆处则不胜蝼蚁。权钧则不能相使^①，势等则不能相并^②，治乱齐则不能相正^③。故小大、轻重、少多、治乱，不可不察，此祸福之门也。^④。

凡冠带之国^⑤，舟车之所通，不用象、译、狄鞮^⑥，方三千里。古之王者，择天下之中而立国^⑦，择国之中而立宫，择宫之中而立庙^⑧。天下之地，方千里以为国，所以极治任也^⑨。非不能大也，其大不若小，其多不若少。众封建^⑩，非以私贤也^⑪，所以便势全威，所以博义。义博利则无敌，无敌者安。故观于上世，其封建众者，其福长，其名彰。神农十七世有天下^⑫，与天下同之也。

王者之封建也，弥近弥大^⑬，弥远弥小。海上有十里之诸侯^⑭。以大使小，以重使轻，以众使寡，此王者之所以家以完也^{[一]⑮}。故曰以滕、费则劳^⑯，以邹、鲁则逸^⑰，以宋、郑则犹倍日而驰也^⑱，以齐、楚则举而加纲旃而已矣^⑲。所用弥大，所欲弥易。汤其无郼^⑳，武其无岐^㉑，贤虽十全，不能成功。汤、武之贤，而犹藉知乎势，又况不及汤、武者乎？故以大畜小吉，以小畜大灭，以重使轻从，以轻使重凶。自此观之，夫欲定一世，安黔首之命，功名著乎槃盂^㉒，铭篆著乎壶鉴^㉓，其势不厌尊^㉔，其实不厌多。多实尊势，贤士制之，以遇乱世，王犹尚少。

天下之民穷矣苦矣。民之穷苦弥甚，王者之弥易。凡王也者，穷苦之救也。水用舟，陆用车，涂用輴㉕，沙用鸠㉖，山用樏㉗，因其势也[二]。因其势也者令行。位尊者其教受，威立者其奸止，此畜人之道也㉘。故以万乘令乎千乘易，以千乘令乎一家易㉙，以一家令乎一人易。尝识及此，虽尧、舜不能㉚。诸侯不欲臣于人，而不得已。其势不便，则奚以易臣㉛？权轻重，审大小，多建封，所以便其势也。王也者，势也。王也者，势无敌也。势有敌则王者废矣。有知小之愈于大、少之贤于多者㉜，则知无敌矣。知无敌则似类嫌疑之道远矣㉝。故先王之法，立天子不使诸侯疑焉，立诸侯不使大夫疑焉，立适子不使庶孽疑焉㉞。疑生争，争生乱。是故诸侯失位则天下乱，大夫无等则朝廷乱，妻妾不分则家室乱，适孽无别则宗族乱。慎子曰㉟："今一兔走，百人逐之，非一兔足为百人分也，由未定㊱。由未定，尧且屈力㊲，而况众人乎？积兔满市，行者不顾㊳，非不欲兔也，分已定矣。分已定，人虽鄙，不争。"故治天下及国，在乎定分而已矣。

庄王围宋九月㊴，康王围宋五月㊵，声王围宋十月㊶。楚三围宋矣，而不能亡。非不可亡也，以宋攻宋[三]㊷，奚时止矣？凡功之立也，贤不肖强弱治乱异也。

齐简公有臣曰诸御鞅㊸，谏于简公曰："陈成常与宰予㊹，之二臣者，甚相憎也。臣恐其相攻也。相攻唯固㊺，则危上矣。愿君之去一人也。"简公曰："非而细人所能识也[四]㊻。"居无几何，陈成常果攻宰予于庭，即简公于庙。简公喟焉太息曰："余不能用鞅之言，以至此患也。"失其数，无其势，虽悔无听鞅也，与无悔同。是不知恃可恃，而恃不恃也。周鼎著象㊼，为其理之通也。理通，君道也。

【校勘】

[一] 完，旧校云：一作"室"。

[二] 因其势也，众本无，今据毕沅说补。

［三］宋，众本作"楚"，今据陈昌齐说改。

［四］而，旧校云：一作汝。识，旧校云：一作"议"。

【注释】

①钧：通"均"。

②并：兼并。

③齐：同。

④门：门径，途径。

⑤冠带之国：指文明开化的国家。冠带，戴帽子束衣带，本指服制，引申为文明之称（当时边远地区少数民族，服制与华夏异，故以为不开化）。

⑥象、译、狄鞮：古代通译四方民族语言的官。通南方之语者曰"象"，通北方之语者曰"译"，通西方之语者曰"狄鞮"。

⑦国：指王畿，王城附近周围千里的地域。下文"方千里以为国"之"国"同。

⑧庙：宗庙，祖庙。古人很看重祖庙，所以要"择宫之中而立庙"。

⑨极：顶点，这里用如动词，指达到最高程度。治任：治理国家的担子。任，担子。

⑩众：多。封建：分封、建立诸侯国。

⑪私：偏爱。

⑫神农十七世有天下：三十年为一世，这里说"神农十七世有天下"，只是传说而已。

⑬弥：越。

⑭海上：四海之上，指边远之处。

⑮此王者之所以家以完也：这就是王者能够保全天下的原因。古代王者以天下为家，所以才这样说。

⑯滕：小国，在今山东省滕县西南。费：鲁国季氏的私邑，在今山东省费

县西北。

⑰邹：古国名，本作"邾"，亦称"邾娄"，在今山东省邹县、济宁、金乡一带。邹、鲁比滕、费大，所以这里说"以邹、鲁则逸"。

⑱倍日而驰：一天跑两天的路，即兼程之意，这里是极言其快速。宋、郑比邹、鲁大，所以这样说。

⑲举而加纲斿：举纲纪加之于小国。这里是极言其易。斿，之，这里代小国。齐、楚最大，所以这样说。

⑳郼：汤为天子前的封国。

㉑岐：古地名。周族古公亶父自豳迁于岐山下周原，后武王以此为基地灭商。

㉒槃盂：都是古代盛水的器皿，以青铜铸成。

㉓铭篆：铭文。鉴：古代照形的器具，青铜制成，形似盆，盛水于其中，用以照形。以上两句讲建立文功武业。周代铜器所铸铭文，内容多是记功的。

㉔厌：足，满足。

㉕涂：指泥泞的道路。辀：古代用于泥泞路上的交通工具。

㉖鸠：用于沙路的一种小车。

㉗樏：他书或作"欙"，登山的用具。

㉘畜人：指治理人。

㉙家：指大夫之家，即大夫的采地食邑。

㉚及：疑当作"反"（依毕沅说）。

㉛奚以易臣：怎样改变当臣属的地位。奚，何。

㉜贤：胜，超过。

㉝嫌：近，与"似"义同。疑：通"拟"。相比拟，即僭越。下文几个"疑"字与此同。

㉞适子：正妻所生之子。适，通"嫡"。庶孽：二者是同义词，都指庶子，即非正妻所生之子。

㉟慎子：慎到，战国时期赵国人，法家代表人物，强调"势治"。其著作《慎子》早已亡佚，现存辑录七篇。

㊱由未定：由于（兔子的归属）没有确定。由，由于。

㊲屈：竭，尽。

㊳顾：回头看。

㊴庄王：楚庄王，公元前 613 年—前 591 年在位。楚庄王围宋事在鲁宣公十四年（公元前 595 年）。

㊵康王：楚康王，公元前 559 年—前 545 年在位。楚康王围宋事不载于史书。

㊶声王：楚声王，公元前 407 年—前 402 年在位。楚声王围宋事亦不载于史书。

㊷以宋攻宋：意思是，以一个像宋一样无德的国家（指楚国）去攻打宋国。

㊸齐简公：公元前 484 年—前 481 年在位。诸御鞅：人名，齐简公臣。

㊹陈成常：即陈成子（又称"田常""田成子"），名恒（又作"常"），春秋时齐国大臣。简公四年，他杀死简公，拥立齐平公，任相国，专齐国政。按："成"是谥号，此处不当如此称，当是衍文。宰予：字子我，孔子的学生。

㊺固：固执，执一不通。

㊻而：你。细人：小人，浅陋之人。识：知道。

㊼著象：指刻铸上人、物的图像。象，物像。

【译文】

如果君主没有能力使臣子服的话，还要求百姓做到诚实守信，这真难以相信。失去了君主的权力，还要做一个国家的君主，就使得他沦为危险的境地。假如鱼能够吞食海里的船，但是一旦生活在陆地上，它的力量还不如地上的一只蚂蚁。权力相同就不能相互役使，势力相当就不能相互兼并，治理和混乱相

当的话就不要相互匡正。所以说，大小、轻重、多少、治乱之间的联系，一定要分清楚了，这些就是导致祸、福的原因。

一个穿衣戴帽、扎腰带的先进文明的国家，船和车能够到达的地方都不使用象、译、狄等官员翻译语言。这种地方方圆有三千里左右。古代的帝王，一般会选择自己管辖领域的中央位置来做国都，选择帝王宫廷的正中间来建筑神庙。整个全国上下的地方，把千里的土地建为京都，以便把国家治理得更好。京都的土地扩大是不成问题的，但是，它大了不如小，土地多不如少。多分封建立诸侯国，不是为了贤能的人，而是为了加强君主的权势，能够保护君主的威信，也是为了自己的道义在一定程度的扩大。在国家播种下道义，那么君主的势力也就随之加强，也就没有谁能够与他匹敌了，四方臣服了自己的国度也就安全了。所以，以史为鉴，那些诸侯分封多的，他的福就会更长久，他的美名也就会扬四海。神农能够独霸天下十七世，是因为他没有把天下当成自己的私人物品，而是当作天下人的天下。

拥有天下的人分封诸侯，在国都附近的拥有的土地越多，离国都越远的拥有的越少。一般最远的地方在诸侯国有十里左右。大国利用小国，权势小的服从权势大的，人口少的诸侯国臣服人口多的诸侯国，这也是称霸天下的人把国家当作家的缘由。这么说像滕国、费国这样小的国家企图役使其他国家是不可能的，像邹国、鲁国这样的大诸侯国役使就比较容易了，像宋国、郑国其实力完全可以做到使其他的国家臣服而且治理的效果会更好，像齐国、楚国这些比较强的诸侯国，即使自己的纲纪加在其他小国身上也不会有什么威胁的。诸侯国越强范围越大，那么他实施自己的政策会更容易。商汤假如没有邦国，周武王假如没有岐这个地方，即使他们很贤能也很有道德，也是不能够成就霸业的。像商汤、周武王这样贤能的人，他们得到天下都需要智慧和权势，更何况那些不如他们的人呢？所以，小的诸侯国被大的诸侯国控制就会安宁，而大的诸侯国被小的诸侯国控制就会颠覆的。权势强的控制权势弱的就会顺从，相反则会有危机。以史为鉴，想要安定一世，使百姓能都俯首称臣，使自己的业绩铸在

槃盂上，铭刻在壶鉴上，这些人对高高
在上的权势永不满足，也对自己的势力
永不知足。势力大，权势强，又有贤能
的人辅助他们，遇到时机，就会成就
事业。

　　天下的老百姓穷困潦倒。老百姓越
穷越容易造反，那么想称霸的天下的人
也就越容易。一般来说，成就事业的人，
是想早点使人们脱离穷困和灾难。要想
走水路必须用船，要想走陆路必须用车，

周武王

走泥路的用輴，走沙路的必备鸠，登山要用小轿，这些都说明依据不同的地理
情况来选择不同的交通工具，像这样顺应形势的人，他的命令就能实施。地位
高的人，容易接受教化；权威一旦明确了，邪恶就可以控制住，这也是治理国
家的基本根据。因此，拥有千乘车的小国更容易被拥有万乘车的大国控制，拥
有采邑的大夫之家更容易向拥有千乘的小国臣服，而大夫之家向一个人下命令
更容易。如果情况是相反的，那么即使是尧舜也无回天之力。一般来说没有诸
侯国愿意臣服其他的国家，是不得已而为之的事情。君主的权势如果不强的话，
又怎么能够得到臣子的顺服呢？因此，对于成就事业的人来说，他会做到权衡
利弊，考察大小等各方面的利害关系，多分诸侯，也是为了加强自己权力。所
以说称霸的人，一定要有权势，是指他的权力没有人可匹敌的。假如有人想反
抗，那么可以使用自己的权势把他除掉。通过知道大的可以被小的超越，多的
人被少的人超越，就会明白怎么样才能不会被任何人打败。明白了怎么样做才
能使别人不与自己为敌，这样像推翻王朝的事就不会发生在自己的身上了。

　　因此，历来帝王确立的法度，命令立天子是不会让诸侯有所猜忌的，命令
立诸侯也不会让大夫猜忌的，立嫡子不会使庶子猜忌的。是因为猜忌会产生斗
争，斗争会产生混乱。所以说，诸侯一旦没有了地位就会使天下大乱，大夫失

吕氏春秋

《吕氏春秋》原典释译

去了等级，朝政就会混乱，妻妾不分清楚的话家就会不安宁，嫡子、庶子没有区别的话，就会出现整个宗族的大乱。慎子说："如果说一只兔子，被一百个人在追赶，我们知道一只兔子是不够一百个人分的，但是兔子的归属还没有定呢。假如兔子的归属还没有定，就是尧也会追赶它的，况且大多数人呢？市场上到处是兔子，人民看都不看一眼，不是他们想要兔子，而是兔子归谁所有已经定下了。既然名分已经定下了，地位低下的人再怎么争论也没有用了。"所以，想要使天下或国家安宁，就先定下职位和名分。楚庄王保卫宋国已经九个多月了，楚康王保卫宋国已经五个多月了，楚声王保卫宋国达十个多月，宋国曾三次被楚国保卫，但是宋国还是没有灭亡。宋国并不是不能灭亡，而是像楚国这样和宋国一样无德的国家想征服无德的宋国，战争怎么能说一下子就结束呢？所以说，成就伟业，贤能和不肖、强大和弱小、治理和混乱是不一样的。

齐简公朝中有位臣子叫诸御鞅，此人曾经向齐简公劝谏道："陈成常和宰予这两个人水火不容，长期下去，臣担心他们会打起来。一旦打起来，此事不利于您呀。希望陛下权衡利弊罢免一个人。"齐简公道："你的看法太表面了。"过了一段时间，陈成常和宰予在朝中打了起来，还在庙里追赶齐简公。后来，齐简公叹息道："当初没有听诸御鞅的建议，到今天才酿成这种后果。"没有整治臣子的方法，也就失去了君主的威严，虽然没有听诸御鞅的谏，但是结果是一样的。这是因为依靠了不可靠的东西而没有依靠可靠的东西。周鼎上铭刻了人和物的图案，目的是为了事和理能够贯通。这两样贯通，是君主必须掌握的道义。

【解析】

本篇旨在论述君主应当重视和利用权势，保存了慎子"势"论的思想。在结构上，围绕中心论点，作正反论证，主要有四个部分所组成：

首先，从日常生活现象出发，论述"势"的重要。本篇一开始就说："失之乎数，求之乎信，疑。失之乎势，求之乎国，危。吞舟之鱼，陆处则不胜蝼蚁。"失去了驾驭臣下的方法，要求人们讲信誉，这是糊涂的做法。失去了权势，君主还想拥有国家，这是很危险的。能吞下大船的鱼，只能在水里发威，一旦离开了水，在陆地上，它的力量都胜不过蝼蛄和蚂蚁。水，就是鱼所依赖的势，而权力，就是君主所依赖的势啊！所以说权力均等，就不能互相使唤，势力相等，就不能驾驭对方，所以，必须高度重视在"势"上加强自己的实力。所以说："位尊者其教受，威立者其奸止，此畜人之道也。"

这段重"势"的思想主要来源于慎子。慎子，名到，战国时期赵国人，以"贵势"著称。"势"，一般而言具有以下三层含义，其一相当于今天物理学上的"势能"；其二指的是拥有并处于一种有利地位；其三是指政治生活中的权力，即具有能支配他人的地位。慎子从政治角度出发，更加突出政治生活中的权力之势。《韩非子·难势》篇转引慎子的话说："飞龙乘云，螣蛇游雾，云罢雾霁，而龙蛇与蚓蚁同矣，则失其所乘也。"意思是说：飞龙乘云，螣蛇游雾，一旦云停雾散，飞龙和螣蛇就与蚯蚓、蚂蚁一样没有区别了，这是因为它们丧失了先前的依靠。云就是龙的"势"，雾就是螣蛇的"势"。

其次，在总结历史经验的基础上，得出"王者"必须慎势。"王也者，势也；王也者，势无敌也。势有敌则王者废矣。"作为王者或者君主，必须要借助于势。"汤、武之贤，而犹藉知乎势，又况不及汤、武者乎？故以大畜小吉，以小畜大灭，以重使轻从，以轻使重凶。"有势作支撑，本来自己是小的，就能使自己变大；本来自己是轻的，就能使自己变重。最终实现以大驭小，以重驭轻。虽然，"势"能使小者变大，轻者变重，但也是有前提的。慎子对此的解释是：权势大小取决于"下""众"支持的多少。作为君主，在下面的民众支持者多，那么君主获得的"势"就越大。而且拥有权势的君主，其立天下也不是为了一己之私利，而是为了天下的治理。"势"是君主所需要的，但"势"并不能乱用。为了让防止权势的运用不为君主的私利服务，慎子又强调法。法就是法律、法规。慎到认为："大君任法而弗躬，则事断于法矣"（《慎子·君人》）。具体治理国家的事务则"任法"，并用"法"对君主之"势"进行约束。不过，《吕

氏春秋》并没有吸收慎子的这一思想，可见其对先秦诸子的思想不是全盘吸收的。

再次，论述王者慎势必须要做到"定分"。慎子曰："今一兔走，百人逐之。非一兔足为百人分也，由未定。由未定，尧且屈力，而况众人乎！积兔满市，行者不顾。非不欲兔也，分已定矣。分已定，人虽鄙不争。故治天下及国，在乎定分而已矣。"慎子说：现在有一只兔子在奔跑，上百个人都会去追捕。不是一只兔子够一百个人分，而是这只兔子还未定归属。由于归属未定，就是尧也将会竭尽全力去追捕，更何况普通人呢！整个市场摆满了兔子，过路的人却看都不看一眼。不是不想得到兔子，而是这些兔子的归属已经确定。归属已经确定，即使粗俗的人也不去争夺。所以治理天下和国家，在于"定分"罢了。定分，就是确定名分。君主治理国家，关键在于厘清各官职的职责划分，然后官员就位，循名责实，国家就得到治理。

最后，君主如果不能做到"慎势"，就会导致威势丧失，则必然国危身亡。文中举齐简公"失其数，无其势"，最终导致被大臣追赶着攻打的例子加以说明。

关于慎到的思想，《庄子·天下》篇中，把慎到和彭蒙、田骈放在一起，作为道家来看待。司马迁也认为慎到是"学黄老道德之术"。在慎到的政治思想体系中，"势"被置于法、礼之上，被认为是从事政治活动的前提。慎子关于"势"的理解，历来为正统思想所排斥，但只要以历史的眼光来看，"贵势"的思想基础是人的平等，即君主与匹夫一样。从根本上否定传统的"天生圣人，作君作师"理论，是具有历史进步意义的。